Der Habitus der Überlebenskunst

Bildung in Umbruchsgesellschaften

herausgegeben von
Ursula Neumann und Wolfram Weiße

Band 5

Waxmann Münster / New York
München / Berlin

Louis Henri Seukwa

Der Habitus der Überlebenskunst

Zum Verhältnis von Kompetenz und Migration
im Spiegel von Flüchtlingsbiographien

Waxmann Münster / New York
München / Berlin

Bibliografische Informationen der Deutschen Bibliothek

Die Deutsche Bibliothek verzeichnet diese Publikation in
der Deutschen Nationalbibliografie; detaillierte bibliografische
Daten sind im Internet über http://dnb.d-nb.de abrufbar

Diese Arbeit wurde 2005 von der Universität Hamburg
als Dissertation angenommen.

Bildung in Umbruchsgesellschaften, Band 5
ISSN 1619-9561
ISBN 3-8309-1619-2

© Waxmann Verlag GmbH, 2006
Steinfurter Str. 555, 48159 Münster

www.waxmann.com
info@waxmann.com

Umschlaggestaltung: Christian Averbeck, Münster
Satz: Stoddart Satz- und Layoutservice, Münster
Druck: Books on Demand GmbH, Norderstedt
Printed in Germany

Für Sened und Nnamdi,
weil sie meinem absurden Leben etwas Sinn gegeben haben

Inhalt

Verzeichnis der Abbildungen und Tabellen

Vorwort

Die vorliegende Arbeit nimmt sich vor, einen Beitrag zur Debatte über den so genannten Ressourcen-Ansatz in der interkulturellen Bildung zu leisten. Er soll in Hinblick auf seinen Stellenwert und seine Bedeutung für den Bildungserfolg von Flüchtlingsjugendlichen in Deutschland betrachtet werden. Dabei gilt das Forschungsinteresse der Erfassung der von den Jugendlichen mitgebrachten Fähigkeiten und Kenntnisse, dem Umgang der Bildungsinstitutionen mit diesen und vor allem der Analyse der von den Jugendlichen angewendeten Resilienzstrategien, um die strukturellen und symbolischen Barrieren zu überwinden, die in der Regel ihren Alltag als Flüchtlinge in Deutschland kennzeichnen.

Die Untersuchung entstand im Rahmen des Forschungsprojekts „Bildungsinstitutionen im Spiegel von Flüchtlingsbiographien afrikanischer Jugendlicher", das selbst Teil eines von der Deutschen Forschungsgemeinschaft (DFG) finanzierten Sonderforschungsbereichs „Umbrüche in afrikanischen Gesellschaften und ihre Bewältigung" (1999 bis 2003) war. In diesem SFB wurden grundlegende Erkenntnisse über intern und extern induzierte gesellschaftliche Umbrüche in Afrika und über Formen ihrer Bewältigung erarbeitet. Einige Teilprojekte befassten sich mit den transnationalen Migrationsverflechtungen zwischen Afrika und Deutschland, wobei Hamburg als exemplarischer Ziel- und Durchgangsort afrikanischer Migration gewählt wurde.

Für das Zustandekommen dieser Arbeit bin ich vielen Menschen Dank schuldig. Zunächst meinen Interviewpartnerinnen und Interviewpartnern: alle Flüchtlinge afrikanischer Herkunft, die auf verschiedenste Weise mit sehr widrigen Lebensumständen zu kämpfen haben. Für ihre generöse Bereitschaft sich mir gegenüber zu öffnen und damit meine empirische Untersuchung zu ermöglichen. Für die inhaltlichen Anregungen, die kritische Lektüre der Arbeit in ihren diversen Entstehungsstadien sowie die sprachliche Überarbeitungen seien Ursula Neumann als Betreuerin und Joachim Schroeder als Betreuer gedankt. Christoph Koller, Wolfram Weiße, Rolf Schulmeister, Hans-Joachim Roth und Heike Niedrig danke ich für die konstruktiven Gespräche über die methodische Anlage der Arbeit sowie die Lektüre von und Kommentare zu Textstücken.

Ein spezieller Dank gilt Angelika Mensching. Mit beeindruckendem Engagement und großer Kompetenz hat sie im Prozess des Entstehens der Arbeit die Übersetzung von großen Teilen aus dem Französischen ins Deutsche geleistet. Ich habe dank unserer Auseinandersetzungen über Sinn- und Bedeutungsverschiebungen von Sätzen im Prozess der Übersetzung erheblich an Sensibilität für die Komplexität der deutschen Sprache gewonnen. Kirsten Encke hat unermüdlich die Arbeit in ihrem Entstehungsprozess gelesen und sich als geduldige Zuhörerin und interessierte Gesprächspartnerin gezeigt, dafür sei ihr gedankt. Elke Rüpke möchte ich für die wertvolle Unterstützung nicht zuletzt sprachlicher Art in der Anfangsphase dieser Arbeit danken. Schließlich danke ich Rose, Joseph und Ralph Ekoule-Ndjengue, Ernest Touwa, sowie Serges Nono dafür, dass sie mir ein bisschen Wärme in die kältesten Hamburger Tage brachten.

Sollten die folgenden Zeilen etwas Wertvolles enthalten, ist dies den oben erwähnten Personen zu verdanken. Für die Unvollständigkeit, Irrtümer, usw.: mea culpa.

Hamburg, September 2005   Louis Henri Seukwa

Einleitung

Zur Problemstellung

Seit mehr als einem Jahrzehnt gehören Praxis und Diskurs über „interkulturelle Kompetenz" in Deutschland zu den Themen, die in der Gesellschaft auf eine außergewöhnliche Resonanz gestoßen sind. „Interkulturelle Kompetenzen" sollen im Schulsystem, ja bereits im Kindergarten vermittelt werden. Sie werden für Akademiker empfohlen und auch für junge Menschen, die einen Job im unteren Qualifikationsbereich suchen. Migranten, so heißt es, benötigten sie ebenso wie in Deutschland geborene Frauen und Männer. Nicht wenigen gelten sie als Schlüsselkompetenzen schlechthin in einer globalisierten Welt und werden somit in den Anspruchshorizont allgemeiner Bildung gehoben. Im Vorwort zu einem Buch, in dem eine kritische Bilanz dieser Debatte gezogen wird, stellt Georg Auernheimer fest: „Auf allen Kanälen stößt man auf den Begriff – oder soll man sagen: das Schlagwort? – ,interkulturelle Kompetenz'. – Es werden Tagungen und Workshops dazu angeboten, Trainingsprogramme, Kurse, in denen die Vermittlung allgemeiner ,Schlüsselkompetenzen' und spezieller Kompetenzen, zum Beispiel für multikulturelle Teams annonciert werden. Auch im Internet wird man vielfach fündig […]. Also Angst um Aktualität braucht niemand zu haben, der das Thema aufgreift. Aber damit gewinnt es für Akademiker/innen auch den Hautgout des Modisch – allzu – Modischen. Und Skepsis scheint tatsächlich angebracht, wenn eine Kompetenz so bereichsunspezifisch verkauft wird" (Auernheimer 2002, S. 7).

Die Bemühungen der Interkulturellen Bildung in Deutschland, den durch die Ausländerpädagogik hervorgebrachten defizitären Ansatz zu überwinden, haben seit Anfang der 1990er Jahre dazu geführt, dass „interkulturelle Kompetenz" in der Erziehungswissenschaft ein vieldiskutiertes Konzept mit zunehmender Bedeutung geworden ist. Die im erziehungswissenschaftlichen Diskurs und in der pädagogischen Praxis unter dieser Bezeichnung subsumierten Kompetenzen verdanken ihren Bedeutungszuwachs einem Perspektivwechsel, der eine akteursorientierte Betrachtung betont. So hieß es im Rahmenantrag zum Schwerpunktprogramm „FABER"[1] der Deutschen Forschungsgemeinschaft, dass die Hereinnahme der Migrantenperspektive das Verbindende der hier zusammengeschlossenen Forschungsprojekte sei. Und als Ausgangshypothese wurde formuliert: „Der interaktive Charakter der ablaufenden Sozialisations- und Bildungsprozesse verlangt zu seiner Erhellung grundsätzlich eine mehrperspektivische Herangehensweise. Bislang dominierte eine ,Aufnahme-Perspektive'. Ihr gegenüber ist jetzt die Per-

---

1   „Folgen der Arbeitsmigration für Bildung und Erziehung" (FABER), Forschungsschwerpunktprogramm der Deutschen Forschungsgemeinschaft (DFG), das 1989 von Hans H. Reich, Ingrid Gogolin, Marianne Krüger-Potratz und Ursula Neumann beantragt wurde. Zu dem Antragstext vgl. Neuman u.a. in: Deutsch lernen, Nr. 1, 1990, S. 70-88.

15

spektive der Migranten mit Vorrang zur Geltung zu bringen" (Neumann u.a. 1990, S. 83). Der mit dieser Formulierung angedeutete Perspektivwechsel bezieht sich sowohl auf die Beurteilung der Effekte von Migration auf die Gesellschaft und der daraus resultierenden Folgen für das Bildungswesen als auch auf die Diagnose des schulischen Scheiterns von Kindern mit Migrationshintergrund. Aus dieser Perspektive ist eine wachsende Pluralisierung der Gesellschaft im Ganzen und somit auch der Schülerschaft festzustellen. Zur Bewältigung der daraus entstandenen Herausforderungen erweist sich die traditionelle Vorgehensweise der sozialen, kulturellen und sprachlichen Homogenisierung im Bildungssystem als gescheitert (vgl. Gogolin/Neumann/Reuter 1998). Bezogen auf die spezielle schulische Situation ausländischer Kinder hat dieser neue Blick – in Abgrenzung zu der Defizit-These der Ausländerpädagogik und der daraus resultierenden „Notfallpädagogik" –, zu einer Ressourcenhypothese geführt. Diese besteht in der Annahme, dass Migranten und Migrantinnen über Fertigkeiten, Erfahrungen, Qualifikationen und Kompetenzen verfügen, die sie bereits vor bzw. im Zuge der Migration erworben haben. Wahrnehmung und Nutzung dieser Ressourcen können einen wichtigen Beitrag zur Verwirklichung des Ideals der Chancengleichheit für die Integration der Migranten in das Bildungssystem leisten. Im Sinne eines interkulturellen Austausches bzw. des interkulturellen Lernens stellen sie außerdem eine Bereicherung für die Ankunftsgesellschaft dar.

Aus dieser Sichtweise speist sich die Ausgangsthese des Forschungsprojekts „Bildungsinstitutionen im Spiegel von Flüchtlingsbiographien afrikanischer Jugendlicher" (vgl. Neumann/Schroeder 1999, S. 86), in dessen Kontext die vorliegende Dissertation erarbeitet wurde. Bezogen auf die Jugendlichen haben wir untersucht, in welcher Form sie der Selbsteinschätzung nach ihr im Herkunftsland erworbenes „kulturelles Kapital" (Bourdieu 1983) in das Einwanderungsland mitbringen und welche Kenntnisse und Kompetenzen sie in Deutschland (nicht) erwerben konnten. Bezogen auf die Bildungsangebote wurde untersucht, welche „Kapitalsorten" angeboten werden und welche „Märkte" sich dadurch theoretisch und faktisch für die Jugendlichen erschließen. In dem Projekt wurde vornehmlich die Entwicklung von Bildungskarrieren in Hamburg unter den strukturellen Bedingungen eines gerade für Flüchtlinge extrem restriktiven und diskriminierenden Rechtssystems beschrieben sowie die Formen der Fremdbestimmung und deren Auswirkungen auf die jungen Menschen gezeigt (vgl. Neumann u.a. 2003). Ein Forschungsdesiderat blieb die Untersuchung der von jungen Menschen mit Migrationshintergrund *vor* und *im* Zuge der Migration *faktisch* erworbenen Kompetenzen. Die vorliegende Arbeit, die in den konzeptionellen Rahmen des Forschungsprojektes eingebettet ist, soll zur Schließung dieser Forschungslücke beitragen. Sie versteht sich also als Beitrag zu einer empirischen Fundierung der Ressourcenhypothese.

Mit dieser Hypothese sind somit auch die beiden normativen Standpunkte meiner Arbeit gegeben. Der eine besteht in dem expliziten Bekenntnis zum Ideal der Chancengleichheit im Bildungswesen. Jenseits aller sozialen, kulturellen, ethnischen und Geschlechtdifferenzen der Schülerschaft wird das Konzept interkultureller Kompetenzen als ein wesentliches bildungspolitisches Instrument zur Herstellung von Gleichheit im Schulsystem erachtet. Der zweite normative Bezugspunkt besteht darin, dass jedes Individuum unabhängig von diesen Differenzen a priori als ein kompetenzfähiges Subjekt anerkannt wird.

Stand der Forschung und Erkenntnisinteresse

Das aktuelle – mit Skepsis verbundene – Interesse am Begriff „interkulturelle Kompetenz" lässt sich dadurch erklären, dass parallel zu der Ausweitung der Diskussion über solche Fähigkeiten und ihre praktische Vermittlung es kaum eine darauf bezogene kritische Forschung gegeben hat, die zu einer präzisen und differenzierten theoretischen Bestimmung als einer Kategorie von Bildung hätte führen können. Ein Vergleich der vielfältigen im pädagogischen Feld dem Thema „interkulturelle Kompetenz" gewidmeten Publikationen ergibt, dass die dort entfalteten Aktivitäten zwei Handlungsfeldern zugeordnet werden können: Einerseits wird der Versuch unternommen, den Begriff inhaltlich zu füllen, indem ihm ein empirisches Korrelat, im Sinne eines Sets von Fertigkeiten zugeschrieben wird.[2] Zum anderen werden mittels Tagungen, Seminaren, Trainingsprogrammen, Workshops, Lehreraus- und Fortbildungen u.ä. die praktischen Modalitäten des Erwerbs sowie die Vermittlung und Anwendung dieser Kompetenzen erprobt. Ziel der Bemühungen ist es, kognitive, sprachliche und emotionale Strategien für einen situationsangemessenen Umgang mit den Herausforderungen der sozialen und kulturellen Heterogenität bereitzustellen. „Interkulturelle Kompetenz", schreibt dazu Mecheril (2001), „firmiert insgesamt als bereichsübergeordnete Bezeichnung, in der die Vorstellung zum Ausdruck kommt, dass ein Mangel in der Auseinandersetzung mit Fremdheit durch den Erwerb und die Bestärkung spezifischer Handlungsvermögen behoben werden könne. Der pädagogische Diskurs folgt hierbei durchaus der pragmatischen Leitlinie, die lautet: Wo die als fremd Betrachteten auftauchen, bedarf es interkultureller Kompetenz, da mit der Präsenz der als fremd Bezeichneten pädagogische Handlungsfähigkeit allem Anschein nach problematisiert wird" (ebd., S. 2).

Was hier in Frage gestellt wird, ist die Selbstverständlichkeit des eigenen Handelns. Dieses muss – um den Prinzipien des (kulturellen) „Differenzansatzes" treu zu bleiben – in einer durch die Präsenz von „Fremden" hervorgerufenen „kulturellen Überschneidungssituation" (vgl. Grosch, Groß & Leenen 2000) vermittels interkultureller Kompetenzen neu überdacht werden. Nun hat dieser auf die kulturelle Differenz fokussierte Blick – so einer der Hauptkritikpunkte an der interkulturellen Pädagogik, wie er u.a. bei Diehm/Radtke (1999) zu finden ist – zur erneuten

---

2   Dieses Korrelat besteht – wie es in den meisten Publikationen, die sich mit dem Thema beschäftigen, zu sehen ist – in einem Set von sozialen bzw. die Fremdheit überbrückenden Fertigkeiten wie: Empathie, Multiperspektivität, Selbstreflexivität, Ambiguitätstoleranz, Flexibilität, Offenheit für neue Erkenntnisse und Sichtweisen, Kommunikations- und Konfliktfähigkeit (vgl. z.B. Dokumente der BQM-Handreichung I/2004, S. 7).

Kulturalisierung geführt. In einem Beitrag mit dem Titel „Was ist interkulturelle Kompetenz?" fasst Paul Mecheril (2001, S. 6-10) die zentralen Aspekte dieser Kritik zusammen. Die Kulturalisierungstendenz „interkultureller Kompetenz" liegt für ihn

- in der Essentialisierung kultureller Zugehörigkeit und Differenz,
- in der kulturalistischen Reduktion,
- in der Gleichsetzung von Kultur mit nationaler und ethnischer Zugehörigkeit,
- in der Fest-Stellung des und der Anderen,
- in der Nichtbeachtung der Orte des Handelns der Akteure.

Ohne hier im Detail auf die einzelnen Aspekte dieser Kritik eingehen zu wollen, kann festgehalten werden, dass sie sich auf den eigentlichen Kern des Ansatzes interkultureller Kompetenz bezieht. In der praktischen Umsetzung sei dieser Ansatz ungeeignet, um der Kulturalisierungsgefahr zu entgehen: „Zwar ist es häufig so, dass im gleichsam begriffsexplikativen Prolog des Konzepts von interkultureller Kompetenz und interkulturellen Lernens auf die Unklarheit und Schwierigkeit der wie es meist heißt Definition von Kultur hingewiesen wird [...]; sobald aber die Auseinandersetzung sich entlang von Beispielen, Übungen und Aufgaben auf interkulturelles Handeln und deren Reflexion bezieht, ist aller Spielraum verschlossen. ‚Kultur' wird zu einem sich reproduzierenden Einheitszusammenhang, eben nicht zu der Arena, in der – um das Bourdieusche Kulturverständnis anklingen zu lassen – interne Kämpfe um Kapitalvermögen ausgetragen werden, sondern zu einem, wie es in einer häufig zitierten Metapher von Claude Levi-Strauss heißt, Orchester [...]. Der kulturalistische Bezug auf kulturelle Differenz bewirkt eine Binnenhomogenisierung und das Herausstellen von Unterschieden auf der Ebene des Interkulturellen" (Mecheril 2002, S. 19 f.).

Es resultiert aus dieser Vorgehensweise nicht nur eine Kulturalisierung der Differenzen, sondern sie führt gleichermaßen zu einem Kulturreduktionismus, der eine Ausblendung anderer Dimensionen, wie z.B. soziale Ungleichheit, bewirkt. Letzten Endes bleibt wegen solcher Unzulänglichkeiten bei der Umsetzung von Konzepten der interkulturellen Kompetenz die Realisierung des ihnen zugrunde liegenden Ideals der Chancengleichheit, verstanden als gleiche Chance zum Bildungserfolg in einem durch die Heterogenität seiner Klientel geprägten Bildungswesen, auf der Strecke. So scheinen sich die Fachleute interkultureller Bildung darüber einig zu sein, dass sich das schlechte Abschneiden Deutschlands in den internationalen Leistungsvergleichsstudien TIMSS, IGLU und PISA als Scheitern des Schulsystems interpretieren lässt, zu einem angemessenen Umgang mit der sozialen, kulturellen, ethnischen und sprachlichen Heterogenität der Schülerschaft zu gelangen (vgl. Gogolin 2002, Neumann/Reuter 2004).

Vor dem Hintergrund der unbefriedigenden Ergebnisse Deutschlands bei diesen internationalen Leistungsvergleichsstudien und der dadurch entstandenen Debatte über Bildungsstandards haben Neumann/Reuter (2004) eine Untersuchung über interkulturelle Bildung in den Curricula durchgeführt. Es sollte herausgefunden werden, „ob und in welcher Form die neueren Lehrpläne für das Aufgabengebiet interkultureller Bildung kompetenzorientierte Standards enthalten" (ebd., S. 8). Eines der zentralen Ergebnisse der Studie bildet die Feststellung, wonach „die Formulierung bloßer ‚Standards' der Berücksichtigung von interkultureller Pädagogik als Querschnittsaufgabe nicht zwangsläufig förderlich zu sein [scheint] [...]. Mit Blick auf die analysierten Lehrpläne kann hierzu festgestellt werden: Die Texte benennen in der Regel Ziele interkultureller Pädagogik, aber die Struktur des Wissenserwerbs und der Aufbau von Handlungskompetenzen in unterschiedlichen Situationen wird nur unspezifisch erfasst [...] Die angestrebten Ergebnisse schließlich sind in der Regel nicht formuliert" (ebd., S. 19).

Diese Befunde bestätigen also auf einer anderen Ebene – nämlich der, die sich mit den Anforderungen des nationalen Bildungsstandards an die Formulierung verbindlicher Lehr- und Lernziele für das Bildungswesen konstituiert hat – die mit Mecheril schon erwähnten Probleme der Umsetzung des Ansatzes der interkulturellen Kompetenz.

Nun scheinen mir allerdings die mit der Konkretisierung ihrer Ziele angesprochenen unterschiedlichen Schwierigkeiten des Konzepts der interkulturellen Kompetenz mehr als ein bloßes praktisches Umsetzungsproblem zu sein. Sie weisen mindestens gleichermaßen auf die dem Ansatz selbst innewohnenden Schwierigkeiten hin. Denn dieser Ansatz ist im Wesentlichen dadurch gekennzeichnet, dass sowohl bei den theoretischen Reflexionen als auch in der praktischen Vermittlung die interkulturelle Komponente in den Vordergrund gerückt wird; somit wird der Kompetenzaspekt in den Hintergrund gedrängt und dem des Interkulturellen untergeordnet. Mit anderen Worten: Es hat bei den bisherigen Ansätzen eine Hierarchisierung der begrifflichen Zusammensetzung stattgefunden, wobei der nominale „Kopf", nämlich die „Kompetenz", dem Attribut „interkulturell" untergeordnet wurde. Damit ist verbunden, dass die Kompetenz mit allen der „Interkultur" dienenden Fähigkeiten gleichgesetzt wird. Das Element der Kompetenz selbst wird ungeachtet der Unklarheit ihrer Konturen und trotz ihrer Funktion als Hauptoperator in dem Kategoriepaar Interkulturell/Kompetenz lediglich als eine Art ‚Ornament' des Attributs interkulturell weiter benutzt.

Meine Untersuchung setzt bei den durch die geschilderten Unzulänglichkeiten gekennzeichneten Ansätzen an. Ich versuche dabei, dem ursprünglichen kompetenzzentrierten Ansatz der ressourcenorientierten Perspektive im Geist der Formulierung des schon erwähnten FABER-Rahmenantrags zu folgen und die Schülerschaft mit Migrationshintergrund im Hinblick auf ihre Kompetenzen (und nicht ihre Defizite) zu betrachten. Ob meine Untersuchungen zu Befunden führen, dass Kompetenzen als ‚spezifisch interkulturell' bezeichnet werden können, bleibt offen. Nichtsdestoweniger vertrete ich in dieser Arbeit eine Auffassung über ‚das Interkulturelle', die in der Einbeziehung der ‚Migrantenperspektive' selbst besteht. Beobachtet werden nicht die Definitionen der Kompetenzen aus der Sicht der Mehrheit, sondern die „mitgebrachten" Kompetenzen von Migranten. Die Beziehung zwischen der Herausbildung von individuellen Kompetenzen und der Beitrag

deutscher Bildungsinstitutionen hierzu wird gleichsam in wechselseitiger Spiegelung aufgeschlossen: Die Kompetenzen der jungen Migranten werden nicht nur als
positive Faktoren für ihren Bildungserfolg, also als Ressource, wahrgenommen,
sondern der Umgang mit diesen Kompetenzen ermöglicht auch dem Bildungssystem und der Gesellschaft, ihren eigenen Flexibilitätsgrad bzw. ihre Bereitschaft
sich dem Neuen zu öffnen, zu überprüfen.

Mit der Entscheidung für eine solche kompetenzzentrierte Untersuchungs-
perspektive schließe ich mich der aktuellen Debatte um die Entwicklung von Bildungsstandards an. Diesen Standards liegt in Bezug auf die Funktion und die Ziele
der Bildung ein am Output orientierter Bildungsbegriff zugrunde. Hier werden Bildungserfolge nicht durch das Ansammeln und die Reproduktion von Wissen
gemessen, sondern durch das tatsächliche Können – die erworbenen Kompetenzen
– der Bildungssubjekte. Ausgehend von dieser Grundannahme zielen die Standards
darauf ab, Kompetenz so zu definieren, dass die zu ihrem Erwerb notwendigen
Lehr- und Lernaktivitäten als konkrete Anforderungen an das Bildungswesen
formuliert werden können. „Kompetenzmodelle konkretisieren Inhalte und Stufen
der allgemeinen Bildung. Sie formulieren damit eine pragmatische Antwort auf die
Konstruktions- und Legitimationsprobleme traditioneller Bildungs- und Lehrplan-
debatten [...] Gleichwohl bilden die Bildungsziele und die tatsächlich erreichten
Lernergebnisse den Kern der Qualitätsdebatte" (Klieme u.a. 2003, S. 4 f.). Diese
Qualitätsdebatte wird in Deutschland seit der Veröffentlichung der Resultate der
ersten PISA-Studie (Programme for International Student Assessment, OECD
2001) sowohl unter den Bildungsexperten als auch in der breiten Öffentlichkeit mit
beeindruckender Intensität geführt. Diese Debatte ist insofern für die vorliegende
Arbeit von Interesse, als die bei dieser Art Studien[3] und insbesondere der PISA-
Studie durchgeführten Tests „Kompetenzen [der Lernenden] als Kriterium verwenden, um die Leistungsfähigkeit von Bildungssystemen zu vergleichen und zu
beurteilen (PISA-Konsortium Deutschland 2003, S. 14).

Wenn Aneignung und Vermittlung von Kompetenzen den Kern von Bildungs-
aktivitäten – Lehren, Lernen und deren Evaluation – in einer derart bestimmenden
Weise neu strukturieren, ist es dringend erforderlich, den Begriff und das damit
beschriebene Phänomen grundsätzlich zu klären. Diese Notwendigkeit hat auch
Bernard Rey (2000) im Zusammenhang mit der Diskussion über Bildungsstandards
in europäischen und nordamerikanischen französischsprachigen Ländern und den
daraus resultierenden verbindlichen Anforderungen an das Bildungswesen thematisiert[4]:

---

3 Die Aktualität und die große Resonanz, die der PISA-Studie zuteil wurde, sollte uns die Tatsache nicht aus den Augen verlieren lassen, dass sie nur eine Momentaufnahme in einer
   ganzen Reihe von Studien wie TIMSS oder IGLU darstellt, die dem internationalen Leis-
   tungsvergleich im Bildungswesen gewidmet sind.
4 Bernard Rey, im Original: «La notion de compétence permet-elle de répondre à l'obligation
   de résultats dans l'enseignement»? [Ermöglicht der Kompetenzbegriff der Verpflichtung des
   Bildungswesens zu Resultaten nachzukommen?]

„Wenn man bedenkt, dass die Schule dazu verpflichtet ist, Resultate zu erzielen, dann müssen diese um so strenger definiert werden, als sie ,verpflichtend' sind. Nun werden im gleichen Moment, als diese Verpflichtung zu Resultaten in der Welt der Schule auftaucht, die Curricula in zahlreichen Ländern mit Hilfe des Kompetenzbegriffs neu definiert. [...] Diese Bestimmung scheint die notwendige Bedingung dafür zu sein, dass die Verpflichtung der Schulen und Lehrer zum Ausdruck kommt. [...] Macht es der Begriff der Kompetenz möglich, die von der Schule erwarteten Resultate in solchen Begriffen zu definieren, dass sie der Gegenstand eines Vertrages zwischen der Gesellschaft und der Schule sein können, also einer Verpflichtung, welche die Schule zu erfüllen hat? Ist es leichter, Resultate einzufordern und zu erhalten, indem man der Schule zum Ziel setzt, dass sie Kompetenzen vermittelt? Ist eine Kompetenz eine ausreichend eindeutige Realität, dass man sich darüber verständigen und daraus einen Vertragsgegenstand und eine Verpflichtung machen kann? [...] Die Frage, die wir uns hier stellen, hängt offensichtlich von der Definition des Begriffs ,Kompetenz' ab. Nun hat dieser aber einen Sinn, der je nach Autor oder dem Text, in dem er verwendet wird, sehr stark variiert" (Rey 2000, S. 1).

Ohne selbst eine Antwort auf diese Frage zu geben, fordert jedoch Rey nachdrücklich zweierlei: (1) den Kompetenzbegriff ins Zentrum tief greifender Forschungsvorhaben zu rücken; da (2) die Erziehungswissenschaft weder über einen eigenständigen Kompetenzbegriff noch über genügend konzeptionelle Instrumente verfüge, um allein eine solches Forschungsunterfangen erfolgreich zu führen, schlägt er eine interdisziplinäre Forschungsarbeit vor, wobei die aus unterschiedlichen Fachgebieten stammenden theoretischen bzw. methodologischen Werkzeuge für den entsprechenden Aspekt des zu lösenden Problems bei der Untersuchung des Kompetenzbegriffs eingesetzt werden sollen (vgl. ebd. S. 7).

Mit dieser Aussage habe ich bei Rey eines der zentralen Anliegen meiner Arbeit gefunden. Die damit verbundene Aufforderung an die Forschung, zu einer grundsätzlichen Klärung des Kompetenzbegriffs beizutragen und somit diese neue zentrale Kategorie gegenwärtiger Bildungsbemühungen besser operationalisierbar zu machen, hat meines Wissen im deutschsprachigen Raum bislang wenig Echo gefunden. Die übliche Vorgehensweise im Umgang mit dem Kompetenzbegriff besteht darin, zunächst die semantische Mehrdeutigkeit des Begriffs sowie die unklaren Konturen des Phänomens festzustellen, um dann diese Vielschichtigkeit durch eine willkürliche, dem Forschungszweck dienende Definition zu verengen. Ein ähnliches Verfahren liegt beispielsweise der von Klieme u.a. (2003) erstellten Expertise zur Entwicklung von Bildungsstandards in Deutschland zugrunde. So ist in dem zur Klärung des Kompetenzbegriffs gewidmeten Abschnitt zu lesen:

„In einer Überblicksarbeit zeigte der Erziehungswissenschaftler und Psychologe Franz Weinert (1999), dass eine Vielzahl unterschiedlicher Kompetenzbegriffe verwendet wird, die eine weite Spanne abdeckt von angeborenen Persönlichkeitsmerkmalen (z.B. Begabung, Intelligenz) bis hin zu erworbenem umfangreichem Wissensbesitz, von fächerübergreifenden

Schlüsselqualifikationen bis hin zu fachbezogenen Fertigkeiten. Soll der Kompetenzbegriff zur Grundlage für bildungspolitische Veränderungen gemacht werden, wie dies bei der Entwicklung von Bildungsstandards der Fall ist, ist eine Übereinkunft im Sprachgebrauch notwendig [...] In Übereinstimmung mit Weinert (2001, S. 27 f.) verstehen wir unter Kompetenzen die bei Individuen verfügbaren oder von ihnen erlernbaren kognitiven Fähigkeiten und Fertigkeiten, bestimmte Probleme zu lösen, sowie die damit verbundenen motivationalen, volitionalen und sozialen Bereitschaften und Fähigkeiten, die Problemlösungen in variablen Situationen erfolgreich und verantwortungsvoll nutzen zu können" (Klieme u.a. 2003, S. 59).

Die ausgewählte Definition passen die Autorinnen und Autoren danach an das für die Entwicklung von Standards erforderliche Kompetenzmodell hervorragend an, wobei Kompetenzstufen als Operationalisierungsinstanz für die allgemein formulierten Bildungsziele klar beschrieben sind. Obwohl es legitim ist, die Befunde anderer Wissenschaftler als Ausgangspunkt für die eigene Arbeit zu nutzen, darf in Bezug auf diese Vorgehensweise folgendes angemerkt werden: Hier wird eine ungünstige Abkürzung gewählt, die, angesichts der zentralen Rolle, die den Kompetenzen bei der Operationalisierung der Bildungsziele in der Entwicklung von Standards zugewiesen ist, dazu führt, die kritische Auseinandersetzung mit dem Kompetenzbegriff selbst zu vermeiden, obwohl eine solche Auseinanderstzung eine conditio sine qua non ist. Einerseits geschieht dies, um ein differenziertes Bild über die mit dem Kompetenzbegriff bezeichneten Phänomene zu bekommen und andererseits um die in einem Referenzdokument mit dem Wichtigkeitsgrad von Bildungsstandards angewandte Definition von Kompetenz sowohl von Rechts wegen (de jure)[5] als auch faktisch (de facto) begründen zu können.

Verwiesen sei an dieser Stelle auf die Studie von Kerstin Ziemen (2002) unter dem Titel „Das bislang ungeklärte Phänomen der Kompetenz". Sie ist im Feld der „Behindertenpädagogik" angesiedelt und beschäftigt sich mit der Untersuchung der sozialen Lage von Familien mit behinderten Kindern. „Auf der Basis der Bereitwilligkeiten von Müttern und Vätern behinderter Kinder, die Zeugnis darüber ablegten, wie sich das Leben mit ihrem behinderten Kind vollzieht, in welche Situation sie gedrängt sind und welche Schwierigkeiten sie zu bewältigen haben" (Ziemen (2002, S. 5) setzt sich die Verfasserin mit der Frage der Ohnmacht, Ungerechtigkeit, Verlassenheit und anderen sozialen Missständen auseinander. Ihr Haupterkenntnisinteresse besteht darin, „das mit dem Gegenstand der ‚Kompetenz' (allgemein und spezifisch der ‚Kompetenzen von Eltern behinderter Kinder') verbundene ‚Verdrängte' bzw. bislang ‚Nicht-Sichtbare' [...] kenntlich zu machen." (ebd. S. 7). Sie distanziert sich in ihrer Untersuchung von der in der Forschung über

---

5 Der Rechtsbegriff ist hier in seiner Anwendung nicht mit dem positiven Recht zu verwechseln. Der Begriff wird im Kontext dieser Arbeit in einem dem Kantischen ähnlichen Sinn angewandt und bezieht sich also auf die gesamten *notwendigen und zureichenden formalen Bedingungen*, die geschaffen werden müssen, um ein wissenschaftliches Vorhaben bzw. eine wissenschaftliche Vorgehensweise zu legitimieren, d.h. nicht von einer willkürlichen Basis auszugehen.

Kompetenz üblichen Vorgehensweise. In ihrem Ansatz ist für die hier geführte Diskussion zur Klärung des Kompetenzbegriffs interessant, dass sie die Kompetenz selbst als Forschungsgegenstand betrachtet und versucht, die Komplexität des Phänomens in einer wissenschaftlichen Mehrperspektivität zu erfassen. Dafür bedient sie sich etymologischer Betrachtungen, der historischen Ursprünge sowie unterschiedlichster Wissenschaftsgebiete wie der Biologie, der Linguistik und der Psychologie. Da sie aber die dem Begriff inhärente Polysemie einfach übergeht, gelingt es ihr zwar, eine für die eigene Untersuchung operationelle Definition herauszuarbeiten, erreicht jedoch im Kern mit der Darstellung der Bedeutungsdimensionen des Begriffs, wie sie von unterschiedlichen Autoren ausgearbeitet wurden, nichts anderes, als dazu beizutragen, die Mehrdeutigkeit sichtbarer werden zu lassen. Diese Tatsache stellt Ziemen selbst am Ende ihrer Begriffsanalyse fest:

„Da nun der Begriff der Kompetenz wie bisher dargestellt, schwer zu erfassen ist, zieht die Verfasserin wiederum zur Veranschaulichung Wygotski's Bild heran, dass ,alle Begriffe ähnlich wie alle auf einem bestimmten Längengrad zwischen Nord- und Südpol liegenden Punkte der Erdoberfläche zwischen dem Pol des unmittelbaren anschaulichen Erfassens eines Dings und dem des maximal verallgemeinerten, extrem abstrakten Begriffs angeordnet sind' (Wygotski 1964, S. 235 f.). ,Die Stellung eines Begriffs im System aller Begriffe, die durch seine Länge und Breite bestimmt wird, nennen wir das Maß der Allgemeinheit eines Begriffs' (ebd. S. 236). So befindet sich der Begriff der ,Kompetenz' auf einem Längengrad und sehr dicht an dem so genannten ,Pol der maximal Verallgemeinerten und extrem abstrakten Begriffe'. Die Berührung mit den entsprechenden ,Breitengraden' kann in unterschiedlicher Anzahl erfolgen, d.h. der Begriff der ,Kompetenz' kann sich durch unzählige auf unterschiedlichen Abstraktionsniveaus darzustellende Begriffe ausdrücken, so z.B. durch ,Fähigkeit', bzw. nun konkreter durch die Fähigkeit die Probleme zu lösen oder bei einer Nachbarin um Unterstützung zu fragen. Dieses ist jedoch nicht linear zu sehen, sondern die Beziehungen zu allen anderen Begriffen sind gleichermaßen zu betrachten, wie z.B. sich selbst wahrzunehmen, das Kind zu beobachten, aber auch die Möglichkeit sich sprachlich auszudrücken und einen bestimmten kognitiven Stil zu entwickeln" (ebd. S. 107 f.).

So bleibt letztendlich also, obwohl es Ziemen ein erklärtes Ziel war, die Klärung dessen, was Kompetenz als Phänomen jenseits seiner unterschiedlichen Anwendungsbereiche im Allgemeinen ist – die mit der Begriffsklärung verbundene ontologische Frage – ungelöst. Es muss hier jedoch betont werden, dass die Auseinandersetzung mit der Polysemie, wie Rey es schon anmahnte (Rey 2000, S. 7), unabdingbar für eine konsistente Fundierung des Kompetenzbegriffs ist. Denn allein die Konzeptualisierung der Polysemie ermöglicht es, die Frage der Modalitäten, verstanden als Bedingungen der Möglichkeit für die Untersuchung des Begriffs und Phänomens „Kompetenz" zu beantworten. Ich gehe auf diese theoretische Schwierigkeit der Konzeptualisierung von Mehrdeutigkeit durch vereindeutigende Definitionen im zweiten Kapitel meiner Arbeit noch ausführlich ein.

Ein weiterer Aspekt des in den Bildungsstandards verwendeten Kompetenzbegriffs, der für meine Untersuchung von hoher Relevanz ist, betrifft seinen normativen Bezugspunkt, d.h. die mit dem Kompetenzbegriff assoziierten gesellschaftlichen Wertvorstellungen. Diese Wertvorstellungen sorgen für den notwendigen Mehrwert, der bestimmte individuelle Fähigkeiten zu Kompetenzen macht, wobei diese Fähigkeiten als wünschenswert wahrgenommen werden, da sie zur Lösung von individuellen und gesellschaftlich relevanten Problemen beitragen. So bieten diese Wertvorstellungen eine Erklärung für das überwiegend pragmatische Verständnis von Kompetenzen, das den internationalen Leistungsvergleichsstudien wie PISA und TIMSS zugrunde liegt. Gleichwohl erklären sie die funktionalistische Orientierung in der Rahmenkonzeption dieser Studien, die der Bewährung von Kompetenzen in authentischen Anwendungssituationen besondere Bedeutung zumisst.

„Als Bezugspunkt für die Testentwicklung dient bei PISA eine Vorstellung von Grundbildung, die im Englischen als *Literacy* bezeichnet wird. Dieser Begriff wird seit geraumer Zeit in der internationalen fachdidaktischen Diskussion verwendet, um Ansprüche an eine *Grundbildung für alle* zu charakterisieren [...] Literacy im (engeren) Sinne einer Lesekompetenz befähigt, an einer Kultur teilzuhaben, deren Wissen in Texten vorliegt. Das Beispiel Lesekompetenz zeigt die Tragweite einer ‚Kulturellen Teilhabe‘, die umfassend die persönlichen Handlungsmöglichkeiten im Alltag, Beruf und gesellschaftlichen Leben betrifft. Auf ähnliche Weise können grundlegende mathematische und naturwissenschaftliche Kompetenzen im (übertragenen) Sinne einer ‚Literacy‘ bestimmt und beschrieben werden. Sie sind erforderlich, um sich an der aktuellen Kultur beteiligen zu können, die heute ebenfalls stark durch Mathematik, Naturwissenschaften und Technik geprägt ist. Die OECD spricht damit den Kompetenzbereichen Mathematik, Lesen und Naturwissenschaften eine Schlüsselstellung für die gesellschaftliche Teilhabe und Weiterentwicklung zu. Die PISA zugrunde liegende Bildungskonzeption orientiert sich damit zunächst an der *Funktion* von Kompetenzen im kulturellen und gesellschaftlichen Zusammenhang" (PISA-Konsortium Deutschland 2003, S. 17).

Diese aus den theoretischen Grundlagen der PISA Studien zitierte Textpassage bringt mit den für die Studie ausgewählten Kompetenzen (Lesekompetenz, mathematische und naturwissenschaftliche Kompetenzen) nicht nur die damit verbundenen Werte zum Ausdruck, sondern auch und vor allem die *Lokalisierung* dieser Werte in einer bestimmten „Kultur", in der den Kompetenzbereichen „eine Schlüsselstellung für die gesellschaftliche Teilhabe und Weiterentwicklung" zugesprochen wird. Auf den Punkt gebracht, verdanken die für die Studie relevanten Fähigkeiten also ihren Kompetenzstatus der ihnen in einem bestimmten gesellschaftlichen Kontext zuerkannten Nützlichkeit. Nun werden auch Migranten, die in Kontexten sozialisiert sind, wo – wie ich annehme – andere Fähigkeiten für die „gesellschaftliche Teilhabe und Weiterentwicklung" im Bildungssystem wichtiger sind als Lesen, mathematisches und naturwissenschaftliches Denken und Handeln, von den sich an dieser Studie beteiligenden Ländern in Bezug auf reading bzw. mathematics oder science literacy evaluiert. PISA spricht auf diese Weise entweder den ausgewählten Kompetenzen de facto eine Universalität zu, deren Begründung zu bezweifeln ist, oder es verbirgt sich in ihrer Testkonzeption selbst – durch die Auswahl der Kompetenzbereiche und der damit verbundenen gesellschaftlichen Wertvorstellungen – ein Moment der Nichtberücksichtigung von Heterogenität mit diskriminierender Wirkung auf Schüler und Schülerinnen mit Migrationshintergrund. Die Ergebnisse der beiden bisher geführten PISA-Studien zeigen in Deutschland ein schlechtes Abschneiden dieser Zielgruppe. Diese Ergebnisse werden zugleich von interkulturellen Bildungsexperten bei ihrer Ursachenanalyse auf die Unfähigkeit des deutschen Bildungssystems, der Herausforderung im Umgang mit Heterogenität gerecht zu werden, zurückgeführt. Bezogen auf Schüler und Schülerinnen mit Migrationshintergrund bedeutet diese Herausforderung übersetzt in Empfehlungen, neben anderen didaktischen Maßnahmen, wie der Verstärkung der individuellen Förderung von einzelnen Schülern und Schülerinnen, vor allem, dass ihre mitgebrachten Kompetenzen stärker in der Unterrichtskonzeption und -durchführung berücksichtigt werden sollen. Was den aus einem solchen pädagogischen Ansatz zu erzielenden Mehrwert für Bildungssubjekte mit Migrationshintergrund in Bezug auf ihren schulischen Erfolg bzw. ihre Kompetenzentwicklung angeht, bleibt allerdings ein offenes Forschungsfeld. Eine unter den wenigen in Deutschland geführten Untersuchungen in dieser Richtung läuft z.Z. in Hamburg[6]. Hier wird in einer bilingualen Grundschule der Mehrwert der Förderung von Zweisprachigkeit im Sachunterricht in Bezug auf den Kompetenzerwerb erforscht (vgl. Grevé/Neumann/Roth 2004). Wenn es im Bereich der Mehrsprachigkeit genügend wissenschaftliche Untersuchungen gibt, die diese als „Ressource", „besondere Fähigkeit", also als „Kompetenz" identifiziert und eingestuft haben (vgl. Dirim 1998, Gogolin 1999) und somit die erwünschte Berücksichtigung bzw. Integration dieser überwiegend von der Migrantenschülerschaft besetzten Kompetenz im regulären Unterricht stark gefördert wird, so haben bis jetzt nicht alle auf diese Bildungsklientel bezogenen spezifischen Kompetenzen die gleiche Aufmerksamkeit wie die Mehrsprachigkeit genossen.

Ich setze mit meiner Untersuchung an dieser Stelle an, mit dem Ziel, die bestehende Forschungslücke in Bezug auf die mitgebrachten Kompetenzen meiner Untersuchungsgruppe, nämlich die afrikanischen jugendlichen Flüchtlinge, zu schließen. Ich versuche also zu erfassen, welche Kompetenzen Jugendliche, die in Afrika, einem Kontext, der heutzutage bekanntlich durch Umbrüche größten Ausmaßes gekennzeichnet ist, sozialisiert wurden, vor ihrer Flucht sowohl im formellen Bildungssektor als auch im informellen Bildungssektor erworben haben. Im Zusammenhang mit dem in den Bildungsstandards bzw. in den PISA-Studien angewandten funktionalistischen Kompetenzbegriff gilt es hier als relevant zu erfor-

---

6   Für einen Überblick zum Stand der Forschung bezogen auf den Mehrwert der Förderung von Mehrsprachigkeit in deutschen Schulen siehe Neumann/Roth 2004.

schen, welchen Fähigkeiten in einem durch Umbruch geprägten Kontext wie dem Afrikas „eine Schlüsselstellung für die gesellschaftliche Teilhabe und Weiterentwicklung" zugesprochen werden kann und die somit als Kompetenzen im Sinne der OECD eingeordnet werden können. Gibt es Kompetenzen, die sich sowohl im Kontext Afrikas als auch Hamburgs als nützlich erweisen? Wenn ja, unter welchen Bedingungen?

Mein Erkenntnisinteresse ist also einerseits die Klärung dessen, was „Kompetenz" als Begriff und Phänomen ist, was die Konzeptualisierung der ihr innewohnenden Polysemie sowie die Untersuchung der Modalitäten ihres Erwerbs, ihres Transfers und ihrer Anwendung bzw. Nutzbarmachung in Migrationssituationen einschließt. Andererseits wird durch die Analyse der Reaktionsweisen, welche die Aufnahmegesellschaft den mitgebrachten Kompetenzen gegenüber zeigt, geklärt, ob diese und ihre Bildungsinstitutionen den Herausforderungen der wachsenden gesellschaftlichen Pluralisierung gewachsen sind.

Zur Methodologie

Zur Durchführung meines Forschungsvorhabens gehört die Auseinandersetzung mit einer Vielfalt von Ansätzen, deren Relevanz bzw. Funktion im gesamten Untersuchungsdesign jetzt genauer erläutert wird. Dabei handelt es sich: (1) für die theoretische Klärung des Kompetenzbegriffs um den topischen und den ontogenetischen Ansatz; (2) für die Beschreibung der charakteristischen Züge der heutigen afrikanischen Gesellschaften, die als relevanter Kontext für die Untersuchung der vor der Flucht von den Jugendlichen erworbenen Kompetenzen dienen, um den Ansatz der Gouvernementalität; (3) für die empirische Untersuchung der Kompetenz um den Ansatz der quantitativen und qualitativen Rekonstruktion von Bildungsverläufen afrikanischer Flüchtlinge.

Der topische Ansatz

Für die Begriffsklärung bediene ich mich des topischen Ansatzes (vgl. Aristoteles 1967), verstanden als einen von „Allgemeinplätzen" bzw. vom „Common Sense" ausgehenden Diskussionsprozess, um die unterschiedlichen Facetten bzw. unterschiedlichen Gebrauchsweisen des Kompetenzbegriffs zum Zweck der Verdeutlichung der diesem Begriff innewohnenden Polysemie darzustellen. Die Verwendung dieses Ansatzes an dieser Stelle, nämlich zu Beginn der Begriffsklärung, lässt sich mit zwei methodologischen Vorteilen begründen. Zunächst ermöglicht er mit der Darstellung der Polysemie – ausgehend von Allgemeinplätzen oder dem Alltagsgebrauch des Begriffs –, die eigentliche wissenschaftliche Begriffsanalyse unmittelbar in Gang zu setzen, ohne diesen Anfangspunkt selbst, wie es die wissenschaftliche Vorgehensweise erfordert, theoretisch begründen zu müssen, denn der topische Ansatz gleicht per Definition einem mathematischen Postulat. Auf diese Weise wird in den Begründungsketten ein Regressus ad infinitum vermieden.

Ein weiterer mit der Verwendung des topischen Ansatzes an dieser Stelle der Untersuchung verbundener methodologischer Vorteil bezieht sich auf die Darstellungsweise der Polysemie und den dadurch erzielten Erkenntnisgewinn. Da es sich bei dieser Darstellung nicht um eine bloße Auflistung der unterschiedlichen Bedeutungen des Begriffs handelt, ist hier eine in Wörterbüchern übliche Vorgehensweise ungeeignet. Vielmehr werden vermittels des topischen Ansatzes die Struktur und die Erscheinungsmodi des epistemischen Problems offen gelegt, das in der Schwierigkeit zum Ausdruck kommt, den Kompetenzbegriff allgemein eindeutig, also in seiner Polysemie, zu verwenden (vgl. Kapitel 1). Der topische Ansatz trägt in dieser Weise dazu bei, die Polysemie als Symptom eines erkenntnistheoretischen Problems zu identifizieren, zu dessen genauerer Erfassung eine Konzeptualisierung der Polysemie selbst erforderlich ist. Ein solcher Schritt der Konzeptualisierung ist im Prozess der Begriffsklärung insofern unumgänglich, weil allein er es ermöglicht, die Fortsetzung dieser Untersuchung de jure zu begründen. Denn mit der Konzeptualisierung wird geklärt, ob es jenseits der begrifflichen Mehrdeutigkeit ein eindeutiges Phänomen gibt, das Gegenstand einer weiteren Untersuchung sein kann. Im konkreten Fall der hier unternommenen Untersuchung des Kompetenzbegriffs wird die Konzeptualisierung der ihm innewohnenden Mehrdeutigkeit die Schlussfolgerung zulassen, dass diese sowohl ontologisch als auch epistemisch überwindbar ist (vgl. Kapitel 2).

Der ontogenetische Ansatz

Seine Verwendung ist als eine Denknotwendigkeit des durch die Konzeptualisierung der Polysemie erzielten Hauptergebnisses zu betrachten, dass es nämlich jenseits der begrifflichen Polysemie ein mit der Kompetenz verbundenes Phänomen gibt, dessen Klärung einen weiteren Untersuchungsschritt begründet und zugleich notwendig macht. Der ontogenetische Ansatz soll also dazu beitragen, detaillierte und präzise Auskünfte über das durch die Konzeptualisierung der Polysemie formal festgestellte Phänomen der Kompetenz zu erhalten. Die konkrete Ermittlung besteht hier in der Offenlegung der strukturellen und funktionalen Eigenschaften dieses Phänomens – sprich seiner Seinsmodi – sowie der genaueren Bestimmung der Modalitäten seiner Existenz als angeborene bzw. natürliche Gegebenheit oder als entstandenes bzw. historisches Phänomen. Der Ansatz ist für das hier zu lösende Problem insofern geeignet, da er die Frage des Seins und die seiner Entstehung mit dem Ziel fokussiert, sie eindeutig zu beantworten. Da es sich bei der Kompetenz – wie die topische Darstellung des Begriffs es nachweist – um ein Phänomen mit sowohl individuellen als auch gesellschaftlichen Komponenten handelt, habe ich mich bei der Umsetzung dieses Ansatzes psychogenetischer und soziogenetisch relevanter Zugänge bedient (vgl. Kapitel 3). So vervollständigt der ontogenetische Ansatz den theoretischen Aspekt der Begriffsanalyse, indem er eine klare Antwort darauf gibt, was eine Kompetenz ist und wie sie entsteht. Es folgt daraus eine für die Arbeit operationalisierte Definition von Kompetenz wie auch die Erstellung meiner ersten Arbeitshypothese, nämlich die der Soziokontextualität von Kompetenzen. Diese Hypothese schließt die theoretische Begriffsklärung ab und leitet zugleich zu der empirischen Untersuchung über, welche dazu dienen soll, die Konsistenz der Hypothese auf einer empirisch-faktischen Basis zu überprüfen.

Der Ansatz der Gouvernementalität

Die Hypothese der Soziokontextualität misst dem Kontext bei der empirischen Untersuchung von Kompetenzen eine erhebliche Bedeutung zu. Denn einerseits wird durch seine strukturelle Gestaltung generell die Konstruktion bestimmter Typen von individuellen Fähigkeiten ermöglicht. Andererseits wird durch die in dem Kontext herrschenden gesellschaftlichen Wertvorstellungen bestimmten Fähigkeiten – aufgrund ihrer gesellschaftlich anerkannten Funktionalität, d.h. ihrem nützlichen Beitrag zur Lösung gesellschaftlicher bzw. individuell relevanter Probleme – der Status einer Kompetenz mit den Wirkungen eines „Kapitals" zuerkannt. Die determinierende Rolle, die der Kontext sowohl bei der Konstruktion von Kompetenz, betrachtet als Fähigkeit, als auch bei ihrer Konstitution als Kapital spielt, macht eine Beschreibung der wichtigsten gesellschaftlichen Charakteristika notwendig. Denn diese bilden die den Kontext strukturierenden Phänomene, die wiederum die Produktion und den Erwerb von Kompetenzen innerhalb eines solchen Kontexts bestimmen. Bezogen auf afrikanische Gesellschaften, die für die Erforschung der von den Jugendlichen vor ihrer Flucht erworbenen Kompetenzen als relevanter Kontext betrachtet werden müssen, wird mittels des Ansatzes der Gouvernementalität (vgl. Foucault 1982 und Bayart 1998) – und zwar durch die Praxis der Regierenden und Machthaber – der in diesem Kontext herrschende Umbruch, der das Hauptmerkmal dieser Gesellschaften darstellt, deutlich gemacht und analysiert.

Dem Ansatz liegt eine Konzeption der gesellschaftlichen Strukturierung zugrunde, die hauptsächlich aus Handlungen von Subjekten hervorgeht. Demzufolge ist die Erforschung der Strukturen und des Funktionierens eines Staats nicht vornehmlich durch bestehende Gesetze und Institutionen zugänglich, sondern primär durch die faktischen Regierungsmodi der Machtinhaber, also die tatsächliche Ausübung der politischen Macht (vgl. Kapitel 5). Dadurch wird eine Perspektive auf gesellschaftlich strukturierende Phänomene gerichtet, die diese nicht als schicksalhaft bzw. natürlich betrachtet. Die mit der Entstehung der gesellschaftlichen Phänomene verbundenen menschlichen Handlungen werden somit in den Vordergrund gerückt. Durch die Verwendung des Ansatzes der Gouvernementalität für die Erfassung eines Kontexts wie dem afrikanischen, der durch gewaltige gesellschaftliche Umbrüche gekennzeichnet ist, entsteht die Hoffnung, diese gesellschaftliche Schieflage positiv zu verändern. Denn was historisch durch menschliches Handeln entstanden ist, kann im Prinzip auch durch Menschen gesteuert bzw. rückgängig gemacht werden.

Im Rahmen des gesamten Untersuchungsdesigns dient schließlich der Ansatz der Gouvernementalität zur Vorbereitung der empirischen Erforschung von Kompetenzen, wobei die charakteristischen Züge der afrikanischen Gesellschaften, die durch ihn erfasst werden, die in diesem Kontext produzierten Kompetenztypen stark bestimmen. Mit anderen Worten, es handelt sich bei der Verwendung dieses Ansatzes darum, den gesellschaftlichen Kontext, vor dessen Hintergrund meiner Hypothese zufolge eine konsistente empirische Untersuchung der Produktion und des Erwerbs von Kompetenzen allein möglich ist, genauer zu bestimmen.

Der empirische Ansatz

Nach der theoretischen Erschließung des Kompetenzbegriffs sowie der Konstruktion und Spezifizierung des Kontexts „Afrika" werden die aus der Begriffsanalyse gewonnene Definition von Kompetenz und der ebenso theoretisch operationalisierbar gemachte Kontext Afrika auf ihren empirischen Gehalt in einer weiteren Untersuchungsetappe geprüft. Dabei handelt es sich primär um die Prüfung der empirischen Adäquatheit bzw. Konsistenz der aus der theoretischen Begriffsklärung resultierenden Hypothese, dass nämlich Kompetenzen, betrachtet als Fähigkeit und Kapital, soziokontextualisiert sind. Für die empirische Operationalisierung der Kompetenz bediene ich mich sowohl quantitativer als auch qualitativer Ansätze, und zwar auf Grund der Tatsache, dass nur die Kombination beider es ermöglicht, einen sowohl quantitativ und deskriptiv breiten als auch einen qualitativ und analytisch tiefen Einblick in das empirisch zu erfassende Phänomen zu erhalten (vgl. Grawitz 1996, S. 327 f.).

Unter der Bezeichnung „quantitativ" soll hier nicht ein im engen Sinne auf Mathematik bzw. Statistik gestütztes Verfahren verstanden werden. Vielmehr ist damit ein Verfahren gemeint, dass vermittels teilstandardisierter Kurzinterviews – bezogen auf die empirische Untersuchung von Kompetenz – darauf abzielt, die mit dieser Kompetenz verbundenen Verständnisse, die Wahrnehmungen, die Erwerbsorte, Situationen und Möglichkeiten sowie ihre Anwendung zu erfassen. All dies wird unter strenger Berücksichtigung des sozialen Kontexts bei einer relativ hohen Zahl (76) der Jugendlichen (vgl. Kapitel 6.1), die zur Untersuchungsgruppe gehören, erarbeitet. Dieser Ansatz erlaubt insbesondere, ein möglichst breites und vielfältiges Spektrum von Erfahrungen aus der Sicht der Jugendlichen zu beschreiben; und zwar bezogen auf die Bildungssektoren (formell und informell), die Bildungsinstitutionen (Koran-Schule, private und staatliche Schule, allgemeine und berufliche Schule etc.), die Herkunftsländer (Afrika im Ganzen) und das Geschlecht (Männer/Frauen, wobei letztere mit einem Anteil von knapp 20% proportional überrepräsentiert sind, vgl. Kapitel 6.1). Damit wird bei einer Vielzahl von Jugendlichen und unter Berücksichtigung der durch die eben erwähnte zum Ausdruck kommende Heterogenität der Untersuchungsgruppe, eine erste Einsicht in ihre mitgebrachten Kompetenztypen und Qualifikationen sowie die Anwendung bzw. Nichtanwendung dieser im Kontext des Aufnahmelandes gewonnen.

Der qualitative Ansatz verschafft in dieser heuristischen Phase einen tieferen Einblick in die Kompetenztypen, die, wie durch den quantitativen Ansatz erwiesen, aus den Herkunftsländern der Jugendlichen mitgebracht wurden. Dabei sollen die Struktur dieser Kompetenztypen in einer Fallstudie phänomenologisch genauer beschrieben, ihre Funktionsmodi analysiert, und die Modalitäten ihres Transfers von einem Kontext zum anderen erklärt werden.

Zur Untersuchungsgruppe „Flüchtlinge" und zum Forschungsrahmen „Afrika"

Um dem so formulierten Erkenntnisinteresse empirisch nachzugehen, ist eine Untersuchungsgruppe gebildet worden, die sich aus in Hamburg lebenden Flüchtlingen afrikanischer Herkunft zusammensetzt. Deren Bildungsbiographien bilden die empirische Forschungsgrundlage meiner Arbeit. Aufgrund der Einbettung der Untersuchung in das zuvor beschriebene Forschungsprojekt „Bildungsinstitutionen im Spiegel von Flüchtlingsbiographien afrikanischer Jugendlicher" wurden 76 Flüchtlinge afrikanischer Herkunft ausgewählt. Diese Untersuchungsgruppe, die vermittels juristischer (Flüchtlinge) und geographischer (afrikanische Herkunft) Kategorien konstruiert wurde, ist in ihrer empirischen Relevanz jedoch nicht unproblematisch, da beide Kategorien sehr heterogene Realitätsausschnitte repräsentieren.

So verbirgt sich hinter der Bezeichnung „Flüchtling" als einem rechtlichen „Status" keine homogene Gruppe. Vielmehr sind unter diesem juristischen Allgemeinbegriff geflüchtete Menschen subsumiert, die, was die Sicherung ihres Aufenthalts und die Rechte im Aufnahmeland angeht, hierarchisch ganz unterschiedlich eingestuft werden. „Die höchste Anerkennung, die das deutsche Gesetz Flüchtlingen gewährt, ist die Anerkennung als ‚politisch Verfolgte' nach Art. 16a Grundgesetz (GG). Es folgen diejenigen, die im Sinne der Genfer Flüchtlingskonvention den Status von ‚Konventionsflüchtlingen' erhalten, und jene, denen zumindest dauerhafter Abschiebeschutz wegen länderspezifischer Abschiebehindernisse zuerkannt wird. Ganz unten in der Hierarchie befinden sich diejenigen, deren Flucht- und Migrationsgründe als ‚nicht asylrelevant' gelten und denen kein Recht auf einen Verbleib in Deutschland zugebilligt wird. Wenn es nicht möglich ist, sie abzuschieben, erhalten sie oft über Jahre hinweg ‚Duldungen'. Diese Geduldeten bilden gemeinsam mit den Asylbewerber/innen, deren Asylverfahren noch nicht abgeschlossen ist, die große Mehrheit aller Flüchtlingsjugendlichen. Gemeinsam ist ihnen der unsichere Aufenthaltsstatus, und dies impliziert eine ungewisse Zukunftsperspektive sowie zahlreiche Restriktionen im täglichen Leben, vor allem aber in ihren Bildungs- und

Ausbildungsmöglichkeiten. Diese aufenthaltsrechtlich definierte Gruppe von Jungen und Mädchen ist jeweils gemeint, wann immer von ‚Flüchtlingen mit ungesichertem Aufenthaltsstatus' die Rede ist" (Niedrig/Schroeder 2003, S. 24). Die absolute Mehrheit der Jugendlichen, deren Bildungsbiographien im Zentrum meiner Untersuchung stehen, gehört zu dieser letzten Gruppe.

Auch die geographische Bezeichnung „afrikanische Herkunft" ist erklärungsbedürftig angesichts der Vielzahl von Ländern, aus denen die Jugendlichen kommen – Staaten, die sich zudem in vielerlei Hinsicht von einander unterscheiden. Aus einer raumtheoretischen Perspektive betrachtet, bezieht sich „afrikanische Herkunft" nicht auf einen ‚geschlossenen', klar definierten, homogenen sozialen Raum, sondern auf ein räumliches Gefüge, das durch Heterogenität charakterisiert ist. Gleichwohl behaupte ich, dass „Afrika" durch sozialräumliche strukturelle Bedingungen gekennzeichnet ist, die als kontextueller Rahmen spezifischer gesellschaftlicher Verhältnisse verallgemeinerbar sind und die das Handeln der in diesem Raum lebenden Akteure in hohem Maße bestimmen. In Kapitel 4 widme ich mich der Aufgabe, ein gleichsam „transnationales" Raumkonzept zu entwickeln, das es zulässt, darin erworbene Kompetenzen operationalisierbar zu machen.

Zielsetzung und Präzisierung der Fragestellung

Das Erkenntnisinteresse der Untersuchung legt es nahe, mich auf zwei Kernprobleme zu konzentrieren, die jeweils unterschiedlichen Zielrichtungen verbunden sind. Es geht mir (1) um ein *bildungstheoretisches* Problem, das heißt, es muss zunächst geklärt werden, wie Kompetenz jenseits der begrifflichen Polysemie überhaupt untersucht werden kann. Danach stellt sich die Frage nach den Modalitäten ihrer Genese, ihres Erwerbs, ihres Transfers, wie auch ihrer Anwendung bzw. Nutzbarmachung in der Migrationssituation. Und (2) geht es um ein *bildungspolitisches* Problem, nämlich das der Offenheit oder Geschlossenheit der Aufnahmegesellschaft und ihrer Bildungsinstitutionen gegenüber den mitgebrachten Kompetenzen einer besonderen Gruppe von Migranten, welche sich aus Flüchtlingen afrikanischer Herkunft konstituiert.

Zur Klärung der ersten Frage, was Kompetenzen sind und wie sie erworben werden, wähle ich als Ausgangspunkt die Beobachtung, dass in so genannten Dritt-Welt-Ländern formelle Bildungsabschlüsse im Kontext gesellschaftlicher Umbrüche und den daraus resultierenden wirtschaftlichen Strukturkrisen an Wert verlieren. Demgegenüber wächst die Bedeutung des informellen Bildungssektors, der nicht nur quantitativ expandiert, sondern auch qualitativ an Wichtigkeit gewinnt. Denn dieser ist eher als das System der formellen Berufsausbildung in der Lage, „beschäftigungswirksame" Bildung zu vermitteln (vgl. Neumann/Schroeder 1999, S. 77 f.). Daher habe ich mich in meiner Untersuchung u.a. mit den folgenden Fragen beschäftigt: Welches Verhältnis entsteht angesichts des angedeuteten strukturellen Wandels im Bildungsbereich zwischen formellem und informellem

Bildungssektor? Welche Kompetenzen können in den beiden Sektoren jeweils erworben werden? Was sind die Modalitäten der Aufwertung bzw. der Abwertung von Kompetenz und die ihres Erwerbs sowohl im formellen als auch im informellen Bildungssektor? Diese letzte Frage weist darauf hin, dass die Genese und der Erwerb von Kompetenzen alles andere als ‚selbstverständliche' Gegebenheiten sind. Beide sind vielmehr das Ergebnis komplexer psychologischer und soziologischer Prozesse, die wiederum an Bedingungen geknüpft sind, die entscheidend sind für die Entwicklung von Kompetenzen. Der genauen Beschreibung dieser Prozesse und den Bedingungen ihrer Möglichkeiten sind die Kapitel 3 bis 5 gewidmet.

Ausgehend von der Hypothese, dass Kompetenzen sozial eingebettet sind, betrachte ich sowohl ihre Genese als auch ihren Erwerb als kontextabhängig. Deshalb bin ich der Frage nachgegangen, welche individuellen und gesellschaftlichen Bedingungen den Kompetenztransfer aus dem afrikanischen in den hamburgischen Kontext bei den untersuchten Jugendlichen ermöglichen.

Will man die Anwendung mitgebrachter Kompetenzen in der Migrationssituation untersuchen, so stellt sich die Frage, ob angesichts der im formellen und informellen Bildungsbereich bestehenden Unterschiede in der strukturellen Organisation, ebenso wie in den Lehr- und Lernmethoden, die in den beiden Bildungssektoren erworbenen Kompetenzen überhaupt miteinander kompatibel sind. In diesem Zusammenhang habe ich untersucht, wie die Jugendlichen an die im informellen Bildungssektor in Afrika erworbenen Kompetenzen im formellen Bildungsbereich in Hamburg anknüpfen können. Welche Erkenntnisse können aus dem Erfolg bzw. dem Scheitern einer solchen Anwendung über die Grenzen zwischen den beiden Bildungsbereichen hinweg gewonnen werden? Die Untersuchungsgruppe ist auf Grund massiver rechtlicher Restriktionen sowie kollektiver gesellschaftlicher Diskriminierungen, die teilweise mit rassistischen Zuschreibungen verbunden sind, extrem marginalisiert. Deshalb wurde untersucht, mit Hilfe welcher Strategien sie ihre mitgebrachten Kompetenzen einsetzen, um trotz dieser schwierigen Ausgangslage „kulturelles Kapital" (Bourdieu) durch Bildung und Ausbildung zu erwerben.

Schließlich ist die Integrationsfähigkeit der Aufnahmegesellschaft und ihrer Bildungsinstitutionen im Umgang mit den Kompetenzen der Jugendlichen sowie deren Bildungswünschen untersucht worden. Dabei ist die Frage besonders relevant, ob die jungen Flüchtlinge bei ihren Integrationsbemühungen allein gelassen werden, oder ob es seitens der Aufnahmegesellschaft Anzeichen von Unterstützung und damit von Anerkennung gibt. Wenn ja, worin drückt sich diese Anerkennung aus? Werden sie von einem entsprechenden konkreten gesellschaftlichen und institutionellen ‚Anpassungsprogramm' begleitet? Wenn nein, welche Abwehrmechanismen werden von der Aufnahmegesellschaft in Gang gesetzt?

Die zentrale These meiner Untersuchung lautet, dass Kompetenz sowohl als individuelle Fähigkeit als auch in ihrer Konstitution als Kapital ein kontextabhängiges Phänomen ist. Auf Grund dieser ontogenetischen Abhängigkeit vom sozialen Kontext werden dessen spezifische strukturelle und funktionelle Besonderheiten zu den für die Art der erworbenen Kompetenz bestimmenden Faktoren. Im Spiegel der Schulbiographien der afrikanischen Flüchtlinge in Hamburg, die ebenso stark durch die restriktiven Asylgesetze markiert sind wie durch die gewaltsamen Umbrüche in ihren Herkunftsländern, nimmt die Kompetenz die Gestalt eines Habitus (Bourdieu) an, den ich als Habitus der Überlebenskunst bezeichne. Als Habitus tendiert diese Art von Kompetenz dahin sich zu reproduzieren, das heißt, sie strukturiert die individuelle Praxis auch in anderen Kontexten, wenn diese Ähnlichkeiten mit dem Kontext ihres Erwerbs aufweisen. Versteht man Überlebenskunst als Habitus, so ermöglicht dieser Begriff aufgrund seiner ihm inhärenten Eigenschaften, die Mechanismen zu durchschauen, durch die der Kompetenztransfer von dem einen in den anderen Kontext geschieht. Denn ein Merkmal von Habitus ist es, dass er sich in einem neuen Kontext nach den Regeln des Kontexts seines Erwerbs reproduziert. Deshalb kann man den Habitus marginalisierter Jugendlicher in einem neuen Kontext als eine Anwendung von in einem anderen Kontext ausgebildeter Überlebenskunst betrachten. In dieser Form können die beobachtbaren Kompetenzen zur Erklärung des schulischen Erfolges einiger jugendlicher Flüchtlinge eine Schlüsselfunktion einnehmen. Denn sie sind auf ihrem Bildungsweg erfolgreich, obwohl der Kontext im Aufnahmeland durch die restriktive und repressive Asylgesetzgebung für ihre Bildung und ihre gesamte Lebenssituation ähnlich negative Auswirkungen hat, wie im postkolonialen Afrika.

Theoretische Zugänge[7]

Der Klärung der Kompetenz liegt, wie erwähnt, ein ontogenetischer Ansatz zugrunde. Dabei soll deutlich werden, was die Kompetenz ist (die ontologische Frage) und wie sie entsteht (die Frage der Genese). Gefragt wird aber auch und vor allem, ob jenseits der den Begriff charakterisierenden Polysemie ein ‚objektives Phänomen' existiert, das als allgemein anerkannter Gegenstand eine empirische Untersuchung der Kompetenz überhaupt erst ermöglicht. Mit anderen Worten, es sollen vor der Untersuchung der Kompetenz angesichts ihrer unbestrittenen Mehrdeutigkeit, durch die Konzeptualisierung letzterer, die Modalitäten einer solchen Untersuchung geklärt werden. Dieses Unterfangen ist in Anlehnung an den durch den „Universalienstreit" gebotenen Theorierahmen unternommen worden (vgl. Kapitel 2). Die aus dieser ersten Analyse resultierenden Schlussfolgerungen, dass nämlich die Kompetenz nicht ein bloßer Name ist, der beliebig mit irgendetwas verbunden werden kann, sondern einem Phänomen mit präzisen Charakteristika entspricht, bieten die Grundlage für eine ontogenetische Erforschung dieses Phänomens. Diese Analyse ist unter Einbeziehung unterschiedlicher Disziplinen durchgeführt worden, deren jeweiliges fachspezifisches Wissen oder deren Metho-

---

7 An dieser Stelle werde ich lediglich in die theoretischen Ansätze, die für die Arbeit wichtigen Impulscharakter haben, einführen. Die Begründung ihrer Auswahl sowie die Erläuterung der damit zu erzielenden Erkenntnisse erfolgt im Text selbst.

dologie sich als relevant für die Lösung der vielen mit der Begriffsklärung verbundenen Probleme erwiesen hat. Diese Fachgebiete, nämlich die Linguistik, die Kognitions- und die Entwicklungspsychologie sowie die Soziologie, sind jedoch in der Analyse unter derselben theoretischen Perspektive gemeinsam eingesetzt worden: nämlich der des „Konstruktivismus"[8]. In diesem Zusammenhang gelten als besonders relevant die „genetische Epistemologie" Piagets und die damit verbundene Konstruktion von kognitiven Strukturen, der psychosoziologische Ansatz Wygotskys und der darauf bezogene Co-Konstruktivismus, sowie die sozio-genetische Theorie Bourdieus einschließlich der gesellschaftlichen Konstruktionsmechanismen der Auf- bzw. Entwertung von Kompetenzen (vgl. Kapitel 3).

Auch der Spezifizierung Afrikas als dem sozialen Kontext für die Produktion und den Erwerb der von den untersuchten Jugendlichen mitgebrachten Kompetenzen liegt eine konstruktivistische Perspektive zugrunde. Allerdings wird die Theorie hier benutzt, wie sie von Foucault in seinem „archäologischen Ansatz" formuliert wurde. Unter „Archäologie" versteht Foucault (1966) die Erfassung eines Phänomens durch die Untersuchung aller historischen Konfigurationen, die diesem seine aktuelle Gestalt ermöglicht haben. Ein solcher Ansatz ist wiederum insofern konstruktivistisch als ihm das Postulat zugrunde liegt, dass Phänomene diverser Typen keine natürlichen, d.h. immer so gewesenen Gegebenheiten darstellen, sondern Produkte von Konstruktionen sind, die sich mittels des archäologischen Ansatzes nachvollziehen lassen.

Schließlich bediene ich mich für die Analyse der Kompetenz der untersuchten afrikanischen Flüchtlinge der Sozialisationstheorie Pierre Bourdieus wie auch der Subjekttheorie von Michel de Certeau. Mit Bourdieu kann sowohl die Bindung zwischen dem Erwerb von Kompetenzen und der Herausbildung eines Habitus erläutert werden als auch der Transfer und die Reproduktionsmechanismen der Kompetenz im Kontext der Migration. Michel de Certeau hat dazu beigetragen, die Überlebenskunst zu konzeptualisieren, indem er sie als produktive Aktivität eines Individuums begreift, das sich in Konfrontation mit Entfremdungsstrukturen befindet und sich dadurch als Subjekt konstituiert.

---

8   Trotz der Existenz mehrerer Strömungen (Radikal-Konstruktivismus, Sozialkonstruktivismus etc.) liegt allen konstruktivistischen Theorien ein und dasselbe Postulat zugrunde, dass nämlich die dem Individuum äußerliche Wirklichkeit keine Gegebenheit darstellt. Dementsprechend benutzen viele Konstruktivisten den Begriff „Konstruktion", um Prozesse zu bezeichnen, in deren Verlauf Wirklichkeitsentwürfe sich herausbilden, und zwar keineswegs willkürlich, sondern gemäß den biologischen, kognitiven, sozialen und kulturellen Bedingungen, denen sozialisierte Individuen in ihrer sozialen und natürlichen Umwelt unterworfen sind (vgl. Watzlawick 1990).

Aufbau der Arbeit

Die Arbeit ist in drei große Abschnitte unterteilt, die sich in insgesamt acht Kapitel gliedern:

- Im ersten Teil ist der Versuch unternommen worden, den Untersuchungsgegenstand, nämlich die Kompetenz, theoretisch seinem Begriff nach zu bestimmen (Kapitel 1-3).
- Der zweite Teil befasst sich mittels eines kombinierten Ansatzes von Geschichte und politischer Anthropologie mit der Konstruktion und der Spezifizierung des Forschungsraumes „Afrika", verstanden als sozialen Kontext von Produktion und Erwerb der mitgebrachten Kompetenzen (Kapitel 4 und 5).
- Der dritte Teil ist der empirischen Untersuchung der mitgebrachten Kompetenzen und ihrer Anwendung bei den Migranten gewidmet (Kapitel 6-8).

Diese Strukturierung lässt zwei Ebenen der Untersuchung erkennen, die durch die Untergliederung präzisiert werden. Die eine Ebene ergibt sich aus den beiden ersten Abschnitten und stellt die Bemühungen um die Operationalisierbarkeit des Untersuchungsgegenstands (die Kompetenz) und des Kontexts ihres Erwerbs (Afrika) dar, währenddessen die zweite Ebene mit den empirischen Untersuchungen befasst ist.

Wie angedeutet, ist der erste Teil meiner Arbeit der begrifflichen und theoretischen Bestimmung des Untersuchungsgegenstands gewidmet. Ziel des ersten Kapitels ist es, das dem Kompetenzbegriff innewohnende Problem der Polysemie zu verdeutlichen. Und zwar sowohl wie sie im Alltagsgebrauch des Begriffs erscheint, als auch wie ich ihr im Laufe meiner Forschung begegnet bin. Zur Aufschließung der Polysemie bediene ich mich des topischen Ansatzes von Aristoteles, d.h. der Begriff wird in seinen Erscheinungsformen dargestellt, um darauf die Begriffsklärung aufzubauen.

Daran anschließend gehe ich im zweiten Kapitel auf die Konzeptualisierung der Polysemie ein. Mein Erkenntnisinteresse ist dabei, die Bedingungen der Möglichkeit einer empirischen Untersuchung über die Kompetenz, ungeachtet ihrer Mehrdeutigkeit, de jure zu fundieren.

In Kapitel drei untersuche ich die Kompetenz in einer vergleichenden Annäherung an unterschiedliche wissenschaftstheoretische Betrachtungsweisen. Ziel ist eine ontogenetische Erfassung des Phänomens Kompetenz: Was ist es, wie entsteht es bzw. wie wird es erworben?

Ich schließe diesen Abschnitt mit der Erläuterung einer für die Arbeit operationalisierbaren Definition von Kompetenz einschließlich der Formulierung der ersten Arbeitshypothese.

Die beiden Kapitel des zweiten Teils gehen von der aus der Hypothese resultierenden Bedeutung des sozialen Kontexts aus. Kapitel 4 ist der (De-)Konstruktion Afrikas als Raum der Produktion und des Erwerbs von Kompetenzen gewidmet. Ziel ist es, diesen Raum jenseits seiner Größe wie auch seiner geographischen und sozialen Heterogenität so zu erfassen, dass er für die Untersuchung der Kompetenzen, die dort in diversen Ländern, ergo in diversen sozialen Kontexten, erworben worden sind, ein gemeinsamer Raum sein kann. Dies geschieht, wie erwähnt, mittels des von Foucault entwickelten archäologischen Ansatzes. Ich bediene mich hierfür soziologischer Studien, historischer Quellen, Pressemeldungen sowie literarischer und kunstgeschichtlicher Objektivationen.

In Kapitel 5 wird der so konstruierte Raum in seinen wesentlichen charakteristischen Zügen näher beschrieben. Ziel ist es hier, Phänomene herauszuarbeiten, die sowohl unter einem funktionalistischen als auch einem strukturalistischen Gesichtspunkt für die Produktion und den Erwerb von Kompetenzen in diesem Raum auf einer Makroebene bestimmend sind. Dafür bediene ich mich des foucaultschen Konzepts der Gouvernementalität.

Der letzte Teil trägt die Ergebnisse meiner empirischen Untersuchungen zusammen. So ist das sechste Kapitel der Auswertung von Interviews mit Flüchtlingen afrikanischer Herkunft in Hamburg gewidmet, um die von ihnen vor der Migration im formellen und im informellen Bildungssektor in Afrika erworbenen Kompetenzen zu erfassen. Die dafür durchgeführte Erhebung und die Auswertungsmethode ebenso wie die Kritik der empirischen Daten werden im ersten Abschnitt des Kapitels ausführlich dargestellt.

Das folgende Kapitel setzt die Auswertung der Interviews unter dem Gesichtspunkt „Anwendung der mitgebrachten Kompetenzen" fort. Ausgehend von den Selbsteinschätzungen der Jugendlichen ist es das Ziel herauszufinden, welches die individuellen und die strukturellen Anwendungsmöglichkeiten und Hindernisse für die Anwendung der mitgebrachten Kompetenzen sind.

Das achte Kapitel ist einer Fallstudie gewidmet, die auf einem zentralen Ergebnis der zuvor durchgeführten Auswertung aufbaut: nämlich, dass die Anwendungshindernisse der mitgebrachten Kompetenzen zumeist struktureller und legaler Natur sind. Trotz der verhängnisvollen Auswirkungen dieser Hindernisse für den Einstieg in einen Bildungsgang in Hamburg, weist eine nicht geringe Anzahl der Jugendlichen einen erstaunlichen Bildungserfolg auf. Ziel der Fallstudie ist herauszuarbeiten, auf welche Ressourcen diese erfolgreichen jungen Flüchtlinge zurückgreifen, und welche Umsetzungsstrategien sie anwenden, um dadurch auch die Gestalt des im sechsten Kapitel postulierten Habitus der Überlebenskunst unter dem Eindruck der Migration empirisch zu illustrieren.

Das Schlusskapitel fasst die Ergebnisse der gesamten Untersuchungen zusammen und zieht die daraus resultierenden bildungstheoretischen und bildungspolitischen Konsequenzen im afrikanischen und im deutschen Raum.

Erster Teil:
Begriffsklärung epistemologischer Annäherung

In diesem Teil geht es zunächst um eine Analyse des Kompetenzbegriffs. Da es sich dabei um die zentrale Kategorie und zugleich den Gegenstand der gesamten Untersuchung handelt, muss der Begriff Kompetenz zum Zwecke seiner Operationalisierbarkeit im weiteren Fortgang der Arbeit definiert werden. Damit soll nicht lediglich einem methodologischen Prinzip formal genüge getan werden. Vielmehr ist eine ausführliche Begriffsbestimmung auf Grund des ausgeprägt vielschichtigen Charakters des Begriffs unabdingbar. Diese *Polysemie* wird in dem vielfältigen Gebrauch, der von ihm gemacht wird, sehr deutlich.

Im Folgenden werde ich in drei Schritten vorgehen:

(1) Zunächst fasse ich die Kompetenz, im Sinne von Aristoteles, als einen „Topos" auf. Das heißt, als eine allgemein akzeptierte Auffassung, von der bei der Diskussion ausgegangen, die aber selbst nicht diskutiert wird. Dies ermöglicht, in der Diskussion bei einem gemeinsamen Ausgangspunkt zu beginnen sowie ihr eine gemeinsame Richtung zu geben. Dann werden diese topischen Verwendungen untersucht, um dabei die Verschiedenartigkeit des Gebrauchs hervorzuheben und die Komplexität der Probleme zu verdeutlichen, die sich daraus ergeben.

(2) Diese Probleme (die sich in der Polysemie und durch sie bemerkbar machen) werden im Folgenden in einem gemeinsamen theoretischen Begriffsrahmen interpretiert, um sowohl ontologisch als auch epistemologisch ihre Beschaffenheit sowie ihre Implikationen zu präzisieren. Diesen Bezugsrahmen erarbeite ich vor allem in der Auseinandersetzung mit dem „Universalienstreit".

(3) Dann referiere ich Antworten, die einige Autoren im Verlauf der Wissenschaftsgeschichte auf die Frage gefunden haben, wie sich der Begriff der Kompetenz in ontologischer als auch epistemologischer Hinsicht näher bestimmen lässt. Es wird darum gehen zu begreifen, was Kompetenz ‚an sich' ist, ebenso sind deren Genese, die Modalitäten ihres Erwerbs und ihre Funktion zu bestimmen. Zu diesem Zweck sind die Arbeiten von Chomsky über die universelle Grammatik, von Piaget über die genetische Epistemologie, von Wygotsky über die Entwicklung der höheren geistigen Fähigkeiten und von Bourdieu über die Ökonomie der symbolischen Güter von besonderem Interesse.

Kapitel 1
Die Kompetenz: Topischer Ansatz

1.1 Begriffsanalyse: der alltägliche Gebrauch des Begriffs der Kompetenz

Die Klärung des Kompetenzbegriffs erfordert eine Vielfalt von Perspektiven, um die verschiedenen Facetten des Problems zu erhellen. Ich werde mich dabei an der aristotelischen Topik orientieren, die ich als einen Diskussionsprozess oder eine von Allgemeinplätzen bzw. von „Common Sense" ausgehende Analyse verstehe. Dies bedeutet, dass ich die Untersuchung des Begriffs mit einigen epistemologischen Betrachtungen über seine Phänomenalität beginne: Ich werde darlegen, wie der Begriff Kompetenz (1) im alltagssprachlichen Gebrauch allgemein erscheint und wie er mir (2) speziell am Anfang dieser Untersuchung bei der ersten empirischen Datensammlung begegnete. Die in folgende für die topische Darstellung angewandten Überschriften sind als Kategorien zu betrachten, unter denen den unterschiedlichen Facetten der Phänomenalität d.h. der Erscheinungsmodus des Kompetenzbegriffs sich subsumieren lässt

1.1.1 Anwendungsfelder

Eine Durchsicht der Literatur zu Gebrauch und Bedeutung des Kompetenzbegriffs erbringt dessen *Polysemie* als einen gemeinsamen Nenner. Zu einer ähnlichen Auffassung gelangt auch J. Beckers (2001, S. 2): „Es gibt zahlreiche Veröffentlichungen über die Kompetenz und jeder Autor hat dabei seine eigene Auffassung, etwas verschieden von der der anderen, [...] so dass es nicht immer einfach ist, den Grund für die Unterscheidungen, noch den Unterschied zu früheren Konzepten oder dem eines anderen zu erkennen" B. Rey (2000, S. 1) ist derselben Meinung, wenn er sich fragt, ob „Kompetenz als Realität eindeutig genug bestimmt ist, so dass man sich darüber verständigen kann [...]". Auch er kommt schließlich zu der Einschätzung, dass „die Frage [...] offensichtlich davon abhängt, wie man den Begriff ‚Kompetenz' definiert."

Die Anwendung des Begriffs, so wie er im Alltag benutzt wird, kann zwei großen Bereichen zugeordnet werden, nämlich dem der Institutionen und dem der Lebenswelt, in der der Mensch als Individuum oder soziales Wesen betrachtet wird. So ist es üblich, in Bezug auf staatliche Institutionen auf politischer Ebene beispielsweise von den Kompetenzen des Bundeskanzlers oder auf juristischer Ebene von den Kompetenzen eines Gerichts bzw. des Richters zu sprechen. In beiden Fällen handelt es sich um einen Verweis auf eine juristische Person, das heißt, den Repräsentanten einer Institution. Ebenso ist es im Alltag üblich, von der Kompetenz eines Individuums zu sprechen. Der Begriff kann dann mit einer Vielzahl von Attributen verbunden sein, die sich auf die individuellen oder sozialen Aktivitäten des Subjekts beziehen. So spricht man zum Beispiel je nach Erfordernis von der intellektuellen, sprachlichen, sozialen, emotionalen, interkulturellen oder Leitungskompetenz eines Individuums.

1.1.1.1 Realitätsbereiche

Ein jedes dieser Anwendungsfelder des Begriffs nimmt auf verschiedene Realitätsbereiche oder Gegenstände Bezug. So verweist zum Beispiel die staatsrechtliche Kompetenz auf die Zuständigkeit oberster Staatsorgane und nachgeordneter Behörden, Anstalten und Körperschaften hinsichtlich der Erfüllung öffentlicher Aufgaben und der Ausübung hoheitlicher Befugnisse (vgl. Ritter/Gründer 1976, S. 920). Die institutionelle Kompetenz wird auf diese Weise mit einem Ensemble von Funktionen identifiziert, die einer Institution zukommen, oder mit den Rechten und Pflichten einer Person verbunden, die eine Institution in der Öffentlichkeit repräsentiert.

Auf das Individuum angewandt, bezeichnet Kompetenz eher „die Fähigkeit zum Einsatz eines organisierten Ganzen von Wissen, Know-how, Fähigkeiten, die erlauben, eine bestimmte Anzahl von Aufgaben zu übernehmen" (Beckers 2001, S. 2 ff.). Der Kompetenzbegriff verweist in diesem Fall auf ein Aktionspotential mit einer bedingt einsetzbaren spezifischen Besonderheit. Das heißt, sie wird nach dem sichtbar erreichten Resultat beurteilt. Eine der entscheidenden Fragen ist hierbei die nach dem Bezugssystem: Welches sind die Kriterien, um die Kompetenz zu bewerten? Dies ist im Hinblick auf die Fragestellung meiner Arbeit insofern interessant, als nämlich jede Evaluation einen klar definierten Realitätsbereich oder Gegenstand voraussetzt, auf den sie sich bezieht. Auf diese Weise gibt uns die Vorgehensweise bei der Evaluation nicht nur Aufschluss über die gewählten Kriterien, Methoden und Instrumente, sondern auch über die Realität, die bewertet wird und die über die Auswahl letzterer bestimmt.

1.1.1.2 Das relationale Kriterium

Zunächst begreift man bei diesem Ansatz die Kompetenz nur in Beziehung auf das, was sie nicht ist. Erst durch den Bezug auf eine ganze Palette möglicher Phänomene, zu denen sie gehört und von denen sie sich unterscheidet, wird deutlich und verständlich, was sie ist. Sie ist also kein isoliertes, auf sich selbst bezogenes und aus sich selbst heraus verständliches Phänomen; vielmehr dient sie als Kriterium der Abgrenzung, um die Unterscheidung zwischen mehreren Möglichkeiten, wie Trivialität, Faulheit oder Inkompetenz zuzulassen. Diese Unterscheidung wird jedoch nicht zufällig oder neutral getroffen, zumal sie eine wertende ist. Die Bewertung führt allerdings ein Element des Urteilens ein, für das Kriterien angegeben werden müssen, will man die Grundlagen der hier getroffenen Entscheidung verstehen. Meines Erachtens liegt dieses Kriterium in der Effizienz, zu der die Kompetenz führt.

1.1.1.2.1 Die funktionale Relation

In der gegenwärtigen Welt sind die sozialen Beziehungen sowohl individuell als auch kollektiv, ebenso wie der Zugang zu den materiellen und symbolischen Ressourcen – kurz, ist die Dialektik der sozialen Anerkennung – wesentlich durch „Kämpfe" aller Art vermittelt. Die Kompetenz gewinnt als Katalysator des Erfolges in diesen Wettbewerbssituationen gleichsam einen *Mehrwert*. Die Beziehung zu dem, was sie nicht ist, wird hier in der Form des bewertenden Vergleichs zugunsten der Kompetenz hergestellt. Dieser Mehrwert kann sich ebenso gut in einem materiellen oder wirtschaftlichen Vorteil, wie einem höheren Verdienst oder symbolisch in einem Prestigegewinn für ein Individuum oder eine Institution ausdrücken. Ein sehr anschauliches Beispiel sind hier Universitäten und *Grandes Ecoles*. Die Harvard Universität in Cambridge, das Massachusetts Institut of Technology, um nur diese beiden zu nennen, beziehen ihr Renommee im Wesentlichen aus der Kompetenz, die dort von ihren Mitgliedern erworben und entwickelt wurde. Die bloße Tatsache, dass jemand an diesen Institutionen studiert oder gelehrt hat, lässt daraufhin bei ihm Kompetenz und daher eine besondere Leistungsfähigkeit in seinem jeweiligen Arbeitsbereich vermuten: alles Dinge, die einen wertvollen Vorteil auf einem Arbeitsmarkt bedeuten, zu dem der Zugang fortan sehr eingeschränkt und stark wettbewerbsorientiert ist. Der Wert, welcher der Kompetenz beigemessen wird, ist also eine direkte Funktion der Leistungsfähigkeit, die sich in einer Wettbewerbssituation erweist.

Es ist nämlich nicht üblich, den Kompetenzbegriff zur Bezeichnung einer banalen oder trivialen Aktivität bzw. Handlung zu benutzen, deren Ausführung kein nur schwer zu erwerbendes Wissen oder Know-how voraussetzt, zu dem offensichtlich die Mehrheit keinen Zugang hat. Die Schwierigkeiten, die den Kompetenzerwerb kennzeichnen und die sich aus ihrer Komplexität ergeben, tragen zu ihrem Seltenheitswert bei; durch sie gewinnen sie den notwendigen Mehrwert, um ein ökonomisches Gut im klassischen Sinne zu werden, das heißt ein knappes Gut. Die Kompetenz stellt sich uns als die Fähigkeit dar, komplexe Aufgaben zu bewältigen, die ein Know-how erfordern, das der großen Mehrheit der Individuen nur schwer zugänglich ist. Sie wirkt als ein Unterscheidungskriterium, das die Grundlage sozialer Selektion und Klassifikation bildet, und denjenigen Vorteile verschafft, die sie besitzen. Dies erklärt den mehr als reichlichen Rückgriff, der heutzutage in dem weltumspannenden Wirtschaftssystem auf die Kompetenz genommen wird, das als Neo-Liberalismus bekannt und worin die Konkurrenz eines der geheiligten Dogmen ist.

Aber das bedeutet im Gegenzug, dass dieses Kriterium, die Kompetenz nämlich, im Wesentlichen vom sozialen Wettbewerb abhängig bleibt, der zugleich die
Bedingung ihrer Möglichkeit (das heißt, das, wodurch sie existiert) als auch ihr Bezugsrahmen ist. Die Kompetenz wird also in der relationalen Perspektive in Bezug
auf die von ihr produzierten Resultate anhand von Kriterien bzw. Erwartungen
evaluiert, die nicht von den Individuen, sondern gesellschaftlich festgelegt werden.

1.1.1.2.2 Die soziale Relation

Die Betrachtung der Kompetenz unter dem Gesichtspunkt der funktionalen Beziehung macht einerseits die teleologischen und pragmatischen Aspekte dieses
Begriffs offenkundig, andererseits zeigt sich ein normativer Aspekt, der durch die
positive Konnotation herbeigeführt wird, mit der er im Allgemeinen verbunden ist.[9]
Alle diese Aspekte sind dem Individuum äußerliche soziale Bestimmungen, aus
deren Gesamtheit sich ergibt, was Kompetenz ist. Kompetenz ist nur das, was
sozial als solche anerkannt wird, das heißt, was den sozial akzeptierten Kriterien zu
ihrer Evaluation entspricht. Dieses nach Außen gerichtet sein (Extraversion) im
Hinblick auf das Individuum führt, sowohl bei der Bestimmung der Evaluationskriterien als auch der Bestimmung dessen, was Kompetenz ist, zu einer irreduziblen
Relativität. Die Tatsache, dass die Kriterien zur Evaluation von einem Kontext zum
anderen variieren können, beinhaltet einen prinzipiellen Relativismus, der zu einer
Quelle von – im Tenor ähnlichen – Einwänden wird: Wie lässt sich die Auswahl
eines Evaluationskriteriums gegenüber einem anderen begründen, wenn es nichts
als der Reflex der historisch bestimmten Werte und Interessen einer gegebenen
sozialen Gruppierung ist? Welches einheitliche und verbindliche Kriterium lässt
sich bei einer derartigen Verschiedenartigkeit der Kriterien zur Entscheidung
heranziehen?

1.1.1.2.3 Das Machtverhältnis

Die Diskussion über die soziale Relativität der Evaluationskriterien und folglich die
Bestimmung der Kompetenz, so wie sie erscheint, ist also nicht losgelöst von Spannungen zu sehen. Vielmehr spiegeln sich in ihr die Klassen- und Machtverhältnisse

---

9 „Im Allgemeinen" führt hier eine Einschränkung der Formulierung ein und bedeutet „zumeist"; es kann auch vorkommen, dass einer sozial keineswegs vorbildlichen und deshalb
negativ wahrgenommenen Handlung Kompetenz zuerkannt wird: Ein sehr anschauliches Beispiel hierfür sind die Genauigkeit und Effizienz, mit der die Anschläge auf das World Trade
Center und das Pentagon vorbereitet und ausgeführt wurden. Der tragische Verlauf dieser
Handlungen kann die „Kompetenz" derer, die sie ausführten, bei der Begehung dieser ab-
scheulichen Taten nicht zunichte machen. Dies ist ein Hinweis darauf, dass die Kompetenz
nicht notwendigerweise vom moralischen Urteil der Allgemeinheit abhängig ist, folglich im
einen Fall ein deskriptiver und im anderen ein normativer Begriff ist.

und deren gesellschaftliche Interessen wider: Es geht um die Definitionsmacht des „legitimen Wahren und Guten"[10] durch eine Gruppe und deren Durchsetzungsfähigkeit, um ihre Definition von den anderen anerkennen zu lassen. In diesem Fall wird alles als kompetent bewertet: eine Handlung, das Verhalten oder eine Aktivität, die den von der dominanten Gruppe fixierten Evaluationsnormen entspricht, das heißt, der Gruppe, die über die Definitionsmacht für die „legitime" Kompetenz verfügt.

Die (gesellschaftliche) Legitimierung kann sich in der Form einer institutionalisierten Anerkennung äußern, wodurch eine oder bestimmte Kompetenz(en) in „Qualifikationen", also in gesellschaftlich oder staatlich anerkannte Kompetenzen, transformiert werden.

In einem solchen Fall bedingt oder bestimmt diese Qualifikation den Zugang zum offiziellen Arbeitsmarkt, zu Ausbildung und Bildung im Einflussbereich der dominierenden Gruppe, der z.B. das Hoheitsgebiet eines Staates sein kann.[11]

Die Qualifikation, verstanden als von der öffentlichen Autorität legitimierte Kompetenz, hat, indem sie im Wesentlichen von der Machtposition einer Gruppe abhängt, eine prinzipiell bestreitbare Validität; und tatsächlich wird sie von den durch diese ,Ordnung der Dinge' benachteiligten Gruppen bestritten. Diese Ordnung wirkt sich nachweislich auf Grund ihrer selektiven Legitimation zum Nutzen der Interessen der herrschenden Gruppierung im Hinblick auf die Kompetenz anderer und deren Chancen im sozialen Wettbewerb diskriminierend und benachteiligend aus.

1.1.1.3 Der Objektivismus

Im Rahmen der Kompetenzdiskussion möchte der objektivistische Ansatz die epistemologischen Schwächen des relationalen Ansatzes ebenso überwinden wie die oben dargelegten Streitpunkte und Widersprüche. Vom Modell der Naturwissenschaften ausgehend sucht er nach einem „beständigen" Objekt und einer „objektiven" Methode zur Begründung der Kompetenz. Dieses „beständige" Objekt wird ihm von der menschlichen Intelligenz geliefert und die „objektive" Methode durch psychometrische Testreihen. Die Grundannahme ist, die menschliche Intelligenz als Fähigkeit zur Problemlösung und damit als Anpassungsleistung des Menschen an seine Umwelt zu verstehen. Weil dies eine – zumindest teilweise bzw. als Disposition – vererbbare Eigenschaft darstellt, lässt sie sich durch psychometrische Verfahren messen; seit Alfred Binet wird dies durch verschiedene Intelligenztests versucht. Diese Testreihen bestehen wesentlich in der Messung von

---

10 Man lese zu diesem Zweck Bourdieu, P. (1980), Le Sens pratique. Les Editions de Minuit, Paris.

11 Das Problem der Legitimierung von Kompetenzen wird im Fall von Migranten an den Schwierigkeiten ihrer „Akkreditierung" deutlich, verstanden nicht nur als ein Akt der Anerkennung ihrer Kompetenzen, sondern auch ihrer in ihrem Herkunftsland erworbenen Qualifikationen oder Diplome.

Faktoren oder Daten, die als Intelligenznachweise gelten. Ihr liegt eine Skala zugrunde, die für die intellektuellen Fähigkeiten eines Individuums verglichen mit einer Referenzgruppe, besser bekannt unter dem Namen Intelligenzquotient (IQ), aufgestellt wurde.[12]

Die hier beanspruchte Objektivität ist indessen nicht unwidersprochen. Bereits die erste Säule (das beständige Objekt), auf die sie sich stützt, nämlich die menschliche Intelligenz, stellt ein Problem dar. Von der Annahme ausgehend, „that intelligence would surface in the form of sensitivity of perceptions" (Herrnstein/ Murray 1994, S. 2), erarbeitete Sir Francis Galton (1859 *Hereditary Genius*) Vorläufer psychometrischer Intelligenztests, die Ausmaß und Geschwindigkeit der individuellen Reaktion auf einen einfachen Reiz messen. Doch die Ergebnisse widersprachen seiner Annahme. Charles Spearman seinerseits glaubte in der Entdeckung des „unitary mental factor:g", den er als „a general capacity for infering and applying relationship drawn from experience" definierte (ebd. S. 4), den eigentlichen Nachweis für die Intelligenz gefunden zu haben. Mithilfe des IQ, der als „a person's general intellectual performance relative to a given population" definiert ist, versucht heutzutage ein nicht unbedeutender Teil der Experimentalpsychologen, die Intelligenz erneut zu bestimmen. Selbst in dieser Disziplin scheint eine Einigung über die Auswahl von Daten, die als Intelligenzindizes betrachtet werden können und somit eine übereinstimmende Definition von Intelligenz und ihrer objektiv feststellbaren Anzeichen ermöglichen würde, ganz offensichtlich in weite Ferne gerückt zu sein. Daraus lässt sich schließen, dass diese nicht die Bedingungen einer eindeutig bestimmten Realität erfüllt, um allein genommen die Objektivität einer Disziplin zu begründen. Dies umso mehr als jedes wissenschaftliche „Faktum" ein experimentelles „Faktum" ist, das heißt, vom Forscher ausgewählt und konstruiert.

Auch die zweite Säule, auf die sich der objektivistische Ansatz bei seiner Untersuchung der Kompetenz stützt (die Methode), ist nicht weniger instabil als die erste. In Anwendung quantitativer Techniken in der Forschung würde die Objektivität, die sie für sich in Anspruch nimmt, zu einem nicht unbeträchtlichen Teil von der Messtechnik abhängen, die in der Form eines standardisierten und unter optimalen Bedingungen durchgeführten Tests „objektive" Resultate liefert. Das heißt, die von jedem beliebigen Forscher, der dieselben Verfahren zur Untersuchung der geistigen Fähigkeiten einer beliebigen Person anwendet, wiederholbare und somit verifizierbare Ergebnisse ergeben. Auch wenn die Messtechniken getestet und validiert wurden, weil dies eine notwendige Bedingung für den objektivistischen Anspruch der psychometrischen Tests darstellt, so muss doch ihre Unzulänglichkeit in Anbetracht der Ungenauigkeit des Objektes selbst, auf das die Messtechnik angewandt werden soll, festgestellt werden. Pierre Oléron bemerkt dazu, dass das Wort Intelligenz „nicht zu den Wörtern gehört, die geeignet sind, in direkten Bezug zu einer Kategorie von Fakten gesetzt zu werden, die streng bestimmt sind" (Oléron

---

12 Siehe Richard J. Herrnstein, Charles Murray (1994): The Bell Curve: Intelligence and Class Structure in American Life. A Free Press Paperbacks Book, New York.

1997, S. 3). Der Gründlichkeit und Genauigkeit der Messtechniken entspricht hier kein Objekt mit charakteristischen und genau messbaren Konturen. Und „da es keine Methode gibt, die unabhängig vom Inhalt [beurteilt werden kann]" (Rey 1998, S. 12), stellt auch die Messtechnik in diesem Falle keine Ausnahme dar, um allein die Objektivität der psychometrischen Tests zu begründen.

Zu diesen erkenntnistheoretischen Einwänden gesellen sich noch die Einwände praktischer Natur hinzu, die sich auf die sozialen Folgen des psychometrischen Ansatzes bei der Untersuchung der individuellen geistigen Fähigkeiten beziehen. „Die Schlussfolgerungen aus Vergleichen zwischen ethnischen und sozialen Gruppen, die beim Testerfolg ein ungleiches intellektuelles Niveau aufwiesen, wurden als Apologie des Rassismus oder als Wille wahrgenommen, die sozialen und bekämpften Ungleichheiten zu verewigen" (Oléron 1997, S. 7). Dieser segregative Aspekt lässt sich innerhalb eines solchen Rahmens um so weniger vermeiden, als die Verfechter eines solchen Ansatzes dabei zumeist vom Postulat der Erblichkeit der Intelligenz ausgehen. Folglich würde die Intelligenz als Grundlage der Kompetenz eines Individuums zu einem großen Teil von seinen Vorfahren abhängen. Die Entwicklungsmöglichkeiten, die durch die Interaktion mit der Umwelt gegeben sind, bleiben hier sekundär, das heißt, vernachlässigbar. Vielmehr wird unterstellt, dass alles oder fast alles seit der Geburt vorherbestimmt ist. Je problematischer nun eine Übereinstimmung bei der Definition von Intelligenz wird, umso mehr wird ihre Vererbbarkeit bestritten, die außerdem selbst für ihre glühendsten Verteidiger nichts weiter als ein bloßes Postulat der Forschung bleibt.

Hingegen sind die verschiedenen Typen segregativer und diskriminierender Praktiken, die auf den Kategorien von „Rasse" und „Klasse" beruhen (deren wissenschaftliche Begründung wie oben erwähnt durchaus zweifelhaft ist), unbestreitbar etabliert. Der von der Psychometrie behauptete Anspruch auf Objektivität der Hypothese von der Erblichkeit der Intelligenz würde nur dazu führen, die sozialen Ungleichheiten zu legitimieren. Wenn nämlich das „Prestige" des Kompetenzbegriffs daher rührt, dass er quasi als Katalysator für den sozialen Erfolg wirkt, dann behauptet die Psychometrie, indem sie die Kompetenz auf die Intelligenz reduziert und diese wiederum als erblich hinstellt, dass die Ungleichheiten ganz natürlich und unentbehrlich seien, obwohl sie ganz offensichtlich nicht natürlich sind, sondern sich aus einer bestimmten sozialen Praxis ergeben.

1.1.1.4 Bewertung des Diskussionsstands

Der hier in topischer Darstellung wiedergegebene Diskussionsstand der die diskursive Logik strukturierenden Elemente und Faktoren zum Begriff Kompetenz macht einige Bemerkungen erforderlich.

Indem der hier verwendete topische Ansatz die Gemeinplätze zum Ausgangspunkt nimmt, gibt er dem Nichtspezialisten Gelegenheit, eine Vorstellung von der wissenschaftlichen Vorgehensweise bei der Behandlung alltäglicher Phänomene oder Gegenstände zu erhalten. Dies ermöglicht den Dialog zwischen Wissenschaftlern und Nicht-Wissenschaftlern, somit die Verbreitung wissenschaftlicher Erkenntnis, das heißt, die Verankerung der wissenschaftlichen Tätigkeit in der allen zugänglichen Alltagswelt. Am Ende ihres Weges sollte die wissenschaftliche Erkenntnis die Allgemeinplätze erklären und analysieren. Die Herausforderung der öffentlichen Verbreitung und Relevanz wissenschaftlicher Aktivitäten bedeutet nichts anderes als die Notwendigkeit, das wissenschaftlich als wahr Erkannte in das für die öffentliche Meinung Glaubwürdige zu transformieren. Der topische Ansatz macht auf diese Weise die dialektische Beziehung deutlich, die zwischen der Wissenschaft und den Gemeinplätzen besteht. Was einst Wissenschaft war, kann mit Recht in den Bereich der Meinung und des von vielen geteilten Glaubens fallen, um dann, der Kritik unterzogen und wieder in die Theorie aufgenommen, sich in Erkenntnis zurück zu verwandeln.

Daraus ergeben sich in der Beziehung zur Begriffsklärung der Kompetenz folgende epistemologische Bemerkungen: Was die Begriffsanalyse angeht, so vollzieht sich der Übergang zu strenger Wissenschaftlichkeit in der Form eines epistemologischen Bruches mit der Topik der Kompetenz, bei deren Darstellung die Streitigkeiten und Widersprüche deutlich werden, von denen der übliche Gebrauch des Begriffs gekennzeichnet ist. Diese Kontroversen und Ambivalenzen sind der Ausdruck einer Vielzahl uneingestandener Interessen und Bestrebungen epistemologischer, wirtschaftlicher, hegemonialer und strategischer Natur, die bei dem unterschiedlichen Gebrauch, der von diesem Begriff je nach sozialem Umfeld oder Disziplin gemacht wird, unterschwellig vorhanden sind und die somit auch die Diskussion über die Kompetenz mitbestimmen. Obgleich nur implizit, so sind diese Interessen und Bestrebungen doch nicht weniger bestimmende Faktoren für die verschiedenen Bedeutungen, die dem Begriff im alltäglichen Gebrauch zugeordnet werden. Auf diese Weise kann *ein und dasselbe Wort*, nämlich Kompetenz, von verschiedenen Personen benutzt werden, um ganz *verschiedene*, ja sogar erheblich voneinander abweichende *Realitäten* zu bezeichnen: all dies sind Phänomene, die die oben erwähnte dem Begriff zuerkannte Polysemie zum Ausdruck bringen.

Es muss darüber hinaus festgestellt werden, dass die Klärung der Faktoren, die den Kompetenzbegriff unterschiedlich strukturieren und bestimmen, nicht hoffen lässt, ihm eine Eindeutigkeit und allgemeingültige Definition verschaffen zu können; so sehr sind diese Bedeutungen untrennbar mit den genannten Faktoren verbunden. Diese anscheinend unveränderliche Abhängigkeit deutet eher darauf hin, dass der Begriff als logische Folge immer von einem Attribut begleitet wird, das den Typ der Kompetenz, mit dem man es zu tun hat, näher bezeichnet. So kann die Kompetenz interkulturell, sozial, professionell, linguistisch etc. sein. Diese Lösung lässt bei näherer Betrachtung allerdings das uns hier beschäftigende Problem ungelöst. Dieses besteht nicht etwa in einer Klärung der mit der Kompetenz verbundenen Prädikate, sondern es liegt in der Kompetenz selbst als dem hauptsächlichen Operator. Die Prädikate weisen dem Fall entsprechend lediglich auf die Anwendungsfelder einer „Realität" hin (der Kompetenz nämlich), deren

Wesen sich uns entzieht. Mit anderen Worten, die Kompetenz ist etwas, das der Klärung bedarf, bevor sie interkulturell, linguistisch, führungsbezogen etc. sein kann. Die durch die Topik der Kompetenz deutlich werdende Polysemie, scheint also nur der Ausdruck eines *Problems* zu sein, dessen Natur und Grund noch ermittelt werden muss.

Doch bevor ich mit einer eingehenden Untersuchung beginne, möchte ich die besondere Form darstellen, in welcher die Polysemie bei diesem Forschungsvorhaben auftauchte.

1.1.1.5 Kompetenz und Polysemie: die in der empirischen Forschung gewonnenen Erfahrungen

In unserem Forschungsprojekt wurden 76 Jugendliche afrikanischer Herkunft über das in ihren Herkunftsländern bzw. im Zuge der Migration im formellen und im informellen Bildungssektor Gelernte befragt. Wir wollten wissen, was sie in der Schule, zu Hause, auf der Straße etc. *gelernt* hätten. Diese Frage beruhte auf der Annahme, dass das Lernen nicht allein in der Schule oder aber systematisch und in organisierter Form geschieht, sondern auch informell durch praktische Tätigkeiten im Alltagsleben. Der Kompetenzbegriff war weit gefasst und verband unter derselben Bezeichnung schulische Kenntnisse wie auch Wissen und Know-how, wie man es durch praktische Tätigkeit im informellen Sektor erwirbt.

Waren die Antworten auf die Frage nach den im offiziellen Erziehungssektor, namentlich den in der Schule westlichen Typs erworbenen „Kompetenzen", häufig und eindeutig, so wurden durch informelle Tätigkeiten erworbene „Kompetenzen" extrem selten benannt. Auch der häufige Verweis auf die Koranschule (vgl. Seukwa 2001, S. 271) ist ein Indiz auf eine mögliche Divergenz zwischen unserer Auffassung vom Begriff der Kompetenz und der unserer Informanten. Unser Verdacht erhärtete sich, als wir nach einer Umformulierung auf unsere Fragen, die diese Tätigkeiten betrafen, affirmative Antworten erhielten. Diese Umformulierungen hatten darin bestanden, unsere Informanten nicht länger direkt nach dem im informellen Sektor oder der Koranschule *Gelernten* zu befragen, sondern sie über ihre Teilnahme an Aktivitäten in diesen Bereichen und den daraus sich ergebenden Wissensbeständen und Fertigkeiten erzählen zu lassen.

Bei genauerer Betrachtung mussten wir jedoch feststellen, dass das Problem keineswegs gelöst war; und dies aus gutem Grund. Fragen zu stellen, die mit einem Verständnis von Kompetenz formuliert wurden, bei der ihre Bedeutung mit Wissen oder Fertigkeiten gleichgesetzt wurde, trug nur zur Verstärkung der Polysemie bei: Der Begriff des Wissens verweist auf einen Korpus von historisch akkumulierten Erkenntnissen, die sozial anerkannt und validiert sind, wie es zum Beispiel die Gesamtheit der Theorien zur Erklärung der Realität auf wissenschaftlichen Gebiet sind; und die, beispielsweise in Lehrplänen und Büchern, von bestimmten Institutionen wie der Schule verbreitet werden. Das so definierte Wissen unterscheidet sich einerseits von Informationen, wie sie zum Beispiel eine Mitteilung wie „das Kind läuft" darstellen kann, andererseits von Kenntnissen, die Ergebnis einer permanenten Konstruktion des Subjekts bei seiner Interaktion mit einer Situation oder einem Gegenstand des Wissens sind. Daraus folgt, dass das Hauptmerkmal des Wissens in doppelter Hinsicht darin besteht, sein eigener Zweck zu sein: Zunächst als ein System von Aussagen, dessen Validierung nicht von dem äußernden Subjekt abhängt, dann dadurch, dass es in seiner traditionellen Konzeption, wie sie Platon im *Theaitetos* zum Ausdruck bringt, überhaupt keine Verbindung mit der Handlung hat, die weder ihr Zeichen, noch die Bedingung ihrer Validierung sein kann (vgl. Platon 1950, S. 152a). Die Fertigkeiten sind hingegen vor allem am Erfolg, zu dem sie bei der Erledigung einer bestimmten Aufgabe führen, zu erkennen. Die effiziente Handlung konstituiert seine Finalität. Es ist ein funktionelles Wissen, im Wesentlichen pragmatisch, das nur im Hinblick auf das konkrete Resultat der Handlung eingeschätzt werden kann. Weil diese beiden Begriffe nicht denselben Typ von Realität bezeichnen, können sie nicht miteinander synonym sein und noch weniger mit der Kompetenz, von der sich bisher die Polysemie als die einzig feststehende Eigenschaft herausgestellt hat. Da wir unser Verständnis dieses Begriffs endgültig nicht mit einer hinreichend eindeutigen und präzise gefassten Realität verbinden können, die als operationelles Arbeitskonzept zwischen unseren Interviewpartnern und uns dienen könnte, ist es offensichtlich, dass dieses Problem sich in Form von methodologischen Schwierigkeiten bei der Datensammlung wie auch bei ihrer Auswertung bemerkbar machen wird.[13]

Die hier beschriebene Schwierigkeit einer operationellen Verwendung des Begriffs, die nicht doppeldeutig ist und dennoch auf der Polysemie des Begriffs der Kompetenz beruht, stellt jedoch nur das sichtbare Zeichen oder Symptom für ein Problem dar, das im Folgenden genauer entfaltet werden soll.

---

13 Das hier angesprochene Problem bildet fast eine Konstante in den meisten empirischen Arbeiten über die Kompetenz. Das allgemeine Verhalten gegenüber diesem Gegenstand besteht in pragmatischen Entscheidungen; das heißt, dem Begriff wird irgendeine Definition gegeben, für die man in der Empirie eine Bestätigung zu finden versucht, indem man die Informanten dazu bringt, dass sie Antworten geben, die mehr oder weniger der besagten Definition entsprechen. Dieses Vorgehen ermöglicht, das Problem zu umgehen, ohne es zu erhellen oder es etwa zu lösen.

Kapitel 2
Konzeptualisierung der dem Kompetenzbegriff inhärenten Schwierigkeiten

Wie ist zu verstehen, dass die Vielfalt der Bedeutungen ein und desselben Begriffs unter seinen Benutzern als die gewöhnlichste Sache der Welt betrachtet wird? Gibt es eine eindeutige Realität, die einem *Allgemeinbegriff der Kompetenz* entsprechen würde und auf den sich ein eindeutiger Gebrauch dieses Begriffs berufen könnte? Oder kann man von ihm nur in spezifizierter Form und auf ein präzises Attribut bezogen sprechen? Das in diesen Fragen zur Sprache gebrachte Problem wird im Folgenden in dem vom „Universalienstreit" gesetzten theoretischen Rahmen neu interpretiert und analysiert.

Das Erkenntnisinteresse bei diesen Analysen ist ein doppeltes. Das erste will sich nicht damit begnügen, den polysemen Charakters des Kompetenzbegriffs lediglich festzustellen, sondern es sollen die Grundlagen eben dieser Polysemie untersucht werden. Das zweite ist methodologischer Art. Es bezweckt, die Möglichkeit einer ontogenetischen Untersuchung der Kompetenz theoretisch zu begründen. Das heißt, die formalen Bedingungen darzulegen, die es zulassen, die beiden zur Begriffsklärung unumgänglichen Fragen auf einer nicht willkürlichen Basis zu beantworten. Nämlich: Was ist Kompetenz? Und: Welche Prozesse sind zu ihrer Genese erforderlich und wie sind die Mechanismen ihres Entstehung?

2.1 Was ist unter „Universalienstreit" zu verstehen?

Mit diesem Namen wird eine wichtige Debatte bezeichnet, die im Mittelalter die Scholastik zwischen den *Nominalisten* auf der einen und den Anhängern der *Universalien* auf der anderen Seite in zwei Lager teilte; eine Spaltung, die in gewisser Weise die gesamte Geschichte der Philosophie bis zum heutigen Tage durchzieht. Es geht dabei um unterschiedliche Auffassungen zur Lösung des Problems, welcher Status und welche Begründung den *allgemeinen Ideen* (unter anderem den *Genera und Spezies*), unter die die Lebewesen und einzelnen Dinge unterzuordnen sind, in der Realität zukommt. Nehmen wir beispielsweise die beiden folgenden Sätze: „Sokrates ist ein Mensch" und „Der Mensch ist ein vernünftiges Lebewesen". In diesen beiden Aussagen verweisen die Begriffe „Mensch" und „vernünftiges Lebewesen" nicht unmittelbar auf ein bestimmtes Lebewesen, sondern bilden zunächst einmal eher Kategorien zur Klassifikation und Einordnung, sei es einer greifbaren Realität wie „Sokrates" oder einer abstrakteren Form wie „der Mensch". Anders formuliert, wenn wir „Sokrates" sagen, denken wir formal, indem wir eine Ein- und eine Ausschließung vornehmen: Sokrates ist ein Mensch. Er gehört in eine Klasse von Lebewesen, deren ihnen gemeinsame Eigenschaften er teilt. Er gehört zu einem *Genus* und zu einer *Spezies*, nämlich den Menschen. „Der Mensch" unterscheidet sich bei Strafe der Verwirrung von den Klassen der anderen Lebewesen durch seine spezifische Differenz. Er *ist* somit im Gegensatz zu dem, was er nicht ist.

Genus, Spezies, Differenz, Proprium und Akzidenz bilden in der theoretischen Philosophie die fünf Allgemeinbegriffe oder „Universalien", die den Typ von Beziehung stiften, die zwischen einem Prädikat und dem Subjekt besteht und die sein Wesen ausdrücken, das heißt, es definieren. Die Frage ist die nach dem Seinsmodus dieser Begriffe oder allgemeinen Ideen. Haben sie nur eine rein *verbale* oder haben sie eine *reale* Existenz, das heißt eine ontologische Konsistenz? Und wenn ja, in welcher Weise? Die so formulierte Frage umfasst zwei Ebenen und berührt zwei Aspekte des Problems, die erklärungsbedürftig sind:

Die Frage ist zunächst *semantisch* und *epistemisch*; sie betrifft Bedeutung und Wert, die Urteilen oder Allgemeinaussagen wie den oben erwähnten beigemessen werden: Wenn es sich um die Aussage „Sokrates ist ein Mensch" handelt, ist die Frage, inwieweit einzelne Lebewesen sich durch für die Klassifizierung von mehreren geeignete Allgemeinbegriffe, die wiederum Universalien genannt werden, adäquat bezeichnen lassen. Anders gefragt, kann man eine allgemeine Idee mit einem Phänomen verbinden, ohne es allzu sehr zu vereinfachen, oder handelt es sich um ein sehr rationales Projekt zur Offenlegung seiner Struktur, damit sie verstanden werden kann? Was die zweite Aussage betrifft, „der Mensch ist ein vernünftiges Lebewesen", geht es darum zu wissen, in welchem Ausmaß die Allgemeinbegriffe den bestimmten Eigenschaften zugeordnet werden können. Desgleichen, über die Wesenheiten zu reden, heißt das einen sinnlosen, weil abstrakten Diskurs zu halten oder wird das Wesentliche getroffen? Kurz gesagt, kann eine solche Aussage legitimerweise eine verlässliche Erkenntnis darstellen?

Wenn man nach einer klassischen Definition annimmt, dass die Wahrheit eines Urteils von seiner Übereinstimmung mit seinem Gegenstand abhängt, *wird das Problem auf die ontologische Ebene verlagert.* Daraus ergeben sich folgende Fragen: (1) Muss man annehmen, dass Allgemeinbegriffe „allgemeinen Dingen" entsprechen und deshalb für den wissenschaftlichen Diskurs geeignet sind? Die Kompetenz, die Gerechtigkeit, das Dreieck oder der Mensch: existieren sie als solche? (2) Angenommen, diese allgemeinen Gegenstände existierten tatsächlich, in welchem Verhältnis stünden sie zum Einzelnen und zu konkreten Gegebenheiten? Wie existiert die Kompetenz in dieser einzelnen kompetenten Handlung, die Gerechtigkeit in dieser gerechten Handlung, das Dreieck in dieser geometrischen Gestalt und der Mensch in meinem Freund Walter? Welche Beziehungen müssen zwischen dem Allgemeinen und dem konkreten Einzelnen bestehen, damit eine wissenschaftliche Aussage über sie möglich wird?

Im Hinblick auf die Begriffsklärung der Kompetenz ist es sinnvoll, sich am Ende dieser Fragen an das spezifische bei dem Exkurs über den „Universalienstreit" verfolgte Ziel zu erinnern: Der Begriff der Kompetenz wird in seiner Verwendung von einer quasi unreduzierbaren Polysemie gekennzeichnet, die für seine wissenschaftliche Operationalität ein Hindernis darstellt. In diesem Stadium der Analyse sollten die Ursachen dieser Polysemie festgestellt werden. Der „Universalienstreit" ist deshalb interessant, weil er über die Probleme des Seinsmodus und der Erkenntnis der Universalien oder Allgemeinbegriffe zu Fragen führt, die die hier untersuchten Ursachen der Polysemie zu erhellen vermögen. Mit anderen Worten, wenn die *Kompetenz wie eine allgemeine Idee* betrachtet wird, kann dann die theoretische Diskussion über die Universalien dazu beitragen, ihren Seinsmodus zu identifizieren, das heißt, festzustellen, ob sie einer konkreten Realität entspricht und wenn ja welcher? Aber angenommen, sie entspricht keiner bestimmten äußeren Realität, kann sie dann das Objekt wissenschaftlicher Erkenntnis sein, das heißt falsifizierbar? Mit der Antwort auf diese Fragen wird die Möglichkeit einer ontogenetischen Untersuchung der Kompetenz *de jure* begründet.

Im Kern des „Universalienstreits" befinden sich also zwei innerlich miteinander verbundene Probleme, das eine epistemischer Natur, das die Frage nach den Modalitäten der Erkenntnis der Allgemeinbegriffe aufwirft, und das andere ontologischer Art, das ihre Existenz als selbstständige Realitäten in Frage stellt. Im Folgenden sollen die verschiedenen Antworten auf diese Fragen noch einmal kurz dargestellt werden.

2.2   Die Antworten

Die wesentlichen der in dieser Debatte vertretenen Thesen lassen sich – unter dem Vorbehalt einer vereinfachenden Klassifizierung der historisch sehr viel nuancierteren Positionen – in etwa so zusammenfassen: (1) Die allgemeinen Ideen oder Universalien sind reine von unserem Intellekt aus pragmatischen Gründen erfundene Namen; sie sind Wörter ohne Fundament oder Entsprechung in der äußeren Realität. (2) Die allgemeinen Ideen entsprechen einem vor den Dingen existierenden Wesen, das allein ihre Realität ausmacht. (3) Der menschliche Intellekt entdeckt in der äußeren Welt nur Singularitäten, deren Erklärungsprinzip die Begründung jeder Verallgemeinerung ist.

2.2.1   Der Nominalismus

Der Nominalismus ist eine philosophische Richtung, die im Mittelalter entstand und ihre Blütezeit erlebte und die behauptet, dass den Genera und Spezies sowie den anderen Wesenheiten kein reales Sein zukäme, sondern dass sie bloße Namen seien. François Chenique bemerkt dazu Folgendes:

> „In ihrer strengsten Form verneint diese Richtung, dass es im menschlichen Geist wirklich Universalbegriffe gäbe, das heißt, Begriffe, deren Verständnis identisch auf mehrere Einzelwesen angewandt werden kann. Ge-

wiss geben die Nominalisten zu, dass es universelle Namen oder Wörter gibt, doch für sie sind es nur singuläre Begriffe oder gar individuelle Bilder. Die Vorsokratiker, ebenso wie die Stoiker und die Epikuräer waren insofern frühe Nominalisten, als sie nur die sinnliche Erkenntnis zuließen" (1975, S. 28).

Vom nominalistischen Standpunkt aus betrachtet, existieren nur einzelne Phänomene, die Gegenstände unserer einzelnen Wahrnehmungen sind. Erst im Nachhinein werden sie aus Gründen der besseren Mitteilbarkeit zusammengefasst und mehrere untereinander verschiedene Objekte bekommen das gleiche Etikett. Wenn sich also die Genese unserer Allgemeinbegriffe durch diese praktische Notwendigkeit erklären lässt, mit allgemeinen Wörtern zu sprechen, das heißt, gemeinsame Namen zu benutzen, wäre es also nicht zulässig ohne gegen das „Ökonomieprinzip" wie es Wilhelm von Ockham[14] formuliert hat, zu verstoßen, dass diesen allgemeine Realitäten ebenso entsprechen wie den Eigennamen individuelle Realitäten. Obgleich der menschliche Geist sich der Universalien wie der Gattungen und Arten bedient, würden also nur die Partikularbegriffe konkrete, empirische Gegenstände bezeichnen; die Universalien existierten nur im Geiste.

Folglich gibt es für die Nominalisten nur reale Dinge, insofern als diese unter die Sinne fallen: alles andere ist bloße Abstraktion. Die Namen sind nichts weiter als abstrakte Zeichen für die Dinge, die durch Konvention festgelegt sind und können nicht vorgeben, deren Realität an sich in irgendeiner universellen Wesenheit wiederzugeben. Die Universalien wären ein bequemes, aber abstraktes und der Willkür unterworfenes Mittel, um uns im Chaos der Verschiedenheit der Dinge zurechtzufinden, das heißt, sie verwiesen in keinem Fall auf ihr Wesen. Dieser konventionelle und nicht wesentliche Charakter der Allgemeinbegriffe wird von Shakespeare in der folgenden Strophe aus Romeo und Julia (Zweiter Aufzug, Zweite Szene) klar zum Ausdruck gebracht:

„Was ist ein Name? Was uns Rose heißt,
Wie es auch hieße, würde lieblich duften;
So Romeo, wenn er auch anders hieße,
Er würde doch den köstlichen Gehalt
Bewahren, welcher sein ist ohne Titel.
O Romeo, leg' deinen Namen ab,
Und für den Namen, der dein Selbst nicht ist,
Nimm meines ganz!"

---

14 Das Ökonomieprinzip, das auch das Ockhamsche Rasiermesser genannt wird, wurde im Mittelalter von dem berühmten Nominalisten Wilhelm von Ockham formuliert und forderte, dass die Entitäten nicht ohne Notwendigkeit vermehrt werden dürfen. „Multiplicitas non ponenda sine necessitate." Es ist zum Beispiel nicht notwendig, versichert Ockham, dass den allgemeinen Ideen allgemeine Realitäten entsprechen, da der Gebrauch der allgemeinen Ideen allein der praktischen Notwendigkeit folgt, mit allgemeinen Wörtern reden zu können, das heißt mit allgemeinen Namen.

Nelson Goodman und R. Pouivet (1997, S. 9) fassen in ihrem Artikel *Le Nominalisme* die nominalistischen Positionen in drei Thesen zusammen:

1. „Einer so genannten ‚metaphysischen' These, nach der nur Einzeldinge existieren. Diese These verwirft jeden Diskurs über etwas anderes als partikulare, konkrete Entitäten, den Diskurs, den man für gewöhnlich den ‚metaphysischen' nennt [...]

2. Einer ‚semiologischen' These: Wenn es nur Einzeldinge gibt, kann jede Erkenntnis von etwas anderem nur instrumental sein. Das klassische Instrument der Erkenntnis ist das Zeichen. Ob mental oder verbal vertritt es nach variablen Modi mehr oder weniger die Individuen. Das Bezeichnete ist daher immer ein reales Objekt und niemals eine reale Bezeichnung, die an sich Realität hat.

3. Einer ‚epistemologischen' These: Es gibt keine Wissenschaft, es sei denn von den Einzeldingen, selbst wenn die Begriffe Allgemeinbegriffe sind. Die nominalistische Lehre bestünde im Bereich der Wissenschaft darin, dies in eine Sprache über Individuen umzuschreiben, die die Annahme von Universalien nicht nötig macht."

Wenn man die bei den verschiedenen Verwendungen des Begriffs der Kompetenz festgestellte Polysemie im Lichte der hier dargestellten nominalistischen Thesen reinterpretiert, dann wäre diese (die Polysemie) die Resultante des allgemeinen Charakters dieses Begriffs, der nicht auf eine einheitliche empirische und identifizierbare Realität als solche zurückverweist. Die Kompetenz wäre also nur ein Name, das heißt, ein konventioneller und in Bezug auf die konkreten Phänomene abstrakter Begriff, der nicht im Mindesten den Anspruch erheben könnte, an sich irgendeiner Realität zu entsprechen. Eine auf diesen Begriff sich stützende Erkenntnis dürfte folglich nur auf einzelne Phänomene, die damit verbunden sind, unter strikter Beachtung ihrer wesenhaften Propria, so wie sie sich in der empirischen Welt präsentieren, beziehen. Nun wird aber die offensichtlichste der wesenhaften Eigentümlichkeiten der einzelnen Dinge durch ihre Verschiedenheit und ihre sich ändernde Beschaffenheit gebildet, welche die allgemeine Idee, das Ergebnis einer starren rationalen Klassifikation, nicht beachtet.

Auf diese Weise lässt die allgemeine Idee, was die Bedeutung eines Begriffs, der von jeder empirischen Realität losgelöst ist, d.h., kein Objekt mehr hat, der Spekulation freien Lauf. Dieser so genannte rationalistische Vorgang wird daher aus nominalistischer Sicht als eine für das Denken ruinöse Illusion und ein Hindernis für das Begreifen der Realität wahrgenommen.

Die epistemologische Konsequenz aus dieser These ist die Annahme eines radikalen Empirismus, der die Erfahrung zur Quelle aller Erkenntnis macht.

Die Grenzen einer solchen These sind einerseits seit Kant genau aufgezeigt, wenn er in der Kritik der reinen Vernunft begründet, dass alle objektive Erkenntnis vom Subjekt, dessen begriffliche Kategorien der sinnlich wahrnehmbaren Realität die Form geben, durch aktive Konstruktion hervorgebracht wird: „Gedanken ohne Inhalt sind leer, Anschauungen ohne Begriffe sind blind" (K.d.r.V. B75, A51).

Andererseits bietet eine solche These den Anlass für unhaltbare Positionen, die in der Ideengeschichte in theoretische Sackgassen geführt haben, wie etwa die des von Protagoras begründeten skeptischen Relativismus, der die Möglichkeit objektiver Erkenntnis[15] ablehnte und behauptete, „dass der Mensch das Maß aller Dinge sei" oder dem Immaterialismus eines Berkeley, für den allein die Wahrnehmung fähig ist, das Sein zu offenbaren: „esse est percipi".

Was die entscheidende Frage der charakteristischen Veränderung der Dinge angeht, die nach den Nominalisten die Ablehnung jeglicher Abstraktion rechtfertigte, da sie Dynamik und Komplexität der sinnlichen Realität erstarren lässt und vereinfacht, so ist diese Argumentation bei näherer Betrachtung auf der sachlichen Ebene nicht vertretbar. Und dies mit Grund: Die Wahrnehmung der Veränderung als solche ist nicht auf sich selbst zurück bezogen. Anders ausgedrückt, sie wird nur durch ihr Gegenteil deutlich; die Bedingung der Wahrnehmung von Veränderung ist die Dauer. Sie ist der stabile Bezugsrahmen, der ermöglicht, Veränderungen, ja Bewegung überhaupt wahrzunehmen. So ist z.B. vom Kind bis zum Erwachsenen der Mensch das Bleibende. Der Mensch ist hier der Allgemeinbegriff, der die einzelnen Individuen, die sich ständig verändern, transzendiert und es erlaubt, sie als Gattung oder Art einzuordnen.

2.2.2   Über die Realität der Universalien

Auf die vom „Universalienstreit" aufgeworfene Frage, welcher Wert der Existenz und der Erkenntnis der Universalien zukommt, antwortet der strenge von Platon hergeleitete Realismus, dass die Universalien die Realität bezeichnen. Aber diese Realität transzendiert die sinnlich wahrnehmbaren Dinge und ist damit authentischer als sie, weil sie ihnen in der Existenz vorausgeht. Anders formuliert, allgemeine Begriffe (wie Mensch, Gerechtigkeit, Kompetenz, Schönheit) würden völlig zu Recht auf die Realität verweisen.

Ein kurzer Blick in die Platonischen Dialoge macht den Gedankengang deutlich, der zu dieser Antwort führt. Platon geht von einem Allgemeinbegriff der Schönheit, der Gerechtigkeit usw. aus und fragt, was sie seien. Sokrates, der die Positionen Platons vertritt, verwirft die sophistischen Antworten auf diese Frage, die Schönheit oder Gerechtigkeit mit konkreten Beispielen von schönen Dingen oder gerechten Handlungen identifizieren. Sokrates will eine Definition. Wenn es aber möglich ist, diese allgemeinen Dinge zu definieren, dann ist auch möglich, sie zu erkennen; und wenn man sie erkennen kann, existieren sie.

Wird diese Vorgehensweise nun auf das Beispiel einer geometrischen Figur wie den Kreis angewandt, lässt sie sich folgendermaßen erklären: Nirgendwo auf der Welt ist ein vollkommener Kreis zu finden. Dennoch weiß man, dass es einen Kreis

---

15   Objektivität ist hier nicht als absolute, unwiderlegbare Wahrheit wie ein religiöser Lehrsatz zu verstehen, sondern eher als Übereinstimmung eines wissenschaftlichen Urteils mit einer dem Subjekt äußerlichen Realität.

gibt, dessen Vollkommenheit nicht zu bezweifeln ist, weil es nämlich möglich ist, dafür einen klaren Beweis zu liefern, der dadurch zu einer adäquaten Erkenntnis führt, dass er dessen wesentliche Eigenschaften deutlich macht. Und wenn man eine adäquate Erkenntnis von etwas hat, heißt das, dass es sehr wohl existiert. Da aber in der empirischen Welt keine vollkommene geometrische Figur existiert, kann diese nur in einer „übersinnlichen" Welt und in einem rein intelligiblem, also nicht sinnlich wahrnehmbaren Modus existieren. Platon nennt diese übersinnlichen Wesen: Archetypen, Formen, Eidos oder ewige Ideen.

Die Individuen und die einzelnen Dinge, die in der sinnlich wahrnehmbaren Welt existieren, würden also ihre Eigentümlichkeiten, ihre Stabilität und ihre gegenseitige Ähnlichkeit aus ihrer gemeinsamen Teilhabe an diesen höheren Realitäten erhalten. Sokrates, Omar und Frank können sich alle als Mensch betrachten, weil ihnen dieselbe Idee oder Form gemeinsam ist. Gleichfalls *bleibt* jedes dieser Individuen ungeachtet der vielen Veränderungen, die es erleben kann, nur deshalb was es ist, weil es an dieser gemeinsamen Form oder dem Archetyp des Menschen teilhat, die oder der sich nicht ändert. *Der Gebrauch allgemeiner Namen um immer von einander unterschiedene Realitäten zu bezeichnen, findet so seine Legitimation.*

Dieser Gebrauch ist im platonischen Realismus jedoch nur adäquat, wenn er auf eine Erkenntnis verweist, die sich zugunsten der reinen Vernunft, die allein fähig ist, sich auf die intelligible Realität oder die Archetypen zu beziehen, bewusst von allem abwendet, was materielle Dinge an Unwesentlichem an sich haben können. Die sinnlich wahrnehmbaren Dinge sind nur „Mimesis", das heißt, Kopien der intelligiblen und transzendenten Realität. Der Universalienrealismus führt insofern zur Abwertung jeglicher sinnlichen Erkenntnis.

Daraus folgt einerseits auf epistemologischer Ebene die Annahme eines dogmatischen Realismus, der die Übereinstimmung zwischen dem Denken und sich selbst herstellt, als die notwendige und hinreichende Bedingung der Erkenntnis. Auf diese Weise von der empirischen Realität losgelöst, verliert sich die Vernunft in der Spekulation und in logischen Wahnsystemen. Da ihr von der materiellen Realität keine Schranken mehr gesetzt sind, kann sie sich also selbstgefälligen und unmäßigen Verallgemeinerungen zuwenden. Außerdem ist die allgemeine Idee, so wie sie vom radikalen Realismus konzipiert wurde, nicht nur realer als die materiellen und sinnlich wahrnehmbaren Dinge, sondern sie steht mit ihnen in einem einseitigen ontologischen Abhängigkeitsverhältnis zu ihren Gunsten. Sie kann deshalb im Prinzip unabhängig von den materiellen Dingen existieren, aber nicht umgekehrt.

Aus dieser Trennung der Universalien von den materiellen Dingen ergibt sich ein doppeltes Problem, nämlich das der onotologischen Konsistenz und des epistemischen Wertes dessen, was von den realen Dingen oder Wesen übrig bleibt. Wenn zum Beispiel die Idee der Rose von der sinnlich wahrnehmbaren Rose, die betrachtet und gerochen werden kann, getrennt wird, was ist dann die konkrete Rose, die wir sehen? Der schlichte Schatten des Archetypus, der sich außerhalb der

Rose befindet? Wenn der Fall so liegt, wie kann dann der Anspruch auf eine ausreichende Erkenntnis eines Gegenstands erhoben werden, der von seinem Wesen entleert ist?

2.2.3 Der immanente aristotelische Realismus

Indem er die Konsequenzen aus den vom transzendenten Realismus der Universalien platonischer Provenienz verursachten Widersprüchen zieht, will Aristoteles Vielfalt und Wechsel, die für die Dinge der empirischen Welt charakteristisch sind, verständlich machen. Zu diesem Zweck muss er einerseits die platonische Ontologie, die auf der Theorie der unveränderlichen, „ewigen" und von der sinnlich wahrnehmbaren Welt getrennten Ideen beruht, und andererseits ihr epistemologisches Gegenstück, das jede sinnliche Erkenntnis als den einfachen Reflex der Archetypen der realen, transzendenten Welt definiert, ablehnen. Aristoteles stellt fest, dass, wenn die platonischen Ideen selbst intelligibel sind, sie der sinnlichen Welt fremd sind. Wenn sie nun von der empirischen Welt wirklich getrennt sind, gibt es für das Subjekt ihrer Erkenntnis logisch eine einzige Alternative: Entweder haben sie nichts mit der sinnlichen Welt bzw. mit den materiellen Dingen gemeinsam und sind folglich für die menschliche Intelligenz unzugänglich, oder sie haben mit der sinnlichen Welt (die aus sich selbst heraus nicht intelligibel sein kann) etwas gemeinsam, aber brauchen wie diese die sinnliche Welt, um selbst intelligibel zu sein, andere Ideen; und der Regressus ad infinitum kann beginnen. Dieser Flucht in die „Welt der Ideen" muss also ein Ende gesetzt werden, um direkt die Realität der konkreten Welt zu erkennen, das heißt, die empirische Gestalt, so wie sie in ihrer Materialität erscheint.

Auf diese Analysen gestützt macht der immanente Realismus aristotelischer Prägung also *die Existenz der Universalien in den materiellen Dingen zu dem Prinzip ihrer Organisation und Entwicklung.* Die Beobachtung des Lebendigen überzeugt Aristoteles in der Tat davon, dass in jedem Individuum ein Prinzip existiert, das über dessen einfache materiell-individuellen Eigentümlichkeiten hinausgeht. Dieses Prinzip, das von den allgemeinen Eigenschaften der Dinge repräsentiert wird, bildet das der sinnlichen Realität immanente Element der Rationalität oder ihr Wesen. Da dies so ist, setzt die Erkenntnis des Wesens der Dinge nicht mehr voraus, dass man sich von der sinnlichen, empirischen Welt abwende, sondern gerade im Gegenteil, die konkrete Beobachtung ist es, die es ermöglicht, durch die Reflexion das gemeinsame allgemeine Element, das die individuellen Wesen und Dinge enthalten, von ihnen abzutrennen und sie so in die gleiche Gattung einzuordnen. Die menschliche Vernunft entdeckt auf diese Weise in der äußeren Welt nur Einzelnes, dessen Organisationsprinzip die Grundlage jeder Verallgemeinerung bildet. Das Intelligible, das heißt, die allgemeine Idee, die ein rationales Verständnis der Ding ermöglicht, lässt sich von da an in der sinnlichen Mannigfaltigkeit oder dem Empirischen begreifen. Es besteht folglich eine gegenseitige Abhängigkeit zwischen dem Partikularen, das heißt, den einzelnen Dingen, und den Universalien, die beide von diesem Gesichtspunkt aus betrachtet nicht ohne einander existieren können. Also kein einzelnes Objekt ohne allgemeine Eigenschaften und umgekehrt: Wenn demnach zum Beispiel in einer bestimmten Stadt während zehn Jahren keine einzige gerechte Tat vorkommt, existiert während dieser zehn Jahre die Gerechtigkeit einfach nicht.

Auf ontologischer und epistemologischer Ebene folgt daraus eine Versöhnung mit aufwertender Wirkung für das empirische Wissen, da ja *die einzelne Existenz und die Essenz zugleich als konstitutive Elemente der Realität gegeben werden.* Der Mensch (als solcher) existiert nur durch jedes einzelne Individuum, die Kompetenz nur durch diese und jene konkrete Kompetenz. Die Universalien existieren also nicht als einfache allgemeine Namen zu rein pragmatischem Gebrauch und ohne jegliche Verbindung mit der Realität (Nominalismus), oder als ewige Ideen, abgeschnitten von der sinnlich wahrnehmbaren Welt (platonischer Realismus), sondern als immanentes Organisations- und Einheitsprinzip der Realität, das bewirkt, dass das Allgemeine immer zugleich konkret ist, da es nur im Einzelnen existiert und sich manifestiert. Der aristotelische Realismus bildet auf diese Weise eine phänomenologische Ontologie, die den Weg zur wissenschaftlichen Erkenntnis der empirischen Realität eröffnet.

2.2.4   Schlussfolgerungen

Auf die heuristische Frage, die zu Anfang dieses Exposés über den „Universalienstreit" formuliert wurde – nämlich ob die Kompetenz eine allgemeine Idee und welches ihr Existenzmodus ist und ob sie einer konkreten Realität entspricht, und wenn ja welcher; oder ob sie nicht doch ein abstrakter Begriff ist, der wie jeder Begriff dieser Art nicht Gegenstand objektiver Erkenntnis sein kann, da ihm ja bekanntlich keine objektive äußere Realität entspricht, was dann die Polysemie bei der Verwendung des Begriffs erklärt – kann folgende Antwort gegeben werden:

(1) Die Kompetenz kann tatsächlich wie ein Allgemeinbegriff behandelt werden; als solcher verweist sie zunächst auf nichts Genaues – Empirisches – mit dem man sie identifizieren könnte. Daraus folgt, dass sie den Eindruck macht, als wäre sie nur das, was jeder Benutzer aus ihr mache. Dieser Eindruck ist umso stärker, als das was empirisch wahrnehmbar ist, nämlich das womit man in der Praxis und bei ihrer Verwendung konfrontiert ist, eine Kompetenz sei, die genau bestimmten Tätigkeitsbereichen zugeordnet ist. Diese Tätigkeiten sind ebenso viele, diverse Prädikate des Subjekts Kompetenz, die sie am Ende unter sich begraben. Daher spricht man von der Kompetenz nur mit einem bestimmten Attribut: Führungskompetenz, linguistische Kompetenz, interkulturelle Kompetenz etc. Und sogar beim Gebrauch des Kompetenzbegriffs als Allgemeinbegriff – wenn man zum Beispiel ohne jede andere Bestimmung von dieser oder jener Person aussagt, sie sei

kompetent – ist der Begriff implizit mit einer genau bestimmten Tätigkeit verbunden, wobei angenommen wird, dass alle Gesprächsteilnehmer wissen, was gemeint ist. Die Vielfalt der Anwendungsbereiche, verdoppelt durch die Bedeutungsverschiebungen und -variationen, die mit dem Begriff einer Tätigkeit in dem einen oder anderen Kontext verbunden werden können, führen schließlich zu der Auffassung, die Kompetenz als Allgemeinbegriff, so wie es die Nominalisten sich vorstellten, sei nur ein allgemeiner Name, der aus praktischen Gründen verwendet wird, um an sich unterschiedliche Realitäten zu bezeichnen, denen sie unmöglich im Allgemeinen entsprechen können. Es existierten demnach nur einzelne Kompetenzen, die der Vielfalt der menschlichen Tätigkeitsfelder und den Bedeutungsvariationen, die ihnen je nach Kontext zugeordnet würden, entsprechend ihren Ausdruck finden. Doch bei genauerer Betrachtung ist diese Folgerung unhaltbar.

(2) Nicht alle menschlichen Tätigkeiten können als Kompetenz qualifiziert werden. Das bedeutet auf der formalen Ebene, dass die Kompetenz etwas ist, was zunächst als Unterscheidungskriterium dient: das heißt, eine allgemeine Kategorie unter die einige Arten, etwas zu tun, untergeordnet werden können, andere aber nicht. Daraus folgt, dass diese in ihrer Bestimmung, ihrem Inhalt und den Modi ihrer Ausführung völlig unterschiedlichen menschlichen Tätigkeiten alle unter den Begriff der Kompetenz gefasst werden können, da sie ungeachtet aller Verschiedenheit ihrer Erscheinungsformen von einem Kontext zum anderen, eine oder mehrere unveränderliche Eigenschaften haben, die sie vereinen. Aus dieser Perspektive betrachtet, ist der Begriff nicht nur eine der Unterscheidung und Klassifizierung menschlicher Tätigkeiten dienende Kategorie, sondern zugleich ein Organisationsprinzip des Realen. Denn weit davon entfernt, eine fleischlose Abstraktion zu sein, bildet dieses Prinzip eine Eigenschaft, die sich nur in konkreten und durch konkrete menschliche Handlungen ausdrückt, die empirisch beobachtbar sind. Sie ist eine allgemeine, der menschlichen Praxis immanente Eigenschaft.

Kapitel 3
Ontogenetische Analyse der Kompetenz

Aus den vorhergehenden Analysen folgt, dass die Kompetenz, insoweit sie sich als Eigenschaft in und durch menschliche Handlungen ausdrückt, ein *objektives Phänomen* ist, das dadurch ,wirklich' existiert und zum Objekt der wissenschaftlichen Erkenntnis und damit einer Untersuchung werden kann. Diese Untersuchung, der die folgenden Seiten gewidmet sind, wird auf der ontogenetischen Ebene darin bestehen, das Phänomen zu analysieren, das heißt, seine Struktur und seine Genese zu beschreiben. Das Erkenntnisinteresse liegt bei diesem Vorgehen in der Bestimmung dessen, was Kompetenz ist, wie auch der Modi ihres Erwerbs. Ein erster Versuch zu ihrer Identifikation ermöglichte, die Kompetenz *formal* betrachtet als eine die menschlichen Tätigkeiten unterscheidende Eigenschaft zu bestimmen. Jetzt geht es darum, dieser formalen Beschreibung einen Inhalt zu geben. Dies wird durch die Spezifizierung dessen, was sie ist, wie auch durch den Modus ihrer Entstehung oder ihres Erwerbs durch das Subjekt, erreicht. Diese Spezifikation wird vier komplementäre Ansätze miteinander verbinden: nämlich den linguistischen, psychogenetischen, psychosozialen und soziogenetischen. Mit einer solchen Vorgehensweise lassen sich sowohl die individuellen als auch die sozialen Faktoren deutlich zeigen, die für die Ausbildung dessen, was Kompetenz ist, entscheidend sind. Zu diesem Zweck greife ich von verschiedenen Autoren in unterschiedlichen Fachgebieten ausgearbeitete Analysemodelle dieses Phänomens auf.

3.1 Die Linguistik: Chomsky und die Sprachtheorie

Chomskys (1957) Forschungsschwerpunkt sind die Prinzipien, auf denen der menschliche Spracherwerb gründet[16]. Er ist davon überzeugt, wie John Lechte schreibt, dass „like physics, the intellectual interest of linguistics resides less in phenomena (the products of language) and more in the explanatory power of its principles" (Lechte 1994, S. 16). Im Grunde möchte Chomsky die spezifische Kreativität der menschlichen Sprache wissenschaftlich belegen, wie es Descartes (1641) und Humboldt (1836) gefordert haben.

"The most striking aspect of linguistic competence is what we may call the 'creativity of language', that is, the speaker's ability to produce new sentences, sentences that are immediately understood by other speakers although they bear no physical resemblance to sentences which are 'familiar'. The fundamental impor-

---

16 Die Prinzipien der generativen Grammatik wurden von Chomsky zum ersten Mal in seinem Werk Syntactic Structures, La Haye, Mouton 1957 (französische Übersetzung: Structures Syntaxiques, Paris, Ed. Du Seuil, 1969) entwickelt.

tance of this creative aspect of normal language use has been recognised since the seventeenth century at least, and it was at the core of Humboldtian general linguistics" (Chomsky 1966, S. 11).

Zu Beginn der Revolution, die er in der Linguistik auslöste, steht ein radikaler Bruch mit dem Behaviorismus. Dessen empiristischem Ansatz gelang es nicht, Auskunft über bestimmte wichtige Sprachphänomene (wie den Prozess der Bildung einfacher Frage- und Antwortsätze [ja/nein] ausgehend von Erklärungssätzen in der englischen Sprache[17]) und über die Mechanismen der sprachlichen Produktion bzw. des Spracherwerbs zu geben. Um den von Chomsky eingeleiteten Paradigmenwechsel und dessen Auswirkungen auf die hier unternommene Analyse der Kompetenz besser einschätzen zu können, ist es sinnvoll, das zum Zeitpunkt der Etablierung seines Denkens in der Sprachforschung herrschende Paradigma kurz vorzustellen.

Das Werk des amerikanischen Psychologen Burrhus Frederic Skinner mit dem Titel *verbal behavior* (Verbales Verhalten, 1957) stellt zur damaligen Zeit das beste Modell für die Anwendung behavioristischer Theorien in der Sprachwissenschaft dar. Skinner interessierte sich nur für den materiellen und beobachtbaren Aspekt des Verhaltens (behavior). Nach ihm resultierte das „verbal behavior" oder das Sprachverhalten aus der Konditionierung durch die sich gegenseitig verstärkende Wirkung zwischen den Wörtern und den Eigenschaften eines Stimulus. Dieser Mechanismus des Lernens durch die Verstärkung des Stimulus kam gegenüber physischen Gegenständen ebenso zur Anwendung (zum Beispiel: auf die entsprechende Bitte hin, erhält man ein Glas Wasser) wie beim Sozialverhalten, wo eine gute Leistung oder ein Erfolg durch Lob und Ermutigung belohnt werden. Skinner benutzte den Ausdruck „Verbal Operant Conditioning" dazu, die durch Gewohnheit erworbene Erwartungshaltung zu kennzeichnen, die darauf zurückzuführen ist, dass eine in einer bestimmten Situation gegebene verbale Antwort, wenn sie eine Verstärkung erfährt, mit großer Wahrscheinlichkeit in derselben Situation wiederholt wird. Er erstellte fünf verschiedene Klassen von *Verbal Operants* auf: *Mands, Tacts, Echoics, Textuals* und *Intra Verbals*, die er wie folgt charakterisierte:

Der *Mand*, der von ‚com-mand' und ‚de-mand' abgeleitet wird, beruht auf der Regelmäßigkeit der Realisationen oder der Ausführung von Befehlen oder Bitten, die von einem Sprecher gemacht werden. Ein Kind weiß zum Beispiel dank der Erfahrungen, die es gemacht hat, dass es höchstwahrscheinlich Wasser erhalten

---

17 Zum Beispiel: The dog bit the man = did the dog bite the man? Oder aber: The man was bitten by the dog = was the man bitten by the dog? Die beiden damals vorherrschenden Konzeptionen unter den Grammatikern, namentlich die *finite state grammars* (die wesentlich in einem Regelwerk über die Verbindung von Wörtern ohne irgendeine Beziehung zu der Struktur des weiteren Satzes besteht) und die *phrase structure grammar* (die aus Konstruktionsregeln für Ausdrücke ausgehend von den Wörtern und ihrer Kombination im Inneren des Satzes besteht) konnten einzeln genommen über die Mechanismen bei der Bildung dieser Fragesätze und folglich über deren Grammatikalität keinen Aufschluss geben. Chomsky machte mit Erfolg deutlich, dass dazu die Verbindung der phrase structure rules mit den transformational rules nötig ist.

wird, wenn es das Wort „Wasser" ausspricht. Deshalb kann das Wasser in diesem Fall als ein Verstärker betrachtet werden.

Der *Tact* beruht auf dem Gebrauch, den der Sprecher davon macht, was Skinner „naming" nennt, und als Verstärker wirkt. Der Fall ist gegeben, wenn ein Kind „Hund" sagt und ein Erwachsener ihm antwortet: „Bravo, mein Kleines, das ist ein Hund".

Der *Echoic* bezieht sich auf die Nachahmung der Aussage durch den Sprecher und kann durch mehrere Mittel wie „sprich mir nach" verstärkt werden.

Der *textual operant* ist das schriftliche Pendant des *verbal operant*. Und der *intra verbal operant* bildet schließlich eine Kombination von Wörtern, die für die Verwendung und Auswahl der folgenden ausschlaggebend sind.

Das Erwerben der Grammatik, so wie sie von Skinner erklärt wird, erfordert ein weiteres Element: Den *Autoclitic*. Dieser besteht in einem Kommentar über die *verbal operants*. Die richtige Grammatik wird auf diese Weise durch den Gebrauch des *verbal operant* und des autoklitischen Kommentars in der richtigen Reihenfolge charakterisiert. In der folgenden Aussage „Johannes ist in Berlin" ist der *primary verbal operant* der *tact*. Wenn der Sprecher sagt: „Ich habe gehört, dass Johannes in Berlin ist", handelt es sich um ein Beispiel autoklitischer Wörter, bei denen „ich habe gehört" ein Kommentar über den *primary verbal operant* ist, der selbst wahrscheinlich ein *operant echoic* ist (das heißt, dass der Sprecher wahrscheinlich von jemandem gehört hat, dass Johannes in Berlin ist. Der/das Echoic verweist auf eine Nachahmung des Satzes oder der Aussage eines Kindes, die Gegenstand einer Verstärkung sein kann). Wenn der Satz gelautet hätte, „ich habe in der Zeitung gelesen, dass Johannes in Berlin ist", hätte der autoklitische Kommentar ein *textual (reading) characteristic* gehabt. Die Verwendung des *verbal operant* wäre ebenso wie die des guten autoklitischen Kommentars (oder der richtigen Grammatik) durch das Lob und andere Formen der Ermutigung positiv verstärkt worden und könnte auf diese Weise vom Kind weiterhin benutzt werden, während Grammatikfehler durch Verbote und Frustration „negativ verstärkt" und aufgegeben würden. Auf diese Weise baute Skinner seine Theorie des Spracherwerbs auf einem Lernprozess auf, der auf der Verstärkung des Stimulus beruhte.

In diesem behavioristischen Ansatz, der vom empiristischen Paradigma des Lernens ausgeht, steckt die Konzeption des lernenden Subjekts als einer „tabula rasa", einer Art passiven „Auffangbeckens", das von außen mit den Daten der Erfahrung aufgefüllt wird. Es können ihm folglich nicht irgendwelche Fähigkeiten zugeschrieben werden, außer der, die Verstärkung des Stimulus zu verinnerlichen, das heißt, durch die Daten konditioniert zu werden, die es erwerben soll. Die behavioristische Theorie des menschlichen Spracherwerbs durch Konditionierung nahm auf diese Weise die Züge einer Theorie der Dressur an.

1959 veröffentlicht Chomsky eine vernichtende Rezension zu Skinners Buch ‚Verbal Behavior'. Nachdem er darin sowohl das Vorgehen als auch die Schlussfolgerungen des Autors gründlich untersucht hat, behauptet Chomsky die theoretische und empirische Inkonsistenz des behavioristischen Ansatzes zur Erklärung sprachlicher Phänomene. Seine Untersuchung der *verbal operants* bringt ihn zu dem Schluss, dass die behavioristische Typologie der Sprechakte der traditionellen Linguistik offensichtlich unterlegen ist. So war zum Beispiel bereits von dieser zwischen Fragen, Bitten und Befehlen ein Unterschied gemacht worden, doch Skinner spricht in seiner Typologie völlig undifferenziert vom *mand*. Darüber hinaus schließt seine Theorie die Hypothese von *mands*, denen nicht Folge geleistet wird, aus; das heißt, den Fall, in dem das Kind „Zucker" sagt und diesen aus irgendeinem Grunde nicht vom Erwachsenen erhält. Woraufhin – nach behavioristischer Logik – der Zucker aufhörte, ein Stimulus zu sein und der *mand* ein *verbal operant*. Nach diesen Beobachtungen nimmt sich Chomsky die Skinnersche Lerntheorie energisch vor. Indem er mit größter Aufmerksamkeit die Schlüsselbegriffe untersucht, mit denen Skinner den Spracherwerb erklärt,

"Chomsky repeatedly shows how such notions as 'operant' or 'reinforcement' may have some meaning between the circumscribed horizons of rat in the skinner box, but when extended to every day human action, they become loose metaphors – when any shred of significance still adheres to them" (Campbell 2000, S. 2).

Er argumentierte einleuchtend damit, dass jede Spracherwerbstheorie, die auf einer Konditionierung beruht, eine ständige und systematische Betreuung der kleinen Kinder durch die Erwachsenen zur Voraussetzung hätte, die einerseits dauernd die Fehler der Kinder bei der Wortwahl, der Aussprache und Betonung sowie der Grammatik verbesserten, andererseits den guten Sprachgebrauch, den sie in Bezug auf diese Aspekte der Sprache machen, verstärkten. Dies ist jedoch ganz offensichtlich nicht der Fall.

"It is simply not true that children can learn language only through 'meticulous care' on the part of adults who shape their verbal repertoire through careful differentially reinforcement, thought it may be that such care is often the custom in academic families. It is a common observation that a young child of immigrant parents may learn a second language in the streets, from other children, with amazing rapidity, and that his speech may be completely fluent and correct down to the last allophone, while the subtleties that become second nature to the child may elude his parents despite high motivation continued practice" (Chomsky 1959, S. 42).

Die Leichtigkeit und Schnelligkeit des Spracherwerbs in nicht organisierter, also informeller Form bildet einen ausreichenden Beweis gegen eine Theorie des Spracherwerbs durch Konditionierung, bei der das Kind in *völliger Passivität* nur durch die Verstärkung die Sprache *verinnerlichen würde*, die der Erwachsene ihm beibringen will. Ausgehend von dieser Feststellung schließt Chomsky auf den unzureichenden Erklärungswert des behavioristischen Stimulus, der wegen seines qualitativ wie quantitativ geringen Vorkommens in der unmittelbaren Umgebung des Kindes während der ersten Lebensjahre keinen Aufschluss über den schnellen Spracherwerb des letzteren in seiner ganzen Komplexität geben könnte.

> "It is also perfectly obvious that, at a later stage, a child will be able to construct and understand utterances which are quite new, and are, at the same time acceptable sentences in his language. Every time an adult reads a newspaper, he undoubtedly comes upon countless new sentences which are not at all similar, in a simple physical sense, to any that he has heard before, and which he will recognize as sentences and understand ..." (ebd. S. 42).

Bei dieser empirischen Evidenz geht es vornehmlich um die Nicht-Passivität des Sprechers in seinem Sprachverhalten in Anbetracht seiner Fähigkeit, nie vorher ausgesprochene oder gehörte Sätze zu produzieren oder zu verstehen. Ein zusätzliches – eher technisches – Argument, das über die Nicht-Passivität hinaus eine kreative Fähigkeit des Sprechers bei der Satzbildung annimmt, liefert eine 1958 von George A. Miller & Chomsky durchgeführte Studie, die zum Ziel hatte, eine „sentence unit" soweit wie möglich auszudehnen, das heißt, die Anzahl der Wörter, die bei der Konstruktion eines Satzes mit anderen verbunden werden können. Daraus folgt:

> "The average number of possible transitions following any word in a sentence is on the order of 10 – that is, at any point in a sentence there is an average of 10 words that can follow that word. So, in a sentence of about 20 words long – which is not very long, that's about the average length of sentences in Reader's Digest – that would lead to 10 to the 20th power number of sentences. And there are less than 10 to the 10 seconds in a century" (Miller, interviewed in Baars 1986, S. 208 zitiert nach Campbell 2000, S. 4).

Daraus folgt in Anbetracht der bedeutenden Anzahl von Sätzen, die ein erwachsener Sprecher formulieren und verstehen kann, die praktische Unmöglichkeit, sie alle durch Verstärkung erworben zu haben. Ein lebenslanges Lernen würde dazu nicht ausreichen. Nachdem die Theorie des Spracherwerbs durch Konditionierung und/oder Verstärkung derart demontiert und ad absurdum geführt wurde, brauchte es eine neue Theorie, die den oben erwähnten empirischen Gegebenheiten der Sprache Rechnung trug, namentlich der manifesten Kreativität des Sprechers bei Produktion und Verständnis seiner Sprache. Was in anderen Worten auf den Gedanken hinauslief, den bereits Wilhelm von Humboldt (1836) geäußert hatte, nach dem „,die Sprache von endlichen Mitteln einen unendlichen Gebrauch machen muß' und daß ihre Grammatik den Prozeß, der dies ermöglicht, beschreiben muß" (Chomsky 1965, Vorwort).

3.1.1 Kompetenz – Performanz

Um das so präzisierte Problem zu lösen, führt Chomsky eine Unterscheidung zwischen „Kompetenz" und „Performanz" ein. Diese Unterscheidung ist unter anderen das Ergebnis der Analyse bestimmter Sätze, deren Mehrdeutigkeit ebenso wie ihre impliziten Grundlagen im Sprecher nur durch ihre „syntactic description" deutlich gemacht und erklärt werden können. Diese Entdeckung Chomskys verweist auf „an (abstract) object of some sort, associated with the sentence, that uniquely determines its semantic interpretation". (Chomsky 1966, S. 13) Die „syntactic description" erlaubt über ihre phonetische Form oder ihre *Oberflächenstruktur* hinaus, aus einem Satz Informationen über seine möglichen semantischen Interpretationen, die zu seiner Tiefenstruktur gehören, zu erhalten. Diese Tiefenstruktur besteht aus einem Ensemble von bestimmenden grammatischen Beziehungen, die erlauben, die impliziten Grundlagen der Mehrdeutigkeit in der phonetischen Form der Sätze offen zu legen. Diese Tiefenstruktur gehört deshalb in das Gebiet der Kompetenz und die Oberflächenstruktur in das der Performanz. Unter Kompetenz versteht Chomsky also die implizite Kenntnis, die der ideale Sprecher[18] (Sprecher-Hörer) von seiner Sprache hat. Genauer gefasst:

> "The competence of a speaker-hearer can, ideally, be expressed as a system
> of rules that relate signals to semantic interpretations of these signals"
> (Chomsky 1966, S. 10).

Anders ausgedrückt, dieses Regelsystem oder die Kompetenz repräsentieren hier die *Grammatik*, die über die (phonetischen, syntaktischen, semantischen) Eigenschaften der Sätze bestimmt. Sie ist diese „Sprachfähigkeit", die die Grundlage der Intuitionen und der linguistischen Kreativität bildet, die bei dem Sprecher (Sprecher-Hörer) festgestellt wurden. Die Performanz ihrerseits ist der aktuelle Sprachgebrauch in konkreten Situationen. Sie stellt eine Realisierung, besser gesagt, eine Aktualisierung der Kompetenz dar, die ihrerseits – Chomsky insistiert darauf – implizit und dem Sprecher, sowohl was ihre Existenz als auch was ihre empirischen Auswirkungen betrifft, unbewusst bleibt.[19] Die Performanz schafft die Tatsachen

---

18 Der ideale Sprecher-Hörer ist in der Linguistik ein methodologisches Konstrukt, das Chomsky folgendermaßen erklärt: „Der Gegenstand einer linguistischen Theorie ist in erster Linie ein idealer Sprecher-Hörer, der in einer völlig homogenen Sprachgemeinschaft lebt, seine Sprache ausgezeichnet kennt und bei der Anwendung seiner Sprachkenntnis in der aktuellen Rede von solchen grammatisch irrelevanten Bedingungen wie
– begrenztes Gedächtnis
– Zerstreutheit und Verwirrung
– Verschiebung in der Aufmerksamkeit und im Interesse
– Fehler (zufällige oder typische)
nicht affiziert wird" (Chomsky 1969, S. 13).
19 Um diese paradox anmutende Bemerkung zu erläutern, gibt Chomsky mehrere Beispiele an, darunter den folgenden Satz: "'I had a book stolen'. Few hearers may be aware of the fact that their internalized grammar in fact provides at least three structural descriptions for this sentence. Nevertheless, this fact can be brought to consciousness by consideration of slight

für die Forschungen über die Kompetenz. Aber eine vertiefte Studie über die Performanz beruht im Gegenzug auf der Kenntnis, die man über die Kompetenz hat, und die ihr zugrunde liegt. Da es nun einmal so ist, dass die letztere ihre Existenzbedingung oder die Bedingung ihrer Möglichkeit ist, kann vernünftigerweise nur eine unmissverständliche Erklärung ihrer Struktur Aufschluss über die Performanz geben.

3.1.2 Die generative Grammatik als Instrument für die Analyse der Kompetenz

Nachdem Chomsky die Kompetenz bestimmt und abgegrenzt hat, muss ihre Struktur genauer beschrieben werden. Diese Aufgabe hat die generative Grammatik zu erfüllen.

> "The problem for the grammarian is to discover this system of rules; the problem for linguistic theory is to discover general properties of any system of rules that may serve as basis for a human language, that is to elaborate in detail what we may call, in traditional terms, the general form of language that underlies each particular realization, each particular natural language [...] This is the fundamental problem to which all work in generative grammar has been addressed" (Chomsky 1966, S. 10-11).

Aber zur Erfüllung dieser Aufgabe kann die generative Grammatik wegen ihres impliziten Charakters und des Umstands, dass die Kompetenz dem Sprecher unbewusst bleibt, weder auf irgendwelche Daten, die sich aus ihr ergeben, noch auf Daten der Performanz zurückgreifen, da ja ihr Verständnis von dem der Kompetenz abhängt. „Unter einer generativen Grammatik verstehe ich einfach ein Regelsystem, das auf explizite und wohldefinierte Weise Sätzen Strukturbeschreibungen zuordnet" (Chomsky 1969, S. 19). Das heißt also, ein theoretisches Modell, das den linguistischen Intuitionen eines native speakers durch eine Erklärung der Struktur der Erzeugung von Sprache adäquat Rechnung tragen kann, was die Kompetenz darstellt. Das so konstruierte Modell müsste den Anforderungen eines Tests genügen, der seine Richtigkeit feststellen kann, also seinen Grad an Übereinstimmung mit der *einzigen stichhaltigen linguistischen Tatsache*, welches die Intuition

---

elaborations of [this] sentence: (i) 'I had a book stolen from my car when I stupidly left the window open,' that is, ,someone stole a book from my car'; (ii) 'had a book stolen from his library by a professional thief who I hired to do the job,' that is, 'I had someone steal a book'; (iii) 'I almost had a book stolen, but they caught me leaving the library with it,' that is 'I had almost succeeded in stealing a book.' In bringing to consciousness the triple ambiguity of [this] sentence in this way, we present no new information to the hearer and teach him nothing new about his language but simply arrange matters in such a way that his linguistic intuition, previously obscured, becomes evident to him."

des native speakers ist.[20] Chomsky gibt zwei Ebenen an, von denen ausgehend die Angemessenheit seines theoretischen Modells, das heißt der generativen Grammatik, überprüft werden könnte.

> „Man kann in zweierlei Hinsicht von ‚Rechtfertigung einer generativen Grammatik' sprechen. Auf einer Ebene (der der deskriptiven Adäquatheit) ist die Grammatik in dem Ausmaß gerechtfertigt, wie sie ihren Gegenstand – nämlich die Intuition, die Sprachkompetenz des Sprechers – korrekt beschreibt. In diesem Sinne ist die Grammatik aus *äußeren* (*external*) Gründen gerechtfertigt, aus Gründen der Übereinstimmung mit den sprachlichen Fakten. Auf der Ebene der Erklärungsadäquatheit, die profunde innere Zusammenhänge repräsentiert und die daher viel seltener erreicht wird, ist eine Grammatik in dem Maße gerechtfertigt, wie sie ein *prinzipiell* deskriptiv adäquates System darstellt, so dass die dazugehörige linguistische Theorie eben diese Grammatik aus anderen selektiert, bei gegebenen primären sprachlichen Daten, mit denen alle zur Auswahl stehenden Grammatiken kompatibel sind. In diesem Sinne ist die Grammatik aus *inneren (internal)* Gründen gerechtfertigt, aus Gründen ihrer Beziehung zu einer linguistischen Theorie, die eine explanative Hypothese über Sprache als solche darstellt" (Chomsky 1969, S. 43).

Mit anderen Worten, die generative Grammatik müsste, um eine vollständige Sprachtheorie zu sein, zwei Aspekte beinhalten: einen beschreibenden und einen erklärenden. Der beschreibende, der die Aufgabe der linguistischen Grammatik darstellt,[21] begründet die Kompetenz *der Sache nach* durch eine Spezifizierung ihrer Struktur, das heißt, nimmt die Beschreibung des Regelsystems oder der Grammatik vor, auf der eine Sprache beruht. Die Erklärung ihrerseits begründet die Kompetenz *von Rechts wegen*, indem die Bedingungen ihrer Möglichkeit angegeben werden, also deutlich wird, wieso wir Menschen sprechen und wie wir dies tun. Sie besteht in der Konstruktion eines hypothetischen Modells, das auf überzeugende Weise Aufschluss über den menschlichen Spracherwerb im Allgemeinen gibt. Auf überzeugende Weise bedeutet hier, die Konstruktion einer Hypothese, die geeignet ist, eine erklärende Theorie der „linguistischen Universalien" zu liefern,[22] die die doppelte Bedingung erfüllt, nämlich: einerseits allgemein genug

---

20 Diese Präzisierung ist von ausschlaggebender Bedeutung für das Verständnis des chomskyschen Vorgehens, da sie das definiert, wodurch eine Entsprechung des theoretischen Modells überhaupt getestet werden kann – nämlich die linguistischen Intuitionen eines native speakers – da die Performanz in Anbetracht ihrer strukturellen Abhängigkeit von der Kompetenz nicht zu diesem Zwecke taugt.

21 Die Grammatik im linguistischen Sinn des Wortes ist das Regelsystem, das die Sprache generiert. Sie wird aus den Universalien der Sprache gebildet und ist von der konventionellen Grammatik oder Syntax zu unterscheiden.

22 Die linguistischen Universalien sind die allgemeinen Eigenschaften der natürlichen Sprachen, die sich auf ihre syntaktischen, semantischen oder phonetischen Bestandteile beziehen. Alle Sprachen verfügen so über eine Lexik und eine Grammatik. Die Lexik ist in einer jeden von ihnen auf einem ziemlich hohen Niveau um Elemente wie Nomen, Pronomen, Positions- und Tempus-Adverbien, Zahlen, Begriffe für Wahr und Falsch in logischen Aussagen etc. herum

zu sein, um von der Diversität der existierenden Sprachen nicht falsifiziert werden zu können, andererseits reich und explizit genug zu sein, um primäre empirische Tatsachen wie die Schnelligkeit und Kreativität des Menschen beim Spracherwerb schlüssig zu erklären.

"Where we are able to develop the specifications for a language-acquisition device of this sort, we could realistically claim to be able to provide an explanation for the linguistic intuition – the tacit competence – of the speaker of a language"

3.1.3   Die Hypothese der angeborenen Kompetenz

Nachdem er seine Vorgehensweise erläutert hat, stellt Chomsky seine Hypothese auf:

„Eine genetisch bedingte Sprachfähigkeit, die ein Bestandteil des menschlichen Geistes ist, definiert eine bestimmte Klasse von ‚dem Menschen zugänglicher Grammatik'. Das Kind erwirbt ausgehend von begrenzten Daten, die ihm zugänglich sind, eine dieser Grammatiken [...] und diese Grammatik entspricht seiner ‚inneren Kompetenz'. [...] Ein genau festgelegtes und genetisch bestimmtes System grenzt die Formen eng ein, die diese Systeme annehmen können." (Chomsky 1979, S. 65).

Die Hypothese Chomskys über die Natur der menschlichen Sprache, das heißt, über die Natur der linguistischen Kompetenz des Sprecher-Hörers, ist an zwei grundlegenden Begriffen orientiert: nämlich dem eines *festen Systems* und dem der *genetischen Festlegung*, die über die Beschaffenheit dieses Systems bestimmt. Aus diesen Prämissen ergibt sich, dass die Natur der linguistischen Kompetenz dadurch grundsätzlich definiert wird; nur weil die Sprachfähigkeit, über die wir verfügen, angeboren und biologisch begrenzt ist, ist es uns möglich, ein reiches und komplexes Wissen von der Sprache zu entwickeln, was bedeutet, mit der Sprache

---

organisiert. Die Grammatik hat eine doppelte Struktur, eine phonologische und eine syntaktische. Die phonologische Struktur enthält immer Konsonanten und Vokale. Die Syntax spezifiziert in allen Sprachen die Regeln für die Satzkonstruktion durch die Zusammenfassung von aufeinander folgenden Elementen, welches die Wörter, die Regeln für die Intonation und die Regeln für die Transformation von einem Satztyp in andere sind. Chomsky führt eine neue Klassifikation ein, indem er die *substantiellen Universalien* von den *formellen* unterscheidet. Die ersteren verweisen auf das, was vorausgeht und waren ein bevorzugter Untersuchungsgegenstand der traditionellen Grammatiken. Die von Chomsky entdeckten formellen Universalien sind als ein Ensemble von spezifischen formellen Bedingungen definiert, die die Grammatik jeder Sprache erfüllt, deren Untersuchung durch die generative Grammatik ermöglicht wird. Ihr Ziel ist es, die allgemeinen Bedingungen deutlich zu machen, die die Form und das Funktionieren der Grammatikregeln bestimmen. „Formale Universalien betreffen [...] den Charakter der Regeln, die in Grammatiken erscheinen, und die Weise, in der sie untereinander verbunden werden können (Chomsky 1969, S. 46).

kreativ umgehen zu können. Dieses Paradox ist nach Chomsky jedoch nur ein scheinbares, denn

> „wenn es nicht scharfe Grenzen für den Erwerb möglichen Wissens gäbe, hätten wir niemals Wissen von so großer Tragweite wie das der Sprache erlangt. Und dies aus dem guten Grunde, dass wir nämlich ohne diese Begrenzung eine ungeheure Menge möglichen Wissens erwerben könnten, das zwar alles mit den Gegebenheiten der Erfahrung vereinbar wäre, was aber darauf hinausliefe, dass dieses Wissen sich nicht weiterentwickeln kann: Wie wüssten nicht, welches System wir annehmen sollen, verschiedene Leute akzeptierten verschiedene Wissenssysteme ohne irgendein Mittel, um zu bestimmen, welches dieser Systeme schließlich das richtige ist" (Chomsky 1977, S. 82).

Die linguistische Kompetenz kann deshalb als das Produkt eines angeborenen Schlussprinzips angesehen werden, das über seine Beschaffenheit oder Form bestimmt. Wenn also die Natur der Sprache den weiter oben aufgeführten Charakteristika der Kompetenz entspricht, das heißt, der Fähigkeit, ausgehend von einem endlichen System von Regeln eine unendliche Menge von grammatisch korrekten Sätzen zu generieren, dann deshalb, weil sie grundsätzlich genetisch dafür „vorprogrammiert" ist. Daraus folgt, dass das Erklärungsprinzip der linguistischen Kompetenz, das de jure die empirisch bestätigte Tatsache der Schnelligkeit und Kreativität des Spracherwerbs begründet, angeboren ist. Diese angeborene Fähigkeit stellt, insoweit sie jeder Spracherlernung vorausgeht, die Bedingung ihrer Möglichkeit dar und kann ihrerseits nicht erlernt werden.

> „Humboldt (1836) hat diese rationalistische Auffassung auf den speziellen Fall der Spracherlernung angewandt und daraus geschlossen, dass man Sprache nicht wirklich lehren, sondern nur die Bedingungen schaffen kann, unter denen sie sich in der Psyche auf ihre eigene Weise spontan entwickelt. Das heißt, die *Form einer Sprache,* das Schema für ihre Grammatik, ist zu einem sehr großen Teil vorgegeben, obwohl es nicht verfügbar ist für den Gebrauch ohne geeignete Erfahrung, die den Prozess der Sprachformung in Gang setzt. Er wiederholt wie Leibniz die platonische Auffassung, dass für das Individuum Lernen weitgehend eine Sache der *Wiedererzeugung* ist, also der Ausprägung dessen, was der Psyche schon eingeboren ist" (Chomsky 1969, S. 73).

Wenn auch die Kompetenz als angeborenes Regelsystem zur Erzeugung der Sprache nicht durch irgendeinen Lehrvorgang erworben werden kann, so bleibt sie dennoch nicht weniger abhängig von der Erfahrung, die das System aktiviert. Die Rolle der Erfahrung wird hier folglich auf die des Auslösers eines in sich abgeschlossenen Systems reduziert. Die Kompetenz stellt sich so als ein Potenzial dar, dessen Aktualisierung von empirischen Daten bestimmt wird. Das Kind wird mit der genetischen Disposition zum Spracherwerb geboren. Diese Disposition ist die Fähigkeit, die es mit einem spezifisch menschlichen Grammatiksystem ausstattet, das seine innere linguistische Kompetenz bildet. Diese Kompetenz oder „universelle Grammatik"[23] wird aktualisiert, sobald diese mit einer oder mehreren linguistischen Gemeinschaften in Berührung kommt.

3.2   Die Psychogenese

3.2.1   Piaget: Die Konstruktion der kognitiven Strukturen

Die von Piaget bei seinen Untersuchungen im Bereich der kognitiven Psychologie verfolgten Ziele ähnelten in vieler Hinsicht denen von Chomsky auf dem Gebiet der Linguistik. Auch Piagets Hauptziel seiner Forschungen auf dem Gebiet der Genetischen Epistemologie (épistémologie génétique) war nicht nur die Ontogenese der Sprache (Piaget 1968, S. 5), sondern die der menschlichen intellektuellen Fähigkeiten im Allgemeinen zu untersuchen. Er wollte bestimmen, was die menschliche kognitive Fähigkeit ist vermittels der sich bei ihrer Formierung und während ihrer Entwicklung vollziehenden Vorgänge. Zahlreiche empirische Untersuchungen, die hauptsächlich die Entwicklung der Erkenntnis beim Kind zum Thema hatten, haben ihn zu der Schlussfolgerung veranlasst, dass der Mensch über *kognitive Strukturen* verfüge, deren Erzeugung eine notwendige Voraussetzung jedes Lernprozesses darstellt:

Die „Vermittlung von Bildung (in der Familie oder der Schule) ist nur in dem Maße möglich, wie das Kind ein *Minimum* von Instrumenten zur Assimilation besitzt, die bereits an derartigen Strukturen beteiligt sind [...] mit der linguistischen Weitergabe ist es das Gleiche" (Piaget 1996, S. 53).

Diese Strukturen erlauben, selbst wenn Piaget darauf bezogen nicht explizit von „Kompetenz" spricht, wegen der Art wie er sie beschreibt wie auch der Funktionen, die ihnen beim Prozess der mentalen Entwicklung des Individuums zukommen, sie zweifelsfrei als *Strukturen der Kompetenz* zu betrachten, insofern als sie der Fähigkeit des Einzelnen, sich seiner Umgebung anzupassen, zugrunde liegen (vgl. Fiedler/Steenbuck 2000, S. 5).

3.2.2   Der strukturalistische Ansatz des kognitiven Systems und die Begründung des Konstruktivismus

Piagets strukturalistischer Konzeption des kognitiven Systems liegt die Überzeugung zu Grunde, dass die lebenden Organismen sich bei ihrem Anpassungsprozess an die Umwelt selbst regulierend verhalten, die er aus seinen vorausgegangenen biologischen Forschungen gewonnen hatte. Diese den Strukturen anhaftende Eigenschaft der Selbstregulierung bringt ihn bei seinen weiteren psychogenetischen

---

23 Chomsky benutzt den Ausdruck universelle Grammatik, um deutlich zu machen, dass sie die Tiefenstruktur aller menschlichen Sprachen und damit die Bedingung ihrer Möglichkeit ist.

Untersuchungen über die menschliche Intelligenz dazu, dem kognitiven System die allgemeinen Eigenschaften einer Struktur zuzuerkennen, die er wie folgt bestimmt:

> „[...] ein Transformationssystem, das als System Regeln enthält (im Gegensatz zu den Eigenschaften der Elemente) und sich durch das Spiel seiner Transformationen selbst aufrechterhält oder bereichert, ohne dass diese außerhalb seiner Grenzen auf etwas abzielen oder auf irgendwelche Elemente außerhalb Bezug nehmen. Mit einem Wort, eine Struktur zeichnet sich auf diese Weise dadurch aus, dass sie eine Totalität ist, Transformationen ermöglicht und sich selbst reguliert" (l. c. S. 6-7).

In erster Annäherung wird durch diese strukturalistische Charakterisierung des kognitiven Systems in vollem Umfang Chomskys Beschreibung der linguistischen Kompetenz als eines grammatische Regeln generierenden Systems untermauert, das mit einer regulativen Fähigkeit ausgestattet ist, die bei dem Prozess des menschlichen Spracherwerbs die ausschließende Auswahl grammatisch richtiger Sätze erlaubt. Aus dieser Perspektive, schreibt Piaget, „erreicht die linguistische Struktur mit ihren Regeln der Totalität, die Transformationsgesetze sind, den Rang allgemeinster Strukturen" (l. c. S. 68).

Doch wenn es darum geht, wie diese *Struktur der Kompetenz*, die das kognitive System repräsentiert, erworben wird, unterscheidet sich Piaget grundsätzlich von Chomsky. Gerade dieser Gesichtspunkt ist es nun, der hier das Interesse an einer Darstellung der Position Piagets in Bezug auf die Ontogenese bzw. die Psychogenese der Kompetenz begründet. Diese besteht in der Ablehnung der präformistischen Hypothese Chomskys zugunsten einer konstruktivistischen.[24] Zur Erklärung für die Position des „Angeborenseins" von Chomsky, die er in Anbetracht ihrer beeindruckenden Kohärenz und wissenschaftlichen Strenge „paradox" nennt, führt Piaget das für die Geburt des Strukturalismus wesentliche Ideal der Objektivität an. Dieses Ideal verführt die Mehrheit der Strukturalisten manchmal unter Missachtung der empirischen Evidenz dazu, im Hinblick auf die Strukturen eine „antihistorische" und „antigenetische" Position zu vertreten, nach der das Subjekt von der Struktur geschaffen wird und demnach bei seiner Konstitution selbst überhaupt keine Rolle spielt. Diese Haltung trägt im Gegenzug dazu bei, die Eigenschaften der Stabilität, Autosuffizienz und zeitlosen Notwendigkeit, die für die Struktur charakteristisch sind und auf der das Ideal der strukturalistischen Objektivität beruht, überzubewerten. Nun behauptet Piaget, dass es, was die kognitiven Strukturen angeht, nicht nötig ist, das handelnde Subjekt aus den Konstruktionen zu entfernen, um die oben erwähnten strukturalen Eigenschaften zu erhalten. Denn der Aufbau von Strukturen, von dem hier die Rede ist, hat keinerlei Beziehung zum Bewusstsein oder dem Erleben einer Person, sondern bezieht sich eher auf das operative

---

24 Es gilt festzuhalten, dass Piaget ebenso wie Chomsky in seiner genetischen Epistemologie bzw. seiner Lerntheorie des Spracherwerbs den empiristischen Ansatz verwirft. Zu diesem Thema s. Jean Piaget „La Psychogenèse des Connaissances et sa Signification épistémologique" in „Théories du Langage, Théories de l'Apprentissage". Paris, Seuil 1979, S. 53.

und beobachtbare Verhalten eines Erkenntnissubjekts[25], für das die Existenz kognitiver Strukturen bis zum Alter einer möglichen wissenschaftlichen Reflexion über dieselben allerdings unbewusst bleibt.

> „Auf den ersten Blick scheint sich die Präformation einer Struktur, die ein in sich geschlossenes und autonomes Ganzes darstellt, aufzudrängen, von daher die fortwährende Wiederauflage platonischer Tendenzen […] und der Erfolg eines gewissen Strukturalismus bei den Autoren, die auf einem absoluten Anfang oder von der Geschichte der Psychologie unabhängigen Positionen bestehen" (l. c. S. 53).

Das Vorgehen des klassischen Strukturalismus stützt sich im Wesentlichen auf diesen Aspekt der *Totalität*, das heißt das *autonome Ganze*, das eine Struktur im Gegensatz zu einem Teil darstellt. Es verliert dabei eine andere grundlegende strukturale Eigenschaft aus den Augen, nämlich die *Transformation*, die, weil es „an Formierung und Selbstregulation denken lässt, die Autokonstruktion erforderlich macht" (l. c. S. 53). Anlässlich dieser Deduktion könnte man nach Piaget immer einwenden, dass

> „wir, indem wir die Selbstregulation in die Definition der Strukturen aufnahmen, wir das Ensemble der notwendigen Bedingungen hinter uns gelassen haben. Nun wird jeder zugeben, dass eine Struktur Kompositionsgesetze beinhaltet: Das heißt also, dass sie geregelt ist. Aber durch wen oder was? Wenn dies durch ihren Theoretiker geschieht, ist es nicht mehr als ein formales Sein. Wenn die Struktur hingegen „real" ist, bedeutet dies, dass die Regelung eine aktive ist und da sie autonom geschieht, muss also von Selbstregulation gesprochen werden. Wir müssen deshalb ein notwendiges Funktionieren annehmen und wenn die Fakten uns dazu zwingen, die Strukturen einem Subjekt zuzuordnen, können wir uns damit begnügen, dieses Subjekt als Funktionszentrum zu betrachten" (l. c. S. 59).

Nachdem Piaget so die Notwendigkeit eines *konstruktivistischen Ansatzes* bei der Erforschung der Strukturen der Kompetenz oder der kognitiven Strukturen (im Gegensatz zu Chomskys Theorie des Angeborenseins) begründet und gerechtfertigt hatte, bestand nun die Hauptaufgabe seiner psychogenetischen Untersuchungen darin, ihre Konstruktionsmechanismen zu klären. Genauer gesagt handelt es sich darum zu zeigen, wie das Kind im Verlauf seiner Entwicklung logisch-mathematische Strukturen erwirbt, deren Erzeugung nach Piaget die höchste Stufe der geistigen Entwicklung darstellt und folglich die Vollendung der Ausbildung der kognitiven Strukturen anzeigt. Dabei muss die entscheidende Frage nach der die Konstruktionsmechanismen kennzeichnenden Notwendigkeit selbst ebenso beantwortet werden wie die danach, was denn die Ergebnisse charakterisiert, die diese

---

25 Piaget definiert das epistemische Subjekt aus konstruktivistischer Sicht wie „irgendein" Subjekt, versehen mit allen Mechanismen, die allen Individuen auf diesem Niveau eigen sind. (vgl. Piaget 1996: Le Structuralisme, PUF, 11. Auflage, S. 58).

bewirken sollen. Anders ausgedrückt, der Aufbau der kognitiven Strukturen, der sich auf eine bestimmte Weise in präzise definierten Stufen vollzieht und mit einer solchen Notwendigkeit auf Resultate abzielt, dass diese den Anschein erwecken, a priori oder angeboren angelegt zu sein, muss über die konstruktivistischen Mechanismen, die einer derartigen Regelmäßigkeit zugrunde liegen, Auskunft geben können.

3.2.3 Die Mechanismen der Bildung von kognitiven Strukturen beim Kinde

3.2.3.1 Die „Instrumente" der Konstruktion

Der Aufbau der kognitiven Strukturen, wie ihn Piaget formulierte, beruht auf drei Schlüsselprozessen, nämlich der Assimilation, der Akkomodation und der Äquilibration. Während die ersten beiden funktionale Faktoren darstellen, ist die Äquilibration ein struktureller Faktor im strengen Sinne. Diese Faktoren konstituieren jene Operationen, deren kombinatorisches Spiel die Entstehung logisch-mathematischer Strukuren reguliert und die den Prozess der Anpassung des Individuums an seine Umwelt sichern.

Die Assimilation: Sie besteht in der permanenten Interaktion, in der das Individuum mit seiner Umwelt steht, im aktiven Reproduktionsprozess seines Verhaltens und der Integration neuer Erfahrungen in seinen Plan (schème). Diese Pläne, die Piaget mit einem „concept praxique" (Piaget, l. c. S. 53) vergleicht, beinhalten einerseits den generalisierbaren Aspekt koordinierender Akte, die auf analoge Situationen angewandt werden können, andererseits sind sie ein Produkt der Vererbung. Sie bilden den Rahmen für die Interpretation und Variation von Erfahrungen, der ihre Assimilation möglich macht.

Die Akkomodation: Sie ist eine Anpassung der Pläne (schèmes), das heißt, allgemeiner Strukturen, um den neuen Aspekten einer besonderen realen Situation oder eines Objektes gerecht zu werden. Die Akkomodation ist deshalb auch nur als Akkomodation eines Assimilationsplanes (schème d'assimilation) und niemals als isolierte Operation vorzustellen.

Die Äquilibration: Sie ist die Suche nach der kognitiven Stabilität mittels Assimilation und Akkomodation. In dem Maße, in dem diese beiden Funktionen in entgegengesetzter Richtung wirken, nämlich die Assimilation eine konservative Rolle spielt, wobei sie die Tendenz hat, die äußere Umgebung den Normen des Organismus anzupassen und die Akkomodation als Quelle der Innovation eher dahin tendiert, den Organismus zu veranlassen, dass er sich der Umgebung anpasst, ist es die Aufgabe der Äquilibration diese zu koordinieren. Damit aus strukturalen Elementen ein Ganzes werden kann, das aus *Ordnungsbeziehungen* (z.B. der Anordnung der Bewegungen in einem Reflex) besteht, müssen *Verbindungen* (wie die Unterordnung eines einfachen „Plans" (schème) wie „ergreifen" unter einen anderen, komplexeren wie „ziehen„) und *Entsprechungen* bei den vielfältigen Assimilationen wie z.B. der Wiedererkennung beitragen. „Nun erlauben diese elementaren Koordinationsformen durch das Spiel der einfachen und gegenseitigen Assimilationen den Aufbau bestimmter äquilibrierter Strukuren" (l. c. S. 55). Piaget betrachtet die Äquilibration als einen der Hauptfaktoren im Prozess der kognitiven Entwicklung des Kindes, da sie dabei sowohl Mittel als auch Zweck ist. Als eine Operation unter anderen (Assimilation und Akkomodation) funktioniert sie als Mittel. Da aber das kognitive Gleichgewicht gerade das Ziel des Lernprozesses ist, gewinnt die Äquilibration an Bedeutung. Macht ein kleines Kind eine völlig neue Erfahrung, das heißt, eine, die den bereits etablierten Plänen (schème) fremd ist, so ruft das bei ihm das hervor, was Piaget den „kognitiven Konflikt" nennt, der in einem Verlust seines kognitiven Gleichgewichtes besteht. Vermittels eines Ensembles mentaler Operationen (im vorliegenden Fall der Assimilation und Akkomodation) wird das Kind aktiv versuchen, dieses Gleichgewicht wieder zu erlangen, was die kognitive Äquilibration zum Resultat hat.

3.2.3.2 Stufenweiser Aufbau der kognitiven Strukturen

Wenn also die Psychogenese der kognitiven Strukturen oder der Strukturen der Kompetenz nach Piaget als ein stufenweiser Aufbau aufzufassen ist und diese nicht angeboren sind, dann entsprechen deren Abschnitte genau den mentalen Entwicklungsstadien je nach dem biologischen Alter des Kindes. In jedem dieser Entwicklungsstadien finden innerhalb der kognitiven Strukturen qualitative Transformationen zum Erwerb des logisch-mathematischen Denkens statt, dessen Erreichung das Ende der Aufbauphasen bedeutet. Piaget unterscheidet vier Stadien:

Das *sensomotorische Stadium*[26]: Diese Benennung verdankt sich dem Umstand, dass die sensorischen Wahrnehmungen und die motorischen Aktivitäten bei Piaget die ersten Manifestationen der Intelligenz symbolisieren. Während dieses Stadiums, das von der Geburt bis zum Alter von zwei Jahren dauert, offenbart die Beobachtung der kindlichen Handlungen und ihrer Koordination[27] die Ausbildung einer klassifikatorischen Logik, eines praktischen Ordnungssystems, ebenso wie

---

26 Es muss erwähnt werden, dass dieses sensomotorische Stadium – nach Piaget das erste kindliche Entwicklungsstadium –, nicht den absoluten Anfang im Aufbauprozess der Strukturen kennzeichnet. Piaget erkennt an, dass es auf der Primärebene, d.h., seit den ersten Augenblicken nach der Geburt, spontane Bewegungen des Organismus und instinktmäßig programmiert Reflexe wie den Saugreflex des Neugeborenen gibt. Diese Verhaltensweisen, gibt Piaget zu, sind angeboren, aber ihre Ausdifferenzierung ist erworben. Demzufolge sind die Ausgangsdaten, was alle „sensomotorische Koordinationen", die am Aufbau der logischen Strukturen beteiligt sind, nicht das Erste, denn sie machen einfach nur den Beginn der Analyse kenntlich, da man keinen absolut ersten Ausgangspunkt finden kann, von dem aus die Untersuchung ein regressus ad infinitum wäre.

27 Nach Piaget können die Handlungen auf mehrere verschiedene Arten koordiniert werden: ihre Koordination kann durch ein Aneinanderfügen der Handlungen additiv erfolgen, sie kann durch eine Abfolge der Ordnung oder der zeitlichen Reihenfolge nach ordinal oder sequentiell sein.

einer Struktur, die Verbindungen herstellt, die ihrerseits den Beginn der Ausbildung von äquilibrierten Strukturen bezeugen, von denen in diesem Stadium das Entstehen von repräsentativen Formen (Zeichen und Bilder) besonders bemerkenswert ist, die durch einen sensomotorischen Schematismus organisiert sind. Das Kind erforscht seine Umgebung mit Hilfe seiner sensomotorischen Fähigkeiten und wird sich ihrer als etwas bewusst, was nicht bloß eine Ausdehnung seiner selbst ist, sondern eine von ihm unterschiedene und unabhängige Entität. Durch vielfältige Erfahrungen entdeckt es Konzepte wie die *Kausalität*, die *Quantität*, die *Organisation des Raumes* ebenso wie die *Beständigkeit des Objektes*, das heißt, es weiß, dass ein Objekt nicht aufhört zu existieren, bloß weil es aus seinem Gesichtsfeld verschwindet.

Das *präoperationelle Stadium*: Es erstreckt sich über die Zeit zwischen dem zweiten und siebten Lebensjahr. In diesem Stadium erfolgt die Sprachentwicklung; das Kind beginnt sich der Symbole zu bedienen. Diese beiden Funktionen (Sprache und Symbolisierungsfähigkeit) ermöglichen die Vergegenwärtigung gemachter Erfahrungen ebenso wie ihre Konzeptualisierung; dies verdankt sich der Tatsache, dass durch sie das Kind Identitätsbeziehungen zwischen verschiedenen variablen Phänomenen entdeckt, die nicht unmittelbar beobachtbare Daten sind. Auf diese Weise wird ihre Repräsentation möglich. Dieses Verhalten zeigt, dass das Kind damit beginnt, das logische Denken zu entwickeln, doch fehlen ihm noch die Reversibilität und die Erfassung von Zahlenverhältnissen.

Das *Stadium der konkreten Operationen*: von sieben bis zehn Jahren. Das logische Denken bleibt in diesem Stadium an die Objekte und die unmittelbaren Erfahrungen gebunden (konkrete Operationen). Das Kind beherrscht dabei die Operationen der Erfassung und Reversibilität der Phänomene. Es kann zwei Dimensionen eines Objektes gleichzeitig koordinieren (operationelle Reihenbildung), Strukturen in einer Abfolge anordnen und Größen quantitativ erfassen. Piaget nennt die den Operationen in diesem Stadium zugrunde liegende Struktur „Gruppierung"[28].

Das *Stadium der formalen Operationen*: entspricht dem Alter von 11 bis 12 Jahren. In diesem Stadium entwickelt sich das zu Hypothesen fähige logisch-deduktive Denken. Das Individuum ist zu abstrakten Operationen wie *Kombinationen* fähig, das Kind kann in diesem Alter auch Permutationen vornehmen, das heißt, Reihenfolgen aufstellen oder umgekehrte Operationen koordinieren.

---

28 Er definiert die Gruppierungen als eine „Art unvollständiger Gruppen (mangels vollständiger Assoziativität) oder als Halbgitter (mit Unter- aber ohne Oberschranken und umgekehrt) und deren Kompositionen, vor allem aber erfolgt die Hintereinanderausführung dieser Verknüpfungen nicht-kombinatorisch."

3.2.3.3 Die Konstruktionsmechanismen der kognitiven Strukturen

Die Darlegung der Stadien der geistigen Entwicklung beim Kinde, lässt die Konstruktionsphasen seiner kognitiven Strukturen deutlich werden, der bereits erworbenen ebenso wie die dem Alter entsprechende fortschreitende Entwicklung der Struktur der Kompetenz. Diese Konstruktionen folgen nach Piaget „sukzessiv und sequentiell" (Piaget 1979, S. 55) aufeinander, das heißt, sie laufen nach einer strengen Reihenfolge ab, in der jede vorhergehende Struktur für die Entwicklung der folgenden notwendig ist. Dieser Aspekt der Theorie Piagets wirft einerseits die Frage nach den Konstruktionsmechanismen auf, also dem Übergangsmodus von einem Stadium zum folgenden, andererseits nach der Begründung der logischen Notwendigkeit, die diese Konstruktionen auszeichnet.

Als Grundlage der integrierten Konstruktionen entdeckt Piaget zwei komplementäre Mechanismen und zwar: die reflektierende Abstraktion und die konstruktive Verallgemeinerung.

Die formale oder reflexive Abstraktion

Piaget definiert sie, indem er sie mit einer anderen Form der Abstraktion vergleicht, die er die empirische nennt. Die letztere geht von Gegenständen, das heißt der konkreten Erfahrung, aus. Das ist zum Beispiel bei dem Kind der Fall, das Größen- oder Gewichtsverhältnisse entdeckt, indem es Gegenstände verschiedener Größe oder unterschiedlichen Gewichts gegeneinander abwägt. Dieses Wissen bleibt auf die Eigenschaften der Objekte beschränkt, aus denen es abgeleitet wird und seine Verallgemeinerung kann deshalb nichts anderes als induktiv sein (was bedeutet, dass dieses Wissen nur in einigen Fällen zutrifft) und von daher der für das logisch-mathematische Wissen kennzeichnenden Notwendigkeit und Universalität ermangelt. Die reflexive Abstraktion richtet sich hingegen nicht auf Gegenstände, sondern einerseits auf Handlungen oder Transformationen, die das Individuum an diesen Gegenständen vornimmt, um sie zu erkennen[29] und andererseits auf die intellektuellen Operationen, die als ein Koordinationssystem für das Handeln betrachtet werden. Die Koordination von Handlungen kann additiv, sequentiell oder ordinal sein (die Handlungen sind auch zeitlich auf die Erreichung eines Ziel hin geordnet), sie kann zudem darin bestehen, dass mehrere Handlungen einander zugeordnet werden oder sie sich überschneiden. Piaget stellt fest, dass

> „alle diese Koordinationsformen nun Parallelen in logischen Strukturen haben, und mir scheint, daß es derartige Koordinationen auf der Ebene der Handlungen sind, die die Grundlage der sich später im Denken entwickelnden logischen Strukturen bilden. Genau dies ist unsere Hypothese: die

---

29 Piaget betrachtet im Gegensatz zu der empiristischen Epistemologie die Erkenntnis als das Resultat eines aktiven Prozesses des erkennenden Subjekts, das die empirische Realität assimiliert oder transformiert, um sie zu erkennen.

Wurzeln des logischen Denkens dürfen nicht allein in der Sprache gesucht werden, obwohl sprachliche Koordinationen wichtig sind, sondern müssen allgemeiner in der Koordination von Handlungen gesucht werden, die die Grundlage der reflexiven Abstraktion bilden" (Piaget 1973, S. 26).

Aus diesem Grund kann das Problem der Konstruktionsmechanismen der kognitiven Strukturen, der logischen Strukturen, der Strukturen der Kompetenz, oder wie man sie auch bezeichnen mag, konkret als ein Prozess der Koordination von Handlungen aufgefasst werden, das sich so formulieren lässt: Wie können durch derartige Koordinationen auf der Ebene der Handlung die Grundlagen der reflexiven Abstraktion, d.h., die Strukturen logisch-mathematischen Denkens ausgebildet werden?

Die reflexive Abstraktion im Sinne des psychogenetischen Konstruktivismus verweist auf einen dreifach komplementären Vorgang. Einerseits gibt es das Abbild oder die „Reflexion" einer *Handlungsebene*, die – der hierarchisch höheren – *Ebene der Operationen* untergeordnet ist; andererseits die Reorganisation dieser Operation, die als „Reflexion" auf einer neuen Ebene aufgefasst wird; schließlich ihre thematische Wiederaufnahme durch das reflexive Denken oder die „reflexive Abstraktion", das heißt, auf einer höheren Ebene findet ein ausdrücklicher Vergleich mit dem statt, was an Instrumentellem von der vorhergehenden Ebene noch übrig geblieben ist. Aus diesem Vorgang schließt Piaget:

„Die reflektierenden und reflexiven Abstraktionen sind also aus den folgenden Gründen die Quellen neuartiger Strukturen. Zuerst wird auf einer unteren Stufe (z.B. die Interiorisation einer Handlung zu einer begrifflichen Repräsentation) eine Entsprechung hergestellt, was bereits eine Neuheit ist, und diese eröffnet wiederum den Weg für andere mögliche Entsprechungen, was einen ‚Neubeginn' darstellt. Das auf die neue Stufe transferierte Element wird dann mit denen verbunden, die sich schon dort befanden oder die hinzukommen, was dann das Werk der ‚Reflexion' und, obwohl dadurch hervorgerufen, nicht mehr der Widerspiegelung ist: Daraus entstehen neue Verbindungen, die bis zu der Ausbildung neuer Operationen, die ‚auf' den vorhergehenden aufbauen, führen können. [...] Im Allgemeinen bringt jede Widerspiegelung auf einer anderen Stufe eine Reorganisation notwendig mit sich und diese produktive Rekonstruktion von Neuem nennen wir ‚Reflexion'" (Piaget 1979, S. 57).

Die konstruktive Verallgemeinerung

Sie ist ein der reflektierenden Abstraktion komplementärer Mechanismus, der durch die „ergänzende Verallgemeinerung" auf einem höheren Niveau die Lücken der vorhergehenden Stufe auffüllt und dadurch den auf jeder Stufe vorhandenen Lücken die Eigenschaft der Potentialität verleiht, deren Aktualisierung zur Realisierung des endgültigen Zieles der kognitiven Konstruktionen, das der Erwerb der logisch-mathematischen Strukturen darstellt, beitragen. Die ergänzende Verallgemeinerung unterscheidet sich durch die Tatsache, dass sie sich nicht auf konkrete Objekte bezieht, sondern auf Operationen wie die verschiedenen Formen der Assimilation (z.B. senso-motorische Assimilation, repräsentative Assimilation) wesentlich von den induktiven Verallgemeinerungen. Dadurch ermöglicht sie die Koordination der strukturellen Konstruktion auf verschiedenen Stufen.

> „Es wäre einfach zu zeigen, dass die neuen Möglichkeiten, die der Stufe der konkreten Operationen entsprechen, dann zu der hypothetisch-deduktiven, ebenfalls zu ergänzenden Verallgemeinerungen führen. Auf diese Weise verdanken die konkreten Operationen ihre neuen Fähigkeiten dem Erwerb der Reversibilität, die bereits durch die präoperationelle Umkehrbarkeit vorbereitet wird, die aber darüber hinaus eine systematische Regelung der Affirmationen und Negationen erfordert, anders gesagt eine Selbstregulation. […] Was die hypothetisch-deduktiven Operationen anbetrifft, so werden sie durch den Übergang von Strukturen der ‚Gruppierung' ohne Kombinatorik, deren Elemente voneinander getrennt sind, zu denen der ‚Menge von Teilen' mit Kombinatorik und Verallgemeinerungen der Partitionen ermöglicht" (ebd. S. 58-59).

3.2.4 Begründung der für die strukturalen Konstruktionen charakteristischen logischen Notwendigkeit

Nachdem die Instrumente, Phasen und Mechanismen der Konstruktionen dargestellt wurden, sollte durch eine letzte Analyse die Frage der *inhärenten Notwendigkeit dieser Konstruktionen* geklärt werden. Die Notwendigkeit, von der hier die Rede ist, ist mit der inneren Notwendigkeit der Konstruktionen selbst verbunden, die sich durch eine absolut sichere Regelmäßigkeit in den Ergebnissen bemerkbar macht, auf die diese Konstruktionen hinzielen. Es ist wichtig, auf der Tatsache zu bestehen, dass eine Antwort auf diese Frage für die Kohärenz des psychogenetischen Konstruktivismus der kognitiven oder der Strukturen der Kompetenz, so wie Piaget sie konzipiert hat, unabdingbar ist. Denn dieses theoretische System erweist sich schließlich als die Gegenposition zu der Lehre vom Angeborensein oder dem Apriorismus der kognitiven Strukturen[30]. Ihre spezifische Besonderheit, die ebenfalls der Grund für ihre ausführliche Darstellung im Rahmen dieser Arbeit ist, liegt in einer radikal konstruktivistischen Erklärung für die Ausbildung der kognitiven Strukturen, die als unter aktiver Beteiligung des Subjekts erworbene betrachtet werden, was daher unter anderem die Möglichkeit des Irrtums oder des Scheiterns beim Konstruktionsprozess oder ihrem Erwerb zur Folge hat (vgl. Piaget 1979, S. 53-64, und Piaget 1996, S. 12).[31] Nun spricht aber die auf den

---

30 Der Empirismus, der Evolutionismus und die kontingente Schöpfung waren nicht nur von Chomsky, sondern auch von Piaget abgelehnt worden.

31 In diesem Sinne schreibt Piaget: „Es gibt hervorragende Köpfe, die von der Psychogenese wenig halten und mit einem Satz von der Transformation [der Strukturen der Kompetenz] zu

einzelnen Stufen der strukturalen Konstruktion beobachtete Regelmäßigkeit und vor allem die logische Notwendigkeit bei der Erreichung der Resultate sehr viel mehr für eine Erklärung im Sinne des Angeborenseins, die in dieser notwendigen Entwicklung das Ergebnis einer genetischen, folglich angeborenen Programmierung sieht, die sich bei jedem Individuum im Lauf der Zeit mit Sicherheit und gleichermaßen entfaltet. Die Frage ist daher, inwieweit diese Notwendigkeit durch den Konstruktivismus selbst erklärt wird?

> „Die Hypothese", so sagt Piaget, „ist natürlich, dass diese progrediente Notwendigkeit aus den Selbstregulationen hervorgeht und sich in einer ebenfalls progredienten Äquilibration der kognitiven Strukturen ausdrückt; die Notwendigkeit kommt also von deren ‚Abgeschlossensein'" (ebd. S. 61).

Die Erklärung oder das Verständnis dieser Hypothese erfordert eine kurze Rückbesinnung auf die Definition der kognitiven Strukturen als eines Transformationssystems oder eines abgeschlossenen Ganzen, das sich durch das Spiel seiner Transformationen erhält oder anreichert, folglich durch Selbstregulation. Die *Transformation* und die *Selbstregulation* bilden hier also die wesentlichen Mechanismen an der Basis des für die Stabilität der strukturalen Totalität notwendigen *Gleichgewichtes*. Dieses Gleichgewicht, das Piaget „Äquilibration" nennt, ist (im Gegensatz zum statischen Gleichgewicht) dynamisch und legt daher nahe, dass der Zustand des Gleichgewichtes weder fixiert, noch vorher gegeben ist, sondern die Resultante von sich ständig wiederholenden Operationen (Transformation und Selbstregulation). Da die Konstruktionen aufeinander folgen, ist die Äquilibration auch ein fortlaufender Prozess, man könnte von ihr sagen, dass sie auf das Ziel der strukturalen Autonomie oder „Abgeschlossenheit" hin „anwächst"[32], das mit der Ausbildung der logisch-mathematischen Strukturen erreicht wird. In diesem Sinne unterscheidet Piaget drei Formen der Äquilibration:
1. Assimilation und Akkomodation müssen sich bei der Realisierung gegensätzlicher Operationen im Gleichgewicht befinden, wie es die Erhaltung bestehender Pläne (schèmes) und ihre Anpassung an die Eigenschaften neuer Objekte sind. Die Notwendigkeit zur Äquilibration kann dem Fall entsprechend zur Aufstellung neuer Pläne (schèmes) oder Unter-Pläne (sous-schèmes) für die Assimilation führen.

---

ihrem Angeborensein springen. Das ist beispielsweise bei Noam Chomsky der Fall, für den die generative Grammatik die Forderung nach angeborenen syntaktischen Gesetzen notwendig zu machen scheint, so als ob Stabilität sich nicht durch die zwangsläufigen Prozesse der Äquilibration erklären ließe und durch den Rückbezug auf die Biologie, den die Hypothese des Angeborenseins voraussetzt, nicht ebenso komplexe Probleme aufgeworfen würden wie durch die Psychogenese" (Piaget 1996, S. 12).

32 Piaget versteht unter „anwachsender" Äquilibration diejenige, die sich durch eine Vergrößerung der gegenseitigen Abhängigkeiten oder notwendigen Implikationen, welche die Quelle der Bereicherung der strukturalen Totalität bilden, immer wieder neu etabliert.

2. Das Gleichgewicht der Untersysteme: (z.B. Transformation der Unter-Pläne in Pläne) mit einer ausgleichenden Regelung, um die jedem Untersystem eigenen Unterschiede zu harmonisieren.

3. Die letzte Form der Äquilibration besteht in der Konstruktion eines abgeschlossenen Systems auf der Grundlage der auf den vorhergehenden Stufen ausgebildeten Systeme.

> „Man sieht also, inwieweit die Äquilibration zur logischen Notwendigkeit führt: der zunehmende Zusammenhang, um den sich das Subjekt bemüht und den es schließlich erreicht, stammt zunächst aus einer einfachen kausalen Regulation von Handlungen, deren Resultate sich nachher als kompatibel oder kontradiktorisch erweisen, da sie auf das Verständnis der ableitbar gewordenen und deshalb notwendigen Verbindungen oder Implikationen abzielt" (ebd. S. 62).

Wenn man jetzt Piagets Konzeption der Kompetenz in Bezug auf die Ontogenese zusammenfasst, könnte man von einem konstruktivistischen Strukturalismus sprechen. Die Kompetenz taucht darin in der Form von kognitiven oder logischen Strukturen auf, deren Ausbildung gekoppelt an die Entwicklung des Kindes bis ungefähr zum 12. Lebensjahr ständig und notwendig linear fortschreitet. Diese logischen Strukturen werden insofern als Strukturen der Kompetenz betrachtet, als ihr Erwerb die Bedingung der Möglichkeit für jede Form des Lernens darstellt. Sie gehen dem Erwerb dessen, was als sektorielle oder einzelne Kompetenzen bezeichnet werden könnte, voraus und begründen ihn durch die Tatsache, dass eine jede dieser Kompetenzen unmittelbar mit einem der vielfältigen Bereiche verbunden ist, die für die menschlichen Aktivitäten im Laufe seiner historischen Entwicklung konstitutiv waren und die darin auch zur Geltung kommen. Man könnte also die piagetsche Konzeption der Kompetenz als transzendental im Sinne Kants bezeichnen, das heißt, sie bestimmt unsere Art zu erkennen, insofern als dies a priori möglich ist[33] (vgl. K.d.r.V. BXXIII). Es ist in der Tat

> „nicht sehr schwierig zu beweisen, dass das piagetsche Unternehmen, auch wenn der cartesianische Dualismus und die These von der Schöpfung, die ihm zu Grunde liegt, ausdrücklich abgelehnt werden, nichtsdestotrotz an der kantischen Synthese teilnimmt[34], insbesondere durch das Ineinandergreifen,

---

33 Das a priori verweist in der kantischen Erkenntnistheorie auf das, was bei der Erkenntnis allgemein und notwendig ist, denn es geht jeder Erfahrung voraus und bedingt sie. Piaget setzt im Unterschied zu Kant die den Konstruktionen inhärente logische Notwendigkeit ans Ende und macht damit aus dieser Notwendigkeit de facto eine Notwendigkeit a posteriori, was, wenn man den Status und die Funktion des a priori in der kantischen Erkenntnisthorie genauer betrachtet, einen Widerspruch bedeutet.

34 In der kantischen Synthese ist ausdrücklich bestimmt, dass jede menschliche Erkenntnis zwei Faktoren voraussetzt: einen äußeren (die Erfahrung) und einen dem Subjekt innewohnenden (die Kategorien und die reinen Verstandesbegriffe). Zwischen dem Subjekt und seiner Umgebung muss es zu einer gewissen Interaktion kommen, an deren Ende bestimmte Eigenschaften dieser Umgebung (oder sinnliche Anschauungen) aufgenommen und bewahrt werden. Diese Eigenschaften des Äußeren, die für die Erkenntnis die Funktion des Rohmaterials haben,

das sie zwischen dem empirischen Abstraktionsprozess und der reflektierenden Abstraktion vorschlägt. Der einzige Unterschied besteht darin, dass die rationalen Kategorien als solche bei Piaget nicht angeboren sind, sondern sich unter dem Einfluss allgemeiner biologischer Mechanismen aufbauen, die ihrerseits allerdings angeboren sind" (Bronckart 1999, S. 24).

Wie oben bereits erwähnt, liegt das Hauptinteresse bei der Darstellung der piagetschen Theorie des Kompetenzerwerbs auf seinem konstruktivistischen Ansatz, der im Gegensatz zu Chomkys These vom Angeborensein die dazu benötigten Mechanismen deutlich darstellt. Aber selbst wenn er die These des Angeborenseins oder der Präformation im Hinblick auf die Ontogenese der Kompetenz ablehnt, so verweigert er sich bei seinem Konstruktivismus dennoch einer empiristischen Position. Eine seiner Hauptsorgen ist zu zeigen, dass die operationellen Fähigkeiten nicht das Resultat empirischer Fakten (vgl. Rey 1998, S. 74), sondern eher die Resultante der rekursiven Anwendung der Mechanismen der Assimilation und der Akkomodation sind. Diese Mechanismen erzeugen durch das kombinierte Zusammenwirken der reflektiven Abstraktion und der ergänzenden Verallgemeinerung autonome Einheiten von Repräsentationen[35], die sich in operationelle Strukturen transformieren, die zu den logisch-mathematischen Strukturen gehören (vgl. Piaget 1976).

„[...] das Denken des Kindes [ist] nicht von den Erziehungsfaktoren und all jenen Einflüssen zu isolieren, die der Erwachsene auf das Kind ausübt, aber diese Einflüsse werden dem Kind nicht eingeprägt wie auf einer photographischen Platte, sie werden vielmehr assimiliert, d.h. durch das Lebewesen, auf das sie einwirken, verändert und dessen eigener Substanz einverleibt. Und eben diese psychologische Substanz des Kindes, mit anderen Worten, diese Struktur und diese Funktion, die dem Kinde eigen sind, versuchten wir zu beschreiben und in gewissem Masse zu erklären" (Piaget 1972, S. 256).

In den Analysen Piagets, die sich auf die zwischen dem Kind und seiner Umgebung beim Prozess des Erwerbs seiner Kompetenzstrukturen bestehenden Beziehungen richten, und in seiner Konzeption des Individuums als autonomes Subjekt macht sich der starke Einfluss Kants bemerkbar. Es folgt daraus eine Konzeption des Konstruktivismus, die letzten Endes auf das einzelne und biologische Subjekt der Konstruktionen konzentriert ist. Ungeachtet der Interaktion zwischen dem Individuum und seiner Umgebung, die es übrigens erkennt, erscheint der Erwerb der Strukturen der Kompetenz bei Piaget mehr wie eine Autokonstruktion, wobei die

---

werden anschließend durch die mentalen Strukturen des erkennenden Subjekts vermittels der rationalen Kategorien (Dauer, Kausalität, Substanz etc.) und der dreifachen Synthese (Apprehension in der Anschauung, Reproduktion in der Einbildung, Rekognition im Begriff) a priori analysiert und organisiert, deren Anwendung sie zu Erkenntnissen macht.

35 Diese Einheiten werden autonom genannt, weil sie strukturell unabhängig von den Objekten oder dem Verhalten sind, auf die sie bezogen sind.

äußere Umgebung (die natürliche oder soziale) keine entscheidende Rolle spielt. So behauptet er,

> „die Operationen des Denkens [...] verdanken sich allgemeinen Koordinationen von Handlungen und nicht der Sprache oder einer besonderen sozialen Vermittlung, diese allgemeinen Koordinationen der Handlung haben ihre Grundlage wiederum in den neuronalen und organischen Koordinationen, die nicht von der Gesellschaft abhängig sind" (Piaget 1970, S. 177).

Die gewissermaßen biologische Auffassung, die Piaget vom Aufbau der geistigen Strukturen hat, wird an dieser Behauptung offenbar. Der Aufbau der kognitiven Strukturen beruht nach dieser Konzeption wesentlich auf den allgemeinen Mechanismen, die das biologische Leben regeln. Die soziale Umgebung und ihre Attribute, die unter anderem aus der Geschichte, der interpersonalen Kommunikation und der Kultur bestehen, erscheinen dabei als überflüssig. Diese theoretische Position schlägt sich logischerweise auf die von Piaget bei seinen Analysen des Aufbaus der kognitiven Strukturen erzielten Resultate nieder. Die Strukturen der Kompetenz werden so von Piaget als mathematisch-logische wahrgenommen und als solche gehören sie wiederum zu den *formalen* Strukturen, die nicht nur die Bedingungen ihres Erwerbs und allen konkreten Inhalt transzendieren, sondern auch die konkreten Subjekte, die sie erwerben. Auf diese Weise können diese Strukturen einen universalen Status erhalten. Ihr Aufbau verdankt sich definitiv nicht der Erfahrung, selbst wenn er sich darauf stützt, sondern bleibt auf den biologischen und individuellen Mechanismen des Erkenntnissubjekts begründet.

> „Nun gibt es Leute, die etwas gegen das Subjekt haben, und wenn man dieses durch seine ‚gemachten Erfahrungen' bestimmt, müssen wir zugeben, zu ihnen zu gehören [...] Was den Aufbau der kognitiven Strukturen betrifft, spielt das ‚Erlebte' selbstverständlich nur eine geringe Rolle. [...] Es ist demnach offensichtlich, dass es sich, wenn man auf die Aktivitäten des Subjektes zurückgreifen muss, um die vorhergehenden Strukturen festzustellen, dabei um ein Erkenntnissubjekt handelt, das heißt um Mechanismen, die allen individuellen Subjekten mit dem gleichen Entwicklungsstand gemeinsam sind, anders gesagt, um ‚irgendein' Subjekt. Dieses ist als einzelnes sogar so unwichtig, dass eines der aufschlussreichsten Mittel, um seine Handlungen zu erklären, darin besteht, es in Gleichungen oder als ein Modell künstlicher Intelligenz zu konstruieren und eine kybernetische Theorie zu erstellen, um notwendige und hinreichende Bedingungen zu erreichen" (Piaget 1996, S. 58).

Ein solcher Ansatz für die Ontogenese der Kompetenz geht aus der Absicht heraus, den kognitiven Strukturen des Menschen objektive und universelle Grundlagen zu verschaffen, schließlich soweit, den Platz des Subjekts bei ihrer Konstruktion auf die allgemeinen Regulationsmechanismen der biologischen Existenz (Assimilation, Akkomodation, Äquilibration usw.) zu reduzieren, und den seines sozialen Umfelds oder der natürlichen Umgebung auf den einer einfachen Ressource. Dies wirft die Frage auf, ob der Piagetsche Konstruktivismus in der Lage ist, die Natur der Kompetenz ebenso wie die Mechanismen für ihren Erwerb in allen ihren Dimensionen zu erfassen.

3.2.5 Piagets Theorie der Kompetenz und des Lernens

Dass die genetische Epistemologie Piagets und insbesondere seine Theorie der Ontogenese der Kompetenzen in den Erziehungswissenschaften lebhaftes Interesse ausgelöst haben und nicht aufhören dies zu tun, verdankt sich einerseits der Tatsache, dass sie die Kompetenz als eine erworbene bzw. konstruierte Fähigkeit betrachtet, andererseits aber vor allem dem Umstand, dass sie die Mechanismen ihres Erwerbs erklärt. So lässt sie im Prinzip die Möglichkeit eines pädagogischen Eingriffs mit dem Zweck der positiven Beeinflussung bei deren Erwerb plausibel erscheinen. Aber ungeachtet des reichlichen Gebrauchs, der von ihr in den Erziehungswissenschaften gemacht wurde, ist die Theorie Piagets bei näherem Hinsehen keine Lerntheorie.

„Auch wenn seine Experimente von Pädagogen häufig so interpretiert wurden, als ob sie konkrete pädagogische bzw. didaktische Modelle repräsentierten, dies ist – aus unserer didaktischen Perspektive ein tragischer Irrtum. [...] Die Pädagogik kann sich nicht unproblematisch auf eine Theorie stützen, in der eine universale und systematische Entwicklung der menschlichen Denkfähigkeit dargestellt wird, die zwar nicht angeboren sei, sich aber quasi von selbst vollziehe" (Fiedler/Steenbuck 2000, S. 9-10).

Aus der Konzeption Piagets, dass sich die kognitiven Strukturen entsprechend den Entwicklungsstadien ausbilden folgt, dass „das Lernen eher die Resultate der Entwicklung nutzt, als diesem vorherzugehen oder dessen Richtung zu ändern" (Wygotsky, in Schneuwly et Bronckart 1985, S. 237). Rey zieht aus diesem Ansatz folgenden Schluss:

„Das hieße doch, dass keine schulischen Kenntnisse aufgenommen werden könnten, wenn das Kind nicht vorher das operative Stadium erreicht hat, die diese Kenntnisse erfordern. Es wäre also unnötig, dem Kind arithmetische Operationen beizubringen, wenn es vorher nicht bereits die zum Verständnis der Zahlen nötige Logik entwickelt hätte". (Rey, l. c. S. 74)

Nun widersprechen die jüngsten Forschungen über die *cognition in practice* (Lave 1993) einer solchen irreversiblen Kausalverbindung zwischen den Stadien der kognitiven Entwicklung und den Leistungen des Individuums bei der Ausübung seiner Aktivitäten. Wie die von C. Bastien (1987, S. 10) durchgeführten Versuche zeigen, können Jugendliche, die ihre Reife und Kompetenz bei der Lösung bestimmter Aufgabentypen auf einem kognitiven Entwicklungsstand, der dem

Stadium der logischen Operationen entspricht, unter Beweis gestellt haben, wenn man sie mit anderen Aufgaben konfrontiert, die von dem gleichen Entwicklungsstadium ausgehen, aber auf einem völlig anderen Aktivitätsbereich liegen wie die vorhergegangene, ein kognitives Verhalten aufweisen, das dem eines Kindes ähnlich ist, das sich im präoperativen Stadium befindet, obwohl die Lösung beider Aufgaben die gleiche logische Struktur erfordert[36].

Wenn die Ontogenese der Kompetenzstrukturen letzten Endes nicht das Ergebnis eines Lernprozesses ist (vgl. Piaget 1967), sondern sich eher der allgemeinen Koordinierung der Handlungen verdankt, die selbst durch die neurologischen und organischen Koordinationsprozesse bedingt ist und nicht von der Gesellschaft abhängt (ebd., S. 177), muss man sich ernsthaft die Frage stellen, ob diese Vernachlässigung des sozialen Bereichs in seiner Konzeption der Ontogenese der Kompetenz nicht einen Mangel der piagetschen Theorie darstellt.

3.3   Wygotsky: die soziokulturelle Entwicklung der Kompetenz

Zu der zuletzt angeschnittenen Frage, das heißt, der entscheidende Rolle des Sozialen bei der Ausbildung von Kompetenzen, die als geistige oder kognitive Fähigkeiten begriffen werden, wurden insbesondere von dem Fachkollegen Piagets, dem russischen Psychologen Lev Semjonowitsch Wygotsky (1896-1934), ergebnisreiche Untersuchungen angestellt. Wie Van Der Veer /Valsiner sehr zu Recht anmerken (1991, S. 12)

> "Although the term 'sociocultural approach' could sensibly be applied to the views of a range of theorists (e.g. Mead [1934], Bronfenbrenner [1979]), current usage refers to the school of thought stemming from the work of the Soviet psychologist Lev Semeonovich Vygotsky".

Wygotsky hat nicht wie Piaget oder Chomsky eine Theorie entwickelt, die sich ausdrücklich auf die Kompetenz bezieht. Dennoch lässt die strukturelle wie auch funktionelle Beschreibung dessen, was er „höhere geistige Fähigkeiten" nennt, das heißt, der kognitiven Fähigkeiten, die im Wesentlichen erworben sind, wie die Sprache, das logische Denken, die Fähigkeit, Begriffe zu formen usw., und deren Entwicklung ausschließlich dem Menschen zukommt, deutliche Ähnlichkeiten mit den kognitiven Fähigkeiten Piagets erkennen, die von mehreren Autoren als Strukturen der Kompetenz im chomskyschen Sinne identifiziert wurden. Darüber hinaus interessiert er sich wie Piaget für die Ontogenese der kognitiven Entwicklung des Kindes unter einem konstruktivistischen Gesichtspunkt. Aber der Hauptunterschied

---

36   Siehe zu diesem Aspekt der Frage auch B. Dumont: L'influence du décor et du langage dans les épreuves de type logique portant apparemment sur l'implication, Educational Studies in Mathematics, vol. 13, n° 13, novembre 1982; Jean-Francois Richard, *Les activités mentales. Comprendre, raisonner, trouver des solutions,* Paris, Armand Collin, Coll. U, Reihe „Psychologie", 1990

zwischen diesen beiden Autoren in Bezug auf die Ontogenese der kognitiven Fähigkeiten liegt in der grundlegend sozio-historischen Konzeption, die Wygotsky von ihrer Konstruktion im psychologischen Entwicklungsprozess des Kindes hat. Im Folgenden wird zunächst dieser Ansatz in seinen Grundzügen dargestellt und dann die sich daraus ergebenden Konsequenzen für die Frage nach der Ontogenese der Kompetenz erörtert werden.

Wygotskys Theorie der Entwicklung[37] der kognitiven Fähigkeiten beim Kind lässt sich ausgehend von drei zentralen Themen rekonstruieren, um die es in ihr immer wieder geht (vgl. Wertsch 1985): (1) der genetische Ansatz, (2) die instrumentelle Vermittlung (3) die konstruktivistische Methode.

3.3.1 Der genetische Forschungsansatz

Um den Entwicklungsprozess der kognitiven Fähigkeiten beim Kind von der Basis her zu verstehen, führt Wygotsky eine Unterscheidung zwischen ihrem biologischen und ihrem erworbenen soziokulturellen Anteil ein. Denn diese beiden für die kognitiven Fähigkeiten konstitutiven Faktoren, folgen trotz ihrer scheinbaren Verbindung bei ihrer Entwicklung verschiedenen Wegen, was erst beim Auftreten einer kognitiven Retardation oder einer geistigen Störung deutlich wird und festgestellt werden kann. Der erste Faktor, der biologische, folgt dem natürlichen Verlauf der Entwicklung der Fähigkeiten, der mit dem allgemeinen organischen Reifungsprozess des Kindes verbunden ist. Der zweite Faktor, also das was erworben wird, folgt der kulturellen Entwicklung der psychischen Funktionen und tritt vermittels der Interiorisation und der Beherrschung der adäquaten Reaktionsmodi auf die gegebene soziokulturelle Umwelt in Erscheinung. Diese beiden Entwicklungslinien führen auch zu zwei Typen geistiger Fähigkeiten: den niederen und den höheren geistigen Fähigkeiten (vgl. Wygotsky 1983). Die Unterscheidung zwischen diesen beiden für die geistigen Fähigkeiten des Menschen konstitutiven Gegenpolen kann nach vier maßgeblichen Kriterien vorgenommen werden, nämlich: (1) dem Ursprung, (2) der Struktur, (3) der Funktionsweise und (4) der Beziehung zu anderen geistigen Funktionen. Werden diese Kriterien auf die niederen geistigen Fähigkeiten angewandt, so lassen sie sich wie folgt charakterisieren: Sie sind biologischen Ursprungs, haben unvermittelte Strukturen, ihre Funktion bleibt unbewusst und was ihre Beziehung zu den anderen geistigen Fähigkeiten angeht, so bilden sie isolierte Einheiten. Die höheren geistigen Fähigkeiten sind hingegen ihrem Ursprung nach durch die Sozialisation erworben, ihre Strukturen werden durch die Sinne und die sozialen Bedeutungen vermittelt, sie werden vom Willen kontrolliert und ihre Existenzform ist nicht die autonomer Einheiten, sondern sie

---

37 Dem Begriff der Entwicklung (der kognitiven Fähigkeiten) bei Wygotsky entspricht im piagetschen Vokabular der der „Konstruktion". Sie „bezeichnet [...] den Prozess der Begriffsbildung" (vgl. Wygotsky 1974, S. 105).

stellen die Verbindungen zwischen anderen geistigen Fähigkeiten dar. Wenn also Wygotsky eine unterschiedliche Typologie dieser beiden Entwicklungsprozesse erstellt, so deshalb, weil er die spezifische Eigenart der kognitiven Entwicklung des Menschen hervorheben will, die gerade nicht auf seinem natürlichen oder biologischen Substrat beruht, sondern in seiner Fähigkeit, diese biologischen Anlagen zu sozialisieren oder kultivieren, um schließlich die den Menschen auszeichnenden höheren geistigen Fähigkeiten zu erlangen. Diese sind, unter dem funktionellen und strukturellen Gesichtspunkt betrachtet, nichts anderes als die Strukturen der Kompetenz, deren Genese uns hier interessiert. Wygotsky meint also, dass diese beiden Entwicklungslinien (die biologische und die kulturelle) in einem wechselseitigem Bedingungsverhältnis zueinander stehen.

"The law of convergence of the internal and external factors, as it was called by Stern, is applicable to the cultural development of the child. In this case as well, only at a certain level of internal development of the organism does it becomes possible to master any of the cultural methods. Also an organism internally prepared absolutely requires the determining influence of the environment in order to enable it to accomplish that development. Thus, at a certain stage of its organic development the child masters speech. At another stage he masters the decimal system. However, the relation of the two factors in the development of the kind is materially changed. The active part is here played by the organism which masters the means of cultural behaviour supplied by the environment. But the organic maturation plays the part of a *condition* rather than a motive power of the process of cultural development, since the structure of that process is defined by outward influences. *All means of social behaviour are in their essence social. A child mastering Russian or English in connection with the environment in which he is, developed two totally different systems of thinking*" (Wygotsky 1929, S. 8).

Der Reifungsprozess ist die notwendige aber nicht ausreichende Bedingung und noch viel weniger der Grund für die organische Entwicklung der kognitiven Fähigkeiten, dieser liegt nach letzten Erkenntnissen in den sozialen Determinanten.[38] Auf diese Weise wird die kognitive Entwicklung in ihrer Gesamtheit von Wygotsky als ein Übergang von den niederen geistigen Fähigkeiten zu den höheren interpretiert, anders ausgedrückt, als Übergang von der Natur zur Kultur.

---

38 Diese Sichtweise Wygotskys, dass das Soziale sogar bei der Entwicklung der biologischen Organe einen bestimmenden Einfluss habe, wird durch mehrere aktuelle Untersuchungen auf dem Gebiet der Neurobiologie und der Entwicklungspsychologie bestätigt Walhsten, D. & Gottlieb, G. (1997, S. 169). behaupten: „The number of synapses and the arborization of neuronal dendrites are responsive to experience in adult animals, even those considered quite old [...] The distinction between hardware and software that is so obvious in a computer is not present in the living brain where experience continues to alter the connections throughout life." S. ebenso Donald (1991, S. 137-139): „Phylogenetic advances in the brain cortex were also stimulated by social complexity".

"If the doctrine that in certain spheres the behaviour of the individual is function of the behaviour of the social whole to which he belongs is valid at all, it is precisely to the sphere of the cultural development of the child that it must be applied. This development is conditioned by outward influences. It can be defined as outer rather than as inner growth. It is the function of the social-cultural experience of the child. At the same time it is not a simple accumulation of experience [...] it contains a series of inner changes which fully correspond to the process of development in the proper sense of the word" (ebd.).

Wygotsky stellt also die These auf, dass die äußere Umgebung nicht als einfaches Rohmaterial für die kognitiven Fähigkeiten des Kindes, sondern, da sie diesen immer vorhergehe, als Bedingung ihrer Möglichkeit zu betrachten sei. Diese Auffassung hat ihn im Laufe seiner Forschungsarbeiten über die Entwicklung des Denkens und der Sprache beim Kind zu einer Widerlegung der Position Piagets (Wygotsky 1974, Kap. 2) geführt, was dieser in *Le jugement et le raisonnement chez l'enfant* (Piaget 1924) als egozentrisches Denken und Sprache bezeichnet. Diese im Hinblick auf die determinierende Rolle der Umgebung bei der Genese der Strukturen der Kompetenz ziemlich eindeutige Kritik, bei der wir uns ein wenig aufhalten wollen, illustriert sehr gut die Position Wygotskys in Bezug auf die Soziogenese der mentalen Fähigkeiten.

Grundlage seiner Kritik des egozentrischen Denkens, so wie es Piaget aufgefasst hat, ist bei Wygotsky der Wunsch zu klären, wie die Entwicklung (von der Umgebung zum Individuum und wieder zurück) verläuft, auf die dann die Entstehung des logischen Denkens und des Sprechens beim Kinde folgen. Wygotsky stellt fest, dass Piaget bei seinen Forschungen über das logische Denken beim Kinde das die vielfältigen empirischen Tatsachen vereinende Strukturprinzip, auf das sich seine Analysen beziehen, auf der *egozentrischen Natur* dieses Denkens begründet. „Wir haben uns bemüht, die meisten charakteristischen Züge der kindlichen Logik auf den Egozentrismus zurückzuführen" (Piaget 1924. In Wygotsky 1974, S. 6). Piaget definiert dieses egozentrische Denken als Übergangsstadium zwischen dem autistischen und dem rationalen Denken. Indem er sich dabei auf eine aus der Freudschen Psychoanalyse stammende Unterscheidung stützt, beschreibt Piaget einerseits das autistische Denken in Bezug auf seine Genese als individuell und unbewusst, unter dem strukturellen Gesichtspunkt als nicht kommunizierbar und auf funktioneller Ebene als auf die Befriedigung fiktiver oder halluzinierter Bedürfnisse gerichtet. Das rationale Denken charakterisiert er andererseits seiner Genese nach als sozial und bewusst, seiner Struktur nach als kommunizierbar und auf funktioneller Ebene als auf die Suche nach der empirischen oder logischen Wahrheit gerichtet. Nach Piaget bleibt das egozentrische Denken seiner Struktur nach autistisch. Auf funktioneller Ebene sei, obwohl es bereits auf die intellektuelle Anpassung ausgerichtet ist, sein oberstes Gesetz das Spiel, das heißt, es untersteht dem Lustprinzip des autistischen Denkens. Erst etwa im Alter von acht Jahren, wenn das Kind damit beginnt, das logische Denken zu erwerben, bilde sich das egozentrische Denken, das bis dahin seine gesamte psycho-kognitive Entwicklung bestimmte, allmählich zurück, um dem logisch-rationalen Denken Platz zu machen, das dem Realitätsprinzip unterliege, also sozial werde. Was die Genese angeht, folgt aus dieser Erklärung, dass das autistische Denken dem sozialen Denken zeitlich vorausgeht.

> „Es ist jedoch klar, dass man vom genetischen Standpunkt her betrachtet unbedingt von der Tätigkeit des Kindes ausgehen muss, um sein Denken zu erklären. Diese Tätigkeit ist aber nun zweifellos egozentrisch. Der soziale Instinkt entwickelt sich in reinen Formen erst später. Die in dieser Hinsicht erste kritische Phase muss für das 7. bis 8. Lebensjahr angesetzt werden […] zu dieser Zeit beginnen sich die Fertigkeiten des sozialisierten Denkens herauszubilden. Also bis zum Alter von 7,5 Jahren durchdringen die Folgen des Egozentrismus und insbesondere der Synkretismus das gesamte Denken des Kindes, sowohl das rein verbale (das verbale Verstehen) als auch das auf die unmittelbare Beobachtung gerichtete (das Verstehen der Wahrnehmungen). Nach dem 7. bis 8 Lebensjahr verschwinden diese Züge des Egozentrismus nicht augenblicklich, sondern bleiben noch in dem abstrakten Bereich des Denkens erhalten" (l. c. S. 24-25).

Diese Zeilen lassen den „subjektzentrierten" Charakter der kognitiven Konstruktionen Piagets deutlich werden. Der primäre und essentielle Egozentrismus, der nach seiner Auffassung das Denken des Kindes kennzeichnet, bringt das deutlich zum Ausdruck. Wygotsky bemerkt darüber hinaus: „Piaget bringt den egozentristischen Charakter des Denkens in Verbindung mit dem egoistischen Charakter der Tätigkeit des Kindes und diesen wiederum mit dem asozialen Charakter der gesamten Entwicklung des Kindes vor dem 8. Lebensjahr" (ebd. S. 24).

Aus seinen Untersuchungen der piagetschen Auffassung vom egozentrischen Denken und Sprechen zieht Wygotsky hauptsächlich zwei Schlüsse: (1) Die egozentrische Sprache, so wie Piaget sie auffasst, ist beim Aufbau der geistigen Strukturen des Kindes funktionell unnötig, da es sich nur um eine Sprache zur Selbstbefriedigung handelt, eine Art kindlicher Träumereien. (2) Als solche, das heißt, wenn sie überhaupt keine Rolle bei der Strukturierung der Realität des Kindes spielt, ist es auch nur logisch, dass man, wie Piaget es gemacht hat, mit dem Erwerb des logischen Denkens durch das Kind ihr fortschreitendes Verschwinden feststellt, da letzteres dem Realitätsprinzip untersteht.

Ausgehend von solchen Schlüssen führt Wygotsky seine eigenen empirischen Untersuchungen dieses Phänomens mit dem Ziel durch, die Ursachen für die egozentrische Sprache beim Kind zu bestimmen. Seine Versuchsanordnung ist ähnlich strukturiert wie die Piagets; der einzige bedeutende Unterschied besteht darin, dass die Faktoren, die darauf abzielen, die Lösung der dem Kind gestellten Aufgabe zu erschweren, beispielsweise die Abwesenheit von Papier und Buntstiften bei der Ausführung einer Zeichnung waren.

Als Ergebnis stellt Wygotsky fest, dass der Koeffizient der egozentrischen Sprache, den Piaget für Kinder, deren Alter zwischen 6-7 Jahren liegt, bei 44 bis

47 % und für Kinder zwischen 3-5 Jahren bei 54 bis 60% ansiedelte[39], in jedem Fall sich systematisch verdoppelte.

Dahingegen fiel der Koeffizient der egozentrischen Sprache bei Kindern, denen dieselbe Aufgabe, aber ohne erschwerende Faktoren gestellt wurde, unterhalb den von Piaget angesetzten. Außerdem stellt er fest, dass der Problemlösung bei Kindern im Schulalter immer eine gewissen Bedenkzeit vorausgeht, was sich in langen Pausen ausdrückt. Wenn sie gefragt werden, was sie in den Pausen gemacht hätten, geben sie Antworten, die eine verblüffende Ähnlichkeit zwischen ihren unausgedrückten Gedanken und der egozentrischen Sprache der Jüngeren aufweisen[40]. Fortan kann Wygotsky im Gegensatz zu Piaget den funktionellen Nutzen der egozentrischen Sprache annehmen:

„sie wird offensichtlich sehr leicht zu einem Mittel des Denkens, d.h., dass sie beginnt, die Funktion der Bildung eines Plans zur Lösung einer dem Verhalten entgegenstehenden Aufgabe auszuüben" (Ebd. S. 38).

Wenn also die egozentrische Sprache die Funktion eines Instrumentes des Denkens hat, ist es unwahrscheinlich, dass sie mit der Ausbildung des logischen Denkens verschwindet, so wie Piaget es behauptete. Ganz im Gegenteil, sie wird in der Form des inneren Sprechens interiorisiert und wird zu einem privilegierten Instrument des Denkens. Das erklärt den ziemlich hohen Prozentsatz der egozentrischen Sprache, wenn man Kinder im Vorschulalter mit Erwachsenen vergleicht und umgekehrt, dessen Rückgang sowie die Labilität der egozentrischen Sprache bei frisch eingeschulten Kindern verglichen mit Erwachsenen, bei denen dank der Tatsache, dass sie den Transformationsprozess der egozentrischen Sprache in innere Sprache vollendet haben, der Anteil dieser Form des Denkens an ihrer geistigen Aktivität recht hoch ist. Nachdem diese empirischen Fakten feststehen, kann Wygotsky die für seine Forschungen grundlegende Frage danach, wie der Ablauf ist, dem die Entwicklung des Denkens beim Kinde folgt, fundiert beantworten. Vollzieht sich dieser von der autistischen Sprache mit seinem unrealistischen Lustprinzip zur sozialisierten Sprache, die das logische Denken kennzeichnet, indem es das kritische Stadium der egozentrischen Sprache durchläuft oder geht es den entgegengesetzten Weg? Seine Antwort auf diese Frage ist klar:

---

39 Man muss deutlich machen, dass dieser Koeffizient nur die egozentrische Sprache betrifft. Da Piaget (1932, S. 40) das egozentrische Denken als wesentlich asozial begreift, liegt sein Koeffizient des Egozentrismus sehr viel höher. „Wenn man dem noch hinzufügt, dass das Kind außer den in Worten ausgedrückten noch eine große Anzahl nicht ausgedrückter egozentrischer Gedanken hat, dann wird deutlich, dass der Koeffizient des egozentristischen Denkens den der egozentristischen Sprache bedeutend übersteigt" (Wygotsky 1974, S. 33-34).

40 Der amerikanische Psychologe John B. Watson (1926), der Tests durchführte, bei denen er erwachsene Versuchspersonen aufforderte, eine Denkaufgabe zu lösen, wobei sie das äußern sollten, was er ihren „inneren Monolog" nannte, ist zu den gleichen Resultaten wie Wygotsky gekommen: Der verbale Ausdruck ihrer Gedanken ähnelte der egozentrischen Sprache, die man bei Kindern während der Problemlösung beobachtet hatte, sehr stark.

„Wenn man schematisch urteilt, könnte man sagen, dass sich nach unserer Hypothese der ganze Entwicklungsverlauf folgendermaßen darstellt. Die ursprüngliche Funktion der Sprache ist die der Mitteilung, der Einwirkung auf die Menschen der Umgebung, sowohl von Seiten der Erwachsenen als auch des Kindes. *Demzufolge ist die ursprüngliche Sprache des Kindes eine rein soziale*; es wäre falsch, sie sozialisiert zu nennen, da ja mit diesem Wort die Vorstellung von etwas ursprünglich Nicht-Sozialem verbunden ist, das erst im Verlaufe seiner Entwicklung sozial sein wird. Erst später entwickelt sich eine mehrere Funktionen ausübende soziale Sprache des Kindes nach dem Prinzip der Differenzierung der einzelnen Funktionen und teilt sich auf einer bestimmten Altersstufe ziemlich scharf in eine egozentrische und eine kommunikative Sprache [...] Auf der Basis der egozentrischen Sprache des Kindes, die sich von der sozialen gelöst hat, entsteht dann die innere Sprache des Kindes, die die Grundlage sowohl seines autistischen als auch seines logischen Denkens bildet. Wir nehmen also an, dass die von Piaget beschriebene Egozentrizität der Sprache des Kindes genetisch den Übergang von der äußeren zur inneren Sprache darstellt [...] *Die Entwicklung des kindlichen Denkens verläuft nicht vom Individuellen zum Sozialisierten, sondern vom Sozialen zum Individuellen.* Das ist das Hauptergebnis der theoretischen wie experimentellen Untersuchung des uns interessierenden Problems" (Ebd. S. 42-45).

Alle anderen höheren geistigen Funktionen, die für die kognitiven Fähigkeiten konstitutiv sind, folgen in ihrer Entwicklung, wie Wygotsky es in anderen Untersuchungen belegt hat, demselben Ablauf, wie er ihn hier für Sprechen und Denken aufgezeigt hat. Anders gesagt, sie sind vom genetischen Gesichtspunkt her betrachtet sozialer Natur.

Wygotskys Konzeption des Sozialen ist darüber hinaus eine dynamische. Von den vielfältigen Transformationen ausgehend, mit denen es verbunden ist, versucht er, die ganze Komplexität des Einflusses zu verstehen, den das Soziale auf die kognitive Entwicklung des Individuums hat. Von diesem Gesichtspunkt her betrachtet, müsste der ernst zu nehmende genetische Ansatz der kognitiven Entwicklung die Geschichte der soziokulturellen Umgebung, in der sich das Individuum befindet, ebenso berücksichtigen wie die sozialen Aktivitäten, an denen es beteiligt war. Wells fasst dieses Bemühen Wygotskys folgendermaßen zusammen:

"understanding the development of an individual human being requires that 'ontogenetic' development be seen, not as an isolated trajectory, but in relation to historical change on a number of other levels: that of the particular formative events in which the individual is involved (microgenesis); that of the institutions – family, school, workplace – in which those events take place, and of the wider culture in which those institutions are embedded (cultural history); and finally that of the species as a whole (phylogenesis)" (Wells 2002, S. 2).

Nach Wygotsky konkretisiert sich diese Komplexität des Sozialen in den kulturellen Instrumenten, die eine Art Zusammenfassung der Arbeitserfahrungen, der vergangenen und gegenwärtigen Leistungen einer gegebenen sozialen Gruppe sind. Mit Bezug auf die Rolle dieser Instrumente betont Wygotsky in seinen letzten Schriften, dass: „the central fact about our psychology is the fact of mediation" (1982, S. 166). Den Vorrang, den er dem sozialen Faktor beim kognitiven Entwicklungsprozess des Kindes einräumt, wird man gar nicht in seinem ganzen Ausmaß ermessen können, ohne auf die Frage nach der kulturellen Vermittlung, die dafür die Grundlage darstellt, einzugehen.

3.3.2   Die instrumentale Vermittlung

Die zentrale Rolle, die Wygotsky der Vermittlung im kognitiven Entwicklungsprozess zuerkennt, hängt mit seiner Konzeption des Sozialen als des allem anderen Vorgängigen zusammen. Das Spezifische der menschlichen Umwelt ist gerade, dass sie niemals unberührt und reine Natur, sondern immer bereits von den verschiedenen Leistungen (materieller, symbolischer Art usw.) der vergangenen und gegenwärtigen Generationen vorgeformt ist. Geboren, erzogen und sozialisiert zu werden, bedeutet infolgedessen, von der vielfältigen,[41] beständig wachsenden und sich ändernden Erfahrung der Menschheit, so wie sie in einer gegebenen sozialen Umgebung ausgedrückt wird und konkrete Gestalt annimmt, geprägt zu werden. John Dewey, der in der Ausbildung unserer Individualität das entscheidende Anzeichen für das kulturelle Erbe sah, schreibt:

"We live from birth to death in a world of persons and things which is in large measure what it is because of what has been done and transmitted from previous human activities. When this fact is ignored, experience is treated as if it were something which goes on exclusively inside an individual's body and mind. It ought not to be necessary to say that experience does not occur in a vacuum. There are sources outside an individual which give rise to experience" (Dewey 1938/1963, S. 39).

Das grundlegende Postulat Wygotskys, desjenigen, auf den die gesamte historisch-kulturelle Psychologie unserer Tage sich beruft, besteht in der Annahme einer engen Verbindung zwischen der von einem Individuum bewohnten Umgebung und der Entwicklung seiner kognitiven Fähigkeiten. Die Vermittlung zwischen beiden wird sowohl in quantitativer wie qualitativer und typologischer Hinsicht durch – das klassische von der Kultur produzierte – *Instrument oder Zeichen* gesichert. Anders ausgedrückt, sind alle höheren geistigen Fähigkeiten per Definition die, die

---

41 Unter Vielfalt sind bei Wygotsky vor allem drei verschiedene Typen von Erfahrung zu verstehen: (1) die historische Erfahrung über Generationen hinweg; (2) die soziale Erfahrung (aus sozialen Interaktionen entstanden), (3) die Erfahrung der Anpassung, die sich aus der Bearbeitung der Materie und der Interaktion mit der natürlichen Umwelt ergibt.

sich dank der kulturellen Vermittlung entwickeln, also kulturelle Zeichen, die nach Wygotsky die Rolle von psychologischen Zeichen spielen. Über die Sprache hinaus, die er für die höheren geistigen Fähigkeiten als das Vermittlungsinstrument par excellence hielt, bildeten die Mnemotechniken oder die nicht-natürlichen Erinnerungstechniken, das algebraische Symbolsystem, die künstlerischen Techniken, die Schrift, die verschiedenen Zahlensysteme, die Diagramme, die Karten, alle konventionellen Zeichen die vielen Formen der semiotischen Vermittlung, die in seinen verschiedenen Arbeiten über die kulturelle Entwicklung der geistigen Fähigkeiten behandelt wurden. Welche Mechanismen durch die Benutzung von Instrumenten ausgelöst werden und wie sich das auf die Entwicklung der geistigen Fähigkeiten auswirkt, beschreibt Wygotsky (1981, S. 139-140) wie folgt:

"The inclusion of a tool in the process of behaviour (a) introduces several new functions connected with the given tool and with its control; (b) abolishes and makes unnecessary several natural processes, whose work is accomplished by the tool; and alters the course and individual features (the intensity, duration, sequence, etc.) of all the mental processes that enter into the composition of the instrumental act, replacing some functions with others (i.e., it re-creates and reorganizes the whole structure of behaviour just as a technical tool re-creates the whole structure of labour operations)".

Auf diese Weise sind die kulturellen Zeichen oder Instrumente (Sprachen, Rituale und Religionen, das erworbene Wissen und die verschiedenen Techniken), die das soziale Umfeld ausmachen, unter strukturell-funktionalem Gesichtspunkt betrachtet nicht mehr sekundäre Faktoren oder Epiphänomene, auf die man bei der Analyse der Mechanismen bei der Entwicklung der kognitiven Fähigkeiten getrost verzichten kann. Im Gegenteil, sie sind in so entscheidender Weise bei der Entwicklung unserer höheren geistigen Fähigkeiten beteiligt, dass es nicht mehr übertrieben zu sein scheint, wenn man sagt, dass die Entwicklung unserer Fähigkeiten eine direkte Funktion der kulturellen Instrumente ist, die deren Vermittlung ermöglicht haben, bzw. der Umgebung, in der das Individuum sozialisiert wurde.

Ein solch asymmetrisches Abhängigkeitsverhältnis bei der Entwicklung der kognitiven Fähigkeiten von der Umgebung wirft jedoch unweigerlich die Frage auf nach dem Determinismus durch die Umgebung und seiner Folgeerscheinung, einem Empirismus, der dem Individuum jegliche eigene Aktivität in seiner Beziehung auf die Erkenntnis abspricht. Anders formuliert, wenn die höheren geistigen Fähigkeiten direkte Funktionen des durch die Kultur Vermittelten sind, welchen Platz nimmt dann das Subjekt bei dem Prozess ihres Erwerbs ein? Die Klärung dieser Frage bedarf einer kurzen Erläuterung der wygotskyschen Epistemologie.

3.3.3 Der Co-Konstruktivismus

Die Konzeption, die Wygotsky von der Beziehung des Individuums zur Umwelt[42] während des Erwerbs oder des Entwicklungsprozesses der höheren geistigen Fähigkeiten hat, kann nach Cole/Wertsch (1996, S. 1) als co-konstruktivistisch beschrieben werden. Sie besteht darin, die Komplementarität als Ziel der Interaktion zwischen dem Individuum und seiner Umgebung zu betrachten. Diese Komplementarität drückt sich in einer wechselseitigen Konstitutionsbeziehung aus, in der Ausgangspunkt und Ressource (source et ressource) für die Entwicklung zwischen Gesellschaft und Individuum alternieren. Einerseits entwickelt die Gesellschaft, die als ein in komplexe Aktivitätssysteme strukturiertes Organ wahrgenommen wird, durch ihre Mitglieder spezifische kulturelle Instrumente, dank derer ihre Existenz, das heißt, die gesellschaftliche Produktion und Reproduktion, gesichert werden; andererseits ist das Individuum als primär soziales Wesen im Gegenzug bei der Ausbildung seiner höheren geistigen Fähigkeiten abhängig von den spezifischen Eigenschaften der Umgebung, in die es durch seine Geburt versetzt wurde[43] und die ihm alle Ressourcen dazu verschafft: durch die Aktivitäten, an denen es teilnimmt, die Art der interpersonalen Beziehungen, die dort gepflegt werden, und die Art der in ihr üblichen kulturellen Instrumente oder Symbole. Deshalb ermöglichen diese von dem Individuum gemeinsam mit anderen aus seinem sozialen Umfeld zum Zweck der gesellschaftlichen Produktion und Reproduktion unternommenen Aktivitäten ihm, das auszubilden, was für den Menschen spezifisch ist, nämlich seine höheren geistigen Fähigkeiten. Wygotsky fasst dieses Vorgehen darunter zusammen, was heute als *general genetic law of cultural development* (allgemeines genetisches Gesetz der kulturellen Entwicklung) bekannt ist.

> "Every function in the child's cultural development appears twice, or on two planes. First it appears on the social plane, and then on the psychological plane. First it appears between people as an interpsychological category, and then within the child as an intrapsychological category. This applies equally to voluntary attention, to logical memory, and to the formation of concepts. Social relations or relations among people genetically underlie all higher functions and their relationships" (1981, S. 163-164).

---

42 Es ist darauf hinzuweisen, dass bei Wygotsky sogar die so genannte äußere Umgebung immer schon durch den Menschen zu einer gesellschaftlichen gemacht wurde: „Ultimately, for man the environment is a social environment because even where it appears to be a natural environment, nevertheless, in relation to man there are always definite social elements present [...] In his interaction with the environment man always makes use of his social experience" (Wygotsky 1997b, S. 53-54, 133). Wenn hier also von Umgebung die Rede ist, ist sie immer als sozialisierte zu verstehen.

43 Harkness/Super (1986) nennen die sozial Umgebung in diesem Sinne mit Recht „developmental niche".

Soziale Interaktion, kulturelle oder semiotische Vermittlung und aktive Teilnahme des Individuums sind also in der wygotskyschen Epistemologie die charakteristischen Elemente der Aktivitäten des Subjekts beim Erwerb seiner kognitiven Fähigkeiten. Die Beziehung zwischen der Gesellschaft und dem Individuum ist die einer wechselseitigen ‚Produktion' und die Tatsache, dass Wygotsky die individuellen kognitiven Prozesse aus den sozialen ableitet, widerspricht in keiner Weise seiner ko-konstruktivistischen Position, sondern betont nur noch einmal mehr die logische Posteriorität gegenüber der chronologischen Anteriorität der sozialen Prozesse als Unterscheidungsmerkmal der so genannten höheren geistigen Fähigkeiten. Durch diesen ko-konstruktivistischen Ansatz eröffnet Wygotsky eine relativ dynamische Konzeption des Verhältnisses des Individuums zur Gesellschaft, was sich schlecht mit den antinomischen Konzeptionen dieser beiden Entitäten, wie sie bisher in der Wissenschaftsgeschichte üblich waren, in Einklang bringen lässt. Yves Clot erläutert dieses Vorgehen Wygotskys folgendermaßen:

> „Wenn er auf den historisch-sozialen Determinanten des Lernens besteht, so deshalb um die Einzigartigkeit der individuellen Entwicklung zu begreifen. Denn wenn er seinen Blick auf das innere, subjektive Leben richtet, findet er dort die äußeren sozialen Beziehungen zwischen den Subjekten transformiert und als agierende wieder" (1999, S. 9).

Über die epistemologischen Konsequenzen des *general genetic law of cultural development* (allgemeinen genetischen Gesetzes der kulturellen Entwicklung) hinaus bezieht sich eine der Hauptfolgen auf die determinierende Rolle der sozialen Interaktion als der notwendigen Vorbedingung zum Erwerb der höheren kognitiven Fähigkeiten.

3.3.4 Soziale Interaktion, Lernen und Entwicklung der höheren geistigen Fähigkeiten: „die nächste Entwicklungszone"

In seinem Artikel „Das Problem des Unterrichts und der geistigen Entwicklung im Schulalter" (1935/1995) und im 6. Kapitel von „Denken und Sprechen" (1934/ 1974) analysiert Wygotsky die zwischen der individuellen Entwicklung und dem Lernen bestehenden Beziehungen. Vor allem lehnt er eine auf den Reifevorgängen beruhende lineare Auffassung ab, wie Piaget sie vertritt, der das Lernen von der vorhergehenden Entwicklung sukzessiver Stufen abhängig macht, die ihrerseits durch das System der logischen Operationen strukturiert werden. Ein solches Schema vernachlässige den Anteil der Kontingenz und der Geschichte an der menschlichen Entwicklung. Denn diese beiden Faktoren machen aus der Entwicklung während des ganzen Lebens des Individuums einen unabgeschlossenen Prozess, der nicht mehr, wie es die piagetsche Stufentheorie der kognitiven Entwicklung suggeriert, auf Kindheit und Jugend beschränkt bleibt[44]. Indem er dieses Schema umdreht, behauptet er, dass das Lernen der kognitiven Entwicklung vorausginge. Diese wird durch das Lernen ständig umorganisiert und umorientiert. Wygotsky unterscheidet zu diesem Zweck zwei verschiedene Arten des Lernens: das „spontane" und das so genannte „reaktive" Lernen. Unter „spontanem" Lernen versteht er die verschiedenen Erfahrungen, die das Kind in den ersten Jahren seines Lebens unbewusst und/oder unbeabsichtigt macht. Diese Art des Lernens erlaubt ihm darüber hinaus, Sinn und Bedeutung der Dinge sowie den Umgang damit aus seiner sozialen Umgebung aufzunehmen. Das „reaktive" Lernen setzt dann beim Kind ein, wenn ihm in einem organisierten Rahmen formales, von seiner konkreten und unmittelbaren Erfahrung abstrahierendes Wissen beigebracht wird, wie es zum Beispiel beim Erlernen wissenschaftlicher Begriffe der Fall ist. Diese Art des Lernens bringt das Kind zur Reflexion und dem Verständnis von Relationen, das heißt, dem analytischen Verständnis. Wygotsky zeigt, dass diese beiden Arten des Lernens, obwohl sie sich durch ihre Form (informelles und formelles Lernen) ebenso wie durch die Lebenszeiten, in denen sie vor sich gehen (Kindheit und Schulzeit) unterscheiden, auf der funktionellen Ebene sich dennoch ergänzen[45], um die kognitive Entwicklung des Individuums sicherzustellen. Dazu schreibt M. Brossard:

> „Die spontanen Konzeptionen, mit deren Hilfe im täglichen Leben gedacht wird […], bilden das semantische Netz, das das Erlernen wissenschaftlicher Begriffe unterstützt. Die spontanen Konzeptionen ermöglichen so den wissenschaftlichen Begriffen, sich zu vereinzeln und sich von konkreten Bestimmungen zu befreien, dem leeren Gerede zu entkommen. Aber gleichzeitig eröffnen die Strukturen der Verallgemeinerung, die wissenschaftliche Begriffe darstellen, den spontan gebildeten Begriffen Wege der Entwicklung, indem sie es ermöglichen, dass sie sich auf einer neuen allgemeineren Ebene umorganisieren. Der Zugang zu einer Struktur der Verallgemeinerung und die Umorganisation, die dies in gewissen Momenten in den vorhergehenden Kenntnissen zur Folge hat, dies ist es, was die berühmten Aha-Erlebnisse ausmacht, von denen Wygotsky spricht" (1999, S. 216-217).

Nachdem Wygotsky die inneren Prozesse erklärt hat, durch welche die Lernvorgänge die Entwicklung umorganisieren, arbeitet er eine Theorie der pädagogischen Praxis, aus das heißt, über die Bedingungen für eine wirksame pädagogische Intervention, also eines Unterrichtes, bei dem *das Lernen in der Tat der Ursprung der kognitiven Entwicklung des Kindes* ist und nicht umgekehrt. Als Aus-

---

44 Diese Auffassung bildet die Grundlage der pädagogischen Konzepte wie „Life Long Learning", die heute u.a. von der UNESCO gefördert werden.
45 Das ist in dem von Wygotsky gebrauchten Beispiel des Kindes der Fall, das spontan seine Muttersprache lernt und sich dabei auf unbewusste Weise ein Netzwerk von semantischen Beziehungen schafft, das es ihm später ermöglicht, eine Fremdsprache zu erlernen. Diese transformiert im Gegenzug die Beziehungen des Kindes zu seiner Muttersprache, indem sie es dazu bringt, über deren syntaktische Strukturen nachzudenken. Deswegen hat Goethe mit Recht behauptet: „Wer keine Fremdsprache gelernt hat, kennt seine Muttersprache nicht".

gangspunkt seiner Untersuchungen auf dem Gebiet dient ihm die Feststellung, dass die psychometrischen Tests ungeeignet sind, um den Pädagogen mit zuverlässigen Informationen über die kognitive Entwicklung der Lernenden zu versorgen, damit eine wirksame pädagogische Intervention möglich wird, die in der Lage wäre, die Entwicklung beim Kind auszulösen oder ihren Verlauf zu ändern. Diese Tests unterziehen die Kinder vielfältigen Übungen; aus ihrer Fähigkeit, diese autonom, das heißt, ohne Hilfe zu lösen, wird der Grad ihrer geistigen Entwicklung abgeleitet. Ein solches Vorgehen, stellt Wygotsksy fest, ermöglicht bestenfalls sich über das gegenwärtige Entwicklungsniveau der kognitiven Fähigkeiten des Kindes zu informieren.

> „Aber der Entwicklungsstand wird niemals davon bestimmt, was herangereift ist. […] so muss der Psychologe bei der Beurteilung des Entwicklungsstandes nicht nur die herangereiften, sondern auch die heranreifenden Funktionen, nicht nur das gegenwärtige Niveau, sondern auch den Bereich kommender Entwicklung berücksichtigen" (Wygotsky 1974, S. 236).

Die von Wygotsky angewandte Methode, um diese nächste Entwicklungszone zu bestimmen, besteht darin, die Leistungen der Kinder bei der Lösung komplexer Aufgaben, das heißt solcher, die sie nicht allein lösen können, mit denen von anderen zu vergleichen, deren geistiges Alter mit psychometrischen Verfahren ermittelt das gleiche ist. Aus diesem Vergleich geht hervor, dass die Kinder mit Hilfestellung[46] in verschiedenem Ausmaß Problemlösungen finden, die über ihren aktuellen kognitiven Entwicklungsstand hinausgehen. Wygotsky zieht daraus folgenden Schluss:

> „Diese Divergenz zwischen dem geistigen Alter oder dem aktuellen Niveau der Entwicklung, das mit Hilfe selbständig zu lösender Aufgaben bestimmt wird, und dem Niveau, das das Kind bei der nicht selbständigen, sondern gemeinschaftlichen Lösung von Aufgaben erreicht, bestimmt eben den Bereich der nächsten Entwicklung des Kindes […] Die Untersuchung zeigt, dass die Zone der nächsten Entwicklung für die Dynamik der intellektuellen Entwicklung und den Leistungsgrad eine unmittelbarere Bedeutung besitzt als das gegenwärtige Niveau ihrer Entwicklung" (ebd. S. 236-237).

Die Zone der nächsten Entwicklung erweist sich so, um eine Metapher aus der Botanik aufzunehmen, als „die Blüte" und nicht „die Frucht" der Entwicklung. Das ist gewissermaßen als ein Raum mit zwei Polen zu verstehen, wobei der untere Pol die vom Kind verwirklichten Fähigkeiten oder seinen aktuellen Entwicklungsstand repräsentiert und der obere Pol sein kognitives Potenzial. Eine der wichtigsten

---

46 Die Hilfestellung kann zum Beispiel darin bestehen, die Lösung einer mathematischen Aufgabe vollständig zu demonstrieren und die Lernenden zu bitten, diese Demonstration wieder aufzunehmen oder den Anfang für die Lösung einer Aufgabe zu geben, an der das Kind gebeten wird, weiterzumachen oder Fragen zu stellen, die es in die richtige Richtung lenken usw.

pädagogischen Konsequenzen aus dieser Entdeckung ist die Erkenntnis, dass guter Unterricht sich in der Mitte zwischen den beiden Polen halten sollte: Es muss sowohl vermieden werden, dass er sich über den oberen Pol hinaus bewegt und dabei Gefahr läuft von den Lernenden nicht mehr verstanden zu werden (Überforderung), als auch, dass er den unteren Pol unterschreitet (Unterforderung) und damit keinen Anreiz mehr für das Lernen bietet, anders ausgedrückt, keinen Katalysator der kognitiven Entwicklung darstellt. Worauf Wygotsky jedoch am meisten Gewicht legt, ist die entscheidende Rolle, die bei einer Leistung dieser Art von Lernen, das als Katalysator der Entwicklung wirkt, eine *interaktive Umgebung spielt*: Hier finden Gleichaltrige Lösungen für die Probleme, die eine Gruppenaufgabe ihnen stellt unter der Mithilfe von fähigeren und erfahreneren Teilnehmern, aber immer unter der Bedingung des gegenseitigen Respektes. Die Berücksichtigung der entscheidenden Rolle der sozialen Interaktion beim kognitiven Entwicklungsprozess oder dem Erwerb höherer geistiger Fähigkeiten veranlassen ihn zu einer Kritik der zugleich mechanistischen und abwertenden Interpretation der Nachahmung, so wie sie die klassische Psychologie formuliert hatte[47]. Eine solche wissenschaftlich nicht haltbare Interpretation begründet jedoch die übliche Verachtung, die von der Psychologie der Rolle der sozialen Interaktion und der Gruppenarbeit in den fruchtbaren Lernprozessen entgegengebracht wird. Wygotsky schreibt zu diesem Thema:

„Es kann in der Psychologie der Nachahmung als gesichert gelten, dass das Kind nur das nachahmen kann, was in der Zone seiner eigenen intellektuellen Möglichkeiten liegt. Wenn ich z.B. nicht Schach spielen kann, dann werde ich, selbst nachdem mir der beste Schachspieler gezeigt hat, wie eine Partie zu spielen ist, nicht imstande sein, das zu tun […] Um nachzuahmen, muss es eine Möglichkeit geben, von dem was ich kann, zu dem überzugehen, was ich nicht kann. Wir können also eine neue wesentliche Ergänzung der früheren Anschauungen über die gemeinschaftliche Arbeit und die Nachahmung vornehmen. Wir haben gesagt, daß das Kind in der Zusammenarbeit immer mehr zu leisten vermag als selbständig" (ebd. S. 237-238).

Ihrer mechanistischen Hüllen entkleidet, ist die Nachahmung eines der wichtigsten Instrumente, mit deren Hilfe das Kind, das vom ersten Augenblick seines Lebens an und während seiner ganzen weiteren Existenz auf vielfältige Weise mit seinem sozialen Umfeld interagiert, von diesem lernt und so die Entwicklung seiner höheren geistigen Fähigkeiten, die seinen Kompetenzen zu Grunde liegen, vorantreibt. Wir kommen also mit Wygotsky zu dem Schluss:

"From the very first days of the child's development his activities acquire a meaning of their own in a system of social behaviour and, being directed

---

47 Die psychometrischen Tests, die für die klassische Psychologie die Methode der Wahl zur Feststellung des kognitiven Entwicklungsstands des Kindes waren, beruhen tatsächlich auf seiner Fähigkeit, die Reihe der ihm vorgelegten Aufgaben selbständig zu lösen.

towards a definite purpose, are refracted through the prism of the child's environment. The path from object to child and from child to object passes through another person. This complex human structure is the product of a developmental process deeply rooted in the links between individual and social history" (1929, S. 11).

So erlaubt uns die wygotskysche Entwicklungstheorie, die Ontogenese der Kompetenz aus der Perspektive des psychologischen Konstruktivismus zu begreifen. Diese nimmt darin am Ende ihrer Entwicklung die Form der höheren geistigen Fähigkeiten und daher die Eigenschaft des Subjekts an; dennoch bleibt sie, wie Wygotsky es darlegt, sowohl was ihren Ursprung wie auch die Modi ihres Erwerbs anbetrifft, durch und durch von gesellschaftlichen Bedingungen abhängig. Aus dieser sozialen Verwurzelung wird sie sich nicht nur als dem Menschen eigene höhere geistige Fähigkeit herausbilden, sondern auch und vor allem wird sie ihren *Wert* und als Folge davon ihre soziale Bedeutung als Kompetenz erhalten. Ob nun von sprachschöpferischen Fähigkeiten, kognitiven Strukturen oder höheren geistigen Fähigkeiten gesprochen wird, es geht hier um Kompetenzen, weil sie ihren Wert durch die soziale Anerkennung erhalten und unter funktionalistischem Blickwinkel zur Erreichung der Ziele, welche die Gesellschaft für wichtig hält, notwendig sind. Selbst wenn sie, einmal erworben, als Fähigkeiten des Individuums gelten, sind auf diese Weise ihre Bedeutung und ihr Sinn *konsubstanziell,* also unabtrennbar mit der Gesellschaft verbunden, die für sie die Kriterien festlegt. Wittgenstein formuliert dieses Abhängigkeitsverhältnis zwischen der individuellen Kompetenz und dem sozialen Urteil wie folgt: „An inner process stands in need of outward criteria, and expectation is embedded in a situation from which it arises" (1953, S. 580-581). Das bedeutet für die Aufgabe der Begriffsklärung, die wir uns hier gestellt haben, dass eine strenge ontogenetische Analyse der Kompetenz eine soziogenetische Perspektive in die linguistischen und psychogenetischen Ansätze integrieren muss, welche die Spezifizierung der rein soziologischen Determinanten oder dieser „outward criteria" durch die eine Kompetenz den Wert erhält, der sie positiv von den anderen menschlichen Fähigkeiten unterscheidet, ermöglicht. Dieser Aspekt des Problems bildete ein zentrales Interesse bei den soziologischen Untersuchungen von Pierre Bourdieu.

3.4 Bourdieu: die Soziogenese der Kompetenz

Bourdieu geht die Kompetenzfrage von der sozialen Praxis her an, das heißt, ausgehend von den konkreten Aktivitäten der Individuen oder der gesellschaftlichen Akteure zur Produktion und Reproduktion ihrer Existenzmodi. Ihn interessieren die Mechanismen, durch die eine Kompetenz, die von der linguistischen und psychogenetischen Analyse mal als angeborene Fähigkeit, mal als erworben, aber immer als objektive Fähigkeit des Individuums hingestellt wird, an Wert gewinnt oder als etwas wahrgenommen wird, das sozial geschätzt und wünschenswert ist. Das

Insistieren auf dem sozialen Wert als des Kriteriums, das zur vollständigen Begründung einer Kompetenz ausreicht, begründet sich, wie Bourdieu, Chamboredon und Passeron versichern, aus der tiefgehenden Abhängigkeit der individuellen Handlungen von dem Sinn, der diesen sozial zugeschrieben wird.

> „Ihren Sinn erhalten die persönlichsten und die ‚transparentesten' Handlungen nicht von dem Subjekt, das sie ausführt, sondern von dem vollständigen Beziehungssystem, in dem und durch das sie sich vollziehen" (1968, S. 32).

Aber unter Wert versteht Bourdieu nicht irgendeine transzendente ethische Norm, die den Individuen den Sinn von Gut und Böse, Wahr und Falsch vorschriebe, sondern das Ergebnis einer Legitimationsarbeit, dank derer etwas (zum Beispiel eine geistige Fähigkeit), das ursprünglich nur eine *tatsächliche/faktische Existenz* hat, das heißt, eine beliebige Sache unter anderen ist, die zu wünschen nichts rechtfertigt, eine *Existenz dem Rechte* nach erwirbt, die sie zu einer begehrenswerten und begehrten macht. Anders formuliert, der Wert einer Kompetenz ist nicht den geistigen Strukturen an sich oder ihrem Produkt (Performanz) konsubstanziell, sondern das Resultat eines Aufwertungsprozesses, der aus ihr eine legitime Kompetenz macht. Deshalb ist es wichtig, diesen Prozess zu klären, indem man die sozialen Bedingungen der Möglichkeit dieser Aufwertung hinterfragt.

3.4.1 Die Ökonomie als Schlüssel zu den sozialen Phänomenen

Um die sozialen Mechanismen, durch die eine Kompetenz ihren Wert erhält, zu analysieren, greift Bourdieu auf das ökonomische Modell zurück. Dieser Rückgriff erscheint zunächst unverständlich in Anbetracht der Autonomie, welche die Wirtschaftswissenschaften zu genießen scheinen und die sich in der wachsenden Abstraktion und Mathematisierung ihrer Prinzipien bemerkbar macht. Es wird einsichtig, wenn man berücksichtigt, dass die Strukturen dieser so genannten Wirtschaftswissenschaft zutiefst von der Gesellschaft geprägt sind.[48] Denn schließlich versichert Bourdieu, jede „Praxis, um mit der zu beginnen, die sich am offensichtlichsten und striktesten als ‚ökonomische' gebärdet, ist eine ‚total soziale Tatsache'[49]" (Bourdieu, 2000, S. 11).

---

48 „Les structures sociales de l'économie,,: das ist der Titel, den Bourdieu einem Werk gibt, das im Mai 2000 beim Verlag Seuil herauskam und in dem er durch die Untersuchung des Kaufs und Verkaufs von Immobilien in Frankreich diese gesellschaftlichen Strukturen der Wirtschaft deutlich macht, die auf diesem Gebiet einerseits durch die *Schaffung eines Marktes durch den Staat* entstehen, der den Zugang zu individuellen oder kollektiven Wohnformen ermutigt, andererseits durch die Käufer und Vermittler, die durch ihre symbolischen Konstruktionen den Preis der Wohneinheiten aufwerten oder nicht.

49 Obwohl in deutschen Übersetzungen von Bourdieu der ‚fait scientifique' konsequent mit Tatbestand übersetzt wird, um ihn von der naturwissenschaftlichen Tatsache abzusetzen, ist im Rückgriff auf Durkheim von sozialer Tatsache die Rede.

Insofern sie ein Element des gesellschaftlichen Ganzen sind, können daher die Begriffe der Wirtschaftswissenschaft legitimerweise zur Entschlüsselung anderer Phänomene, die auch der sozialen Sphäre angehören, verwendet werden.

3.4.2 Die Metapher des Marktes

Der Markt ist einer der grundlegenden ökonomischen Begriffe, deren sich Bourdieu bedient, um den sozialen Aufwertungsprozess der Kompetenz zu erklären. Insofern es der Ort ist, an dem um die Werte gefeilscht wird und sie ausgehandelt werden, weist er darauf hin, dass „der Preis, der auf einem bestimmten Markt für die Leistungen, die von einer bestimmten Kompetenz generiert werden, erzielt wird, abhängig ist von den diesem Markt eigenen Gesetzen der Preisbildung" (Bourdieu 1984, S. 123). Anders ausgedrückt, eine Kompetenz kann als ein Phänomen bzw. ein Objekt betrachtet werden, dessen Bewertung die Funktion der Existenz eines Marktes ist[50], wo gemäß der variablen Gesetze über die Festsetzung des Wertes oder des Preises verhandelt und getauscht werden kann. Aber die Metapher des Marktes suggeriert gleichzeitig bestimmte Zugangsbedingungen. Wer an diesem Ort, an dem über die Werte verhandelt wird, als Händler akzeptiert werden will, muss vorher eine Lizenz erwerben, die ihm attestiert, dass er die auf diesem Markt gültigen spezifischen Gesetze kennt. Indem er diese Analogie auf die sprachliche Kompetenz anwendet, stellt Bourdieu fest, dass

> „der Begriff der Akzeptabilität, den die Chomskyaner wieder eingeführt haben, vollkommen unzureichend ist, denn er reduziert die Akzeptabilität auf die Grammatikalität. Die soziologisch definierte Akzeptabilität besteht nämlich nicht allein darin, eine Sprache korrekt zu sprechen: in gewissen Fällen, in denen es darauf ankommt, etwas ungezwungen zu wirken, kann ein allzu gepflegtes Französisch inakzeptabel sein. Ihrer vollständigen Definition gemäß setzt die Akzeptabilität nicht nur die Konformität der Wörter mit den immanenten Regeln der Sprache voraus, sondern auch mit den immanenten Regeln der ‚Situation' oder eigentlich mit denen eines bestimmten linguistischen Markts. [...] Die Kenntnis der sprachlichen Kompetenz allein ermöglicht also nicht vorherzusehen, was der Wert einer sprachlichen Performanz auf einem sprachlichen Markt sein wird" (ebd. S. 123).

Das liegt daran, dass dieser Wert letzten Endes von einem Ensemble von komplexen und variablen Faktoren abhängt, die zu seiner Festsetzung beitragen wie zum Beispiel Angebot und Nachfrage in Bezug auf Qualität und Quantität, die

---

50 Bourdieu zitiert zu diesem Zweck das Beispiel des Lateins, dessen Aufrechterhaltung als Unterrichtsfach trotz seines Status' als tote Sprache nur durch die Bemühung derjenigen erklärt werden kann, deren Geschäft oder Kapital das Latein ist, den Wert dieses Kapital zu verteidigen, indem man ihm einen Markt und eine Klientel verschafft, welche die Schüler bilden, die Latein lernen.

mehr oder weniger effektiven „Verkaufsstrategien" der verschiedenen Akteure usw. Eine Kompetenz, die so an Wert gewonnen hat, verwandelt sich in Kapital.

3.4.3   Die Kompetenz als Kapital

Wenn Bourdieu den Begriff der Kompetenz durch den des Kapitals ersetzt, will er dadurch deutlich machen, welchen Gewinn ihr Besitzer im Falle einer rentablen Investition daraus ziehen kann. Dieser reale Gewinn ist indessen nicht notwendigerweise und unmittelbar ein ökonomischer im strengen Sinn des Wortes, selbst wenn es nicht ausgeschlossen ist, dass er durch Konversionsmechanismen dazu wird. Indem er einen platten Ökonomismus im marxistischen Stil, der durch die Reduktion des multidimensionalen Raumes der sozialen Welt allein auf das ökonomische Feld in seinem neoklassischen Sinn charakterisiert ist, vermeidet, lässt Bourdieu die Existenz einer Ökonomie der symbolischen Güter deutlich sichtbar werden[51], welche die Analyse der sozialen Felder offenbart, die vom orthodoxen Marxismus als sekundär betrachtet werden, wie die Untersuchungen über die Kultur (Kunst, Bildung, politische Kultur usw.). Seine Forschungen auf diesen verschiedenen kulturellen Feldern führen zu einer Erweiterung des Kapitalbegriffs. Er unterscheidet vier verschiedene Arten: Das ökonomische Kapital, das in der Form von Geld oder direkt in Geld konvertierbarer Güter erscheint, das kulturelle Kapital[52], das die Erziehung, Bildung und andere kulturelle Güter umfasst, das soziale Kapital, das die Gesamtheit des Beziehungsgeflechts eines Individuums einschließt und das symbolische Kapital, das die soziale Anerkennung, die aus dem Besitz der drei vorher genannten Kapitalien hervorgeht, bedeutet. Obwohl durchaus verschieden, sind diese Kapitalsorten untereinander austauschbar, das heißt je nach den Bedürfnissen ineinander konvertierbar, aber und vor allem nach den Machtverhältnissen, die den Markt auf dem Feld bestimmen, wo die Konversion stattfindet. Denn das, worauf der Kapitalbegriff in letzter Analyse abzielt, ist „die Macht, die Preisbildungsgesetze zum eigenen Profit funktionieren zu lassen und den Mehrwert abzuschöpfen" (ebd. S. 124). Der Begriff der Macht muss hier in seinem Doppelsinn von Fähigkeit und Gewalt verstanden werden, das heißt, der Macht, seine Kompetenz auf einem bestimmten Markt in Kapital umzusetzen zu können. Das läuft darauf hinaus, dass es nicht reicht, auf irgendeinem Markt handeln zu wollen und zu können, man muss auch noch die Macht besitzen, dies zu tun. Der Markt wird durch Machtverhältnisse strukturiert, die sich in der Form von

---

51 Mehr Einzelheiten zu diesem Thema s. Bourdieu, P., Sozialer Sinn, übers. von G. Seib, Frankfurt/M; Suhrkamp, 1987; Kap. 7.

52 Bourdieu unterscheidet drei Formen: *Das inkorporierte kulturelle Kapital* fasst die durch Erziehung (éducation), Bildung (instruction), und Ausbildung (formation) erworbenen Kenntnisse, das Wissen, die Fertigkeiten, wie auch die daraus resultierenden Handlungen und Verhaltensmuster zusammen. *Das objektivierte kulturelle Kapital* verweist auf materielle Kulturgüter wie Bücher, Bilder, Musikinstrumente usw. *Das institutionalisierte kulturelle Kapital* bezeichnet die Bildungszertifikate und Abschlüsse.

Monopolen ausdrücken, deren Wirkung in der Realität die Wettbewerbsungleichheit zwischen den beteiligten Parteien und den ausgetauschten Produkten ist. Wenn zum Beispiel ein junger Afrikaner, der die Schule bis zur vorletzten Klasse vor dem Abitur besuchte, aber seinen Lebensunterhalt durch diesen oder jenen Job wie Autowäsche, beim Frisör, der Korbflechterei oder andere Gelegenheitsarbeiten im informellen Sektor bestreitet, sagt, dass er dort im Gegensatz zur Schule nichts gelernt bzw. keine Kompetenz erworben habe, obwohl ihm in seinem täglichen Leben sein schulisches Wissen gar nichts nützt, so besteht zwischen der Schule und dem informellen Arbeitsbereich ein objektives Machtverhältnis zugunsten ersterer, das de facto die im zweiten erlernten Kompetenzen auf dem Markt der Kompetenzen entwertet. Dieses Machtverhältnis ist so ungleich verteilt, dass es eine Abwertung des Eigentümers der Ware selbst (des jungen Afrikaner) zur Folge hat, das heißt seiner im informellen Sektor entwickelten oder erworbenen Kompetenzen. Dieses Ungleichgewicht reflektiert das Monopol, das die formellen Bildungsinstitutionen in diesem spezifischen sozialen Kontext als Lieferanten von Kompetenzen genießt (vgl. Kapitel VI). Ein solches Monopol ist allerdings nur unter der Bedingung möglich, dass der Markt relativ vereinheitlicht ist, das heißt, dass einer der Konkurrenten die Macht hat, die Marktgesetze zu seinen Gunsten zu definieren und den anderen aufzuzwingen. Diese werden von da an die meiste Zeit unbewusst und nur nach dem vom Marktführer festgesetzten Maßstab bewertet. Das ist zum Beispiel bei der Schule der Fall, wo die dort erworbenen Kompetenzen zur Kompetenz schlechthin werden, das heißt, zur legitimen und anerkannten Kompetenz. Das macht gleichfalls deutlich, dass die Anerkennung immer der Zweck eines Legitimationsprozesses ist, der für den Erwerb des legitimen Kapitals die Form symbolischer Kämpfe annimmt. Die Legitimation kann in der Form einer offiziellen Ratifikation erfolgen mit dem Ziel, die Kompetenz in eine Qualifikation zu überführen, wobei dies offiziell dazu berechtigte Institutionen verbürgen und der Erwerb durch ein Diplom oder Zertifikat bescheinigt wird[53]. Aber die Dominanz, welche die Legitimität verschafft, ist umso effektiver als sie verborgen bleibt. Ihre Gewalt ist nicht unmittelbar in aller Brutalität spürbar, sondern sie ist eine symbolische. Obgleich sie das Resultat eines Gewaltverhältnisses, also von Kämpfen ist, erweckt sie auf diese Weise den Anschein, zu der quasi natürlichen Ordnung der Dinge zu gehören, was zu der Stabilität und Verewigung dieser Dominanz beiträgt.

---

53 Wenn wir von offiziell zur Validierung der Kompetenzen berufenen Institutionen sprechen, so verstehen wir darunter nicht nur schulische und universitäre Institutionen, sondern auch die Unternehmen, die immer mehr dazu übergehen, Stellen und deren Bezahlung nach einem Kompetenzenkatalog zu definieren, der nicht unbedingt mit den Inhalten der offiziellen Schulabschlüsse übereinstimmt. Daher ist die so genannte interkulturelle Kompetenz zum Beispiel auf Grund der Globalisierung, die als modus operandi der in unserer Zeit vorherrschenden neoliberalen Ökonomie anzusehen ist und des Völkergemischs, das diese zur Folge hat, in mehreren institutionellen Feldern, Schule und Universität inbegriffen, zu einer legitimen Kompetenz geworden, was zu einem starken Anstieg ihres Wertes oder Kurswertes auf dem Kompetenzmarkt führte. Sie gehört fortan nicht nur zu den so genannten transversalen Kompetenzen, die für mehrere Berufe die Voraussetzung bilden, sondern ist auch anerkannter Gegenstand von Lehre und Forschung in zahlreichen Fakultäten und Forschungsprojekten.

„Ist eine Institution, eine Handlung oder eine Sitte, die vorherrschend ist, aber als solche verkannt wird, legitim, das heißt stillschweigend anerkannt [...], dann gibt es eine Sprache, die das Wesentliche ihrer Wirkungen produziert, indem es den Anschein hat, dass es nicht das ist, was es ist" (Bourdieu 1984, S. 110). Geht die Analyse der sozialen Aufwertungsmechanismen der Kompetenz vom ökonomischen Paradigma aus, so deckt sie schließlich die verborgenen Mechanismen der Macht auf, die mit ihnen – den Aufwertungsmechanismen nämlich – verbunden sind und macht sichtbar, dass bei dem Phänomen der Kompetenz nicht nur die Ökonomie, sondern auch die Machtverhältnisse mit im Spiel sind.

3.5 Zusammenfassung der Ergebnisse und Konsequenzen aus der Begriffsklärung

Ziel der vorangegangenen Analysen war es, den Kompetenzbegriff durch einen epistemologischen Ansatz zu klären. Nachdem sich der äußerst polyseme Charakter dieses Begriffs herausgestellt hatte, wurde es durch eine eingehende Prüfung der Ursachen für diese Polysemie im theoretischen Rahmen des Universalienstreites möglich, über die Feststellung der Polysemie hinauszugehen, um dann *de jure* die Möglichkeit einer Untersuchung der Kompetenz als eines *Phänomens* in einer ontogenetischen Perspektive zu begründen, das heißt, einerseits zu bestimmen, was sie *ist*, und andererseits ihre *Genese* oder den Prozess ihrer Bildung deutlich werden zu lassen. Um der Komplexität dieser Aufgabe gerecht zu werden, war es nötig, sie aus vielfältigen Perspektiven zu betrachten. Die Auswahl der Autoren wurde im Hinblick auf ihre Beiträge zur Lösung des hier in Frage stehenden Problems vorgenommen. Mit gutem Grund wurde der Abschnitt über die Begriffsklärung mit Chomsky begonnen: Er war der erste, der auf wissenschaftlicher Ebene eine Theorie der Kompetenz entwickelte, die endgültig erlaubte, diese von der Performanz zu unterscheiden und präzise ihre Funktion als ein jegliche Performanz generierendes Prinzip zu definieren. Wenn diese Konzeption der Kompetenz auch heute bis auf einige wenige Ausnahmen innerhalb der wissenschaftlichen Gemeinschaft akzeptiert ist, so ist dies mit der Hypothese des Angeborenseins, die Chomsky im Hinblick auf die Genese dieser Fähigkeit vertritt, nicht der Fall. Selbst wenn diese Hypothese wissenschaftlich noch nicht endgültig widerlegt ist, muss sie sich doch fortan konkurrierenden Theorien von mindestens ebenso großer Plausibilität stellen. Das gilt auch für die genetische Epistemologie, die von Jean Piaget entwickelt wurde. Sie macht die konstruktivistischen Mechanismen klar, welche die Genese der Strukturen unserer Kompetenz oder unsere kognitiven Strukturen bestimmen. Doch die genetische Epistemologie Piagets läuft nach seinen eigenen Worten auf eine „kybernetische Theorie" der kognitiven Strukturen eines epistemischen Subjekts hinaus (Piaget 1996, S. 56). Obgleich sich die Strukturen in Interaktion mit der Umgebung herausbilden, werden sie doch von Piaget als vor allem auf das Subjekt konzentriert wahrgenommen. Die soziale Umgebung, deren grundlegende Bedeutung als Infrastruktur und ersten Bezugspunkt für die Entwicklung des Individuums durch die Entwicklungspsychologie deutlich betont wurde, spielt in diesem Prozess nur eine sekundäre Rolle. Um diese Schwachstellen des piagetschen Konstruktivismus noch deutlicher hervortreten zu lassen, wurde Wigotsky hinzugenommen, der in seiner sozio-historischen Psychologie eine Theorie über die soziokulturelle Genese der Kompetenzen oder höheren geistigen Fähigkeiten ausarbeitet, wobei er den Akzent auf die ko-konstruktivistische Methode legt, das heißt, einer Methode, in der die Genese der Kompetenzen nicht nur als ein Produkt der permanenten Interaktion des Individuums mit seiner soziokulturellen Umgebung gesehen wird, sondern diese Umgebung auch zugleich als Ausgangspunkt und Material für die Konstruktionen betrachtet wird.

Schließlich wurde es uns mit Bourdieu möglich, die rein soziologischen Faktoren deutlich zu machen, die gemeinsam der Kompetenz ihren Wert und die soziale Legitimation verschaffen, wobei sie in ein Kapital verwandelt wird, das durchaus geeignet ist, denen die es besitzen, zu Profit zu verhelfen.

Weit davon entfernt, willkürlich zu sein, wird hier dem konstruktivistischen Ansatz der Vorzug gegeben. Denn er ist unter anderem durch die Tatsache begründet, dass diese Theorie, indem sie sich von der These des Angeborenseins absetzt, der Pädagogik – einer Disziplin, die vor allem auf der Intervention in die Lernprozesse beruht – die Möglichkeit bietet, durch das Verständnis und die Beherrschung der Mechanismen ihrer Konstruktion den Erwerb der Strukturen der Kompetenz durch das Individuum zu beeinflussen. In diesem Sinn wurde versucht, die Konsequenzen, die sich aus den von den jeweiligen Autoren im Hinblick auf die Genese bzw. den Erwerb der Kompetenz vertretenen theoretischen Positionen für die Pädagogik ergeben, deutlich sichtbar werden zu lassen. So folgt aus Chomskys These des Angeborenseins zum Beispiel „dass für das Individuum Lernen weitgehend eine Sache der *Wiedererzeugung* ist, also der Ausprägung dessen, was der Psyche schon eingeboren ist" (Chomsky 1969, S. 73). Aus dem piagetschen und wygotskyschen Konstruktivismus ergibt sich (abgesehen von den bereits erwähnten Schwachpunkten der genetischen Epistemologie), dass der Erwerb der Kompetenz (der kognitiven Strukturen bei Piaget oder der höheren geistigen Fähigkeiten bei Wygotsky) allein durch die Interaktion des Individuums mit seiner physischen oder sozialen Umgebung zustande kommt und infolgedessen das Lernen möglich ist.

Am Ende dieser Analysen scheint das Rätsel der Kompetenz (vgl. Dolz/ Ollagnier 2002) hinreichend erhellt, so dass der Begriff auch ohne strenge Definition vernünftig als operationalisierbarer Arbeitsbegriff verwendet werden kann. Er stellt sich auf diese Weise als gemeinsamer Nenner eines Ensembles von Phänomenen heraus, die sich auf Grund ihrer Ontogenese und ihrer Funktionen charakterisieren lassen. Aus ontologischer Sicht – so meine Arbeitsdefinition – kann die Kompetenz als eine ein Aktionspotenzial hervorbringende menschliche Fähigkeit (Sprachfähigkeit, höhere geistige Fähigkeiten oder kognitive Strukturen etc.) aufgefasst werden, die sich in der Form einer Performanz auf einem bestimmten Betätigungsfeld in eindeutigen Situationen aktualisiert. Ihre Genese und ihr Erwerb sind in erster Näherung das Ergebnis eines ständigen, das heißt, niemals völlig abgeschlossenen Konstruktionsprozesses, der sich zwischen einem Individuum und seiner soziokulturellen Umwelt abspielt[54]. Nachdem sie in dieser Weise konstruiert sind, werden diese Fähigkeiten nur den vollen Status einer Kompetenz erreichen, wenn sie in einem gegebenen sozialen Umfeld einen Wert erhalten, der sie in Kapital verwandelt, das geeignet ist, demjenigen der es besitzt, Gewinn zu bringen. In diesem Sinn verdoppelt das Soziale seine Bedeutung bei der Bestimmung dessen, was eine Kompetenz ist: Zunächst als Ausgangspunkt und Ressource für die Ausbildung der Fähigkeit, welche die Kompetenz begründet, dann als Raum oder Rahmen der Produktion des Sinnes, des Wertes und der Legitimationsstrategien, dank derer sich die Kompetenz in ein ökonomisches Gut oder Kapital verwandelt.

In Anbetracht dessen kann die folgende Schlussfolgerung als erste Arbeitshypothese betrachtet werden: Die Kompetenz ist ein lokalisiertes Phänomen, das heißt, eingebettet in den sozialen Kontext. Um jegliche Abstraktion zu vermeiden und das Phänomen in seiner Spezifität zu verstehen, muss sie als Forschungsobjekt notwendig in Beziehung zu dem soziokulturellen Kontext ihrer *Konstruktion* als Leistungen generierender Fähigkeit und ihrer *Konstitution* als einen sozialen Wert darstellende (das heißt als Kapital) gesetzt werden. Eine solche Vorgehensweise ermöglicht bei der Erforschung der Kompetenz von Migranten, deren Sozialisation und Bildung außerhalb ihres Immigrationslandes erfolgte, wie dies bei den Jugendlichen, die unsere Untersuchungsgruppe bilden, der Fall ist, eine Typologie ihrer bereits in den Herkunftsländern erworbenen Kompetenzen aufzustellen. Das wiederum wird in einem zweiten Schritt zulassen, die interessante Frage nach den Möglichkeiten und Mechanismen von deren Transfer in der Migrationssituation anzugehen.

---

54 Wenn hier nur vom soziokulturellen Umfeld die Rede ist, dann bedeutet das, dass der wissenschaftlich erhärteten Tatsache Rechnung getragen wird, nach der die so genannte natürliche Umgebung uns niemals im Naturzustand begegnet, sondern immer von uns mit unseren Sinnesorganen, unserem Verstand und anderen Instrumenten der Beobachtung wahrgenommen wird, die zutiefst von der Gesellschaft und ihren verschiedenen Kulturen geprägt sind. So haben Ratner, C., & McCarthy, J. zum Beispiel bewiesen, dass die Farbwahrnehmung davon abhängig ist, wie diese in der sozialen Kommunikation eingesetzt werden. „The best predictor of color memory is whether the color matches objects that have been experienced in one's culture. The cultural relevance of colors is a better predictor of memory than physical properties of color, such as saturation." (1990, S. 117, S. 369-377).

Zweiter Teil:
Über die Sozio-Kontextualität von Kompetenzen

Die vorausgegangenen Analysen haben durch einen ontogenetischen Ansatz die theoretische Erfassung der Kompetenz ermöglicht. In diesem zweiten Untersuchungsabschnitt wird es darum gehen, den operationalen Rahmen „Afrika" abzustecken, um der sich aus der Begriffsklärung ergebenden Hypothese empirische Konsistenz zu verleihen. Dies wird durch die Konstruktion und Spezifikation des Kontexts der Produktion und des Erwerbs von Kompetenzen geschehen, den die afrikanischen Gesellschaften darstellen. Von der Hypothese der Sozio-Kontextualität der Kompetenzen ausgehend, besteht hier das Erkenntnisinteresse in der Präzisierung der Modalitäten, die ermöglichen, dass Afrika – als ein Gesamtraum betrachtet – als angemessener Rahmen einer Studie über das Phänomen der Kompetenz gelten kann. Zudem möchte ich ein Ensembles von Phänomenen sichtbar machen, die durch ihren bestimmenden Charakter sowohl in funktioneller wie struktureller Hinsicht die Art oder die Arten von Kompetenz verständlich werden lassen, welche sich innerhalb eines derartigen Rahmens entwickeln können. Dazu werde ich in zwei heuristischen Etappen vorgehen: Die erste wird der Konstruktion Afrikas als sozialem Kontext gewidmet sein, das heißt, dem Untersuchungsrahmen des Phänomens der Kompetenz. In der zweiten wird das so konstruierte Beobachtungsfeld durch Beschreibung und Analyse bestimmter Hauptcharakteristika spezifiziert, der durch den Umbruch der ihn konstituierenden Gesellschaften gekennzeichnet ist.

Kapitel 4
Konstruktion und Spezifikation „Afrikas"
als Rahmen der Untersuchung

4.1 Zur Notwendigkeit der Konstruktion des Forschungsraumes

Um Informationen zu erhalten, die sich auf „aus Afrika mitgebrachte Kompetenzen" beziehen, wurden in unserem Forschungsprojekt 76 Jugendliche und junge Erwachsene (15 junge Mädchen und 61 junge Männer), im Alter zwischen 14 und 27 Jahren, zu den von ihnen vor ihrer Ankunft in Hamburg in ihren jeweiligen Herkunftsländern im informellen und oder formellen Bildungs- und Ausbildungssektor erworbenen Fähigkeiten befragt.

Wenn man diese jungen Leute ihren Herkunftsländern zuordnet, verteilen sie sich auf 15 afrikanische Staaten (Tab. 1): Mit Ausnahme von Ägypten und Tunesien kommen 74 unserer 76 Informanten und Informantinnen aus einem südlich der Sahara gelegenen Land. Eine solche Konzentration auf bestimmte Länder einer Region des afrikanischen Kontinents kann, obwohl die Herkunftsländer bei der Definition der Untersuchungsgruppe irrelevant waren, hinsichtlich der vielfältigen Turbulenzen und Krisen, die dieser Teil Afrikas erlebt und die unter anderem einen massiven Exodus der jungen Bevölkerung nach vermeintlich angenehmeren Gefilden zur Folge haben, aufschlussreich sein.

Gleichzeitig wird durch die Aufschlüsselung nach Herkunftsstaaten die Unterschiedlichkeit dieser Länder deutlich, die gerade im Hinblick auf das hier untersuchte Phänomen der Kompetenz zu methodologischen Problemen führt, die näher betrachtet werden müssen. Meiner ersten Hypothese zufolge erfordert die Untersuchung der Kompetenz als eines lokalisierten Phänomens eine ernsthafte Berücksichtigung des *Kontexts* ihrer Produktion und ihres Erwerbs. Da die Entwicklung von Kompetenzen sich im Rahmen dieses Kontexts vollzieht, sollten seine charakteristischen Eigenschaften beschrieben und analysiert werden. Dabei ist eine besondere Aufmerksamkeit auf die Funktionsmodi des gesellschaftlichen Kontexts zu richten, das heißt, dem ganzen Ensemble sozialer Produktion und Reproduktion, das den Hintergrund für die zu beschreibenden Typen der Kompetenzen bildet. Das bedeutet konkret für diese Arbeit, dass Afrika als *Kontext des Erwerbs* oder *gemeinsamer Ort* der Herkunft für die Gruppe der Informanten und Informantinnen, deren Kompetenzen in der Migrationssituation untersucht werden, im Hinblick darauf genau betrachtet werden muss, *was dort heute Gesellschaft charakterisiert* und wodurch sich Afrika folglich als Ort von Produktion und Erwerb dieser Kompetenzen ausweist.

Tabelle 1: Herkunftsländer der Befragten

Land	Jugendliche	Anzahl
Angola	Assalik, Lorenzo, Rosa	3
Ägypten	Walid	1
Äthiopien	Abeba, Astere, Genet, Marta, Sega	5
Burkina Faso	Joash, Marie Claire, Ndengo, Sambiga	4
Burundi	Rodeo	1
Côte d'Ivoire*	Bali, Olivier, Taschat	3
Eritrea	Eden, Rita	2
Guinea-Bissau*	Fnan	1
Guinea-Conakry	Dam, Francis, Meryl, Mireille, Ousman, Rayim, Saifonlaye	7
Liberia*	Abdou Khadim	1
Niger	Dramane	1
Sierra Leone*	Abdoulaye, Ahmed, Alhadji, Alhasan, Aliou, Aziz, Biba, Binta, Boubacar, Chirmo, Dauda, Demba, Dentas, Diallo, Habib, Harona, Ibrahim, Isí, Jeremy, Jonathan, Joseph, Malik, Mamudou, Moussa Kamara, Musa, Nazim, Patrik, Rias, Saiku, Salif, Samba, Sulayman, Thierno	33
Somalia*	Abdul, Fuzum, Mikael	3
Togo	Janine, Juliette, Kapu, Koodi, Maimouna, Rashied, Silvain, Simon	8
Tunesien	Mohammed	1
Keine Angaben	Ali, Konaté	2

* Länder, in die nicht abgeschoben wird (Stand: 2003)

Das ist allerdings kein leichtes Unterfangen. Die größte Schwierigkeit besteht in der ungeheuren Größe, der Pluralität, der Verschiedenheit wie auch der Komplexität dieses Kontexts, die gewissermaßen den Anspruch, diesen geographischen und sozialen Raum, den Afrika in seiner Totalität bildet, einen Untersuchungsgegenstand ohne weitere Spezifikation zu betrachten, zunichte macht. Anders ausgedrückt, es ist nach meiner Hypothese erforderlich, sich auf die Gesellschaft zurück zu beziehen, aus der meine jeweiligen Informanten und Informantinnen stammen, um den Typ von Kompetenz, den sie dort erworben haben, zu beurteilen. Die enorme Ausdehnung des Kontexts sowie die Tatsache, dass er nicht ausreichend spezifiziert ist – es gibt zum Beispiel keinen Rückbezug zum sozialen Kontext eines bestimmten Landes, sondern nur auf den mehrerer Länder, die auf fast dem gesamten afrikanischen Kontinent verteilt sind – erfordern jedoch eine vorhergehende *Konstruktion*, will man daraus einen operationellen Untersuchungs-rahmen bzw. einen Gegenstand der Untersuchung machen. Das hier angesprochene Problem hätte, sollte man meinen, umgangen werden können, indem man die empirische Untersuchung auf eine Falluntersuchung in kleinerem Maßstab reduziert hätte, in der alle Informanten und Informantinnen aus demselben Land, ja sogar aus ein und derselben Region eines Landes, gekommen wären. Ein solches Vorgehen erschien mir aus zwei Gründen jedoch nicht als sinnvoll:

Der erste hängt damit zusammen, dass diese Arbeit in die Gesamtstruktur eines Forschungsprojektes integriert ist, in dem sie ein Untersuchungsmodul bildet.[55] Eine der zentralen Fragen dieses Projektes, zusammengefasst unter dem Titel *Bildungsinstitutionen im Spiegel von Flüchtlingsbiographien afrikanischer Jugendlicher*, bestand darin, die Reaktionen der deutschen Bildungs- und Ausbildungsinstitutionen auf die Anwesenheit von Migranten im Kontext der Globalisierung bzw. der Erweiterung der Europäischen Union zu untersuchen. Mit Blick auf dieses Forschungsziel wurde eine Zielgruppe konstruiert, bei der Afrika den Kontext für die Herkunft ohne jede andere Spezifikation dieser Rahmenbedingung darstellte. Eine solche Vorgehensweise hatte im Hinblick auf die von dem besagten Projekt verfolgten Ziele keinerlei negativen Einfluss auf die Qualität der Resultate; dies ist in meiner Arbeit auf Grund des entscheidenden Charakters, der dem sozialen Kontext bei der Untersuchung der Kompetenz zukommt, jedoch anders. Eine genaue Erläuterung dieses Kontexts als Rahmenbedingung für die hier untersuchte Produktion ist nach meiner Hypothese unumgänglich. Diese präzise Erläuterung des sozialen Kontexts muss allerdings unter Berücksichtigung der Gesamtstruktur des Forschungsprojektes vorgenommen werden, denn sieht man davon ab, wird die hier vorgelegte Arbeit schwer verständlich. Daraus folgt, dass eine nachträgliche Modifikation der Zielgruppe, um daraus eine Fallstudie in kleinerem Maßstab zu machen, in der die Auswahl der Informanten und Informantinnen und folglich die Beschreibung des Sozialisationskontexts zum Beispiel auf ein afrikanisches Land beschränkt bliebe, nur willkürlich sein kann.

Zu diesem strukturellen Argument kommt ein zweites methodologischer Ordnung hinzu, das ebenfalls nicht dafür spricht, mit einer Fallstudie das hier verhandelte Problem zu lösen. Die Fallstudie basiert auf einer methodischen Rationalität, der das folgende Prinzip unterlegt ist: je mehr der Umfang einer Studie reduziert wird, umso größer werden die Möglichkeiten, die Tatsachen in ihrer ganzen Diversifikation und Komplexität systematisch und detailliert zu betrachten. Allerdings „führt die Entscheidung, einen oder nur wenige Fälle zu untersuchen, zu dem Problem, dass es mehr miteinander konkurrierende Erklärungen zu beurteilen als

---

55 In dem Forschungsprojekt wurde der Leitfrage nach der Reaktion des Bildungswesens auf Umstrukturierungen durch Migration mit vier verschiedenen Ansätzen nachgegangen, in denen jeweils quantitative mit qualitativen Methoden kombiniert und auf die Jugendlichen einerseits und die Bildungsmärkte anderseits bezogen wurden. Das uns hier interessierende Modul ist folglich nur in dieser Gesamtkonstellation zu verstehen. Eine ausführliche Beschreibung des Methodendesigns findet sich in Neumann u.a. 2003, S. 30 ff.

Fälle zu beobachten gibt oder zu dem Dilemma zu vieler Variablen" (Collier 1993, S. 106).

Außerdem wird die Größe des Objektes oder des Samples (in unserem Fall die Pluralität und die enorme Ausdehnung des geographischen und sozialen Raumes, der durch die verschiedenen Herkunftsländer unserer Informanten und Informantinnen konstituiert wird) nur in Funktion anderer Variablen, deren Bedeutung in Bezug auf den Typ des untersuchten Phänomens und der Forschungsziele[56] präzisiert werden muss, zu einem ständigen Parameter (vgl. ebd. S. 76). Was das Argument der Verschiedenartigkeit der zu untersuchenden Phänomene angeht, das zugunsten einer Entscheidung für die Fallstudie als Methode spräche, gilt es festzuhalten, dass diese keine notwendige und direkte Funktion der Größe des Samples, des Objektes oder des Untersuchungsfeldes ist. Denn es können sich ähnliche soziale Phänomene, sogar solche, die in ihrer Komplexität oder Einfachheit identisch sind und sich daher in keiner Weise durch ihre Strukturen und ihre Funktionsweise voneinander unterscheiden, unter dem räumlichen Gesichtspunkt in großem Maßstab ausdehnen (in einer Region, einem Kontinent, auf der ganzen Welt); wie man es ebenso umgekehrt in ganz kleinem Maßstab mit Phänomenen von großer Verschiedenheit zu tun haben kann. Noch grundlegender verweist das methodische Problem der Konstruktion des Objektes oder des Rahmens der Untersuchung auf das der Idealisierung in den Sozialwissenschaften. Diese Idealisierung soll, so einige Kritiker empiristischer Obedienz, dazu beitragen, den Forscher von der sozialen Realität zu entfernen. Hierzu meint Chomsky:

> „Der Kampf gegen die Idealisierung ist der Kampf gegen die Rationalität; dieser bedeutet: lasst uns keine bedeutende geistige Arbeit machen. Alles, was kompliziert genug ist, um der Forschung wert zu sein, besteht mit Sicherheit aus der Interaktion mehrerer Systeme. Deshalb *müssen* Sie [als Forscher, LHS] von einem Objekt abstrahieren, müssen Sie die störenden Faktoren entfernen. Zumindest, wenn es eine nicht triviale Studie werden soll. In den exakten Wissenschaften wird dieses Prinzip nicht einmal mehr diskutiert, es ist selbstverständlich. In den Geisteswissenschaften wird es wegen ihres geringen intellektuellen Niveaus immer noch in Frage gestellt. Das ist traurig […] Zum großen Teil besteht die Herausforderung einer bedeutenden geistigen Aktivität darin, sich dem Zufall zu stellen, ihn zu behandeln: sich damit abzufinden. Er ist unvermeidlich" (Chomsky 1977, S. 75).

Diesen Bemerkungen zufolge stellen auf einer streng methodologischen Ebene die Größe, die Pluralität und die Verschiedenheit der Herkunftsländer unserer Informanten und Informantinnen an sich weder ein Hindernis noch einen Pluspunkt dar;

---

56 Das ist der Fall, wenn eine vergleichende Studie über die Geschichte verschiedener Kulturen, die von mehreren Bevölkerungen hervorgebracht wurden, die in mehr oder weniger ausgedehnten geographischen Gebieten leben, durchgeführt wird: in einer Region, ja sogar einem Kontinent. Die Geschichte und der Vergleich der Kulturen sind in diesem Fall die Faktoren, welche die Größe des Rahmens der Studie bestimmen.

alles hängt von der Art und Weise ab, wie diese räumliche Heterogenität als Untersuchungsrahmen konstruiert wird, das heißt, von der Auswahl der Parameter, die beachtet werden müssen, um daraus einen operationalisierbaren Kontext zu machen, der tatsächlich etwas über die Produktion von Kompetenzen und deren Erwerb auszusagen in der Lage ist. Denn „es gibt keine anderen Kriterien für eine korrekte Idealisierung, es sei denn die Erreichung aussagekräftiger Resultate. Wenn sie gute Resultate erhalten, sind sie nicht weit von einer guten Idealisierung entfernt" (ebd.). Nachdem die Konstruktion von „Afrika" als Kontext für die Produktion und den Erwerb von Kompetenzen legitimiert wurde, setzt das Gelingen dieses Unternehmens allerdings unbedingt voraus, dass vorher auf die Klippen hingewiesen wird, die es zu umschiffen gilt; denn soviel ist wahr, dass Afrika als Objekt der Wissenschaft immer ein Gegenstand von Konstruktionen gewesen ist, die nicht notwendigerweise zur Erreichung „guter Resultate" geführt haben, das heißt, dass sie nicht immer zur Verständlichkeit der gesellschaftlichen Phänomene auf diesem Kontinent beitrugen.

4.2   Konstruktionen von Afrika

Die Entdeckung Afrikas durch den Okzident im 15. Jahrhundert wird begleitet von einem Vorhaben, dessen erklärtes Ziel es war, über diese neue Weltgegend und ihre Bewohner, wie auch über ihre Lebensgewohnheiten, zu berichten. Fast alle bedeutenden Wissensgebiete, Literatur, Religion, Kunst und Philosophie usw., haben ihren Teil zum Zustandekommen dieses Projektes beigetragen. Aus diesem Unternehmen ist ein beeindruckender Korpus an Wissen hervorgegangen, dessen Wirkung nicht allein an seinen wohlbekannten historischen Folgen, nämlich dem transatlantischen Sklavenhandel und der Kolonisation des afrikanischen Kontinentes, gemessen werden kann, sondern vor allem an seiner strukturierenden Macht und seinem allumfassenden Anspruch auf der diskursiven Ebene. Die totalisierende Dimension dieses Diskurses hatte im Hinblick auf die epistemologische Erneuerung der Sozialwissenschaften in Afrika zur Folge, gewissermaßen zu einer Situation der Stagnation zu führen. Seitdem gilt:

> „Es war niemals selbstverständlich, über das südlich der Sahara gelegene Afrika einen vernünftigen Diskurs zu halten. Dies an der Schwelle zu einem neuen Jahrtausend zu tun, ist es noch weniger. Alles geschieht tatsächlich so, als ob auch noch die radikalste Kritik der blindesten und zynischsten Vorurteile über Afrika, vor dem Hintergrund der Unmöglichkeit gesehen werden müsste, der Unmöglichkeit, mit etwas aufzuräumen, ohne dabei Gefahr zu laufen, es zu wiederholen und in anderer Form zu verewigen" (Mbembe 2000, engl. S. 1, frz. S. 7).

Die Spezifik dieses Wissens, das Mbembe als „blinde und zynische Vorurteile" bezeichnet, zu erklären, heißt gleichfalls, die Modalitäten zu untersuchen, welche die diskursive Konstruktion Afrikas bestimmt haben. Der Ansatz wird folglich ein archäologischer im foucaultschen Sinn des Wortes sein. Es wird nicht nur darum gehen anzugeben, worin dieses Wissen bestanden hat, sondern es gilt vor allem grundsätzlich festzustellen, um welche Episteme – verstanden als Ensemble von intellektuellen und kulturellen Konfigurationen – herum es sich als strukturierender und totalisierender Diskurs über Afrika gebildet hat. Mit Mudimbe (1988) werden einerseits die Kunst und besonders die Darstellungen des Afrikaners in der europäischen Malerei und Plastik seit dem 16. Jahrhundert und andererseits die „Erfindung" der afrikanischen Kunst im 18. Jahrhundert Ausgangspunkt der nun folgenden Analysen sein.

4.2.1 Das Gleiche und das Verschiedene: die Konstruktion der Taxonomien und die diskursive Macht

Der unumstrittene Meister und Begründer der Renaissancemalerei in Augsburg, Hans Burgkmair (1473-1531), nimmt 1508 den Auftrag an, das Reisetagebuch von Bartolomäus Springer zu illustrieren, in dem von den Überseereisen berichtet wird, die dieser im Auftrag der Fugger und Welser unternommen hatte (vgl. Kunst 1967, S. 21). Die Arbeit besteht aus einer Serie von sechs Meisterwerken, genannt *Exotische Stämme*. Mudimbe erläutert den Herstellungsprozess des ersten Gemäldes, das eine Familie von Afrikanern aus Guinea darstellt, so:

„[Burkmair] hat das Tagebuch Springers aufmerksam gelesen, hat wahrscheinlich einige ungeschickte Bleistift- oder Tuschezeichnungen studiert und sich entschlossen, sechs Gemälde von ‚Primitiven' zu malen. Das erste Bild dieser Serie zeigt eine Familie. Stellen wir uns nun einmal den Maler bei der Arbeit vor. Er hat gerade Springers Reisebeschreibungen gelesen und versucht nun, möglicherweise auf der Grundlage einiger Zeichnungen, ein Bild der Schwarzen in ‚Gennea' zu schaffen. Vielleicht hat er sich entschlossen, dabei ein Modell zu benutzen, wahrscheinlich von weißer Hautfarbe, aber muskulös gebaut. Der Maler starrte auf den blassen Körper und überlegte sich einen Plan, wie er diesen in einen schwarzen verwandeln könnte. Das Modell wurde zu einem Spiegel, durch den der Maler sah, wie er die von der Ähnlichkeit vorgegebenen Normen und seine eigene Kreativität gleichzeitig auf seine Leinwand bannen könnte: eine menschliche Identität und einen rassischen Unterschied. Vielleicht ist der Künstler bereits am Werke [...]. Sein Blick ist auf einen Punkt gerichtet, der ungeklärt ist: wie können die in Springers Schilderung beschriebenen afrikanischen Charakteristika mit dem Gesetz des italienischen *contraposto* versöhnt werden? Sollte es ihm gelingen, würde das Gemälde in seiner Originalität zugleich Feier und Mahnung an das natürliche Bindeglied zwischen allen menschlichen Wesen und ein Hinweis auf rassische und kulturelle Unterschiede sein." (Mudimbe 1988, S. 6-7).

Es ist nützlich daran zu erinnern, dass der Künstler ein Demiurg ist. Im Unterschied zur Schöpfung Gottes, dessen Werke sich dadurch auszeichnen, dass sie ex nihilo geschaffen sind, braucht der Künstler eine für ihn als Inspiration dienende Quelle. Deshalb ist alle Kunst per definitionem eine Re-Präsentation, das heißt, eine neue aber demiurgische Darstellung einer Sache oder eines Wesens, die unabhängig von dem Künstler existieren. Seine Kreativität, besser gesagt, sein Genie, besteht je nach Stilrichtung und Epochen – vorausgesetzt diese geben einen Kanon vor, von dem man annimmt, dass er ihn in dem von ihm gewählten Gebiet beherrscht –, in seiner Fähigkeit, ein originäres Werk herstellen zu können. Die Beachtung dieses Kanons ist hier von überragender Bedeutung, denn sie ist es, nach der das Werk unabhängig von seiner Originalität in Bezug auf andere Werke derselben Gattung, desselben Stils und derselben Epoche, beurteilt werden wird. Was das Gemälde von Burkmair betrifft, so beachtet es den *Kanon der Ähnlichkeit* und steht ebenso wie eine Reihe anderer Werke derselben Epoche, die das Thema des schwarzen Menschen behandeln, in Einklang mit den klassischen Idealen, die in der Kunst der Renaissance galten. Seine charakteristischen Züge, so wie sie sich aus der Darstellung des Afrikaners in dieser Epoche ergeben, lassen sich so zusammenfassen:

> „So folgt der auf dem Blatt als Rückenfigur dargestellte nackte Afrikaner in seinem Körperbau dem klassischen Gesetz des Kontrapostes, welcher sich in der Unterscheidung von Stand-und Spielbein, gesenkter Schulter über dem Standbein und gehobener über dem Spielbein äußert. Man kann sich sehr gut vorstellen, dass dieser nackte Mann einer antiken Aktfigur nachgebildet und mit Armringen und Speeren, den Attributen eines fremden, der Natur noch unmittelbar verbundenen Volkes ausgestattet wurde" (Kunst 1967, S. 21).

Noch viel mehr als eine in einem beschränkten Bereich, wie zum Beispiel der Kunst, geltende Regel, konstituiert der Kanon der Ähnlichkeit, so wie es Foucault in *Die Ordnung der Dinge* aufzeigt, in der Klassik das Episteme, das die Gesamtheit des Wissens im Abendland konditioniert. „Bis zum Ende des sechzehnten Jahrhunderts hat die Ähnlichkeit im Denken (savoir) der abendländischen Kultur eine tragende Rolle gespielt. Sie hat zu einem großen Teil die Exegese und Interpretation der Texte geleitet, das Spiel der Symbole organisiert, die Erkenntnis der sichtbaren und unsichtbaren Dinge gestattet und die Kunst ihrer Repräsentation bestimmt" (Foucault 1971, S. 46).

Eine kurze Beschreibung des Gemäldes *Exotischer Stamm* von Burgkmair in seiner vollendeten Gestalt liefert Informationen über die Art von Wissen über Afrika, die sich aus den künstlerischen Darstellungen des Schwarzen ergibt. Das Werk ist eine wohlproportionierte und harmonische Darstellung einer Gruppe von drei schwarzen Figuren, die von einem Jungen, einem Mann und einer sitzenden Frau mit einem Kind an ihrer Brust, gebildet wird. Alle sind nackt und sind entweder mit Armreifen um die Arme oder Schnüren um den Hals geschmückt. Der Knabe tanzt, sein übermäßig dicker Kopf ist zum Himmel gerichtet. Der Mann mit deutlich ausgeprägten körperlichen Merkmalen befindet sich in der Mitte des Bildes, er hat den Blick auf den entfernten Horizont geheftet, während er in der linken Hand einen Pfeil hochhält und zwei weitere in der rechten hat. Er verkörpert ohne jeden Zweifel die Macht nicht allein deshalb, weil er im Hinblick auf den Raum das Zentrum des Gemäldes bildet, sondern gleichfalls, weil er deutlich die am besten ausgeführte Figur ist. Unaufdringlich den Eindruck von Beweglichkeit und instinktiver Kraft vermittelnd, bildet er das natürliche Bindeglied zwischen dem jungen Knaben zu seiner Linken und der Frau zu seiner Rechten. Die letztere mit dem Kind an der Brust scheint nachdenklich das Becken des Mannes zu betrachten. Die Züge ihres Körpers sind entsprechend den Gesetzen der Malerei ausgeführt (vgl. Mudimbe 1988, S. 8).

Abbildung 1: Hans Burgkmair Holzschnittfolge: Exotische Stämme

Quelle: Hans-Joachim Kunst (1967), Der Afrikaner in der Europäischen Kunst, Seite 17

Nach Mudimbe lässt sich aus dem auf diese Weise beschriebenen Gemälde folgende epistemologische Konfiguration ableiten:

> „doch was es wirklich ausdrückt, ist eine diskursive Ordnung. […] Was auf Burgkmairs Bild, ebenso wie auf anderen ähnlichen Bildern wichtig ist, ist ihre doppelte Darstellung(sart). Die erste, deren Ziel es ist, exotische Körper der italienischen Methode in der Malerei des 16. Jahrhunderts zu assimilieren, reduziert und neutralisiert alle Unterschiede auf die Eintönigkeit, welche die weiße Norm bedeutet, […] auf der anderen Seite steht die künstlerische Qualität eines exotischen Bildes, das dank einer Akkumulation akzidenteller Unterschiede, namentlich Nacktheit, Schwärze, gelock-

tem Haar, Armreifen und Perlenketten kulturelle Distanz schafft. [...] Damals setzte im Westen eine epistemologische Umorientierung ein. Theorien über die Diversifikation der Lebewesen erklären ebenso wie klassifikatorische Schautafeln die Ursprünge der konstruierenden Taxonomien und ihrer Ziele (ebd. S. 8-9).

Als weitere Besonderheit haben diese auf den Theorien über die Diversifikation und die Klassifikation der Lebewesen beruhenden künstlerischen Darstellungen einen allumfassenden Anspruch gemeinsam. Sie sind Darstellungen, die sich selbst zur Schau stellen. „Sie unternimmt in der Tat, sich darin in all ihren Elementen zu repräsentieren [...] Aber darin, in dieser Dispersion, die sie auffängt und ebenso ausbreitet, ist eine essentielle Leere gebieterisch von allen Seiten angezeigt: das notwendige Verschwinden dessen, was sie begründet, desjenigen, dem sie ähnelt, und desjenigen, in den Augen dessen sie nichts als Ähnlichkeit ist. Dieses Sujet selbst, das gleichzeitig Subjekt ist, ist ausgelassen worden. Und endlich befreit von dieser Beziehung, die sie ankettete, kann die Repräsentation sich als reine Repräsentation geben" (Foucault 1971, S. 45).

Daraus folgt, dass diese als diskursive Ordnungen wahrgenommenen Darstellungen in ihren wesentlichen Erscheinungsformen vor allem auf die Geschichte des Gleichen, das heißt, des Okzidents verweisen. Sie informieren besser über die Art, wie dieser sich darstellt, also die Alterität konstruiert als darüber, was die Alterität „wirklich" ist. Außerdem gilt es zu beachten, dass alle diese Darstellungen „des Schwarzen" nach dem Modell „des Weißen", die sich aber in gewissen charakteristischen Zügen unterscheiden, ebenfalls eine christliche Antwort auf das Problem sind, vor das die Entdeckung anderer Kontinente und ihrer Bevölkerung den Okzident stellte, nämlich: wie sind die rassischen und kulturellen Unterschiede mit dem einzigen göttlichen Ursprung der Menschheit zu vereinen? In der diachronischen Studie von Hans-Joachim Kunst über die Darstellung des Afrikaners in der europäischen Kunst von der Antike bis zur Neuzeit heißt es:

> „Es ist bezeichnend für die Einstellung des Europäers gegenüber dem Afrikaner, dass seit der Renaissance die bildende Kunst dem schwarzen Bewohner Afrikas immer wieder die Rolle eines Dieners zugewiesen hat. Während in den Darstellungen der Heiligen Drei Könige die Unterwerfung der Vertreter aller Erdteile unter die Herrschaft des Gottessohnes versinnbildlicht ist, erscheint in der weltlichen Kunst der Afrikaner – um es mit den Worten der Bibel zu sagen – als ,Knecht seiner Brüder'" (Kunst 1967, S. 22).

Diese Feststellung, die vom Bild des Afrikaners in der europäischen Malerei ausgeht, ist in ihrer allgemeinen Aussage keineswegs übertrieben, da sie nicht als kontingente Tatsache in diesem fest umschriebenen Feld der Kunst auftaucht, sondern sehr viel mehr den Typ privilegierten Wissens darstellt, den zu einer gewissen Zeit die okzidentale Episteme in allen Disziplinen hervorbrachte, die sich mit der Erkenntnis des anderen beschäftigen. Noch nicht einmal der ausgesprochen humanistische Montesquieu, eine Leuchte der Aufklärung, entkräftet diese allgemeine Aussage von *Kunst*, wenn man die Apologie ernst nimmt, mit der er in *Vom Geist der Gesetze* (1748) die Versklavung der Afrikaner rechtfertigt.

„Der Zucker würde zu teuer sein, wenn man die Pflanzungen, die ihn erzeugen, nicht von Sklaven bearbeiten ließe. Die Menschen, um die es sich dabei handelt, sind schwarz vom Kopf bis zu den Füßen und haben eine so platte Nase, dass es fast unmöglich ist, sie zu beklagen. Man kann sich nicht vorstellen, dass Gott, der doch ein allweises Wesen ist, eine Seele, und gar noch eine gute Seele, in einen ganz schwarzen Körper gelegt habe. [...] Es ist unmöglich, sich vorzustellen, dass diese Leute Menschen seien, denn wenn wir sie für Menschen hielten, müsste man anfangen zu glauben, dass wir selbst keine Christenmenschen seien. Kleine Geister übertreiben das Unrecht zu sehr, das man den Afrikanern zufügt: denn, wenn es wirklich so groß wäre, wie sie behaupten, sollte es dann nicht den Fürsten Europas, die untereinander so viele unnötige Verträge abschließen, in den Sinn gekommen sein, einen allgemeinen Vertrag hierüber zur Förderung der Barmherzigkeit und des Mitleids abzuschließen" (Montesquieu 1748, Buch XV, Kap. V)?

Desgleichen findet im 19. Jahrhundert die bereits in der Kunst in der juridischen Sphäre zum Ausdruck gebrachte Darstellung des Afrikaners ihr Echo bei Hegel und damit in der Philosophie. In *Die Vernunft in der Geschichte* schreibt er:

„Der Neger stellt [...] den natürlichen Menschen in seiner ganzen Wildheit und Unbändigkeit dar: von aller Ehrfurcht und Sittlichkeit, von dem was Gefühl heißt, muss man abstrahieren, wenn man ihn richtig auffassen will; es ist nichts an das Menschliche Anklingende in diesem Charakter zu finden" (Hegel 1971, Bd.11, S. 137).

Von da an ist der Afrikaner, der zu Anfang als der nach dem Ähnlichkeitsprinzip, das heißt, nach der weißen Norm konstruierte Andere, wahrgenommen wurde, in seiner Differenz nicht mehr eine neutrale Darstellung, sondern, verglichen mit demselben, ein anderer und ziemlich abgewertet. Ihm fehlen in seiner Andersheit die wesentlichen Attribute, die in der abendländischen Kultur das Spezifikum des Menschen ausmachen, es ist, wie es Hegel ausdrückt, die Menschlichkeit selbst, die ihm abgesprochen wird. Diese Tendenz, dem Afrikaner das Menschsein zu verweigern, machte sich übrigens bereits im 18. Jahrhundert in Gemälden wie *Afrika* von Andreas Schlüter und *Africa Iconologica* von Cesare Ripa bemerkbar, auf denen der Afrikaner als ein Wesen von nicht eindeutig menschlichem Charakter dargestellt wird, auf halbem Wege zwischen Mensch und Tier (vgl. Kunst 1967, S. 23). *Africa Iconologica* von Cesare Ripa ist ein Meisterwerk seiner Art, auf dem der Afrikaner durch eine Frau dargestellt wird, die Hörner auf dem Kopf und einen Elefantenrüssel hat, in der rechten Hand einen Skorpion und in der linken ein Füllhorn. Sie ist von einem Löwen mit menschlichen Antlitz und seltsamen Schlangen und Vögeln umgeben. Weitere Konstruktionsmechanismen des Anderen auf dem Hintergrund der Abwertung lassen sich im Folgenden am Beispiel der exogenen Zuschreibung eines ästhetischen Charakters für Objekte, die aus Afrika stammen, aufklären.

Abbildung 2: Afrika „Iconologia" von Cesare Ripa

Quelle: Hans-Joachim Kunst (1967), Der Afrikaner in der Europäischen Kunst, Seite 55

4.2.2   Die Erfindung der „afrikanischen Kunst" und die diskursive Konstruktion des Primitiven

In der *Kritik der Urteilskraft* definiert Kant die Kunst, indem er sie als ein durch einen freien Willen, dessen Handlungen auf der Vernunft begründet sind, geschaffenes Werk von der Natur unterscheidet. Aus dieser Definition geht hervor, dass ein Bienenstock, ein Termitenhügel, wie groß ihre Schönheit auch sein mag, als Produkte des Instinktes und nicht eines freien Willens unter keinen Umständen als Kunstwerk betrachtet werden können. Dieses Kriterium gilt nicht nur für tierische Produktionen, denn nicht einmal eine Produktion des *homo sapiens – faber* könnte

116

als Kunstwerk gelten, wenn sie nicht im Rahmen eines rationalen Interpretations- und Klassifikationsschemas, das in dem *Kontext seiner Produktion selbst* erarbeitet wurde, als solches wahrgenommen wird. Mudimbe bemerkt in diesem Sinne, dass „Kunst auf Kriterien beruht und es schwierig ist, sich vorzustellen, dass diese Maß- stäbe außerhalb des Feldes des ‚Herrschaftswissens' einer gegebenen Kultur ent- stehen könnten, eines Feldes, das in einer historischen Periode seine künstlerische Bibel schuf" (1988, S. 11).

Daraus folgt, dass die Idee zu einer künstlerischen Produktion, die sich ihres Status als Kunstwerk nicht bewusst wäre, sich in ihrem eigenen Prinzip wider- spräche. Die Kunst, die per definitionem der Moment ist, in dem der Geist sich seiner selbst und seiner Geschichte bewusst wird, drückt sich in einer sinnlichen Gestalt ihrer ideellen Kreativität aus und erkennt sich darin wieder (Hegel 1807). Diese Bemerkungen allgemeiner Natur können als Orientierungshilfe für eine Neu- betrachtung des Prozesses dienen, der seit dem 18. Jahrhundert dazu führte, dass Afrika ein ästhetisches Objekt zugeschrieben wurde.

Die ersten Gegenstände, die in Afrika hergestellt wurden oder von dorther stammten, wurden vom 15. Jahrhundert an von portugiesischen Seeleuten nach Europa eingeführt. Diese Objekte (Lanzen, ägyptische Artefakte, Tamtams usw.), die sie *feiticios* oder Fetische nannten, hatten zunächst keine besondere kulturelle Bedeutung außer der, dass sie mehr oder weniger geheimnisvolle Kuriositäten dar- stellten. Eine solche Sammlung anzulegen gehörte zu einer der zehn Aufgaben des Entdeckers, wie sie später von Varenius Bernhard in seiner Geographia generalis (1650) formuliert wurden, nämlich sorgfältig die berühmten Männer, die Artefakte sowie die Erfindungen der Einheimischen in allen Ländern und Regionen, die er erforscht hatte, zu notieren (vgl. Hogden 1971, S. 167/68). Doch im 18. Jahr- hundert, in dem Moment, in dem Afrika durch den Sklavenhandel eines Großteils seiner Bevölkerung beraubt wurde und die ersten europäischen Siedler zur In- besitznahme des Landes Krieg gegen die einheimische Bevölkerung führten,[57] wurden die feiticios in Europa zu Symbolen afrikanischer Kunst. Diese Trans- formation wurde unmittelbar von einem Werturteil in Bezug auf diese Objekte be- gleitet, die nicht allein plötzlich den Status der „Kunst" zuerkannt bekamen, son- dern gleichzeitig auch als primitiv, einfach, kindlich und verrückt bezeichnet wurden. Die Analyse dieser Transformation liest sich bei Mudimbe so:

> „Ein Prozess der Ästhetisierung' (Baudrillard 1972) setzte vom 18. Jahr-
> hundert an ein. Was Kunst der Wilden oder primitive Kunst genannt wird,
> deckt einen weiten Bereich von Objekten ab, die durch den Kontakt
> zwischen Afrikanern und Europäern während des intensivierten Sklaven-
> handels in das Klassifizierungsschema des achtzehnten Jahrhunderts Ein-
> gang fanden. Diese Gegenstände, die vielleicht in ihrem ‚heimatlichen

---

57 Dabei handelt es sich insbesondere um die Kämpfe von 1770, einerseits zwischen Portugiesen und autochtoner Bevölkerung in der nördlichen Region dessen, was später einmal Mozam- bique werden sollte und andererseits um die zwischen Buren und Bantubevölkerung in dem Land, das heute als Südafrika bekannt ist.

Kontext' keine Kunst sind, werden zu Kunst, dadurch dass ihnen gleichzeitig ein ästhetischer Charakter verliehen wird und die Potenzialität zur
Produktion und Reproduktion anderer Kunstformen. [...] Sie sind wild nach
den Begriffen der Evolutionstheorie von Lebewesen und Kultur, die Entsprechungen zwischen dem Fortschreiten im Zivilisationsprozess und der
künstlerischen Kreativität ebenso wie den intellektuellen Errungenschaften
etabliert" (Mudimbe 1988, S. 10-11).

So gibt der Prozess der exogenen Allokation eines ästhetischen Status an bestimmte
Objekte als Fetische, der zur "Erfindung" der afrikanischen Kunst als primitiver
Kunst geführt hat, vor allem Auskunft über die Klassifikationsmuster, die dem
Okzident erlaubten, Werthierarchien als Standard für den Anderen auf der Grundlage der Normen und Kategorien seines eigenen Denkens aufzustellen. Die Wirksamkeit dieser "Erfindung" erweist sich nicht nur in ihrer diskursiven Macht,
sondern auch in der Verdinglichung, das heißt, in ihrer Fähigkeit, eine materielle
Realität zu produzieren, die sie so konstruiert hat, wie es das Aufblühen der so genannten Touristenkunst heutzutage in Afrika beweist. Das ist diese im Wesentlichen für nicht-afrikanische Kunden produzierte und fast ausschließlich an den
Geschmack der Verbraucher angepasste Kunst. Jules Rosette stellt in ihrer über die
gegenwärtige Touristenkunst Afrikas durchgeführte Studie fest, dass diese Nachfrage auch heute noch von der Suche nach dem Exotischen und Wilden gekennzeichnet ist. „Der internationale Markt für Touristenkunst hängt von der westlichen
Nachfrage nach ‚exotischen' Souvenirs und Geschenken ab und der Voraussetzung,
dass diese im Ausland hergestellt wurden". (Rosette 1984, S. 192, zitiert nach
Mudimbe 1988, S. 12) Mudimbe schließt daraus:

> „Afrikanische Kunst für Touristen und ihre Widersprüche (ist es überhaupt
> Kunst? in welchem Sinne, und welchen ästhetischen Gesetzen gehorcht
> sie?) sind gerade eine Konsequenz des Prozesses, der während der Periode
> des Sklavenhandels afrikanische Artefakte entsprechend der westlichen
> Denkschemata und Vorstellungen klassifizierte, in denen *Alterität* die
> *negative Form des Gleichen* war. Es ist signifikant, dass ein großer Teil der
> europäischen Darstellungen von Afrikanern, oder allgemeiner des Kon-
> tinents, diese Ordnung der Andersheit wiedergibt. [...] *Der Afrikaner wurde*
> *nicht allein zum Anderen, der jeder andere außer mir selbst ist, sondern*
> *eher zu der Schüsselfigur, die mit ihren von der Norm abweichenden Unter-*
> *schieden die Identität des Gleichen spezifiziert.* [...] Die Unterscheidung
> zwischen dem ‚wilden Neger und dem zivilisierten Mohammedaner' und
> die Kommentare über die afrikanische Indolenz, die ungezügelten Leiden-
> schaften der Afrikaner und ihre Grausamkeit oder geistige Zurück-
> gebliebenheit gab es bereits. Sie gehörten zu einer Reihe von Oppositionen
> und Klassifikationsebenen, in welche die Menschen nach der Logik der
> Abstammungslehre und den Stufen des Fortschritts und der sozialen Ent-
> wicklung eingeordnet wurden. Entdecker brachten denn neue Beweise,
> welche die ‚afrikanische Unterlegenheit' erklären konnten. Da Afrika nichts
> Wertvolles produzieren konnte, musste die Technik der Bildhauerei der

Yoruba wohl von den Ägyptern stammen,[58] die Kunst in Benin eine portugiesische Schöpfung sein, die architektonischen Leistungen in Zimbabwe verdankten sich den arabischen Technikern und die Staatskunst der Haussa und Buganda war eine Erfindung der weißen Invasoren" (ebd. S. 12/13).

Auf diese Weise wurde vor dem Hintergrund des epistemologischen und kulturellen Ethnozentrismus[59] nach und nach ein Bild des Afrikaners konstruiert als einer *Summe von Mängeln* der konstitutiven Attribute des vollständigen Menschen, wie er durch die abendländische Norm repräsentiert wird. Einer derartigen anthropologischen vom Defizit gekennzeichneten Konstruktion sollte ein bestimmter Typ von Gesellschaft entsprechen, der dieses Defizit erhärtet und begründet, so wahr es auch ist, dass eine logische und chronologische Priorität der Gesellschaft vor dem Individuum existiert, das in gewisser Weise deren Produkt ist.[60]

4.2.3 Die Konstruktion der afrikanischen Gesellschaften als a-historische

Diesen Typ von Gesellschaft beschreibt Hegel folgendermaßen: „Denn es ist kein geschichtlicher Weltteil, er hat keine Bewegung und Entwicklung aufzuweisen, […] was wir eigentlich unter Afrika verstehen, das ist das Geschichtslose und Unaufgeschlossene, das noch ganz im natürlichen Geiste befangen ist, und das hier bloß an der Schwelle der Weltgeschichte vorgeführt werden musste" (Hegel 1971, Bd. 11, S. 145).

Diese Sichtweise der afrikanischen Gesellschaften muss, um deren ganze epistemologische Tragweite zu verdeutlichen, genauer bestimmt werden. In vielerlei Hinsicht ist sie in dieser Formulierung das Paradigma für die Konstruktion der afrikanischen Gesellschaften als einer außerhalb der Welt gelegenen, das heißt, ausgeschlossen aus der Zeitlichkeit und dem Werden, das im Prinzip die Grundlage der menschlichen Gemeinschaft und aller lebendigen Dinge im Allgemeinen bildet. Diese Spezifikation ist umso nützlicher, da diese Konstruktion ungeachtet zahlreicher Kritiken, die ihre wissenschaftliche Inkonsistenz systematisch dargelegt haben, noch zu unserer Zeit Forschungsvorhaben über Afrika als ihre implizite

---

58 Ägypten als Ausgangspunkt der Zivilisation konnte in einem solchen Kontext ganz offenkundig nicht als schwarz und zu Afrika gehörig betrachtet werden. Eine detaillierte Analyse dieser Geschichtsfälschung findet sich in den Werken von Cheikh Anta Diop, namentlich in der abgelehnten Version seiner Dissertation, veröffentlicht unter dem Titel: *Nations nègres et culture.*

59 Unter epistemologischen und kulturellem Ethnozentrismus versteht Mudimbe den Glauben im Okzident – dessen paradigmatischen Ort der Entfaltung Afrika bildet – nach dem es auf wissenschaftlichem Gebiet nichts zu lernen gibt, was nicht auf die eine oder andere Weise bereits in seinem Besitze wäre oder von ihm herstammte.

60 Wegen dieser zweifachen sozialen Priorität vor dem Individuum ist nach Aristoteles der Mensch ein zoon politikon.

Voraussetzung weiterhin unbemerkt strukturiert, wie es die Arbeiten beweisen, die mit einem evolutionistischen Paradigma oder dem der Entwicklung operieren. Mbembe bemerkt dazu:

> „fast überall existiert noch das vereinfachende und kleinliche Vorurteil, nach dem die afrikanischen Gesellschaftsformationen zu einer spezifischen Kategorie gehörten, nämlich zu den einfachen oder noch den traditionellen Gesellschaften. Dass ein derartiges Vorurteil durch die Kritik in jüngster Zeit jegliche Substanz eingebüßt hat, scheint nichts daran zu ändern, die Leiche steht nach jeder Beerdigung hartnäckig wieder auf und bildet jahraus jahrein die Voraussetzung im Alltagsdiskurs und die Grundlage von einem guten Teil der angeblich wissenschaftlichen Arbeiten" (Mbembe 2000, engl. S. 3, frz. S. 11).

Wie also ist Hegel zu verstehen, wenn er diesen „Teil der Welt", der Afrika ist, als „das Geschichtslose und Unaufgeschlossene, das noch ganz im natürlichen Geiste befangen ist, und das hier bloß an der Schwelle der Weltgeschichte vorgeführt werden musste" bezeichnet? Zu diesem Zweck scheint es sinnvoll, seinen Geschichtsbegriff noch einmal zu rekapitulieren. Er bestimmt diese als Idee oder Vernunft in Tätigkeit, das heißt, die Vernunft realisiert sich durch die Tätigkeiten oder Handlungen der Menschen, so wie sie in Raum und Zeit erscheinen.

> „Ich habe bereits darauf hingewiesen, was unsere Voraussetzung oder Glaube ist: nämlich die Idee [...], dass die Vernunft die Welt beherrsche und folglich die Weltgeschichte bestimmt und bestimmt hat. Was nun diese universelle und substanzielle Vernunft angeht, so hängt alles andere von ihr ab und dient ihr als Instrument und Mittel. Weit mehr noch, diese Vernunft ist der historischen Realität immanent, sie erfüllt sich in ihr und durch sie" (ebd.).

Es folgt daraus, dass jedes reflexive Unterfangen, das darauf abzielt, streng über die sich realisierende Rationalität Rechenschaft abzulegen, die Geschichte als das denken müsste, was sie ist, die einzige absolut konkrete Erkenntnis der menschlichen Handlungen. Sie ist nicht nur eine Dimension der Existenz unter anderen: sie ist die Selbstproduktion des menschlichen Wesens. Alle Gebiete des Denkens (Kunst, Religion, Wissenschaft) können deshalb nur unter einem historischen Gesichtspunkt begriffen werden, denn die Geschichte manifestiert die Entfaltung des Geistes, das heißt, die Verwirklichung der Vernunft, die zu ihrem eigenen Begriff gekommen ist.

> „Denn die Weltgeschichte ist die Darstellung des göttlichen, absoluten Prozesses des Geistes in seinen höchsten Gestalten, dieses Stufenganges, wodurch er seine Wahrheit, das Selbstbewusstsein über sich erlangt. Die Gestaltungen dieser Stufen sind die welthistorischen Volksgeister, die Bestimmtheit ihres sittlichen Lebens, ihrer Verfassung, ihrer Kunst, Religion und Wissenschaft. Diese Stufen zu realisieren ist der unendliche Trieb des Weltgeistes, sein unwiderstehlicher Drang, denn diese Gliederung, so wie

ihre Verwirklichung ist sein Begriff. – Die Weltgeschichte zeigt nur, wie der Geist allmählich zum Bewusstsein und zum Wollen der Wahrheit kommt; es dämmert in ihm, er findet Hauptpunkte, am Ende gelangt er zum vollen Bewusstsein" (ebd. S. 88).

Unter diesen Bedingungen von Afrika zu behaupten, dass es keine Geschichte habe, verweist im Wesentlichen auf zwei Dinge: Zunächst bedeutet es einen Ausschluss vom Abenteuer der Menschheit, so wie es in den Tätigkeiten, die dies offenbar werden lassen, wie Kunst, Religion, Technologie und Wissenschaft, zum Ausdruck kommt; es heißt auch und vor allem, es auszuschließen vom Fluss der Zeit und der Veränderung, die dessen logische Folge ist. Diese zweite Konsequenz, die eng mit der ersten verbunden ist, muss, da sie erhebliche theoretische und praktische Auswirkungen auf die Wahrnehmung der afrikanischen Gesellschaften hat, weiter ausgeführt werden. Sie bildet, daran ist nicht zu zweifeln, einen der Eckpfeiler, auf denen die auch heute noch vorherrschende Konstruktion der afrikanischen Gesellschaften als stationäre oder traditionelle ruht.

4.2.3.1 Historische Zeit versus mythische Zeit

Die Geschichte ist hier vor allem eine menschliche Einfügung in eine *lineare Zeit, die fließt*, mit einem Anfang, der in der Vergangenheit liegt, hin zu einer Zukunft, die kommen wird, mit der Gegenwart als transitorischem Punkt, der, wobei er die Bedingung seiner Möglichkeit konstituiert, diesen „Stufengang" des Geistes in sich trägt, der sich in Fortschritt oder Entwicklung der Menschen, von denen Hegel sprach, materialisiert. Unter diesem Gesichtspunkt betrachtet, ist die geschichtliche Zeit eine dynamische, ein Zeit, die gekennzeichnet ist vom Fortschritt der Menschheit, deren Vernunft, die sich in den Werken des Geistes manifestiert, das primitive Stadium der elementaren Faktizität verlässt, wo sie nur an sich ist, um sich als für sich zu realisieren, das heißt als ihrer selbst bewusste Vernunft. Die historische Zeit ist also die der ständigen Veränderung, ins Werk gesetzt von der menschlichen Rationalität auf der Suche nach ihrer Vervollkommnung: Es ist die Zeit der Entwicklung und des Fortschritts. Diese Zeit wird nach Hegel von der gesamten intellektuellen abendländischen Tradition – von einigen seltenen Ausnahmen abgesehen – als ein Privileg des Okzidents gesehen. Die sich in ihr manifestierende Veränderung im Sinne der Entwicklung bildet das wesentliche Merkmal seiner Gesellschaftsformen und das Kennzeichen der Modernität.

Als Phänomen der westlichen Zivilisation verbindet der Soziologe Alain Touraine in seinem Werk *Critique de la modernité* (1992) die Modernität mit vier großen theoretischen und praktischen Transformationen. Dabei handelt es sich zunächst um die Erwerbung der Autonomie durch den „modernen" Menschen und seines Willens zur technischen Beherrschung der Welt, dann um die „Entzauberung" dieser Welt, die er ihrer Geheimnisse entkleidet, indem er sich bemüht, sich die Eigenschaften der Götter früherer Zeiten anzueignen, das heißt, die Allwissenheit und die Macht; dann um die Differenzierung der Institutionen ebenso wie um die Trennung der verschiedenen Formen der individuellen und kollektiven Existenz, genannt „Säkularisierung" oder „Laisierung" der Gesellschaft und schließlich um die Formulierung bestimmter von Aufklärern entwickelter humanistischer Ideale. Rationalismus, Positivismus und Optimismus verstanden als der Glaube in den menschlichen Fortschritt sind deren bedeutendste Züge. Aber ungeachtet solcher Erhellungsversuche bleibt der Begriff, was seinen wirklichen Inhalt betrifft, in vielerlei Hinsicht dunkel.

„Die Modernität", schreibt Jean Baudrillard, „ist weder ein soziologischer, noch ein politischer Begriff und eigentlich auch kein historischer. Es ist ein charakteristischer Modus der Zivilisation, der dem Modus der Tradition entgegengesetzt ist, das heißt allen vorangegangenen oder traditionellen" („modernité" in Encyclopedia Universalis, Bd. 15, S. 52).

Wenn also die Modernität nicht in Beziehung auf ihren eigenen Begriff definiert ist, sondern in Opposition zur Tradition, ist es wichtig, diesen Begriff der Tradition, der die afrikanischen Gesellschaften angeblich kennzeichne, näher zu betrachten. Tradition ist im wörtlichen Sinn zunächst die unveränderte Überlieferung dessen, was in der Vergangenheit niedergelegt wurde. Charakterisierend ist eine besondere Art von Beziehung, einerseits zur Zeit, andererseits zu der Veränderung, die dieser entspricht. In Beziehung auf die Zeit gehört die Tradition zur Ordnung des Mythos. Die unvordenkliche Zeit des Anfangs ist zugleich die der Schöpfung, so wie sie in den Schöpfungsberichten geschildert wird, bewahrt und fortbestehend im kollektiven Bewusstsein. Die Zeit als Mythos ist eine abgeschlossene und zyklische Zeit. Es ist die Zeit der unvergänglichen Archetypen; die sozialen Strukturen und die anderen Dimensionen des Lebens, so wie sie die Schöpfungsberichte schildern, erscheinen in ihren vollständigen und vollkommenen Formen. Der Ablauf des Lebens erschöpft sich fortan in einem ewigen Wiederbeginn, in einer Tradition im etymologischen Sinn des Wortes *tradere*. Wieder-Beginnen hat in diesem Kontext nichts von Neubeginn an sich, es sei denn es wäre der *mimetische Akt* gemeint, der darin besteht, das bereits Vorhandene in seiner Faktizität und angeblich ursprünglichen und ewigen Vollkommenheit zu reproduzieren.

Die mythische Zeit der traditionellen Gesellschaften ist unter diesem Gesichtspunkt nicht fortschreitend – die Idee des Fortschritts und der Entwicklung selbst, die sich in den positiven Veränderungen materialisiert, wie sie in den verschiedenen konkreten Leistungen der Menschen sichtbar werden, wird hier ausgespart. Der Begriff der traditionellen Gesellschaft verweist so auf diese Gruppen, die, eingeschlossen in die Zeit des Mythos und des Brauchtums, die ihren Funktionsmodus bildet, nicht in die historische Rationalität, wie sie von Hegel formuliert wird, Aufnahme finden konnten und auf diese Weise zu einem primitiven Leben verurteilt sind, das sich durch die „prälogische Mentalität" (Levy-Bruhl 1935), die Wildheit und Barbarei auszeichnet.[61] Derart als stationäre Gesellschaft konstruiert „erscheint das subsaharische Afrika daher als das ideale Sammelbecken für die Obsessionen und den zirkulären okzidentalen Diskurs über den Sachverhalt des ‚Fehlens‘, des ‚Mangels‘ und der Nicht-Identität und der Differenz, der Negativität, kurz des Nichts" (Mbembe 2000, S. 12/13).

Diese Konstruktion der afrikanischen Gesellschaften als Objekt von Wissen und Herrschaft, deren Zentrum die anthropologische und historische Verweigerung des Menschseins und der Geschichtlichkeit ist, bildet *zu Anfang das Haupthindernis*, das es zu überwinden gilt, wenn man alle epistemologischen Sackgassen vermeiden will, in die sie geführt hat. Sie war und bleibt die Bedingung der Möglichkeit der Ethnologie als „ein Diskurs, in dem eine explizite politische Macht die Autorität eines wissenschaftlichen Wissens annimmt und vice versa. Der Kolonialismus wird sein Projekt und kann als eine Wiederholung und Erfüllung des westlichen Diskurses über menschliche Vielfalt gedacht werden" (Mudimbe 1988, S. 16).

Wahrscheinlich hat niemand vor Foucault mit so viel Klarheit eine solche ursprüngliche Verbindung zwischen diesem Typ von Konstruktion in ihrer durch das ethnologische Wissen abgesicherten legitimatorischen Funktion und der Beherrschung der als ahistorisch, traditionell oder unterentwickelten Gesellschaften zum Ausdruck gebracht:

> „Zweifellos ist es schwierig zu behaupten, dass die Ethnologie eine grundlegende Beziehung zur Historizität hat, weil sie nach traditioneller Vorstellung die Kenntnis der Völker ohne Geschichte ist. […] Sie hebt den langen ‚chronologischen‘ Diskurs auf, durch den wir versuchen, unsere eigene Kultur innerhalb ihrer selbst zu reflektieren, um synchronische Korrelationen in anderen Kulturformen hervorzuheben. […] Die Ethnologie wurzelt in der Tat in einer Möglichkeit, die der Geschichte unserer Kultur, mehr noch ihrer grundlegenden Beziehung zu jeder Geschichte eigen ist. […] Es gibt eine bestimmte Position der abendländischen *ratio*, die sich in ihrer Geschichte gebildet hat und die Beziehung begründet, die sie mit allen anderen Gesellschaften haben kann, sogar mit der Gesellschaft, in der sie historisch erschienen ist. Das heißt natürlich nicht, dass die kolonisatorische Situation für die Ethnologie unerlässlich ist. Weder die Hypnose noch die Entfremdung des Kranken in der phantasmatischen Gestalt des Arztes sind für die Psychoanalyse konstitutiv. Aber so wie diese sich nur in der ruhigen Heftigkeit einer besonderen Beziehung und der Verlagerung, nach der die Beziehung verlangt, entfalten kann, erhält die Ethnologie ihre Dimensionen nur in der stets verhaltenen, aber stets aktuellen historischen Souveränität des europäischen Denkens und der Beziehung, die sie allen anderen Kulturen wie sich selbst gegenüberstellen kann" (Foucault 1971, S. 451).

---

61 Das Wort barbarisch bezieht sich etymologisch auf die Verwirrung und die Unartikuliertheit des Vogelgezwitschers im Gegensatz zu dem Bedeutungswert der menschlichen Sprache, und wild, was soviel sagen will wie „aus dem Wald", gemahnt an ein animalisches Leben im Gegensatz zum menschlichen" (Levi-Strauss 1961, S. 20).

Wenn im weiteren Fortgang dieser Arbeit von der Konstruktion Afrikas als Rahmenbedingung für die Untersuchung des Phänomens der Kompetenz und allgemeiner gefasst als Forschungsobjekt die Rede ist, so gilt es dieses vor dem Hintergrund des epistemologischen Ethnozentrismus konstruierte Afrika zu vermeiden, das bei näherer Betrachtung nur den „Vorwand für eine Äußerung über einen anderen Ort, andere Menschen liefert. Genauer gesagt, Afrika ist diese Vermittlungsinstanz, dank derer der Okzident Zugang zu seinem eigenen Unbewussten erlangt und öffentlich Rechenschaft über seine eigene Subjektivität ablegt" (Mbembe 2000, S. 11).

4.3 Der Kulturalismus

Als Pendant zu dieser ersten Konstruktion Afrikas entwickelt sich die kulturalistische Variante. Sie ist als Reaktion auf die anthropologische und historische Ablehnung zu verstehen, deren hauptsächliches Kennzeichen die Konstruktion der afrikanischen Gesellschaften als einer Zusammenfassung des Mangels typisch menschlicher Attribute ist, für deren Erreichung der Okzident das Modell darstellt. Der Kulturalismus bemüht sich mit dem Elan des Überlebenswillens gegen die physische und historische Zerrüttung, in die Afrika im Gefolge des Zusammentreffens mit der äußeren Welt, namentlich dem Okzident, geriet, ein Afrika zu schaffen, *das sich radikal von dem durch die Europäer konstruierten unterscheidet und in seinem Unterschied idealisiert ist.* Diese Strömung, eingeführt unter der Bezeichnung Ethnophilosophie und weiterentwickelt von den Verfechtern der *Négritude*, wird heutzutage unter dem Etikett der so genannten „Philosophien der afrikanischen Authentizität" fortgesetzt. Deren Programm wird von Fabien Eboussi-Boulaga folgendermaßen zusammengefasst:

> „Was offenbart und verbirgt insgesamt gesehen der afrikanische Anspruch, Philosophien zu besitzen? Berücksichtigt man den Ort und die Bedingungen, unter denen die Diskurse gehalten werden, die den ‚Namen' Philosophie beanspruchen, bemerkt man, dass es in Wirklichkeit um Folgendes geht: den Wunsch, die aberkannte oder gefährdete menschliche Natur zu beweisen und den Wunsch, durch das Ineinandergreifen von ihrem Besitz und das Handeln nach einer ihr gemäßen Ordnung, die Gewalt und Willkür ausschließt, durch und für sich selbst zu sein" (Eboussi 1977, Vorwort).

Der Kulturalismus in seiner ethno-philosophischen Variante ist vor allem ein politisch motiviertes Unternehmen, das sich aber intellektuell gibt. Um das Ziel der Bestätigung und der Aufwertung der abgestrittenen afrikanischen Menschlichkeit zu erreichen, konstruiert er Afrika durch einen apologetischen Diskurs, der auf einem kulturellen Essentialismus begründet ist. Seine Methode „besteht darin, die Materialien der traditionellsten Ethnologie in der ‚Form' der Philosophie zu konstruieren, indem deren Kategorien benutzt werden, besser noch indem sie als in der Sprache, den Mythen, den Sprichwörtern, den Kosmogonien versteckte wieder aufgefunden werden. […] Sie versucht, ins verlorene Paradies zurückzugelangen." (ebd.) Die für den Kulturalismus günstigste Zeit, die ihm das wesentliche Material für seinen Diskurs liefert, ist die Vergangenheit, eine Vergangenheit, die hierfür idealisiert wird. Sie wird in eine Romanze glorreicher Zeiten, des goldenen Zeitalters und des Genusses verwandelt. Durch die Zurschaustellung und die stilisierte insgesamt positive Beschreibung, „dessen, was man für das Wesentliche hielt, das der schwarzen Rasse eigene Genie" (Mbembe 2000, S. 30), so wie es die Errungenschaften und Lebensweisen dieser Epoche gewesen seien, die dem Verfall und der Beherrschung durch die Kolonisatoren vorherging, versucht man zu belegen, was Mensch und Gesellschaft in Afrika von Anthropologen und Historikern seither abgesprochen wird. Daher ist es dringend notwendig, im Hinblick auf die erste Aberkennung – die anthropologische – zu zeigen, wie es die Verteidiger der afrikanischen Authentizität oder der *Négritude* tun, dass der Afrikaner *auch* eine Seele hat, dass diese im Gegensatz zu den Behauptungen der Fremden nicht eine seit Hams Verwünschung verfluchte, zum Verderben verdammte sei, die darum bittet durch die Menschlichkeit auf Seiten der abendländischen Herren gerettet zu werden; sondern dass sie im Gegenteil eine wohlwollende, um den Menschen und die Natur besorgte sei, da sie in symbiotischer Einheit mit diesen lebte. Es muss gezeigt werden, dass der Afrikaner *auch* eine Religion hat, aber dass diese immanent und nicht transzendent sei, und dass der Afrikaner *auch* ein vernünftiges Wesen ist, aber dass seine Vernunft nicht einfach diskursiv oder analytisch, sondern eher synthetisch sei. Die folgenden Zeilen von Léopold Sédar Senghor machen dieses Vorgehen anschaulich:

„Es war jedoch oft genug gesagt worden: der Neger ist ein Mensch der Natur, ein Mensch der frischen Luft, ein Mensch, der von der Erde lebt. Man muss das nur im kosmischen Sinn verstehen. Er ist ein Wesen mit offenen Sinnen, durchlässig für alle Reize, eingestimmt auf die Wellenlängen der Natur, und da sind keine hemmenden Filter – aber sehr wohl Antennen – zwischen Subjekt und Objekt. Er ist ein denkender Mensch, gewiss, aber in erster Linie empfänglich für Formen und Farben, vor allem für Düfte, Klänge und Rhythmen. […] Die Neger-Vernunft, wie sie hier erscheint, ist nicht, man errät es schon, die urteilende Vernunft des Europäers, die Augen-Vernunft, sondern die Berührungs-Vernunft, die sympathische Vernunft, die mehr vom Logos als von der Ratio hat. Es handelt sich um einen Logos vor seiner aristotelischen Verhärtung und Sklerose, um jenen Logos, der nicht reiner Diamant, sondern lebendiges Wort ist. Und auf den heutzutage die europäische Wissenschaft und Philosophie wieder zurückkommen. Denn dieses Wort presst das Objekt nicht, ohne es zu berühren, in harte logische Kategorien. Es entrostet die Dinge, es durchlöchert sie mit seinen Strahlen, um in ihnen das Überwirkliche zu erfassen, genauer noch das *Unter*wirkliche in seiner ursprünglichen Feuchte. Die europäische Vernunft ist um der Nutzbarmachung willen analytisch, die Neger-Vernunft ist aus Anteilnahme intuitiv" (Senghor 1967, S. 197-199).

Die diskursive Logik einer solchen Konstruktion ist zugleich antithetisch und relativistisch. Der Afrikaner wird als menschliches Wesen mit allen Rechten und Pflichten begriffen, das über alle Wesenseigenschaften dieser Spezies mit dem gleichen Recht wie der Europäer verfügt. Seine Attribute sind jedoch qualitativ von denen anderer Menschen verschieden. Fortan ist also die Frage nicht mehr, ob er überhaupt Vernunft besitzt, sondern es geht darum zu beschreiben, wie er sich von den anderen Völkern unterscheidet. Auf diese Weise verlässt der Afrikaner die Außerseiterposition, wohin die anthropologische Aberkennung ihn gebracht hatte, um einer unter anderen der derselben Spezies, nämlich der des homo sapiens zu werden, der wie jeder andere über den Logos verfügt.

Gegen die zweite Aberkennung, die historische, setzt der Kulturalismus „die afrikanische Tradition"; diese wird positiv beschrieben als ein Korpus den Afrikanern gemeinsamer kultureller Werte, die es ihnen ermöglichten, funktionierende Gesellschaften zu entwickeln, in denen es *auch* Wissenschaft, Technik, Kunst und Religion gab. Aber bei näherem Hinsehen lässt der kulturalistische Diskurs, der einen stark apologetischem Charakter hat, unter welchem Blickwinkel man ihn auch angeht, *eher* etwas über *die Bedingungen der Möglichkeit seines Entstehens* erkennen, welches die Unterwerfung der Afrikaner und die Aberkennung ihres Menschseins sind, *als eine autonome Konzeption*. Jean Paul Sartre schreibt im Orphée noir mit Recht:

> Es „scheint die Vorstufe eines dialektischen Fortschritts zu sein: die theoretische Behauptung von der Überlegenheit des Weißen ist die These; die Stellung der ‚Négritude' als antithetischer Wert ist das Moment der Negativität. Aber dieses negative Moment ist nicht in sich selbst genug, und die Schwarzen, die sich seiner bedienen, sind sich dessen auch durchaus bewusst; sie sind sich bewusst, dass dieses negative Moment die Synthese oder die Verwirklichung des Menschlichen in einer rassenlosen Gesellschaft vorbereiten will" (Sartre 1965, S. 218).

Ob sein Vorhaben moralisch lobenswert ist oder nicht, der aktive und politische Charakter des kulturalistischen Diskurses erfordert, dass die faktische Konsistenz seines Inhalts hinterfragt wird. Diese Aufgabe, der sich Fabien Eboussi Boulaga in *La crise du Muntu* (1977) unterzogen hat, enthüllt die vielfältigen praktischen und epistemologischen Hindernisse, die dieser Diskurs mit seinem Anspruch, sich als der wissenschaftliche Diskurs über die afrikanischen Gesellschaften zu etablieren, verdeckt. Zum Beispiel verweist die Kategorie „afrikanische Tradition" in der Ordnung des kulturalistischen Diskurses auf die kulturellen Werte der Vergangenheit, auf die authentischen kulturellen Werte.[62] Sie würden, folgt man dem Kulturalismus, heute für den Afrikaner, der von den importierten und/oder von den aktuell

---

62 Die Authentizität verweist hier auf ein Ensemble von so genannten traditionellen Werten, *eigentlich* im Sinne von rein afrikanisch. Diese Werte werden als absolut positiv, sogar heilig betrachtet und können demzufolge nur Archetypen bilden, unhintergehbare Modelle, auf die der Afrikaner rekurrieren muss, will er die völlige Entfremdung oder den historischen Tod vermeiden.

Mächtigen aufgezwungenen Werten unterdrückt oder entfremdet werde, die heilsame Alternative darstellen. Doch Eboussi Boulaga bemerkt zu Recht:

> „Die Tradition in ihrer tatsächlichen Praxis ist ein Synonym für Folkore, mehr oder weniger groteske, manchmal pathetische und bewegende, aber immer naive Relikte geworden. Ihr Status ist ein inferiorer, wie der der Gesellschaft, die sie hervorbrachte und die sie noch praktiziert, deren Ausdruck sie ist: die Modernität hat sie ein für alle Mal disqualifiziert. Und die traditionellen Darbietungen jedweder Art sind nur eine Inszenierung dieser Inferiorität. [...] Hinter den Worten Tradition und traditionell sieht man immer noch sehr deutlich die einst geläufigen abwertenden Wörter wie Wilder, Heide, Fetisch, Barbarei, Zauberei usw. auftauchen" (Eboussi 1977, S. 143).

Daraus ergibt sich die praktische Wirkungslosigkeit des Rekurses auf die „afrikanische Tradition" als Instrument oder Katalysator zur Wiedererwerbung von verlorener Würde und Wohlergehen. Darüber hinaus wird dieser Rekurs zur Ideologie; er fügt sich in die Ordnung des mystifizierenden Diskurses der herrschenden Klasse der Einheimischen[63] ein, welche die Tradition vor der Masse der mehr oder weniger Naiven und Gläubigen zum Zweck des uneingestandenen Machterhalts zur Schau stellt, ohne ihr wirklich verbunden zu sein, wie dies Célestin Monga in seiner *Anthropologie de la colère* unterstreicht.

> „Die offiziellen Ideologen haben es mit einer fast bewunderungswürdigen Ausdauer unternommen, in jedem Land eine nationale, quasi mythische Kultur zu verherrlichen. Als Waisenkinder der Mystik der verlorenen Tradition haben sie das Gesäusel und den Symbolismus als politische Propagandainstrumente errichtet. Wenn sie den Ausdruck ‚afrikanische Kultur' gebrauchen, erscheint er wie mit einer syntaktischen Unvereinbarkeit herausgeputzt. Aber das hat keine Bedeutung: das Wesentliche ist für sie einen Folkorismus zu zelebrieren, der die Phantasien der Touristen zu befriedigen scheint" (Monga 1994, S. 25).

Diese praktische Wirkungslosigkeit bildet die erste ernsthafte Schwachstelle in der vom Kulturalismus angebotenen Konstruktion Afrikas. Diese kann angesichts der Wirkung, des Ausmaßes und der Dringlichkeit der durch die abendländischen Konstruktionen von Gesellschaft auf dem schwarzen Kontinent an den Afrikaner gestellten Fragen sich kein leeres Gerede leisten, das heißt, sich mit einer abstrakten bestenfalls rein symbolischen Negation eines Systems zufrieden geben, dessen Operationalität und Effizienz zumindest, was die Praxis betrifft, als auch

---

63 Mobutu Sese Soko, der ehemalige Präsident von Zaire war der Fackelträger dieser Ideologie und gab in einer Rede vor den Vereinten Nationen 1972 folgende Definition: „Die Authentizität ist eine politische Philosophie, das heißt, eine Ideologie die den zairischen Menschen zu einem Rekurs auf die Kultur seiner Vorfahren anhält, damit er die Werte zu schätzen lernt, die zu seiner harmonischen Entwicklung beitragen können" (In Jeune Afrique l'intelligent des 28.12.1999).

dem Gebiet des Diskurses, unbestreitbar sind. Um glaubwürdig zu bleiben, müsste sie sich nicht nur über die gegenwärtige, sondern auch die Ineffizienz der „afrikanischen Tradition" in der Vergangenheit im Klaren sein. Wenn die so genannte afrikanische Tradition so wertvoll wäre, wie es die Verfechter des Kulturalismus behaupten, wie ist es dann zu erklären, dass sie den afrikanischen Gesellschaften sowohl gestern als auch heute nicht die Mittel zur Verfügung stellten, die vielfältige Abhängigkeit des Kontinentes von Fremden abzuwehren? Ihr wirklicher Wert darf in diesem Fall nicht von der Entwicklung der inneren Mechanismen zu ihrer Förderung, ihrer Anpassung, ihrer Bewahrung und ihrem Schutz gegen Aggressionen von innen und außen abgelöst werden. Durch welche qualitativen Merkmale unterscheidet sich diese Tradition, die gestern wie heute gegenüber den das historische Überleben Afrikas bedrohenden Gefahren ineffizient war, klar von derjenigen, unter die Hegel bereits die afrikanischen Gesellschaften subsumierte und deren radikale Ablehnung der Kulturalismus sein will? Angenommen eine solche Tradition existiert, warum sollte man dann nicht zugeben, dass sie zu dem Zustand der Zerrüttung, in welchem sich die afrikanischen Gesellschaften heute befinden, zumindest durch Unterlassung beigetragen hat, indem sie das Bild und den Status des Primitiven, die ihr der Okzident immer schon zuordnete, bestätigte? Wie soll der Kulturalismus, wie Jacques Bouveresse in Bezug auf Derrida und die Philosophie der Dekonstruktion anmerkte, „mit etwas ein Ende machen können, ohne dabei Gefahr zu laufen, es zu wiederholen und ihm in anderer Form zur Fortdauer zu verhelfen" (1984 S. 118)? Allerdings ist bereits bei diesem Stand der Analyse festzuhalten, dass Rhetorik und folkloristische Gebärde, welche die „afrikanische Tradition" als gemeinsame Ausgangsbasis der positiven Werte hinstellen, ohne sich der Abhängigkeitssituation bewusst zu werden, die durch diese dekonstruiert werden soll, in keiner Weise eine lebensfähige Alternative bilden. Ihr Vorgehen bringt höchsten die ideologische Natur ihres Diskurses über Afrika ans Tageslicht. Letzten Endes ist es gerade die Existenz eines solchen Korpus' feststehender gemeinsamer kultureller Werte mit dem Namen „afrikanische Tradition", die es verdient, in Frage gestellt zu werden.

> „Was am Anfang da ist und was nachher so gesehen wird, sind verschiedene Traditionen, die sich gegenseitig ignorieren, sich manchmal bis auf den Tod bekämpfen, manchmal der Vorherrschaft einer anderen unterliegen oder sich zeitweise miteinander verbinden. Nachher kann man alles zusammenfassen, die sich wiederholenden oder dauerhaften Züge feststellen und den gemeinsamen Nenner ,afrikanische Tradition' nennen, aber zu Beginn gibt es keine afrikanische Tradition, denn es gibt keinen Afrikaner. Die Herausbildung eines gemeinsamen Nenners ist das Ergebnis einer Sammlungsbewegung nach gemeinsam erlittener Gewalt. Dieser wird vor allem als eine negative Einheit aufgefasst, die Einheit im Leiden. Diese Leidensgemeinschaft führt zur Schicksalsgemeinschaft und die assoziiert, was von sich aus weiterhin gleichgültig nebeneinander oder in gegenseitiger Feindschaft existiert hätte" (Eboussi 1977, S. 145).

Das Postulat der Absolutheit eines „afrikanischen Ichs" und damit zugleich die Ontologie der „afrikanischen Tradition" begriffen als Korpus der den afrikanischen Gesellschaften gemeinsamen kulturellen Werte bilden eine Fiktion, selbst wenn man die sehr problematische erstarrte Konzeption der Tradition beiseite lässt, die ihr zugrunde liegt. Denn Afrika ebenso wie „der Afrikaner" als einheitliche Entitäten sind späte „Erfindungen", die auf die durchaus verschiedenen Stammes-verbände[64] folgten, die auf diesem Kontinent (als rein geographische Einheit betrachtet) ohne militantes Bewusstsein von einer räumlich-politischen Gemein-schaft namens Afrika oder einer „rassischen" Gemeinschaft unter dem Namen „Neger" oder „Afrikaner" lebten. Denn „jeder Stamm hält sich für das Zentrum der Welt, jeder kennt nur seine Sitten und Gebräuche, die er für sakrosankt hält, weil sie ihm von den unübertrefflichen Vorfahren überliefert wurden" (ebd.). Deshalb ist das, was sie historisch gemein haben vor allem ihre Niederlage und Unter-jochung durch die Fremden.

4.4 Konsequenzen

Aus diesen Analysen ergibt sich, dass beide hier vorgestellten Konstruktionen Afrikas zu verwerfen sind. Bei näherer Betrachtung erweisen sie sich als die beiden Seiten einer Medaille. Ob man die abendländischen Konstruktionen der afrika-nischen Gesellschaften und des Afrikaners als primitiv betrachtet oder als Reak-tionen auf diskursive Gewalt, wie die Philosophie der „afrikanischen Authen-tizität", sie gehen beide von den einander entgegengesetzten Positionen desselben Paradigmas aus: dem Rassismus[65] und seiner logischen Folge, dem Evolutionis-mus. Somit beschränkt die eine wie die andere Konstruktion die afrikanischen Gesellschaften auf eine *imaginierte Tradition,* die je nach Lager, als positiv oder negativ, aber immer bezogen auf die als Modell in der Stufenfolge der mensch-lichen Evolution oder Entwicklung errichtete abendländische Modernität wahr-genommen wird.[66] Daher bleibt die Produktion des wissenschaftlichen Diskurses über afrikanische Gesellschaften zu einem großen Teil abhängig von diesem Lek-türeschema, das als Episteme im Sinne Foucaults funktioniert. So lässt sich

---

64 Im vorkolonialen Schwarzafrika waren das, was ich hier Stammesverbände nenne, wohl-gemerkt politische Einheiten in dem Sinne, wie wir sie heute verstehen.

65 Sartre fasste diesen Sachverhalt gut zusammen, als er in seinem *Orphée noir* die Philosophie der afrikanischen Authentizität, welche die Négritude vertritt als *„anti-rassistischen Rassis-mus"* bezeichnete (op. cit. S. 219). Der Rassismus, von dem hier die Rede ist, verweist auf eine Ontologisierung bzw. Essentialisierung der Unterschiede in Bezug auf die physische oder kulturellen Erscheinungsformen des Menschlichen. Diese dienen in der Folge zu einem positiven oder negativen Urteil über den anderen in Beziehung auf sich selbst (Afro-Pessi-mismus oder Afro-Romantisierung), ein Urteil, das seinerseits häufig genug als Legitimation für hegemoniale Bestrebungen oder Machenschaften benutzt wird.

66 Als besonders illustrativ für einen solchen Ansatz siehe: Smith Stephen (2003) Negrologie: Comment l'Afrique meurt. Éditions Calmann Lévy, 248 pages und Kabou Axelle (1990) Et si l'Afrique refusait le développement, Paris, L'Harmattan.

erklären, dass die auf die afrikanischen Gesellschaften angewandte *Sozialwissenschaft* ständig das Gebaren einer *Sozialtechnologie* annimmt, wobei das Vorhaben der Beschreibung und Analyse der sozialen Phänomene sich in den meisten Fällen in eine Interpretation gefolgt von Vorschriften verwandelt, die sich nach dem mehr oder weniger expliziten Bezugssystem richtet, das vom Modell der abendländischen Gesellschaften geschaffen wurde. Vom Gesichtspunkt der Produktion von Erkenntnissen aus betrachtet, wisse man mehr darüber, was die afrikanischen Gesellschaften nicht sind oder sein müssten und immer weniger, was sie wirklich sind (vgl. Mbembe 2000, S. 18).

Diese Konstruktionen bei der Produktion des Wissens über Afrika haben in theoretischer und praktischer Hinsicht in Sackgassen geführt, wie es heute durch das erklärte Scheitern von Diskurs und Praxis der Entwicklung in Afrika deutlich wird; daraus ziehe ich die einzig mögliche Konsequenz: Um die afrikanischen Gesellschaften als Rahmen für die Produktion und den Erwerb von Kompetenzen zu begreifen, beziehe ich mich auf das, was Jean François Bayart (1989) deren „eigene Historizität" nennt.

Es geht darum, diese Gesellschaften als historische Erscheinungen oder Produkte zu betrachten, wobei die Analyse bestimmter sich dort abspielender Hauptphänomene eine Logik in der afrikanischen Geschichte zum Vorschein bringt. Anders formuliert, es soll versucht werden, in der Geschichte dieser Gesellschaften das zu finden, was Hegel die historische Vernunft nannte, wodurch es möglich würde, ihren gegenwärtigen Zustand besser zu verstehen. Das bedeutet, dass ich all die Vorurteile als gegenstandslos betrachte, die sich auf eine zweifelhafte oder anders geartete Rationalität, die „Faulenzerei" oder „natürliche Trägheit des Afrikaners", den starren oder statischen Charakter seiner Gesellschaften, kurz alle die Darstellungen beziehen, die oben unter den Oberbegriffen anthropologische und historische Aberkennung zusammengefasst wurden, ebenso wie die daran anknüpfenden kulturalistischen afrikanischen Gegenreaktionen.

Jedoch gerade im Hinblick auf diese Konstruktionen wird die Problematik der Kompetenzen der Afrikaner heute interessant und gewissermaßen relevant. Denn weit entfernt davon, neutral oder ein isoliertes Faktum zu sein, erscheint diese Problematik vor dem Hintergrund einer Debatte, bei der es um weit mehr als eine einfache Messung, Aufzählung oder Taxonomie dessen geht, was die Kompetenzen des Afrikaners sind (was seinerseits einen Konsens über deren Vorhandensein bei letzterem voraussetzt). Es ist vielmehr die Frage nach der Möglichkeit oder den Schwierigkeiten aufzuwerfen, ob im Hinblick auf Afrikaner ohne weiteres als von Subjekten gesprochen werden kann, die über Kompetenzen verfügen. Die Kompetenz als Attribut des afrikanischen Subjekts versteht sich nicht immer von selbst, wie es die oben erörterten Konstruktionen des Afrikaners und Afrikas zeigen.[67]

---

67 Diese Feststellung, so muss deutlich gemacht werden, bezieht sich nicht nur auf die Vergangenheit. Zum Beleg ihrer Aktualität siehe u.a. zwei neuere Untersuchungen: *Afrika in deutschen Medien und Schulbüchern* (2001), in Zukunftspolitik Nr. 29 vom 15. Mai 2001;

Ohne eine vorausgehende Klärung, die deutlich werden lässt, was der ideologische Gehalt bei der Diskussion um die Kompetenz als Attribut der afrikanischen Gesellschaften oder des afrikanischen Subjekts ist, könnte die hier unternommene Arbeit leicht einen apologetischen Charakter annehmen. Es gilt auf der Hut zu sein, um dabei nicht im Endeffekt und ohne es zu bemerken, den ethno-philosophischen oder kulturalistischen Diskurs zu wiederholen.

Von der Vernunft in der afrikanischen Geschichte zu sprechen bedeutet folglich, dass der bei meiner Analyse der afrikanischen Gesellschaftsformen als Raum der Produktion und des Erwerbs von Kompetenzen eingenommene Blickwinkel ein universalistischer ist, das heißt, sie werden als menschliche Gemeinschaft im Allgemeinen mit ihren konsubstanziellen Attributen der Historizität und Rationalität betrachtet. Die afrikanischen Gesellschaften werden schlicht als menschliche Gemeinschaften betrachtet. Aber die historische Universalität ist immer konkret, also irgendwo lokalisiert, da sie ja ausschließlich durch und in Ereignissen ihren Ausdruck findet, die innerhalb vielfältiger Bereiche von historisch lokalisierten Völkern vorkommen und durch die Tatsache von deren eigenen Aktivitäten in Raum und Zeit, im Unterschied zu dem, was göttliche oder transzendente Fatalität genannt werden könnte. Die Kompetenzen unter diesem Gesichtspunkt zu untersuchen, läuft gleichfalls darauf hinaus zu analysieren, was eine Gesellschaft mit einer bestimmten Geschichte, ihrer eigenen Geschichte, als spezifische Kompetenzen entwickeln und ihrer Bevölkerung vermitteln konnte.[68] Um es noch einmal zu unterstreichen: Von der „eigenen Historizität" mit Bezug auf Afrika zu sprechen, bedeutet keineswegs eine Rückkehr zu dem mythischen Afrika, das sich auf sich selbst konzentriert und um irgendwelche „authentischen Werte" herum angeordnet ist.[69]

> „Von einem streng methodologischen Standpunkt aus bedeutet dies, dass es für diese Gesellschaften seit dem 15. Jahrhundert keine ‚eigene Historizität' mehr gab, nämlich eine, die nicht in die andere Zeit und den Rhythmus, die ihnen durch die europäische Vorherrschaft aufoktroyiert wurden, weitestgehend eingebettet gewesen wäre" (Mbembe 2000, S. 9).

Afrika, das den Kontext für die Produktion und den Erwerb von Kompetenzen durch afrikanische Flüchtlingsjugendliche in Deutschland bildet, ist nicht ein schlichte geographische Bestimmung, sondern und vor allem ein Produkt der

---

und *Afrika realistisch darstellen* (2003), in Zukunftspolitik Nr. 55 vom 3. Juli 2003, durchgeführt unter der Schirmherrschaft der Konrad-Adenauer-Stiftung e.V.

68 Dies ist die These, die im Hinblick auf die Ontogenese der Kompetenz von der sozial-historischen Psychologie vertreten wird, wie im Kapitel 3 des ersten Teils dargestellt.

69 Das Konzept einer eigenen Historizität verweist vor allem auf eine methodologische Perspektive, welche die Konsequenzen aus der Restauration oder besser aus der Erkenntnis einer lange den afrikanischen Völkern abgesprochenen Geschichte zieht. Bei der Analyse dieser Gesellschaften wird der Blick auf die afrikanischen Akteure fokussiert, die durch ihr Handeln oder Unterlassen zu dieser Geschichte beigetragen haben. Das bedeutet nicht notwendigerweise eine Fehleinschätzung des beträchtlichen Einflusses der äußeren Faktoren in Vergangenheit und Gegenwart, sondern eher eine Veränderung der Blickrichtung nach innen.

Geschichte. Die Geschichte der Integration dieses Erdteils in das System der bekannten Welt ist gekennzeichnet von extremer Gewalt, wie sie im transatlantischen Sklavenhandel, der Kolonialisation wie auch allen diskursiven Rechtfertigungsprozessen zum Ausdruck kommt, die jene vorbereitet und begleitet haben. Diese beiden Elemente afrikanischer Geschichte, nämlich der Sklaven Handel und die Kolonisation haben nicht allein die afrikanische Geographie endgültig und dauerhaft geprägt, sondern auch und besonders seine Gesellschaftsformen tiefgreifend umstrukturiert. Die Besonderheit der Kolonisation lag weniger in ihrer Erscheinung als Ausbeutungspraxis und auf die so genannte Kolonialzeit beschränkter Gewalt, als vielmehr in der Errichtung von Strukturen der Ausbeutung, Enteignung und Entfremdung mit funktionsgerechter Effizienz, die umso dauerhafter sind, als die erdrückende Mehrheit der afrikanischen politischen Führung und anderer einheimischer Eliten sich nach der Erlangung der Unabhängigkeit, als deren gelehrige Schüler erwiesen. Im Hinblick auf diese koloniale Struktur schreibt Mudimbe:

> „Es ist möglich, drei Hauptmotive zur Erklärung der für die Kolonialzeit repräsentativen Organisationsformen und Methoden zu benutzen: die Verfahren, Grund und Boden in den Kolonien zu erwerben und zu nutzen; die Taktiken, um die Eingeborenen abzurichten; und die Art des Umgangs mit vorhandenen Organisationsformen und der Einführung neuer Produktionsverfahren. Somit ergeben sich drei einander ergänzende Hypothesen und Aktionsformen: die Beherrschung des physikalischen Raumes, die Umformung des Geistes der Eingeborenen und die Integration der örtlichen Wirtschaftsgeschichte in die abendländische Perspektive. Diese einander ergänzenden Vorhaben konstituieren, was man die Kolonisationsstruktur nennen könnte, welche die physikalischen, menschlichen und geistigen Aspekte des Unternehmens Kolonisation vollständig erfassen" (Mudimbe 1988, S. 2).

Die afrikanischen Gesellschaften, die sich heute noch, etwa 45-50 Jahre nach der offiziellen Entkolonialisierung mit dieser Erbschaft der Vergangenheit herumschlagen, werden im Folgenden unter dem Blickwinkel der Produktion und Vermittlung von Kompetenzen beschrieben und analysiert.[70] Dafür wird der postkoloniale Staat, der den paradigmatischen Gegenstand der Forschung bildet und wo das, was ich im Gefolge von Bayart „die den afrikanischen Gesellschaften eigene Historizität" genannt habe, die sich überall auf diesem Kontinent beobachten lässt, als Bezugseinheit für die Analyse genommen. Der Staat lässt sich in vielerlei Hin-

---

70 Der französische Soziologe Georges Balandier hat als erster durch den Begriff „Kolonialsituation", den er als Vektor der Analyse in *Sociologie actuelle de l'Afrique Noire,* Paris, PUF, 1963 benutzte, an Hand von Feldforschungen gezeigt, wie die gewaltsamen Transformationen in den afrikanischen Gesellschaften nach dem Übergang zur Unabhängigkeit nur in Verbindung mit diesem Erbe der Vergangenheit verstanden werden können, das er als durch folgende Merkmale gekennzeichnet beschreibt: die erzwungene Beherrschung durch eine kleine Gruppe von Ausländern, die Beziehung zwischen zwei heterogenen Zivilisationen, den antagonistischen Charakter der Beziehungen zwischen den beiden Gesellschaften, die auf der Instrumentalisierung der beherrschten Gesellschaft beruhen. Diese „Situation" sagt er, fand in der postkolonialen Zeit nur unter anderem Etikett ihre Fortsetzung.

sicht als Totalität betrachten, was am besten erlaubt, das – von Land zu Land und graduell unterschiedliche – Hauptphänomen in seiner Tiefenstruktur zu erfassen: den Umbruch der postkolonialen afrikanischen Gesellschaften. Hier schließe ich mich der Meinung Bourdieus an, der, als es um die Frage der Konstruktion Algeriens als einheitliches Forschungsobjekt und damit um die Unterschiede zwischen den Gesellschaftsklassen, in Mentalität, Kultur usw. die sich zwischen den einzelnen Regionen des Landes beobachten lassen, ging feststellte, dass „die Einheit des Objektes eine Funktion der Einheit der Problematik ist. [...] Man kann in der schmerzhaften Auseinandersetzung einer Gesellschaft, die dazu gezwungen ist, sich von einer anderen abzusetzen, sich zu definieren, in ihrer vom Zweifel an sich selbst verursachten Zerrissenheit, ihrem hin und her Gerissensein zwischen der Zustimmung zum anderen und der wilden Verteidigung der belagerten Persönlichkeit, einen der Schlüssel für das Drama und der Zerrüttung sehen" (Bourdieu 1961, S. 1-5), welche die postkolonialen afrikanischen Gesellschaften durchleben.

Die mir dabei zukommende Aufgabe besteht zunächst darin, ausgehend von den Umbrüchen in den jeweiligen Staatsgebilden darzustellen, was die Besonderheit dieser Gesellschaften ausmacht, wenn man sie unter dem Gesichtspunkt der Produktion oder der Vermittlung von Kompetenzen als solcher betrachtet, wie sie von der im Inneren der formellen und informellen Strukturen üblichen Praxis erzeugt werden. Ich werde dabei in drei Schritten vorgehen:

Zunächst werde ich (1) Umbrüche durch einige ihrer charakteristischen Merkmale kenntlich machen. Diese allgemeine Beschreibung wird (2) durch ein Exposé über den Umbruch im formellen Bildungssystem des postkolonialen Afrikas und seine Rückwirkungen auf die Entwicklungen im informellen Sektor als eines Segmentes des „Bildungsmarktes" zur Veranschaulichung konkretisiert werden. Vor diesem Hintergrund werde ich dank meiner ersten Arbeitshypothese über das notwendige Wissen vom sozialen Kontext der Produktion und des Erwerbs von Kompetenzen verfügen, um mich (3) an eine Interpretation des empirischen Materials wagen und die Frage der Untersuchung nach der Typologie der von unseren Informanten und Informantinnen im formellen und informellen Bildungssektor in Afrika erworbenen Kompetenzen beantworten zu können.

Kapitel 5
Charakteristische Züge des Umbruchs in den afrikanischen Gesellschaften: die postkoloniale „Gouvernementalität"

5.1 Vorbemerkungen

5.1.1 Präzisierung des Analysegegenstands

Im folgenden Kapitel wird ausgehend von den Umbrüchen in den postkolonialen Staaten die aktuelle Umbruchsituation in den afrikanischen Gesellschaften diskutiert. Bei der Analyse der tiefgreifenden Veränderungen großen Maßstabs, die sich in den afrikanischen Gesellschaften im Allgemeinen und im subsaharischen Afrika im Besonderen abspielen, bietet der Staat als Untersuchungsgegenszand bzw. -einheit wertvolle methodische Vorteile. Vom strukturellen Gesichtspunkt aus gesehen, repräsentiert er überall auf dem Kontinent die neue Form sozialer Organisation, deren Einführung während der kolonialen Eroberung Afrika zur universellen historischen Vernunft führen sollte. Die Staatenbildung hat deshalb überall eine Neudefinition der real existierenden Grenzen ebenso wie eine radikale Umstrukturierung des sozio-politischen Raumes der existierenden politischen Organisationen, der Stämme, Ethnien und anderen Nationalitäten im Inneren der eroberten Gebiete, im Gefolge gehabt; und zwar so, dass der Staat zu dem die Strukturierung und Reformulierung aller Lebensbereiche der afrikanischen Bevölkerung organisierenden obersten Prinzip wurde. Auf Grund dieser Tatsache bildet er, um hier einen Begriff Bourdieus wieder aufzunehmen, die strukturierende Struktur, die überall, wo sie Eingang gefunden hat, fast alle Dimensionen bestimmt. Deshalb kann er als die Einheit par excellence verstanden werden, von der ausgehend die heute von den afrikanischen Gesellschaften erlebten Veränderungen sich insgesamt besser analysieren lassen.

Unter funktionellem Gesichtspunkt betrachtet, kann man feststellen, dass der Staat das Territorium seines Geltungsbereiches durch die Errichtung eines dichten institutionellen Netzes im sozialen und natürlichen Raum, das Monopol der Verwaltung der Menschen und der Ressourcen in der erklärten Absicht, das allgemeine Interesse und Wohlergehen der Bevölkerung zu gewährleisten, für sich in Anspruch genommen hat. Als vergegenständlichte historische und moderne Rationalität war er der „Leviathan"[71], dem bei der Initiative, der Orientierung und Zielsetzung, wie auch der Organisation und Ausführung der heiligen und entscheidenden Mission,

---

71 Der Leviathan meint in der Sprache Hobbes Gott auf der Erde, den der Staat inkarniert. Seine Allmacht kommt daher, dass jedes Individuum zu seinen Gunsten auf einen Teil seiner Freiheit verzichten muss, um als Gegenleistung dafür Schutz und Wohlergehen in einer feindlichen Umwelt zu erhalten, die der Naturzustand ist.

der „Entwicklung" Afrikas seit seiner Einführung ausschließlich die Verantwortung zukam. „Hat er nicht, um seine Ziele zu erreichen, über Jahrzehnte die volle Macht gehabt, die ‚Diktatur der Entwicklung', des Aufbaus, der Einheit und der nationalen Sicherheit durchzusetzen" (Eboussi 1993, S. 92)? Und dennoch ist es heute geboten festzustellen, dass „die Resultate in keiner Weise die ‚Mittel' gerechtfertigt haben. Das Scheitern ist nicht die Strafe für Irrtümer bei der Staatsführung, sondern für ein regelrechtes System von Unwirtschaftlichkeit, Vergeudung und Zerstörung" (ibid), das die postkolonialen afrikanischen Gesellschaften in schwindelerregende Räume verwandelte, die für die Mehrheit der dort lebenden Bevölkerung endloses Elend in unvorstellbarer Form produzierten. Deshalb ist die Krise, von der diese Gesellschaften heute geschüttelt werden, dem durch das Nichtfunktionieren des postkolonialen Staates verursachten Umbruch vergleichbar. Das bedeutet gleichfalls, dass die „afrikanische Krise in erster Linie, wenn nicht ausschließlich, eine politische ist, und nichts kann das verschleiern. Von welcher Seite aus man das Problem auch angeht, man kommt immer wieder zu dem gleichen Schluß" (ebd.). Diese reduktionistisch erscheinende Feststellung mag überraschen, da die meisten Untersuchungen, die sich mit den Phänomenen und Folgen des gesellschaftlichen Umbruchs in Afrika beschäftigen, die soziale Not beschreiben, die das Ergebnis des wirtschaftlichen Niedergangs ist. Daraus ergibt sich die wohlbekannte Diagnose, nach der die Probleme dieses Kontinents sich auf das der Armut oder der „Entwicklung" reduzieren lassen (vgl. u.a. Weltbank 1990, 1994). Es muss indessen festgestellt werden, dass eine solche Analyse, wenn sie irgendeinen Wert haben soll, dies nur

„aus dem beschaulichen Blick des Betrachters ist. Jedoch ist im Hinblick auf den handelnden oder erleidenden Menschen und für ihn, das Politische wichtiger als das Wirtschaftliche, weil das Politische eher den Sinn der Existenz selbst betrifft. Mehr noch: das Wirtschaftliche ist Ausdruck der menschlichen Fähigkeit, gemeinsame Projekte vermittels von Ideen-, Gedankenaustausch und Diskussion zu konzipieren und zu realisieren und setzt diese voraus. Ohne diese Fähigkeit zur kollektiven Arbeit, zur Einigung über Ziele und Wege, wäre die Wirtschaft unvorstellbar. Ohne ihre Einbindung in die Aktivitäten, die dem Gemeinschaftsleben die Orientierung und seinen Wert verleihen, wäre sie absurd. Der wirtschaftliche Zusammenbruch ist daher ein Zeichen für die Unfähigkeit, etwas gemeinsam durch Planung und Übereinkünfte, was nämlich Politik heißt, zustande zu bringen und durchzuführen" (ebd.).

5.1.2   Zum Ansatz: die Gouvernementalität

Wenn also die Politik, die doch etymologisch als die Kunst der Regierung einer Polis verstanden wird, das ist, was die Umbrüche in den afrikanischen Gesellschaften wegen ihres offensichtlichen Versagens in Frage stellen, dann wird zum Verständnis ihrer charakteristischen Merkmale eine Rückbesinnung auf die Modi des Regierens notwendig. Denn „die Analyse der konkreten Situationen zeigt uns, dass es unmöglich ist, wenn man den Staat erfassen und verstehen will, Staat und Macht, Staat und herrschende Eliten voneinander zu trennen, anders formuliert, um den Staat begreifen zu können, muss man die Leute verstehen, die an der Macht sind und daher ist es wichtig, ihre Strategien und *historischen Praktiken* zu kennen. Diese gegenseitige Abhängigkeit definiert die Konturen des Staates" (Hibou 1999, S. 36).

Diese beobachtbaren Praktiken und Strategien der sozialen und politischen Akteure lassen sich mit Hilfe des foucaultschen Konzepts der „Gouvernementalität" begreifen, die Bayart definiert als „eine Konfiguration oder einen gegebenen Abschnitt der Geschichte [...], worunter man versteht, das ‚Gouvernement' als Modus der Strukturierung des Aktionsfeldes von Individuen oder Gruppen zu analysieren" (Bayart 1998, S. 6). Daher kann die Frage, die sich auf die Funktionsstörung des postkolonialen afrikanischen Staates bezieht, im oben definierten Rahmen der Gouvernementalität formuliert werden. Wie macht sich also die Gouvernementalität im postkolonialen Afrika bemerkbar?

5.1.3 Zu den benutzten Quellen und deren Kritik

Die Beantwortung der für dieses Kapitel zentralen Frage wird auf der Grundlage der Analyse von sehr verschiedenen Beispielen erfolgen. Diese Beispiele stammen einerseits aus den Berichten über tatsächlich vorgefallene Ereignisse, wie sie von den Zeitungen oder in historischen, soziologischen oder politologischen Quellensammlungen veröffentlicht wurden, andererseits handelt es sich aber auch um literarische Darstellungen. Durch den Rückgriff auf diese Quellenart wird jedoch in gewisser Hinsicht die Frage nach der Plausibilität der Argumentation aufgeworfen, wenn man, den fiktiven Charakter ihres Inhaltes vorausgesetzt, von der wissenschaftlichen Grundlage der Analysen, die darauf aufbauen, ausgeht. Einem solchen Einwand nachzugeben hieße, den realistischen Charakter eines beträchtlichen Teils der afrikanischen Literatur zu ignorieren, deren Inhalte, die direkt aus den soziopolitischen Ereignissen herrühren, nur wenig durch die für die Literatur insgesamt typische Entfernung von der Realität bzw. den Sur-Realismus im wörtlichen Sinn verhüllt sind. Das Produkt der die Literatur hervorbringenden Einbildungskraft ist im Gegensatz zu dem, was Platon dachte, hier weit davon entfernt, eine von aller sozialen Realität gelöste Fiktion zu sein. In diesem Sinne sind die folgenden Bemerkungen Celestin Mongas zu verstehen:

> „Schöpferische *Imagination* bedeutet im Abendland zunächst die Realität zu leugnen, sich davon zu lösen, ins Irreale auszuweichen, um dem Gefangensein zu entkommen, welches die Existenz ist. In Afrika bedeutet es, diese Realität ins Lächerliche zu ziehen, sie sich anzueignen, sie umzudeuten, um ihr Gewicht leichter ertragbar zu machen. Hier führt das Bewusstsein [des Schriftstellers] nicht das Nichts in die Ideologien ein, um sie

auszuklammern; im Gegenteil, es gibt sich den Anschein, sich mit ihnen abzufinden, es tut so als übernähme es deren Quintessenz, um besser an ihnen ‚drehen' zu können. Die ‚Zernichtung' ist also positiv, wohlüberlegt, in dem Sinn, dass sie in jeder von der [politischen] Autorität geäußerten Entscheidung nach dem Punkt sucht, wo diese lächerlich wird, von dem aus es dem Humor möglich ist, das ganze Unterdrückungssystem regelrecht aufzuspießen" (Monga 1994, S. 72).

Die in einer mehr oder weniger sur-realistischen Schilderung der sozialen Realität zum Ausdruck kommende Einbildungskraft des Schriftstellers macht aus der gegenwärtigen afrikanischen Literatur, wie es bereits Mongo Beti unterstrich, eine Waffe, die "Tyrannen beseitigen, Kinder vor Massakern retten, eine Rasse aus tausendjähriger Sklaverei befreien, mit einem Wort *nützlich* sein kann. Ja, für uns kann Literatur zu etwas dienen, also muss sie zu etwas dienen" (Revue *Peuples Noirs Peuples africains*. 1991, n° 11, S. 2).

Ferner weist die hier diskutierte Frage nach der wissenschaftlichen Plausibilität von Analysen, die sich auf literarische Quellen stützen auf eine sehr aktuelle Debatte hin; nämlich die des Verhältnisses zwischen Literatur und Soziologie. Dazu schreiben Kuzmics/Mozetic (2003):

> „Ist es also nicht ein Scheingefecht, das hier künstlich am Leben erhalten werden soll, wenn man die Literatur ‚gegen' die Soziologie antreten lässt? Hat sich die Trennung zwischen Wissenschaft und Nichtwissenschaft nicht inzwischen so verfestigt, dass die Grenzlinien gar nicht mehr in Frage gestellt werden können, ohne sich dem Verdikt des Obskurantismus auszusetzen? Damit das nicht bloß rhetorische Fragen bleiben, wollen wir zunächst eine kleine Systematik eines möglichen Stellenwerts der Literatur für die Soziologie entwerfen. Literatur kann, *erstens*, in einem illustrativen Sinne verwendet werden, um soziologisch bedeutsame Themen und Phänomene zu veranschaulichen. Die literarischen Vorzüge der Konkretheit, Bildhaftigkeit und des Reichtums der Beschreibungen werden genutzt, um etwas, was man soziologisch bereits weiß, näher an die Erfahrungs- und Erlebniswelt der Rezipienten heranzuführen [...]. Es liegt auf der Hand, dass nicht jede Art von Literatur für diese Aufgabe geeignet ist, sondern nur eine in einem weiten Verständnis ‚realistische', die nicht gleich aufwendig dekodiert werden muss wie wissenschaftliche Texte. Literarischen Werken kann, *zweitens*, ein Wert als Quelle zugesprochen werden" (S. 27).

Da sie sich der Vorteile bewusst sind, welche eine Literatur der Wissenschaft bietet, deren Inhalte von einer im Hinblick auf die sozio-politischen Ereignisse erstaunlichen Realitätsnähe gekennzeichnet sind und dies obendrein im Kontext autokratischer Machtverhältnisse, wo die Meinungsfreiheit, ergo die Pressefreiheit, immer ein Versprechen ist, das auf seine Erfüllung warten lässt, sind sich die Sozialwissenschaftler, die über die afrikanischen Gesellschaften forschen (Historiker, Politologen, Soziologen, Anthropologen usw.) über den dokumentarischen

Status der afrikanischen Gegenwartsliteratur einig, die sie demzufolge bei Bedarf als empirische Quelle behandeln (vgl. Mbembe 2000, Ela 1998 ebenso wie Bayart, Mbembe und Toulabor 1990). Somit wird im Folgenden unter anderem der Rückgriff auf literarische Erzählungen, sei es als Ausgangspunkt oder als anschauliches Beispiel, bei einigen Analysen legitimiert sein.

5.2 Das Befehlssyndrom

Eine soziologische Analyse der politischen Machtausübung im postkolonialen Afrika lässt leicht erkennen, dass die Handlungen der Regierung im Wesentlichen auf der so genannten Befehlspraxis beruhen (vgl. u.a. Bayart 1979, Medard 1982, Eboussi 1993, Mbembe 2000). Der Befehl als Begriff verweist auf einen Regierungsstil, der auf dem Unterdrückungsverhältnis zwischen den Regierenden und den Regierten basiert. Hier bedeutet regieren vor allem an der Macht teilzuhaben, die man nach Belieben missbrauchen kann, vorausgesetzt, man gefährdet nicht den inneren Zusammenhalt des um die zentrale Persönlichkeit, die im allgemeinen ein Autokrat ist, herum konstruierten Systems gegenseitiger Verpflichtungen und Interessen. Dieser Autokrat inkarniert mit seinem Absolutheitsanspruch, seiner Allmacht und seiner Herrlichkeit die Macht und tritt an die Stelle des Staatschefs, obgleich nach der Methode zu urteilen, wie er die öffentlichen Angelegenheiten und die Interessen, zu deren Sachwalter er sich aufwirft, verwaltet oder verwalten lässt, seine Funktion und sein Status eher denen eines Gangsterbosses entsprechen. In einem solchen System bildet die herrschende Elite zumeist eine Interessen- und Aktionsgruppe, die von ihrer Art her zu denken, sich zu verhalten, zu handeln, zu leben, von der Masse des Volkes abgeschnitten ist, deren Wohlergehen durch einen vernünftigen Umgang mit den menschlichen und natürlichen Ressourcen zu sichern, eigentlich ihre Aufgabe wäre. Ihre Beziehung zu diesen ist aber die der materiellen und symbolischen Produktion und Autoproduktion. Die herrschende Elite schafft durch die Wiederaufnahme des Entwicklungdiskurses, der von zu beseitigenden Mängeln der afrikanischen Bevölkerung ausgeht, die Subjekte, über die sie ihre Macht ausübt. Als erwachsene doch unwissende Kinder angesehen, kann deren Existenz nur einen Sinn haben, wenn sie von einer äußeren aufgeklärten Instanz geführt werden, und dies ist die herrschende Elite. Um die schwierige Mission, die einheimische Bevölkerung zu emanzipieren und zu entwickeln, bewältigen zu können, muss diese nun mit allen Machtvollkommenheiten ausgestattet werden. Eine solche Macht wird autoreferentiell genannt, da sie einseitig sowohl die Norm festsetzt, die ihr Handeln begründet und zugleich rechtfertigt, als auch die Mittel und Wege, um ihre Ziele zu erreichen. In ihrem zynischen Eifer und um ihre Existenz gegenüber den einzigen Instanzen zu rechtfertigen, die in ihren Augen gelten, nämlich den internationalen Geldgebern, verstehen und gerieren sich die postkolonialen afrikanischen Machthaber, ungeachtet des Schreckens und des Elends, die sie unter der Bevölkerung verbreiten, als mit der Verantwortung und der Pflicht betraut, für das Wohlergehen derselben zu sorgen. Je nach wechselndem Kontext und der Begabung seiner Mitarbeiter wird der Autokrat durch eine groteske paternalistische Stilisierung, die für alle Diktaturen kennzeichnend ist, zu dem „von der Vorsehung bestimmten Führer" (vgl. Labou Tansi 1979), zu seiner Exzellenz, dem Vater der Nation, dem großen Steuermann, dem unermüdlichen Erbauer des Staates usw. In Anbetracht der Tatsache, dass es unter den Umständen eines absoluten Machtmonopols prinzipiell schwierig ist, Anzeichen für irgendeine Art von Vertragsverhältnis auszumachen, denn dieses setzte die Möglichkeit der Diskussion und Beratung unter an Rechten und Pflichten ebenbürtigen Parteien voraus, reduzieren sich die Beziehungen zwischen Regierenden und Regierten folglich auf das asymmetrische Verhältnis des Gehorsams oder des Befehls. Die Ersteren bestimmen und die anderen führen die Befehle aus. Genau genommen kann hier keine Rede sein vom Recht des Volkes auf seinen Staat und gegenüber seinen Staatsführern, die im Gegenzug dem Volke auch keinerlei Rechenschaft über ihr Handeln in seinem Namen zu leisten verpflichtet sind. Ganz in diesem Sinne:

> „Die Befehlsgewalt auszuüben, heißt also die Menschen zu ermahnen, ihren Pflichten nachzukommen. Das ist genauso wie in der Armee, es werden Anordnungen, Befehle und Warnungen gegeben. Die Befehlsgewalt selbst ist zugleich eine Tonlage, eine bestimmte Ausstaffierung und eine Attitüde. Die Macht reduziert sich auf das Recht zu befehlen, das heißt, zu fordern, zu zwingen, zu verbieten, zu erlauben, zu unterwerfen, zu bestrafen, zu belohnen, Gehorsam zu finden, kurz zu gebieten und zu führen" (Mbembe 2000, S. 53).

Willkür, Missbrauch aller Art, rohe Gewalt oder ausgeklügelte Grausamkeit, die alle daraus hervorgehen, sind die für die Befehlsstruktur wichtigsten charakteristischen Merkmale, die heutzutage einer der privilegierten Modi der politischen Machtausübung in den postkolonialen Staaten Afrikas ist. Diese kommt in den vielfältigsten und verschiedensten Umständen des täglichen Lebens zum Vorschein, bei denen die herrschende Elite aus irgendeinem Grunde mit der Bevölkerung einen Kompromiss schließen oder in direkten Kontakt treten muss. Das von Ngugi in seinem Roman Matiagari geschilderte Verhalten der Figur des Ministers für Wahrheit und Gerechtigkeit bei den Verhandlungen mit den für eine Erhöhung ihres Lohnes streikenden Arbeitern soll hierfür ein Beispiel sein.

„Ich werde nun mein Urteil über den Streit zwischen der Unternehmerseite und den Arbeitern verkünden. Erstens wünsche ich, dass alle Arbeiter sofort die Arbeit wieder aufnehmen und der Streik hiermit beendet ist. Ist es klar? Vom jetzigen Augenblick an ist der Streik vorbei. Und ich weise die Unternehmensleitung an, alle Arbeiter, mit Ausnahme der Streikführer, wieder einzustellen. [...] Ehe ich zu Ende komme, möchte ich die Massen, wo immer sie sind, unmissverständlich daran erinnern, dass Streiks, laut Erlass des Präsidenten, verboten sind. Früher, während der Kolonialzeit, haben wir gestreikt und unsere Unabhängigkeit gefordert. Aber was für eine andere Unabhängigkeit wollen wir denn jetzt noch fordern? Hier ist Eure eigene Regierung! Es ist eine Arbeiterregierung! Und außerdem ist seine Exzellenz Arbeiter, ein erstklassiger Arbeiter. Spitzenklasse! Diese Regierung wird also von einem Arbeiter geführt. Also was wollt Ihr denn? Irgendwelche Fragen?" Naguro wa Kiriro stand auf:

„Im Namen der Arbeiter möchte ich nur eines sagen – ein Streit, oder eine Meinungsverschiedenheit findet immer zwischen zwei Parteien statt. Unsere Auseinandersetzung spielt sich zwischen der Unternehmensleitung und den Arbeitern ab [...] Ihr Schiedsspruch zeigt nun, dass Sie – die Regierung und die Regierungspartei – auf der Seite des Kapitals stehen, auf der Seite jener, die Fabriken und Großfarmen besitzen [...] Sagt mir, Ihr, die Ihr auf die Märkte geht, um Eure Waren zu verkaufen: Wenn der Käufer sich weigert, den vom Verkäufer festgesetzten Preis zu bezahlen, hat dieser dann nicht das Recht, sich zu weigern, die Ware herauszugeben, bis er den angemessenen Preis dafür erhält? Oder einen Preis, auf den sich Käufer und Verkäufer geeinigt haben? Unser Streik ist nichts anderes, als eine solche Weigerung. Wir ziehen unsere Arbeitskraft vom Markt zurück, bis der Käufer sich einverstanden erklärt, unseren Preis zu bezahlen. Wir können erst dann wieder arbeiten, wenn unsere Forderungen erfüllt sind." Ngaruro wa Kiriro setzte sich. Die Arbeiter spendeten lebhaften Beifall, die Frauen stimmten ihnen mit dem üblichen Trillergesang zu. Der Minister wartete, bis sich der Beifall gelegt hatte. Dann sagte er:

„Ihr habt alle mit eigenen Ohren diese Unverschämtheit gehört, nicht wahr? Dieser Mann hat gleich dreimal gegen das Gesetz verstoßen. Erstens hat er sich meiner Anordnung widersetzt, und zweitens hat er zwei Erlasse des Präsidenten missachtet. Er hat den Befehl missachtet, den ich vor wenigen Minuten hier vor Aller Ohren erteilt habe. Ich habe doch gerade eben das Ende des Streiks bekannt gegeben, oder etwa nicht? In genau dem Augenblick, in dem ich zu Ende gesprochen hatte, war auch der Streik beendet. Und dieser Mann hier tut nichts anderes, als die Leute erneut zum Streik aufzurufen. Und indem er das tut, zwingt er die Menschen, den Sondererlass des Präsidenten zu missachten. Wisst Ihr denn, gegen welches Gesetz er verstößt, wenn er die Menschen auffordert, Seiner Exzellenz nicht zu gehorchen? Es ist das Gesetz über *Aufwiegelung* und *Landesverrat* [...] Der Mann, der eben gesprochen hat, hat sich geweigert zu arbeiten. Jedermann hier kann das bezeugen. Es ist sein Recht, sich gegen das Arbeiten zu entscheiden, aber er sollte nicht andere dazu anstacheln, es ihm gleichzutun. Wie kann einem Menschen, der sich eindeutig dafür entscheidet, nicht arbeiten zu wollen, geholfen werden? Polizei! Tut eure Pflicht! Vielleicht gehört er zu denen, die die Lehren von Karl Marx im Lande verbreiten [...] Wir leben in einem freien Land, nicht in China oder Russland" (Ngugi 1991, S. 125-129).

Ganz offensichtlich gibt es bei den in diesem Bericht auftretenden Protagonisten ein grundlegendes Missverständnis, was das Ziel und den Sinn ihres Zusammentreffens betrifft, das näher betrachtet, ein Stück des Schleiers von der Bosheit der postkolonialen Machtausübung in Afrika zieht. Offensichtlich ist für den Sprecher der Streikenden (der, und das gilt es zu beachten, ausdrücklich das Wort erst ergreift, nachdem der Minister dazu aufgefordert hatte, indem er fragte, ob es dazu noch etwas zu sagen gäbe) ein solches Treffen nichts anderes als eine gewaltfreie Auseinandersetzung zwischen zwei Parteien im Interessenkonflikt, das heißt, eine Plattform für Verhandlungen, wo die Probleme vermittelst des Dialogs angegangen werden. Das zeigt deutlich die Analogie, die er zwischen ihren Verhandlungen und der Situation auf dem Markt zieht. Das Mitglied der Regierung sieht darin dagegen die erträumte Gelegenheit, seine Macht in purer Befehlslogik auszuüben, was er dann hervorragend in Szene setzt. Man findet in seinem Vorgehen fast alle für diesen Regierungsstil konstitutiven Elemente wieder: den ausdrücklichen Befehl oder den vorgeschriebenen Ton, die aus dem Sprechakt selbst eine Machtausübung und eine Zurschaustellung seines ausschließlichen Rechtes machen, darüber zu befinden, was die gültige Wahrheit und das Richtige sind. Die Demagogie und der Zynismus seiner Worte, dass er nämlich die Überzeugungskraft des Argumentes aufgibt, um zum Argument der Gewalt, das hier der Ruf nach der Polizei darstellt, zu greifen, und last but not least der Rückgriff auf die oberste Instanz und den durch "Seine Exzellenz" inkarnierten Ursprung der Macht, dienen als Argumente der Autorität. Ein solcher Rückgriff weist auf die Strukturierung und die Logik dieser Macht hin.

> „Die hierarchische Ordnung ist zugleich eine Ordnung der Vollkommenheit und der Abhängigkeit. Je höher das Individuum auf der Leiter der Macht steht, umso mehr ist es ‚Jemand‘, eine Person, eine ‚Persönlichkeit‘. Darüber hinaus hängen diejenigen, die unter ihm stehen, seine Unter-gebenen, sowohl was ihr gesellschaftliches ‚Sein‘ als auch ihre Subsistenz, die Bewahrung dieses ‚Seins‘[72] angeht, vom ihm ab. Jeder dort kennt die ‚andauernde Sorge‘, die ‚Besorgnis‘, die ‚ständigen Bemühungen‘ seines direkten Vorgesetzten, aber mehr noch die des Ersten, von dem alles aus-geht. Eben diese Emanation der Macht aus einem Ersten und die Befugnis, Befehle zu geben, werden im offiziellen Diskurs immer wieder zelebriert; sie bilden die Grundlage eines bis zum Überdruss wiederholten Diskurses, um den Opfern die Unterwürfigkeit und eine Nichtachtung ihrer selbst ein-zubläuen, die soweit geht, den Henker zu lieben" (Eboussi 1993, S. 114).

Der plötzliche gesellschaftliche Aufstieg und seine Aufrechterhaltung, wovon hier die Rede ist, verweisen auf die Verfügungsgewalt über Posten in Regierung und Verwaltung, deren bedeutendsten Anteil der Staatschef innehat und auf die „Magie", mit der jedes Individuum von einem Tag zum anderen vom Nichts ins

---

72 Hier erweist sich die Macht, jemand auf eine Stelle in Regierung und Verwaltung zu ernen-nen, sozusagen Verantwortung übertragen zu können, als die Instanz, die über Sein oder Nichtsein entscheidet. Durch die Magie dieser Macht, deren bedeutendster Anteil erwiese-nermaßen dem Regierungschef zukommt, kann man vom Nichts zum Sein gelangen, je nach der Affinität, die man zu ihrem Besitzer hat, das heißt, man kann zum Beispiel vom Lehrer an einer Primarschule (einer in diesem Kontext unbedeutenden, fast verachteten Funktion) ohne Übergang und zusätzlichen Erwerb von Kompetenzen zum Staatssekretär werden.

Sein gehoben werden kann und umgekehrt; alles hängt von der Art der Gemeinsamkeit ab, die es mit den Mächtigen verbindet. So kann man ohne irgendeinen Übergang, noch die notwendigen Kompetenzen, vom Amt eines Volksschullehrers (was in diesem Kontext eine unbedeutende, fast verachtete Funktion ist) zu dem eines Staatssekretärs befördert werden. Hat man den Posten einmal erworben, werden Gunstbezeugungen, der übertriebene Personenkult für den Staatschef ebenso wie der Okkultismus (vgl. Geschire 2000) zur Beschaffung und bei Bedarf Beibehaltung einer Chance[73] zu Schlüsselkriterien des sozialen Aufstiegs in einem System, das auf Begünstigung und Vetternwirtschaft zu Lasten von Arbeit und Kompetenz beruht. Da sie eine Machtstellung besitzen, in die sie durch die Magie der Ernennung auf schnellstem Wege geradezu hineinkatapultiert wurden, benimmt sich jeder der Regierenden in der seinem Befehl unterstehenden Sphäre wie der persönliche Repräsentant des Staatschefs, von dem allein seine Macht ausgeht und dem allein er Rechenschaft schuldet. Er hat ihn ernannt, also ist er auch – aus formalen Gründen – der Einzige, der ihn entlassen kann. Daher auch diese unaufhörlichen Rückbezüge auf dessen Autorität und seinen in der Form von zahllosen die Freiheit mordenden Rechtsvorschriften ausgedrückten Willen, den die „Sondererlasse des Präsidenten" als Machtwort oder letztes Wort in Situationen wie dem Streik bilden, die ganz offensichtlich nur durch den Dialog oder Verhandlungen entschärft werden können. Deshalb heißt Regieren im postkolonialen Afrika weniger im Dienste des Volkes zu stehen, als dem letzteren durch das Mittel des Befehls deutlich werden zu lassen, welche Autorität die Teilhabe an der Macht verschafft.

5.3 Die Lähmung der schöpferischen Sprache

Was in dem zitierten Textauszug Ngugui wa Thiongos als ein Missverständnis zwischen den Konfliktparteien erscheint, ist in Wahrheit eine von den Machthabenden willentlich aufrechterhaltene doppelte Moral: einerseits im Hinblick auf die Prinzipien des Rechtsstaates, auf den sie sich alle berufen (da sie ja zumeist über eine angeblich „demokratische" Verfassung und andere rechtliche Regelungen, die von dem Modell ihrer ehemaligen Kolonisatoren kopiert wurden, verfügen), und andererseits die wirkliche Machtausübung, die eine Autokratie an der Grenze zum Wahnsinn darstellt. Definiert nicht in dem oben erwähnten Beispiel der Minister in dem Moment, in dem er einen Mann verhaften lässt, dessen einziges Verbrechen darin besteht, eine gegenteilige Meinung zum Ausdruck zu bringen, sein Land als eines, in dem die Meinungsfreiheit respektiert wird? Diese Kluft

---

73 Auf diesem zu einer ganzen Industrie angewachsenen Aktivitätssektor, dessen Kunden aus allen sozialen Schichten stammen, lässt sich ein spektakulärer Boom beobachten. An ihm zeigt sich das Ausmaß okkultistischer Überlebenspraktiken im gegenwärtigen Afrika, das von vielfältigen Krisen geschüttelt wird. (s. hierzu: Geschire, P., 1997, The modernity of witchcraft. Politics and the Occult in Postcolonial Africa, University Press of Virginia USA.

zwischen dem legalen Schein und der Realität im Land, das heißt, zwischen den Prinzipien einer von den Ideologieproduzenten des Staates lauthals als demokratisch proklamierten Regierung und ihrer in Wahrheit tyrannischen Machtausübung, erweist sich als eine von den Regierenden in Afrika für diejenigen ihrer Regierten aufgestellte heimtückische Falle, die sich noch Illusionen über die wahre Natur von deren Reden machen sollten. Die Verwendung von Lüge und List um die Bevölkerung zu täuschen ist hier ein anerkanntes Instrument des Regierens. Wort oder Sprache, die als Spezifikum des Menschen, die Grundlage jeder Politik bilden, so Aristoteles, werden auf diese Weise in ihrer symbolischen Funktion, als Ausdruck von Gut und Böse, Recht und Unrecht, verfälscht, wie auch in ihrer Funktion als Instrumente zum Erwerb von Vertrauen bei Verhandlungen: dies alles sind die Grundwerte, auf denen die bürgerlichen Gemeinwesen und die politischen Institutionen ihrem Ursprung nach beruhen.

„Was der Mensch in einer wahrhaft menschlichen Gesellschaft als solcher erreicht, erreicht er durch das Wort, das ein erkennbares Gut als begehrenswert erscheinen lässt; dieses wird Gegenstand der Diskussion, der Beratung, einer Entscheidung und einer Auswahl, was dann zu seiner Realisierung führt. Die systematische Zersetzung der symbolischen und referentiellen Natur der Sprache und die Atrophie ihrer kognitiven Dimension oder Funktion bringen den klassischen Bereich der Politik zum Verschwinden, um Platz zu schaffen für Zufall, List und Gewalt" (Eboussi 1993, S. 109).

An diesem Punkt der Analyse ist es wichtig, auf die Mechanismen hinzuweisen, die zu der für die Sprache in totalitären Regimen, wie denen des postkolonialen Afrika, charakteristischen Atrophie des schöpferischen Potenzials führen, wo die Ausübung der Macht auf die Unterdrückung und Knebelung der Bevölkerung hinausläuft. Dieses kreative Potenzial ist jedoch gerade die Eigenschaft, die aus der Sprache das entscheidende konstitutive Element des Politischen macht. Die sprachliche Performanz, so wie Chomsky sie auffasst, ist das Ergebnis eines generativen Prozesses (dem die Sprachfähigkeit oder linguistische Kompetenz zu Grunde liegt), der darin besteht, ausgehend von einer begrenzten Anzahl empirischer Daten – die durch unsere linguistische Intuition geliefert werden – und einer gleichfalls begrenzten Anzahl präziser Regeln zu ihrer Kombination, eine unbegrenzte Anzahl von Sätzen bilden zu können, die reich an syntaktischen, phonologischen und auch noch semantischen Variationen sind. Diese Funktionsmechanismen ermöglichen, das kreative Potenzial der Sprache zu erfassen. Diese lässt sich nicht auf die Rolle eines natürlichen Instrumentes beschränken, das einfach dazu diente, fertige Tatsachen zu bestimmen, sondern, weil sie ihrem Wesen nach selbst das Ergebnis eines generativen Prozesses ist, hat sie die Fähigkeit, das Reale zu erforschen, zu reorganisieren und neu zu erschaffen. Durch diese Fähigkeit, aus begrenzten Daten Neues und Unbegrenztes erschaffen zu können, ist die Sprache das Instrument politischer Verhandlungen par excellence (vgl. Chomsky 1977, S. 82). Sie erscheint auf der Bühne, wenn von einer menschlichen Gemeinschaft durch die Probleme und Zwänge, die das physische oder historische Überleben ihrer Mitglieder täglich in Frage stellen, gefordert wird, darauf durch *Innovation und Übereinkunft*, das heißt, durch ausschließlich politische Mittel[74] geeignete Antworten zu finden. Es muss jedoch festgestellt werden, dass die Befehlssprache gesetzgebend wirkt: sie diktiert, sie gebietet, ihr Hauptkonjugationsmodus ist der Imperativ, sie verlangt nur, ausgeführt zu werden. „Ihre ‚diskriminierende' oder urteilende Funktion wurde durch die Übernahme eines völlig außerhalb jedes Sprechaktes gebildeten und für ein Ebenbild der politisch-ökonomischen und kulturellen Realität gehaltenen Diskurses von Anbeginn an außer Kraft gesetzt" (Eboussi 1993, S. 112). So verliert die Sprache durch Ersticken ihre kreative Funktion, die aus ihr das fundamentale Element zur Bildung des Politischen macht, um in normierten Formeln zu erstarren, welche die postkolonialen afrikanischen Potentaten und ihre „Hofsänger" (griot) der mit einem Maulkorb versehenen Bevölkerung bis zur Bewusstlosigkeit vorkauen, solange bis sie schließlich dressiert ist. Auch die Intellektuellen entgehen diesem Dressurakt nicht. Sie müssen das System verinnerlichen, seine Ideologie vertreten, in deren Dienst sie ihre intellektuellen Gaben im Wesentlichen stellen müssen. Geist und Wortlaut der Resolutionen des Conseil National de l'Enseignement Supérieur du Cameroun, der 1974 einberufen wurde, sind in dieser Hinsicht aufschlussreich:

> „Der grundlegende Gedanke, zu dem die Kommission Nr. 1 [die sich der allgemeinen Orientierung widmete] gelangte, ist, dass die Universität, insofern sie aufgerufen ist, die nationale Realität, das politische Leben, dessen Prinzipien von der Partei definiert werden, von innen heraus mit zu tragen, also politisch engagiert sein muss, indem sie sich in die Strukturen der Partei einordnet. Die Universität sollte nämlich nicht wie in der Vergangenheit eine Welt für sich bilden, oder wie der Staatschef es formulierte, ‚eine Heimstatt für Denker außerhalb der nationalen Realität' sein. [...] Die Forscher, die Lehrenden wie auch die Studenten haben die Pflicht, in der Union Nationale Camerounaise mitzuarbeiten und auf konkrete Art und Weise zur Bildung des Nationalbewusstseins beizutragen. [...] Das Engagement der Universität hat ein Dreifaches zu sein, nämlich auf der Ebene der Struktur, der Inhalte von Lehre und Forschung und der Menschen, auf dass endlich Bürger sie verlassen, welche die Sprache ihres Landes sprechen und denken, wie es sich für einen auf die Größe seiner Heimat bedachten Kameruner geziemt" (Bahoken und Atanga 1975, S. 37/38).

Auf diese Weise hat man den Typ des angepassten Intellektuellen produziert; er ist der wahrhafte Funktionär der tropischen Diktaturen, dessen Intelligenz sich im Verfassen von Lobeshymnen auf die Regierenden, offiziellen Reden, der Ausarbeitung von die Freiheit beschneidenden Gesetzen und der Mitarbeit im Regierungsrat erschöpft. Die Aufforderung der Bevölkerung zum Dialog bei der Suche nach Ver-

---

74 Das Wort muss hier in seinem ursprünglichen griechischen Sinn verstanden werden, so wie Aristoteles es in seiner Politik definiert, d.h., als Kunst die Stadt zu verwalten, was aus Prinzip die Gewalt ausschließt.

handlungslösungen in Krisensituationen unter solchen Bedingungen, wo die grundlegenden Prinzipien jeder Diskussion, wie es die Rede- und Meinungsfreiheit sind, missachtet werden, kann folglich für einen Menschen im postkolonialen Afrika zur Gelegenheit schrecklicher Erfahrungen werden, wie es dieser von Mbembe zitierte Bericht über die Unannehmlichkeiten eines kenianischen Volksschullehrers beweist, der in einer dortigen Zeitung erschien.

„Alles hatte am 21. Januar [1990] in der African Independent Pentecostal Church of Africa (AIPCA) in Gitothua angefangen. In der Absicht mit den Gläubigen dieser zerstrittenen Kirche zu reden, hatte sich der [District Commissioner] Mwango dorthin begeben. Aus diesem Anlass hatte der District Commissioner alle Anwesenden nach ihrer Meinung gefragt, wie die Probleme, denen sich die Kirche gegenüber sah, gelöst werden könnten. Als sich der Volksschullehrer Mwaura erhob, um seine Ansichten darzulegen, fuhr ihn der [District Commissioner] Mwango, der ihn vor die Zuhörerschaft hatte treten lassen, fuchsteufelswild an und befahl ihm, seinen Namen und seinen Beruf anzugeben. Sowie er dem Befehl nachgekommen war und der Dictrict Commissioner wusste, dass er Lehrer, also beim Staat angestellt war, wollte Mwango wissen, warum er ein Spitzbärtchen trage. ‚Als Staatsangestellter müssen Sie über die ethischen Normen und den Verhaltenskodex Bescheid wissen. Warum tragen Sie einen Bart? Sie sehen aus wie eine Ziege mit diesem Bart! Utanyao hiyo sasa, rasieren Sie ihn sofort ab!‘ Der [District Commissioner] Mwango ließ schnurstracks einen Polizisten rufen und bat ihn, den Lehrer Mwanga in Gewahrsam zu nehmen. Ein anderer Polizist wurde eiligst in ein Geschäft geschickt, wo er einen Rasierapparat holte. Daraufhin brachten sie den Lehrer nach draußen. Dort versuchte er unter der Aufsicht eines weiteren Polizisten den missliebigen Bart und Schnurrbart abzurasieren. Als ihm klar wurde, dass ihm weder Wasser noch Seife zur Verfügung stehen würde, benutzte Mwaura schließlich seine Spucke. Und da er keinen Spiegel hatte, um seine zitternden Finger zu dirigieren, schnitt er sich mehrfach, wodurch einiges Blut floss" (Anjili 1990, zitiert nach Mbembe 2000, S. 158).

5.4   Der verdinglichte Körper

Dieser Bericht an der Grenze zum Tragikomischen macht auf einen der bevorzugten Orte aufmerksam, an dem sich im postkolonialen Afrika die Befehlsgewalt austobt: den Körper der Untertanen. Dieses Autoritätsverhältnis zu einem Körper, der nicht der eigene ist, geht aus der spezifischen Wahrnehmung des postkolonialen Potentaten hervor, der diesen Körper wie ein Ding sieht; das heißt, ein Objekt, das man sich aneignen und nach Gutdünken benutzen kann. Es ist sinnvoll, sich einen Augenblick lang mit dem Autoritätstyp zu beschäftigen, der den Körper der Regierten zum Ort seiner Anwendung hat, bevor man die Zwecke einer derartigen Beziehung zum Körper analysiert. Das geschieht, indem wir einige Verwendungsarten näher betrachten, die ebenso viele Arten der Aneignung durch den post-kolonialen afrikanischen Potentaten darstellen.

Zunächst einmal kann er seine Autorität nutzen, um seinem eigenen Körper Lustgewinn zu verschaffen, oder genauer noch, er kann „das Wesentliche, den betörenden Leib" seiner weiblichen Untertanen „in den Dienst seines ungeheuren Zeugungsapparates" (Labou Tansi 1979, S. 54) stellen, er kann sie in einer bestiali-schen Geste mit dem „Strahl der Liebe" anfüllen, „mit bewundernswerten Ent-ladungen von Wärme, [die sie] sechsmal ein letztes ho-hi-hi-hi ausstoßen lassen, bevor sie mit einer wahren Salve von ho-hou-ha-hé beginnen" (ebd. S. 118).

Das Bemerkenswerte ist hier weniger der Geschlechtsakt an sich, wie lautstark er auch ausgeführt wird, als die Art und Weise, in welcher der Potentat seine Macht, die ihm sein Amt verschafft, missbraucht, um sich in absoluter Missachtung des anderen über dessen Willen hinwegzusetzen, was aus dieser Art der „Aneignung" eine Vergewaltigung sensu strictu macht. In einem System, wo das „Recht der ersten Nacht" bei jeder Frau innerhalb seiner Befehlssphäre praktisch zu den königlichen Rechten gehört, die sich der Potentat anmaßt, müssen, wie Sony Labou Tansi es beschreibt[75], die Untertanen des „aufgeklärten Führers" in jedem Augenblick damit rechnen, gerufen zu werden, um mit ihrem Körper seiner sexuellen Bulimie zu dienen. Diese Frauen werden tatsächlich so behandelt, als wären sie die schlichten Besitzerinnen eines Körpers, über den die Kontrolle und in gewisser Weise das Eigentumsrecht den Machthabern zusteht.

> „Es waren fünfzig Betten in einem der dreitausend Räume des Spiegel-palastes vorbereitet worden, dessen Errichtung ein Vierfaches des Staats-budgets verschlungen hatte, aufgenommen bei der fremden Macht, welche die Staatsführung ausstattete und sich dafür gut bezahlen ließ. [...] Dort lagen fünfzig blaue Bettdecken, fünfzig blaue Betttücher, fünfzig blaue Handtücher, fünfzig Morgenmäntel [...] und man ließ die fünfzig schönsten im ganzen Land ausgewählten Jungfrauen eintreten, frisch gebadet, massiert, parfümiert; sie alle hatten den Teint schimmernden Metalls, einen feuchten Schoß, ausladende Hüften, einen üppigen Körper und artige Gesten, schüchtern von den Haar- bis zu den Zehenspitzen. Alle hatten sie einen Körper, wie er jedem Manne vorschwebt. Die Szene wurde von Rundfunk und Fernsehen übertragen, obwohl der Papst, die Vereinten Nationen und eine ganze Reihe befreundeter Staaten interveniert hatten [...] und sie wiederholte sich mit der Unabänderlichkeit eines Rituales während

---

75 Wenn der romanhafte Stil dieser Geschichte einen übertriebenen Zug verleiht, so bleibt sie nichtsdestoweniger eine künstlerische Darstellung, die, wie es ihr Autor dem Leser im kurzen Vorwort zu seinem oben erwähnten Roman *La vie et demi* versichert, „die Absurdität des Absurden [...] in einer Epoche reflektiert, in welcher der Mensch mehr denn je entschlossen ist, das Leben zu töten" (Labou Tansi 1979, Vorwort). Die Epoche, von der hier die Rede ist, ist das postkoloniale Zaire unter der verheerenden Regierung des berüchtigten Mobutu, der sich natürlich, sowie der Roman veröffentlicht war, in der Figur des von der Vorsehung er-nannten Führers wieder erkannte und dem Autor die fortan banale Behandlung zukommen ließ, die in allen postkolonialen Diktaturen bei Majestätsbeleidigungen üblich ist, nämlich Verhaftung, Beschlagnahmung und Verbot des Buches.

der vierzig Jahre, solange wie die Regierungszeit von Jean-Cœur-de-Pierre währte. […] Die Jungfrauen wurden entkleidet, jede wurde in das Bett gebracht, das der Nummer, die gerade unterhalb ihres Nabels notiert war, entsprach. Der Führer trug die Nummer eins. […] Jean-Cœur-de-Pierre trank einen Saft und begann seine Exerzitien. Er vollendete seine erste Bettenrunde in drei Stunden, zwanzig Minuten und zwölf Sekunden. Und die Sendung ‚der Führer der Erzeugung‘ dauerte ebenso lange"(ebd. S. 148).

Die Theatralisierung des Grotesken und Maßlosen, hier ausgedrückt durch die sexuellen Ausschweifungen des Potentaten, ist, ungeachtet des romanhaften Stils des Berichts, keinesfalls weit entfernt von den realen Praktiken der Regierenden im postkolonialen Afrika, wo der an Besessenheit grenzende frenetische Gebrauch der Körperöffnungen (Mund, Penis, After) bei den Fress-, Sauf- und Sexorgien, mit denen diese Talmityrannen den größten Teil ihrer Zeit vertun, während der sie eigentlich für den Staat arbeiten sollten, eine wahrhafte Stilistik der Macht hervorbringt, in der die Kunst des Vulgären und Bestialischen zum Modus des Regierens erhoben werden. Man versteht also Mbembe, wenn er über eine Hermeneutik der Zeichen, die für die Gouvermentalität im heutigen Afrika charakteristisch sind, schreibt:

„Die Fettleibigkeit der Männer, die an der Macht sind, ihre eindrucksvolle Physis, oder prosaischer, die Flut der Exkremente, die eine solche Physis hinterlässt, sind […] ein Teil des Systems von Anzeichen und Spuren, welche die Befehlsgewalt auf ihrem Weg zurücklässt, was es möglich macht, den Wegen zu folgen, die Gewalt und Herrschaft einschlagen" (2000, S. 147).

Der postkoloniale Potentat kann ebenso auf den Körper seiner Untertanen zurückgreifen, um die nationale wie vor allem die internationale Meinung, die von all jenen „befreundeten" westlichen Ländern und den Finanzinstitutionen gebildet wird, die ihm unter der „Bedingung" einer „guten Regierungsführung" Kredite und so genannte „Entwicklungshilfe" gewähren, von seiner Popularität zu überzeugen, das heißt, von der Zustimmung der Regierten zu seiner Politik und seinen Regierungsmethoden. In Anbetracht der entscheidenden Rolle, die diese fremden Länder und Finanzinstitutionen für die Stabilität ihrer Machtpositionen spielen, scheuen die afrikanischen Machthaber vor keiner Anstrengung zurück, um ihren ausländischen Verbündeten Argumente zu liefern, die deren Aktionen zugunsten der Diktatoren rechtfertigen. Aktionen, die im Übrigen delikat bleiben, denn da sie sehr häufig auf dem Umweg über Berichte von Menschenrechtsorganisationen oder durch andere Kanäle der Weltöffentlichkeit bekannt werden, laufen sie Gefahr, die Moral oder das Image, worauf diese Länder und deren Institutionen so großen Wert legen müssen, weil sie die Grundlage für den Kredit sind, der ihnen international eingeräumt wird, in Frage zu stellen. Bei dieser Inszenierung ihrer fiktiven, aber zum Funktionieren des ganzen Apparates, auf dem ihre Macht beruht, notwendigen Popularität wird eine andere Form der Instrumentalisierung der Körper ihrer

Untertanen durch die afrikanischen Machthaber deutlich. Vor jedem öffentlichen oder privaten Auftritt des Staatschefs werden von Rundfunk und Fernsehen wochenlang oder doch zumindest kurz vorher den ganzen Tag über Kommuniqués verbreitet, die Menschen aus allen Berufsgruppen und Altersschichten, Männer wie Frauen auffordern, sich massiert an dem Weg aufzustellen, den der Präsidenten-konvoi nehmen wird, um, wie die übliche Formel heißt, dem Führer und der Regierung, der er vorsteht, ihre beständige Unterstützung deutlich zu machen (vgl. Bigo 1989, S. 143-171). Das Wort auffordern ist allerdings in Anbetracht der von der Staatsmacht für die Mobilisierung der Massen angewandten Mittel eher ein Euphemismus. Denn man lässt die städtischen Märkte und anderen Geschäfte schließen und fordert die Verwaltungen auf, ihren Angestellten freizugeben, damit sie zu dem „durchschlagenden Erfolg des Ereignisses" beitragen können. Jeder normale Verkehr auf der von dem Konvoi benutzten Strecke wird mindestens drei Stunden vor seiner Durchfahrt verboten, Männer und Frauen von Volkstanz-gruppen, die für das Ereignis verpflichtet wurden, tanzen, die bewaffnete Polizei und die Präsidentengarde wachen nach Kräften darüber, dass alle diese nicht frei-willig am Straßenrand versammelten Menschen Disziplin bewahren, damit sich die Regierenden bei dieser Inszenierung im Glanz ihrer Allmacht sonnen können. Die staatlichen „Hofsänger" werden nicht verfehlen, dies zu einer Geste der Legitima-tion umzumünzen, wobei die Realität in ihr Gegenteil verkehrt, der Massenansturm nämlich als Ausfluss der Popularität und damit der Legitimität der Macht präsen-tiert wird. Es ist hier überhaupt nicht nötig, auf den wirtschaftlichen Folgekosten einer derartigen Inszenierung zu insistieren, welche die sozio-ökonomischen und administrativen Aktivitäten in diesen Ländern Afrikas lahmlegt, wo in Anbetracht der ‚Rate des reinen Elends pro Einwohner' der Gebrauch des auf sie gemünzten Wortes Katastrophenopfer kaum übertrieben sein dürfte.

5.5   Macht, Gewalt und Produktion

Ohne auf erschöpfende Behandlung Anspruch erheben zu wollen, sollten die obigen Beschreibungen und Analysen, durch einige Beispiele unterstützt, die Hauptphänomene der für das postkoloniale Afrika typischen Struktur der Macht-ausübung erklären, welcher der Befehl ist. Für ein besseres Verständnis der Besonderheiten dieser Art von Machtausübung muss zunächst ihre Intentionalität untersucht werden. Denn was ist schließlich das Ziel der durch den Befehl aus-geübten Macht? Die naheliegende Antwort auf diese Frage scheint die Gewalt zu sein. Ist dies nicht die Konstante, die alle verschiedenen Manifestationen dieser Art zu regieren wie ein roter Faden durchzieht? Doch wie deutlich sie sich auch bemerkbar macht, gibt die Gewalt allein keinen Aufschluss über diesen speziellen Regierungstyp, denn „Macht und Gewalt gehören zusammen, in Afrika, wie anderswo". (Chabal 1991, S. 56). Die Machtausübung ist deshalb immer mit der Verwaltung des legalen Gewaltmonopols verbunden, welche mit dem Zugang zur

Macht einhergeht. Aber anderenorts, besonders in den westlichen Ländern, zielt die staatliche Gewalt darauf ab, die Stabilität der Gesellschaft sowie ihre wirtschaftliche Produktivität zu sichern. Dies geschieht, indem durch die Arbeitsverhältnisse die bestehende wirtschaftliche und soziale Ungleichheit aufrechterhalten wird. Dies ist die Lehre, die sich aus einem Rückblick auf die Entstehungsbedingungen des Kapitalismus und seine Entwicklung ziehen lässt, der sich heute als das herrschende politisch-wirtschaftliche System in allen westlichen Ländern durchgesetzt hat. Der Kapitalismus hat sich nämlich nur mit ungeheurer Gewaltfreisetzung etablieren können. Welchen Standpunkt man ihm gegenüber auch einnehmen mag, man muss zugeben, dass die Gewalt, derer er sich bedient, desgleichen wie die, die er hervorbringt, vom sozio-ökonomischen Gesichtspunkt aus als produktive zu sehen ist und er sich gerade aus dem Grund dieser Produktivität politisch verwalten lässt, wie es das Beispiel der Wohlfahrtsstaaten zeigt. Dieser Sachverhalt wird durch die Legitimität der Macht erklärt, deren Anerkennung durch die Regierten diese dazu bringt, die ihr inhärente Gewalt zu akzeptieren und diese wiederum daran hindert, brutal und auffällig zu werden.

„Die Macht", so schreibt Chabal, „stützt sich in letzter Instanz auf den Zwang und die Gewalt; aber die Macht ist durch ihre Legitimität besser und leichter zur Steigerung der Produktivität zu gebrauchen als durch die ihr inhärente Gewalt. Die Legitimität impliziert an erster Stelle eine gewisse Gegenseitigkeit (*political legitimacy*). Je tiefer die Legitimität dieser Macht verwurzelt ist, umso mehr kann diese auf Gewalt verzichten" (ebd., S. 55).

Aber die durch den Befehl ausgeübte Macht schließt prinzipiell die Gegenseitigkeit aus, da sie auf einer Unterwerfungssituation begründet ist. Die hier herrschende Beziehung ist die zwischen Herrn und Knecht. Diese unrechtmäßig angemaßte Macht, die sich nicht auf anerkannte Autorität stützt, kann daher nicht ohne ziemlich brutale und willkürliche Gewaltanwendung auskommen, um alle diejenigen abzuschrecken, die ihr gegenüber kritisch sein könnten. Da sie nicht geachtet wird, will sie zumindest gefürchtet werden. Gleiches gilt für die Erniedrigung, die, wie es an der Art deutlich wird, in der die Inhaber der Befehlsgewalt mit dem Körper ihrer Untertanen umgehen, eine ihrer bevorzugten Ausdrucksformen ist. Ob es sich im genannten Beispiel um den Lehrer handelt, der gezwungen wird, sich den Bart abzurasieren, weil er wagte, seine Meinung zu äußern, obwohl er doch gerade darum gebeten wurde, die Jungfrauen, um die sexuelle Bulimie des Staatschefs zu befriedigen oder einfach die Menschenmassen, die man zwingt, ihre Arbeit zu verlassen, um die Allmacht des Staatschefs zu feiern, indem sie die Straßenränder säumen. Alle diese Praktiken haben eines gemeinsam, sie sind extrem erniedrigend für das Subjekt, das sie erleidet. Wenn nun die Erniedrigung als Form der Gewalt nichts ökonomisch Produktives an sich hat, so „erfüllt sie [dennoch] bei der Aufrechterhaltung der Macht eine wichtige Rolle (die Produktion von Furcht), wobei die ganze Willkür deutlich wird, die ihr innewohnt" (ebd.).

Für die postkolonialen afrikanischen Potentaten ist das Hauptziel also ihr Machterhalt. Da die Meisten von ihnen diese auf die eine oder andere Weise usurpiert haben[76], fehlt es ihnen an der notwendigen Legitimität, um die der Macht inhärente Gewalt wirtschaftlich und sozial produktiv einzusetzen. Diese für die Macht destabilisierende Situation, bringt die Machthaber dazu, ihre wesentlichen Energien, koste es, was es wolle, auf den Machterhalt zu richten, wobei sie diesen zum Endzweck ihrer politischen Funktion machen. Grausamkeit, willkürliche und ostentative Gewaltanwendung, die für die Befehlsstruktur charakteristisch sind, bilden den Fundus der Methoden, auf die zurückgegriffen wird, um dieses absurde Ziel zu erreichen, ungeachtet der ihnen auferlegten Aufgabe, das Allgemeinwohl zu schaffen, zu fördern und zu schützen, wofür sie mit den Hoheitsrechten ausgestattet sind. Unter dem Gesichtspunkt der postkolonialen Gouvernementalität erscheint daher die Gewalt in den afrikanischen Staaten in letzter Instanz als Folge einer perversen Inversion der Ordnung der Dinge, in der die Umwandlung des *Mittels* (der Macht) in den *Zweck* (die rationale oder produktive Verwaltung der Macht zum Zwecke des öffentlichen und kollektiven Wohls) den Zirkel dieser Macht schließt, die sich in der Suche nach ihrer eigenen Erhaltung vermittelst einer dumpfen Brutalität erschöpft.

„Der postkoloniale Staat hat sich im institutionellen Fetischismus[77] eingerichtet, indem er die Formen, die seine praktische Anwendung sind, angenommen hat, den Ausdruck dessen, was ihm Gestalt verleiht, für das, was
sein Prinzip oder seine treibende Kraft ist. Dadurch hat er eine verkehrte
politische Welt geschaffen, wo die treibende Kraft, die das Prinzip (das
Erste) ist, aus der Regierungsmacht, die ein Derivat ist, resultiert, wo es die
Regierungsmacht in ihren Formen ist, die fortan die ursprüngliche Macht
des Politischen einschränkt [...] Aber vor allem ist der postkoloniale Staat
von der historischen Gemeinschaft getrennt, deren Organisation er ist [...].
Er wird sich also ohne sein Volk definieren, sehr viel eher gegen dieses, das
zu seinem Gegensatz wird, ja sogar sein Feind, dabei ist die Umformung
dessen, was das Mittel sein müsste, der Ausdruck, letzten Endes das
geringste Übel. [...] Am Ende bleibt nicht mehr als ein Phantom von ihm
übrig, imaginär, erzeugt durch den institutionellen Diskurs selbst. Er
dämmert also in Unmaß und Wahnsinn dahin" (Eboussi 1993, S. 102).

---

76 Staatsstreiche, politische Morde, Zugehörigkeit zu den internationalen politischen mafiösen Netzwerken, Wahlbetrug usw. gehören zur langen Liste der bevorzugten Methoden, mit denen in Afrika die an die Macht gelangen, die am wenigsten befähigt sind, diese zum allgemeinen Wohl, das heißt, dem der Regierten zu gebrauchen.

77 Der Fetisch verweist auf eine Reliquie, ein Objekt, dem man eine gewisse Macht beilegt und an das man glaubt, selbst wenn diese Macht nur illusionär ist. Vom postkolonialen Staat zu sagen, dass er sich im institutionellen Fetischismus eingerichtet habe, bedeutet also, dass er sich staatliche Institutionen (wie den Präsidenten der Republik, Regierung, Justiz, Polizei, Armee usw.) geschaffen hat, die jedoch nicht aus der Quelle der politischen Macht hervorgehen, die das Volk ist, sondern gegen dieses gerichtet sind. Diese Institutionen ermangeln jeglicher politischen Legitimität, sie existieren von Anfang an nur für die Machthaber, die, um ihnen Anerkennung beim Volk zu verschaffen, allerdings nicht zögern, auf Zwangsmittel zurückzugreifen. Hauptsache, es glaubt an die durch und für die Machthaber geschaffenen Scheininstitutionen.

Was wird, wenn dem so ist, aus dem allgemeinen Wohl und den öffentlichen Angelegenheiten, also aus dem Staat, für dessen Schutz und Verwaltung die Potentaten, im Interesse des Volkes, angeblich arbeiten sollten? Das Ergebnis einer Untersuchung, das Béatrice Hibou (1999, S. 11-67) hierüber vorlegt, macht deutlich, dass dieser Staat heutzutage einen Prozess der intensiven Privatisierung erlebt, wobei die nähere Betrachtung der Vorgänge eine andere Besonderheit der postkolonialen afrikanischen Gouvernementalität zu Tage fördert.

5.6 Die Privatisierung des Staates

Das Wort Privatisierung ist hier sowohl in seiner eigentlichen als auch der übertragenen Bedeutung zu verstehen, die allerdings, wie man im weiteren Verlauf der Analysen sehen wird, auf die Bezeichnung ein und desselben Typs von Praktiken hinauslaufen werden: nämlich auf die Verwechslung zwischen öffentlichem und privatem Bereich, die zugunsten der Machthaber und ihrer Helfer geschaffen, ausgebeutet und aufrechterhalten wird.

In einem ersten Sinn, den man als den eigentlichen Wortsinn bezeichnen könnte, verweist die Privatisierung im neoliberalen Jargon auf den Akt der Umwandlung von Teilen oder Segmenten der öffentlichen Wirtschaft, das heißt, unter der direkten Verwaltung des Staates stehender Unternehmen in private zum Zweck eines im allgemeinen Interesse liegenden effizienteren Managements. Die so verstandene Privatisierung hat seit Mitte der achziger Jahre im Rahmen des so genannten „Strukturanpassungsprogramms" (P.A.S.), das allen afrikanischen Mitgliedsstaaten von der Weltbank und dem internationalen Währungsfonds auferlegt wurde, ein bis damals nie gekanntes Ausmaß erreicht. Die unproduktive Gewalt der Diktaturen hat die Mehrheit der afrikanischen Staaten, ungeachtet ihres immensen natürlichen und menschlichen Reichtums wie auch der enormen von den Machthabern (wie sie sagen, zum nationalen Aufbau[78]) aufgenommenen Strukturanpassungskredite, in die wirtschaftliche Sackgasse mit katastrophalen sozialen Folgen geführt. Die internationale Gemeinschaft kam mittelst der Institutionen von Bretton Woods (Weltbank und internationalen Währungsfonds) diesen „Schwerstkranken" zu Hilfe, welche fortan die afrikanischen Staaten und ihre Wirtschaften waren. Doch auf die kurze Euphorie, die bei einigen durch die angeblich erreichte Unabhängigkeit[79] ausgelöst wurde, folgte dann die Rezession, die sich sehr schnell

---

78 Diese leicht zu erhaltenden Entwicklungskredite waren, wenn sie nicht schlicht und einfach von den herrschenden Elite zu privaten Zwecken abgezweigt wurden, unter vollkommener Absehung von den elementaren wirtschaftlichen und finanziellen Erfordernissen, die unter anderem die Rentabilität, die Amortisation der Belastungen, der Schuldendienst usw. sind, für industrielle und soziale Prestigeobjekte vorgesehen.

79 Die restriktive Formulierung verdankt sich hier der Tatsache, dass in mehreren Ländern wie Algerien, Kamerun, Mozambik, Zimbabwe, Angola, der Unabhängigkeit eine lange Periode des bewaffneten Kampfes um die Dekolonisierung vorausging, der nicht immer zugunsten der Nationalisten endete. Diese wurden wegen ihrer unerbittlichen Haltung gegenüber den Sied-

in ernsthafte wirtschaftliche Krisen verwandelte. Diese waren umso dauerhafter, als zu der Misswirtschaft in diesen Gesellschaften, denen zumeist selbst ein Minimum an Infrastruktur fehlte, der entscheidende von der Kolonisierung geerbte Faktor ihrer strukturellen Extraversion hinzukam; dieser verlieh den Krisen letzten Endes einen weniger konjunkturellen als strukturellen Charakter. Die so genannten strukturellen Anpassungsprogramme sollten diesem Zustand abhelfen. Sie bestanden aus einem Ensemble von bei der neo-liberalen Wirtschaftstheorie geborgten Prinzipien, welche die Öffnung der Einzelwirtschaften gegenüber dem Weltmarkt, ihre Unterwerfung unter die „Wahrheit der Preise", also eine „freie und gesunde Konkurrenz", die Abwälzung der Kosten für die öffentlichen Dienstleistungen auf die Nutzer, das Streben nach einem ausgeglichenen Wechselkurs, einen größeren Freiraum für den privaten Sektor und die Kräfte des Marktes, sowie die Reduktion der wirtschaftlichen Rolle des Staates sind (vgl. Ajayi 1995, S. 95-118).

Die Durchsetzung dieser Prinzipien machte sich auf der praktischen Ebene durch Maßnahmen zur Reduzierung der Staatskosten und der Beschäftigten bemerkbar. Ebenso fand eine massive Privatisierung von Staatsbetrieben statt, darunter auch denen, die man wegen ihrer strategischen Rolle im Leben dieser jungen afrikanischen Staaten als staatserhaltende Unternehmen (*entreprises de souveraineté*) bezeichnet, wie Telekommunikation, die Versorgungsunternehmen für Wasser und Elektrizität usw. Der Banksektor, wo der Staat gezwungen war, seine Aktienpakete an private Investoren zu verkaufen, stand dem in nichts nach. Im Finanzsektor wurde die Abwertung mehrerer Nationalwährungen gefordert, um den Export, das Wachstum und den Binnenmarkt anzukurbeln: alles Dinge, die positive Rückwirkungen auf das allgemeine Wohlergehen der Bevölkerung haben sollten.

Abgesehen von Benin, Botswana und Ghana, die noch zu einiger Hoffnung Anlass geben, sind sich nach zwei Jahrzehnten der Anwendung der Programme alle Experten über deren Scheitern einig. (vgl. u.a. De Brie 2000, Banegas 2000, Hibou 1998). Von den Ursachen sollen hier nur diejenigen erwähnt werden, die für diese Analyse von Belang sind.

---

lern von letzteren häufig beim Wettlauf um die Macht ausgeschlossen, da die Siedler die Führung des Landes lieber Einheimischen anvertrauten, die wie wir sehen werden, sich assimiliert und deren Werte und Interessen übernommen hatten und die obendrein politisch inkompetent genug waren, um ihre Regierung vom schützenden Wohlwollen der ehemaligen Herrn abhängen zu lassen. Alles in allem erlaubten sie diesen, die politische und vor allem wirtschaftliche Führung des Landes zum Vorteil ihrer eigenen Interessen weiterhin in der Hand zu behalten. Was diejenigen unter den Nationalisten angeht, die es tatsächlich geschafft hatten, an die Macht zu gelangen, so waren sie zumeist auf Grund ihrer internationalen Isolierung, in die sie die ehemaligen zum kapitalistischen System gehörenden Kolonialmächte gebracht hatten, gezwungen, sich zur Konsolidierung ihrer ständig von innen durch von den Exkolonialmächten finanzierte Aufstände bedrohten Regierung um Hilfe an die Sowjetunion zu wenden. Auf diese Weise wurde ihnen das Etikett „kommunistisch" aufgeklebt, was in der damaligen Zeit des intensiven kalten Krieges bedeutete, dass sie von den kapitalistischen Staaten unter die „Feinde der freien Welt" eingereiht wurden, womit alle mögliche Gewaltmaßnahmen gegen sie gerechtfertigt waren, unter anderem die physische Eliminierung ihrer politischen Führer. Das berühmteste Beispiel hierfür ist der Fall von Patrice Lumumba aus Zaire.

Zunächst einmal sehen diese Programme keinerlei Strategie vor, um der strukturellen *Extraversion* entgegenzuwirken, die aus der Wirtschaft der afrikanischen Staaten eine verschuldete und „gemolkene" Wirtschaft macht, fest an die Bedürfnisse und Launen der reichen Länder gekoppelt, die nach Gutdünken die Kauf- und Verkaufspreise für die von diesem Kontinent stammenden Rohmaterialien diktieren. Dem Staat wurde durch die zwangsweise Privatisierung von Staatsbetrieben der Rückzug aus der Wirtschaft, ja sogar aus einigen für sein Funktionieren lebenswichtigen Verwaltungsbereichen vorgeschrieben: so dem Einziehen von Steuern, die ihm die wesentlichen Einkünfte verschaffen, um ein Minimum der für die Stabilität notwendigen sozialen Diensten aufrecht zu erhalten, namentlich die regelmäßige Zahlung von Löhnen und Gehältern der staatlichen Bediensteten und Beamten, die Investitionen in den Bereichen von Gesundheit und Bildung, die Subventionen von Privatunternehmen usw.. Dadurch vernichtete man nicht nur, was dem Staat an Interventionsmöglichkeiten bleibt, sondern er geht gleichfalls seiner Souveränität wie auch des Wenigen an Legitimität verlustig, das ihm die oben genannten Dienste bei der Bevölkerung verschafften, ungeachtet der Tatsache, dass das Vorhandensein dieser Dienste weniger in den Kontext einer orthodoxen Wirtschaftslogik sondern eher zu speziellen Techniken von Beherrschung und Stabilisierung von Herrschaft passt.

„Das Herzstück dieser neuen Verteilung bildet die Logik der Kastrierung des Staates, die einhergeht mit der *Logik der Beschneidung* der Souveränität […] Ohne deshalb den Staat selbst effizienter zu gestalten und ohne ihm damit positiv neue Funktionen zuzuweisen, hat man die (ohnehin instabilen) materiellen Grundlagen untergraben, die Kohärenz bei der Bildung von Anhängerschaft und Koalitionen zerstört (ohne sie positiv wieder neu zu besetzen), seine Reproduktionsfähigkeit herabgesetzt und den Weg zu seinem Niedergang freigemacht. […] Auf Grund der allgemeinen Insolvenz und der materiellen Verheerungen, findet man sich fast überall in einer Situation wieder, wo der Staat von nun an unfähig ist, für den notwendigen Ausgleich zu sorgen und die unentbehrlichen sozialen Kompromisse zu definieren, nicht allein bei jedem Übergang, der auf die Marktwirtschaft folgt, wie er von den internationalen Finanzorganisationen ins Auge gefasst ist, sondern sogar bei der Aufrechterhaltung der öffentlichen Ordnung" (Mbembe 2000, S. 109-111).

Die mechanische Anwendung der Strukturanpassungsprogramme, die ohne konsequente Ursachenanalyse eingesetzt wurden, und vor allem die komplexen Mechanismen, durch die es dem postkolonialen afrikanischen Staat gelang, dennoch ein Minimum an sozialem Zusammenhalt aufrechtzuerhalten, hatten für die Bevölkerung katastrophale Folgen. Die ohnehin sozial schwächsten Schichten verloren mit dem Verlust ihrer Arbeitsplätze auf Grund der massiven Einsparungen sowohl im öffentlichen Dienst als auch bei den privatisierten Betrieben jegliche Einkommensquelle, was umso schlimmer war, als ein zuverlässiges System der Sozialversicherung so gut wie überhaupt nicht existierte. Die Staatsbeamten, die das „Glück" hatten, ihre Stelle zu behalten, wurden sozial deklassiert, weil ihre drastisch gekürzten Bezüge es ihnen nicht mehr erlaubten, ihren vielfältigen sozialen Verpflichtungen nachzukommen. Sie waren dazu durch ihren Status verpflichtet, denn ein Gehalt zu erhalten, ist gleichbedeutend mit sozialem Erfolg. In einem Kontext, wo der individuelle Erfolg sich in erster Linie durch die Solidaritätsbeziehung definiert, die sich im Modus der Weiterverteilung an die erweiterte Familie ausdrückt, führt dies zu erheblichen Verpflichtungen. Der Bruch mit den traditionellen Bindungen der Solidarität und das Anwachsen des Egoismus, was beides eine Folge dieser Situation extremer finanzieller und materieller Knappheit ist, verursachen ihrerseits vielfältige soziale Spannungen, die sich in der Form von familiären Konflikten, dem Aufflackern von Neid gegenüber denjenigen, denen es immer noch gelingt, ein mehr oder weniger angenehmes, oder doch zumindest akzeptables Leben zu führen und der Zuflucht zu Praktiken der Magie und Hexerei bemerkbar machen, um entweder das Leben im Elend abzuwenden oder um sich an denjenigen zu rächen, denen man den Erfolg nicht gönnt. In dieser Atmosphäre des sozialen Zerfalls, „ist der Tod eine vertraute Gestalt, die umgeht; jedem bleibt es überlassen, ihn zu zähmen, wie er kann, und auf diesem Gebiet ist die Auswahlmöglichkeit groß! Diebstahl, Aggressionen, reale oder symbolische Erpressung, Misshandlungen, Unterschlagung, betrügerischer Handel, Willkür […] gehören zum alltäglichen Maß an Leiden" (Courade 2000, S. 21). Die schlecht ausgestatteten Krankenhäuser mit ihrem durch die drastischen Lohnabzüge demotivierten Personal – manchmal erhalten sie gerade die Hälfte[80] ihrer ehemaligen Bezüge – haben sich in wahre Sterbehäuser verwandelt. In den städtischen Gebieten sind die Mädchen mehr oder weniger zur Prostitution gezwungen, um ihren Schulbesuch und andere familiäre Kosten zu bezahlen, die ihre arbeits- und einkommenslosen Eltern nicht mehr aufbringen können. Mit der Zuhälterei ist es das Gleiche. Sie nimmt in Anbetracht der finanziellen Not, welche die meisten Familienoberhäupter plötzlich betroffen hat, an Bedeutung zu. Das Umsichgreifen des Elends, die Allgegenwart des Todes in seinen abscheulichsten Formen, bieten für die Verbreitung der „Industrie Gottes" (Ela 1985) einen fruchtbaren Boden. Darunter sind diese so genannten Neuen Kirchen pfingstkirchlicher Prägung zu verstehen, zu denen die von der Schicksalsnot bedrängte Bevölkerung hinströmt, sei es, um ein hypothetisches Seelenheil im Jenseits zu suchen, sei es, um eine wunderbare Erlösung aus ihrer täglichen Pein vom heiligen Geist zu erbitten.

---

80 Es ist nützlich, zu diesem Gegenstand die Bemerkungen von Göran Lindgren (1990) hinzuzuziehen, der auf der Basis von statistischen Daten zeigt, dass in fast allen afrikanischen Ländern die geringen Ausgaben für Gesundheit und Bildung den militärischen umgekehrt proportional sind. George Courade (op. cit.) erklärt die bevorzugte Behandlung dieses Sektors damit, dass die meisten dieser Regime, da sie illegitim und inkompetent sind, beständig von der Angst vor einem Staatsstreich umgetrieben werden. Was sie dazu veranlasst, den Hauptteil des nationalen Haushalts für die Unterhaltung repressiver Strukturen mit viel zu hohen Beschäftigtenzahlen (Armee und Polizei) auszugeben, ohne die sie sich nicht lange an der Macht halten können.

Was die Machthaber angeht, so spielen sie geschickt mit dem Verlust der Souveränität des Staates, der hier dem wirksamen Diktat von Weltbank und IWF untersteht, das sie ihm durch die strukturellen Anpassungsprogramme auferlegt haben, um ihrerseits die größtmöglichen Vorteile aus der neuen Rollenverteilung zu ziehen. Da sie nämlich bei den Entscheidungen, die zur Verschlimmerung der Krise in ihrem Land geführt haben, nicht souverän waren, können sie sich fortan bei ihrer Bevölkerung damit beliebt machen, dass sie ja nicht direkt verantwortlich sind. Einige der Potentaten treiben bei dieser Gelegenheit den Zynismus so weit, dass sie sich selbst als Opfer darstellen, die genauso wie die Massen, die sie regieren, unter den ihrem Staat von außen aufgezwungenen Maßnahmen leiden. Aber bei näherer Betrachtung haben die Programme zur strukturellen Anpassung und vor allem ihr Privatisierungsteil in der Realität den postkolonialen afrikanischen Potentaten ein weites Feld der persönlichen Bereicherung eröffnet, in dem sie mit erstaunlichem kleptokratischen Geschick Strategien *zur Privatisierung des Staates zu ihren privaten Zwecken* entwickeln.[81] Diese Operationen beziehen sich seitdem nicht mehr allein auf wirtschaftliche Unternehmen, sondern betreffen sowohl den „öffentlichen Dienst (mit Konzessionen, Delegationen), die wirtschaftlichen Ressourcen (z.B. private Aneignung und Ausbeutung der Wälder, der Mineralien und Edelsteine, aber auch gleichfalls die ‚wilde' Privatisierung des öffentlichen Vermögens), bestimmte, ehemals dem Staat zustehende Funktionen (Regelung der Arbeitsverhältnisse und der Sozialversicherung, Regelung des Wirtschaftslebens), darin inbegriffen bestimmte Hoheitsfunktionen (Steuersystem, Sicherheit und gesetzliches Gewaltmonopol mit einer Entwicklung zu Söldnertum und privaten Sicherheitsdiensten). Anders ausgedrückt, die Privatisierung betrifft fortan den Modus der Regierung" (Hibou 1999, S. 5).

Die Privatisierung war für die afrikanischen Potentaten das Medium geworden, durch das sie ihre Macht konsolidierten, indem sie geschickt mit den Sanierungsanforderungen der internationalen Finanzinstitutionen jonglierten, in Komplizenschaft mit den nationalen und internationalen Akteuren der Wirtschaft, die an den Privatisierungen interessiert waren, und sie als Quelle für ihre private Kapitalakkumulation nutzten. Unternehmen, öffentliche Einrichtungen und andere Güter von öffentlichem Nutzen und Interesse, die früher ausschließlich in die Zuständigkeit des Staates fielen, wurden an Privatleute abgetreten und sind auf diese Weise die neuen Betätigungsfelder für Vetternwirtschaft und Korruption geworden, organisiert und kontrolliert von den Machthabern, die so zwangsläufig zu den wahren Strippenziehern hinter den verschiedensten Wirtschaftsunternehmen wurden, deren Geschäftsführung Strohmännern anvertraut ist und deren Übertragung unter Mißachtung der elementarsten Regeln des freien und fairen Wettbewerbs vorgenommen wurde. Mit der Vervielfältigung solcher Praktiken kam eine Art „indirekter Regierung zustande […], [in der] die Verflechtungen von Machtpositionen

---

81 Vgl. hierzu auch Béatrice Hiboux (1996): L'Afrique est-elle protectionniste? Les chemins buissonniers de la libéralisation extérieure. Paris Karthala. Und Achille Mbembe (1999): Du gouvernement privé indirect. In: Politique africaine N° 73.

und Akkumulation, von Öffentlichem und Privatem, Legalem und Illegalem" (ebd. S. 6) einen dritten, von den postkolonialen afrikanischen Potentaten geschaffenen Raum bilden, der sie dabei begünstigt, das Wesentliche der an die Kredite der internationalen Staatengemeinschaft gebundenen sozio-ökonomischen Sanierungsmaßnahmen zu ihrem eigenen Vorteil umzumünzen und die Gelder zum großen Nachteil der Bevölkerung zu unterschlagen, obwohl deren Wohlergehen angeblich der Sinn und Zweck der Programme sein sollte.[82]

Die Entscheidung der internationalen Geldgeber am Anfang der 1990er Jahre, auf andere Ansprechpartner, namentlich die Nichtregierungsorganisationen (die den Leiden der Bevölkerung näher stehen und sie ernster nehmen) zurückzugreifen, als sie nach einem Jahrzehnt das Scheitern ihrer im Rahmen des P.A-S. durchgeführten Sanierungsmaßnahmen festgestellt hatten, wird auch nicht mehr Erfolg haben. Diese neu auf der soziopolitischen Bühne aufgetauchten Akteure verdanken sich der Überlebensreaktion des Volkes gegenüber dem, was als eine von den postkolonialen afrikanischen Potentaten durch ihre Art zu regieren ins Werk gesetzte systematische Verarmungspolitik bezeichnet werden kann. Daher scheinen die NGOs auf den ersten Blick für die Durchführung von Hilfsprogrammen die ideale Alternative zu den Regierungen zu sein. Ohne hier mit einer detaillierten Kritik des Konzepts und der Praxis der „Hilfe" beginnen zu wollen, deren Perfidie und Zynismus ebenso wie ihre Verschwendung der Gegenstand zahlloser Veröffentlichungen[83] waren, möchte ich nur unterstreichen, dass angesichts der Verschlimmerung des Elends in den afrikanischen Gesellschaften, auch diese Organisationen, die soviel Hoffnung hervorrufen, nicht der Logik des Beutemachens und der Akkumulation von Reichtümern zum Vorteil ihrer Gründer oder Geschäftsführer entgehen werden. Dazu bemerkt Jean Marc Ela:

„Die NGOs, die wie Pilze aus dem Boden schießen, werden als regelrechte Futterkrippen benutzt; es ist interessant festzustellen, dass die benachteiligten Gruppen in dem Maße das Objekt von Manipulationen sind, wie sie eine Alibifunktion für Akkumulationsstrategien haben, die dazu dienen, den Interessengruppen, die in Afrika vom Staat leben, Prestige und Macht zu verschaffen" (1998, S. 248). Ein an den Minister für ländliche Entwicklung gerichteter und von der

---

82 Obwohl die Weltbank seit dem 1.9.2004 eine neue Vergabepraxis für Kredite an Mitgliedsstaaten eingeführt hat, sind die positive Effekte dieser Reform auf den hier beschriebenen Umgang der afrikanischen Potentaten mit Staatskrediten eher zu bezweifeln, denn „gemäß der neuen Richtlinie, müssen die Empfängerländer künftig nicht mehr automatisch ein ganzes Bündel politischer Vorleistungen erbringen, um in den Genuss des Geldes" für die Durchführung von bestimmten Projekten wie dem „Bau von Schulen, Krankenhäusern oder Straßen zu kommen" (Frankfurter Rundschau. Nr. 201/S/R/H/D der 30. 8. 04).

83 Zu diesem Thema s. u.a.: Brigitte Erler, Tödliche Hilfe: Bericht von meiner letzten Dienstreise in Sachen Entwicklungshilfe (1987) Freiburg, Dreisam-Verlag oder Jessen, Brigitte/ Nebelung, Michael (1987) Hilfe muß nicht tödlich sein: Basisbewegung und Befreiungsarbeit in Bangladesch ISBN 3-88548-767-5 kart. Aber vor allem: Rist, Gilbert (1996), Le développement: Histoire d'une croyance occidentale. Presses de la fondation nationale des sciences politiques, 426 S.

Zeitschrift *Jeune Afrique*[84] veröffentlichter Brief der Ehefrau des beninischen Präsidenten, Rosine Soglo, macht sehr gut diese Praktiken bei der „Privatisierung" der öffentlichen Hilfe vermittels der NGOs deutlich, bei denen ihre charakteristischen Züge aufgedeckt werden, als da sind: die mit viel Kunst zwischen öffentlicher und privater Sphäre, dem Formellen und Informellen, dem Erlaubten und Unerlaubten geschaffene Verschwommenheit, ebenso wie der Missbrauch von Machtpositionen und passive Bestechung.

„Ich darf Sie [so schreibt sie] an unser Telefongespräch von gestern erinnern. Als ich nach Hause zurückkam, sprach ich mit dem Präsidenten der Republik darüber und informierte ihn über meine Bitte um zwei Traktoren. Er wies mich darauf hin, dass dies wenig sei. Er ist der Meinung, dass ich für meinen Verein Vidolé-Bénin zehn Traktoren anfordern könnte. Ich wollte Sie deshalb gleich heute davon in Kenntnis setzen. Würden Sie bitte, Herr Minister, zehn von den dreißig Traktoren, die uns die Republik Südkorea schickt, meinem Verein zur Verfügung stellen. […] Ich erwarte Sie also".

Diese etwas merkwürdige Korrespondenz wirft unter anderem ein Licht auf einen der wesentlichen Züge der postkolonialen afrikanischen Gouvernementalität, nämlich die Inkonsistenz der offiziellen Hierarchie, die nicht notwendigerweise einer bestimmten Machtstruktur entspricht, wie dies bei jeder strukturierten Staatsmacht der Fall ist. Daher kommt es nicht selten vor, dass „Vorgesetzte gegenüber Untergebenen Rechenschaft ablegen müssen. Da wo reale Macht existiert und ausgeübt wird, wird sie es nicht auf Grund von Gesetzen oder einer Vorschrift, sondern häufig auf der Grundlage von rein informellen Absprachen, zufällig und zu jedem Moment ohne Vorankündigung revidierbar" (Mbembe 1999, S. 105). Die Tatsache, dass ein Minister ermahnt wird, die Anordnungen der Ehefrau des Präsidenten auszuführen, muss innerhalb dieser spezifischen Ordnung der Dinge verstanden werden. In einem Machtsystem mit Vetternwirtschaft, wo sich die Potentaten unter anderem durch ihre sexuelle Bulimie auszeichnen, ist es für denjenigen, der am nationalen Futtertrog bleiben will, besser, sich die Gunst der Ehefrau oder einer der zahlreichen Geliebten, die der Chef oder der Vorgesetzte haben, zu erhalten, da er sonst den Zugang dazu verlieren wird. An dem Brief ist über diese Bemerkungen hinaus vor allem die Art entscheidend, wie die „öffentliche Entwicklungshilfe" Gegenstand heftiger Begehrlichkeit vor dem Hintergrund ehelicher Gespräche und womöglich von denjenigen, die die Macht haben, ohne jeglichen Skrupel zu privaten Zwecken abgezweigt wird. Sie haben weder moralische Bedenken wegen ihres Tuns, noch ziehen sie die Folgen für die eigentlichen Empfänger dieser Güter in Betracht, die ihre ausgehungerten, geknebelten, und erniedrigten Völker sind.

Das Ziel dieses Kapitels bestand darin, ausgehend von der Gouvernementalität der postkolonialen afrikanischen Staaten, die wichtigsten gesellschaftlichen Phäno-

---

84 Nicephor Soglo, von dessen Ehefrau hier die Rede ist, war von 1991 bis 1996 Präsident Benins. Er war aus den demokratischen Wahlen als Sieger hervorgegangen, die auf die mit Erfolg 1990 abgehaltene nationale Konferenz gefolgt waren.

mene sichtbar zu machen, die dadurch, dass sie das soziale Leben maßgeblich bestimmen, im Allgemeinen ermöglichen, Aufschluss über die Produktion und den Erwerb von Kompetenzen im heutigen Umfeld zu geben. Nach der Hypothese der Soziokontextualität der Kompetenz handelte es sich darum, die tiefgreifend von ihrem Staat gestalteten afrikanischen Gesellschaften – was hier unter dem Blickwinkel der Praktiken der Regierenden angegangen wird – so zu beschreiben, dass die Modalitäten von Produktion und Erwerb von Kompetenzen für die dort lebenden oder sozialisierten Menschen, und dazu gehören die Jugendliche mit deren Biographie ich mich in dieser Arbeit auseinandersetze, deutlich werden. Was gilt es also von diesem sozialen Kontext festzuhalten, so wie er hauptsächlich auf die üblichen Befehlspraktiken und die Privatisierung des Staates als maßgebliche Pole der heutigen afrikanischen Gouvernementalität bezogen, beschrieben und analysiert wurde? Wie lassen sich die charakteristischen Züge dieses sozialen Kontexts, die sich aus den Analysen ergeben, im Wesentlichen zusammenfassen? Nimmt man diese Fragen ernst, so laufen sie darauf hinaus, mit Blick auf die sozialen Folgen der postkolonialen Gouvernementalität klären zu müssen, *was denn Afrika heute eigentlich sei*. Auf diese Frage antwortet Achille Mbembe erschöpfend.

„Ein schweres knochiges Gerippe, eine fliehende Maske, hinter hohlen Worten, das ab und zu so tut, als ließe es die Luft erzittern, während die ‚Staatsgewalt‘ oder der, der sich an ihre Stelle gesetzt hat, den Metzgern und der Menge der Straßenverkäufer ihren Broterwerb entreißt, die Zeitungen schließt, die Schriftsteller verfolgt, den Verkehr lahmlegt, einen Taxifahrer erschlägt und einen nahen Verwandten tötet, alle bewegliche Habe beschlagnahmen und die Märkte anzünden lässt, seinen Landsleuten ihr Vermögen abpresst und sie zwingt, zu akzeptieren, was schlecht für sie und schmerzhaft ist (wobei dies durchaus vermeidbar wäre), sie daran hindert, ihren Lebensunterhalt auf legalem Wege zu erwerben, das tägliche Brot durch ehrliche Arbeit, sich gegen die Wechselfälle des Lebens zu schützen, sie aber in den Gefängnissen verschmachten lässt, sie auslaugt und aussaugt, ihnen die Hoden zerquetscht, sie mit Freuden peinigt, den Mund voller großer Worte und das Fleisch trunken vor Verderbnis. Wir sehen uns also am Ausklang dieses Jahrhunderts der schrecklichen Unentrinnbarkeit des Postkolonialismus und seiner betäubenden Bejahung der Ohnmacht ausgeliefert, seiner Triebentfesselung und seinem maßlosem Wüten, seinen irrationalen Schrecken, seiner psychotischen Kraft, grotesk und komisch zugleich, die nichts mehr respektiert, weder die Dinge, noch die Frauen, noch die Männer, noch die Alten, noch die Jungen und Mädchen, die beleidigt, schlägt, verachtet, die frisst und säuft, um sich spuckt, am eigenen Erbrochenen nahezu erstickt. Wir sind ausgeliefert diesem Wahnsinn und dieser Bestechlichkeit, dieser Bestialität, was wirklich beunruhigend ist, und der Macht, einfach so das Böse zu tun, der Macht, Folter und Tod am helllichten Tag zuzufügen, ungestraft, mein Gott, die Straffreiheit in Togo, in Zaire, in Kenia, in Kamerun, überall: Die Eitelkeit des Zeitvertreibs der Regierenden ist mit Händen greifbar, ja, sie opfern sich auf, diese Sklaven des Phallus, die unsere Regierenden sind, doch ihre sexuellen Exzesse haben den Kamm der Welle überschritten, die Wirklichkeit des Geschlechtsaktes, sie sind überflüssig wie ein Furz in die Vulva, die sintflutartigen Ejakulationen dieser Pseudoeliten, die es den lieben langen Tag treiben wie die Karnickel, die Veranschaulichung der Anthropologie als Regierungsmodus, der kannibalische Staat, der alles verschlingt, sich von den Körpern seiner Bürger ernährt, sie langsam und grausam zu Tode bringt, diese Teufelei der Macht und des Befehlens, und diese Orgie der Vernichtung, das alles widerspricht jeden Morgen, jeden Mittag und jeden Abend dem Wunsch fortzudauern, den wir alle haben, und hindert uns alle daran, die Nacht, die über die afrikanische Welt gebreitet ist, zu verstehen und Sorge zu tragen für unsere eigene Existenz" (1993, S. 86 f).

So erscheint der postkoloniale soziale Kontext in Afrika als chaotische Pluralität, wo das Leben für den einzelnen Menschen auf einen ständigen Kampf gegen die herrschende Morbidität der Verhältnisse hinausläuft: Das sichere Anzeichen für Gesellschaften, die sich am Rande der strukturellen bzw. funktionellen Desintegration befinden, obwohl ihr menschliches und natürliches Potenzial unbestritten immens ist.[85] Was man also als Umbruch in der afrikanischen Gesellschaften bezeichnet, ist von daher als ein Zustand zu begreifen, der durch die unmittelbare Drohung mit dem Scheitern des Anpassungsprozesses gekennzeichnet ist, was zu tiefgreifenden Veränderungen der verschiedensten Sozialstrukturen führt. Veränderungen, die umso bedrohlicher sind, als ihr Ausgang, der ähnlich dem Mutationsprozess in der Biologie nicht vorhersehbar ist, in einer vollkommenen Desintegration der Sozialstrukturen ohne Aussicht auf eine positive oder lebbare Alternative enden kann.

Vor dem Hintergrund eines sich derart verändernden sozialen Kontexts, beschrieben in einigen seiner allgemeinen und wesentlichen Merkmale, soll jetzt die Problematik der Produktion und des Erwerbs von Kompetenzen in Afrika geklärt werden. Es geht also darum, auf der Basis des empirischen Materials, das die Interviews mit 76 jungen afrikanischen Flüchtlingen in Hamburg bilden, einer der zentralen Fragen dieser Arbeit nachzugehen, nämlich der nach den im formellen und informellen Bildungssektor erworbenen Kompetenzen derjenigen, die wie die von uns befragten Jugendlichen in diesem afrikanischen Sozialkontext

---

85 Ganz offensichtlich sind die Ursachen für diese Situation nicht nur bei den afrikanischen Regierenden und ihren Eliten zu suchen, sondern ebenso bei dem Netz der internationalen Interessen, d.h., den Konsortien der Erdölgesellschaften, den Finanz-, Minen- und Forstwirtschaftsgesellschaften, die häufig unter dem politischen Schutz der ehemaligen Kolonialmächte durch die maßlose Plünderung der Ressourcen aktiv zur Verarmung dieses Kontinentes beitragen. In Bezug auf die afrikanische Gouvernementalität kann man nur u.a. Mbembe zustimmen, wenn er sagt: „Die postkolonialen afrikanischen Regime haben ihre Regierungskunst nicht in allen Stücken neu erfunden. Ihr Wissen verdankt sich dem Erbe mehrerer Kulturen und Traditionen, deren Elemente sich im Lauf der Zeit miteinander verbunden haben. (…) Eine dieser Traditionen oder Rationalitäten ist die koloniale Befehlsstruktur." (2000, S. 42)

heftiger Turbulenzen bis zu dem Datum ihrer Ausreise, das unterschiedlich lang zurückliegt, gelebt haben.[86]

Es ist jedoch wichtig bereits an dieser Stelle darauf hinzuweisen, dass die eben beschriebenen Spezifizitäten dieses Kontexts es nahe legen, dass für die dort Lebenden das Entkommen bzw. das Überleben der repressiven Effekte der sich in einen solchen Kontext etablierten Machtstrukturen, aus individueller Sicht von Fähigkeiten abhängig sein muss, sich Spielräume im System selbst schaffen zu können: also transgressiv operieren zu können. Ob der Erwerb einer solchen Fähigkeit in einem unmittelbaren Zusammenhang mit der schulischen bzw. der lebensweltlichen im Sinne einer engen familiären Sozialisation steht, ist fraglich bzw. noch zu erkunden. Es dürfte sich – der Hypothese der Soziokontextualität von Kompetenzen zu folge – jedoch um eine Fähigkeit handeln, deren Angemessenheit sich primär auf die in diesem Kapitel beschriebene allgemein sozio-politische Gestaltung des Kontexts bezieht. Mit anderen Worten dürfte eine solche Fähigkeit bei den dort lebenden Individuen als eine Disposition, die primär durch repressive Machtstrukturen hervorgerufen wird, betrachtet werden. Auf die Erfassung der hier vermuteten Fähigkeit, die in einem durch gewaltsame Umbrüche geprägten Kontext wie dem Afrikas bei den Individuen hervorgerufen werden kann, gehe ich in den drei folgenden Kapiteln genauer empirisch ein.

---

86 Insgesamt 41 der 76 befragten jungen afrikanischen Flüchtlinge lebten zum Zeitpunkt der Befragung zwischen zwei Monaten und knapp drei Jahren in Hamburg, 24 von ihnen zwischen drei und knapp fünf Jahren, vier mehr als fünf Jahre, drei bereits sechs Jahre und mehr, vier halten sich seit etwa acht Jahren in Hamburg auf, und weitere vier lebten schon zwischen neun und zehn Jahren in der Hansestadt.

Dritter Teil:
Kompetenzen und Migration

Die bisher im ersten und zweiten Teil durchgeführten Analysen haben es ermöglicht, sowohl den Forschungsgegenstand, „die Kompetenz", sowie den Kontext „Afrika", betrachtet als den relevanten Raum für die Erforschung von hier in Frage stehenden Kompetenzen, sachlich zu erfassen. Auf diese Weise ist ihre Operationalisierung theoretisch geleistet worden. Der dritte Untersuchungsabschnitt soll nun dazu dienen, die beiden für die Arbeit relevanten Hauptkategorien Kompetenz und Kontext auf ihre empirische Konsistenz zu überprüfen. Genauer gesagt, geht es dabei um die Prüfung der empirischen Tragfähigkeit der Hypothese der Soziokontextualität von Kompetenzen. Dafür sind folgende Fragen erkenntnisleitend: (1) Welche Kompetenztypen kann ein durch einen gewaltigen Umbruch gekennzeichneter Kontext wie der afrikanische bei seinen Heranwachsenden hervorrufen? (2) Welches sind die kompetenzbezogenen gesellschaftlichen Aufwertungs- und Entwertungsmechanismen? (3) Welches sind im Fall der Migration oder unter Migrationsbedingungen die Modalitäten des Transfers sowie die der Anwendung bzw. Nutzbarmachung von Kompetenzen in einem anderen Kontext? Diesen Fragen wird in den folgenden drei Kapiteln, die den dritten Teil der Arbeit bilden, vor allem aus einer erziehungswissenschaftlichen Perspektive nachgegangen.

Kapitel 6
Die von Afrika mitgebrachten Kompetenzen

Dieses Kapitel eröffnet im engeren Sinn die tatsächliche empirische Untersuchung von Kompetenzen. Es dient dazu, einen ersten Eindruck davon zu vermitteln, welche Kompetenzen Jugendliche afrikanischer Herkunft im afrikanischen Kontext erwerben und als Flüchtlinge nach Deutschland mitbringen können. Zu diesem Zweck ist ein möglichst breites und vielfältiges Spektrum an Erfahrungen erhoben worden und aus der Sicht der Jugendlichen beschrieben worden. Welche Erhebung im einzelnen gemacht wurden und welche Auswertungsmethoden angewendet wurden, wird im Folgenden genauer erläutert.[87]

6.1 Zur Methode

6.1.1 Die Datenerhebung und ihre Problemstellungen

Für die Erfassung von Daten bezüglich der aus Afrika mitgebrachten Kompetenzen sind 80 Interviews durchgeführt worden. Befragt wurden 65 männliche und 15 weibliche Jugendliche und junge Erwachsene; Mädchen stellen also knapp 20% der befragten Jugendlichen und wurden somit überproportional zu ihrem Anteil an allen statistisch erfassten afrikanischen Flüchtlingsjugendlichen berücksichtigt. Von den 80 Interviews konnten 76 ausgewertet werden.[88]

Die Interviews sind entsprechend der sprachlichen Vorlieben der Befragten durchgeführt worden. Die 76 in die Auswertung einbezogenen Interviews wurden auf Deutsch (29 Interviews), Englisch (20), Französisch (13), Fula (9), Amharisch (2), Tigrinya (2) und Portugiesisch (1) gegeben; in einigen Interviews kommt es zu Sprachwechseln (Englisch-Deutsch; Amharisch-Deutsch). Bei zwei Interviews wurden Dolmetscher hinzugezogen: *Rosa* (Angola) wurde von einer deutschen Interviewerin mit Hilfe einer Portugiesisch-Dolmetscherin interviewt; *Biba* (Sierra Leone) gab das Interview auf Fula.

Es handelt sich bei den Interviews um teilstandardisierte Kurzinterviews, bei denen die Abfrage standardisierter Daten mit Hilfe eines Fragebogens mit einem stärker qualitativ ausgerichteten Interviewgespräch anhand eines Leitfadens kombiniert wurde. Je nach Redebereitschaft der Befragten betrug die Interviewdauer zwischen 20 Minuten und einer Stunde. Alle Namen der Jugendlichen wurden durch – meist selbst gewählte – Pseudonyme ersetzt.

---

87 Für eine umfangreichere Darstellung des Forschungsprojekts, von dem die hier wiedergegebenen Daten und Ergebnisse ein Teil sind, vgl. auch den Abschnitt „Beschreibung des Forschungsprojekts: Fragestellung, theoretische Einbettung und methodische Ansätze" in Neumann u.a. 2003, S. 21-40.

88 Zur Begründung vgl. ebd. S. 29.

- Standardisiertes Fragebogeninterview

  Im Kurzfragebogen wurden die Stationen der Bildungslaufbahn seit der Ankunft in Deutschland erhoben, außerdem einige Details zur aktuellen Bildungssituation inkl. Praktika und/oder Jobs. Des Weiteren wurden die Jugendlichen um eine Bewertung ihrer derzeitigen Bildungssituation (Schule, Praktikum, Ausbildung oder anderes) gebeten. Um auch die Beteiligung an non-formalen Bildungsangeboten zu erfassen, wurden sie zudem nach ihrer Teilnahme an außerschulischen Kursen gefragt. Abschließend wurde ein „Sprachkompetenzprofil" (Selbstevaluation) des Jugendlichen erstellt.

- Leitfadengestütztes Interview

  Im folgenden Interviewgespräch sollten die Jugendlichen zunächst Gelegenheit erhalten, die auf Grund der Standardisierung unter Umständen verkürzten Angaben auf dem Fragebogen zu ergänzen und zu erläutern und darüber hinaus ihre eigenen Relevanzstrukturen zur Geltung zu bringen. Der Leitfaden für das Interviewgespräch diente den Interviewenden dazu, vier Themenkomplexe systematisch in allen Interviews anzusprechen: die aktuelle Bildungssituation in Deutschland; die aus dem Herkunftsland mitgebrachten Kompetenzen und deren Nutzen in Deutschland; die Bildungs- und Berufswünsche der Jugendlichen sowie schließlich die allgemeine persönliche Lebenssituation der Befragten in Hamburg mit den Schwerpunkten: rechtlicher Status, Gesundheit, soziales Netzwerk und Zukunftsperspektiven; in einigen Fällen wurde dieser Fragenkomplex um die Aspekte Wohnen und finanzielle Situation ergänzt.[89]

6.1.2 Problematische Fragen: Herkunftsland, Alter, Vergangenheit, informelles Lernen

In der empirischen Sozialforschung werden in Ergänzung zu forschungsspezifischen Fragen in der Regel standardmäßig zumindest die folgenden Daten des Probanden erfasst: Geschlecht, Geburtsdatum, Staatsangehörigkeit. Auf Grund der spezifischen Struktur unseres Forschungsfelds waren diese Standardangaben mit Ausnahme des Geschlechts aber problematische Kategorien. Schon im Vorfeld der empirischen Erhebungen wurden wir in Gesprächen mit Betreuerinnen und Betreuern darauf hingewiesen, dass es sich hierbei um Daten handele, die zumindest für einige Flüchtlingsjugendliche im Hinblick auf ihr Asylverfahren und ihre Aufenthaltssituation in Deutschland existenzielle Bedeutung annehmen. Wir dürften daher nicht damit rechnen, hier in jedem Fall ‚wahrheitsgemäße' Auskünfte zu erhalten.

---

89 Dies spielte vor allem bei Interviewpartner/innen eine Rolle, die in eigenen Wohnungen lebten und Jobs hatten oder eine Ausbildung machten. Da die Mehrheit der Befragten in betreuten Einrichtungen wohnte, noch zur Schule ging und die materielle Ausstattung je nach Betreuungsform durch den Pflegesatz (nach KJGH) oder auf der Basis des Asylbewerberleistungsgesetzes (oder BSHG) geregelt war, hatten wir ‚Wohnen' und ‚finanzielle Lage' nicht systematisch im Leitfaden vorgesehen.

1. *Das Herkunftsland:* Minderjährige Flüchtlinge werden wegen der restriktiven Anerkennungspraxis des Bundesamtes für die Anerkennung ausländischer Flüchtlinge nur in seltenen Ausnahmen als politisch Verfolgte nach dem deutschen Grundgesetz oder zumindest als Flüchtlinge im Sinne der Genfer Flüchtlingskonvention anerkannt. Für die Mehrheit besteht daher bestenfalls die Hoffnung auf die Zuerkennung von nicht-asyl-relevanten Abschiebungshindernissen nach § 53 Ausländergesetz (AuslG): § 53 AuslG regelt den Abschiebungsschutz z.b. bei Gefahr von Folter oder Todesstrafe. Auch die Abschiebung in einen Staat, in dem einem Flüchtling unmenschliche oder erniedrigende Behandlung droht, ist unzulässig (Europäische Menschenrechtskonvention; vgl. Hügel 1999, S. 163). Besonders schwierig ist die Glaubhaftmachung von individueller politischer Verfolgung, wenn ein Flüchtling aus einem so genannten „sicheren Herkunftsstaat" im Sinne des Artikels 16a (3) Satz 1 des Grundgesetzes stammt (vgl. § 29a Asylverfahrensgesetz (AsylVfG)); und die Zuerkennung länderspezifischer Abschiebungshindernisse nach § 53 AuslG ist in diesem Fall grundsätzlich ausgeschlossen.[90] Vor diesem Hintergrund machen einzelne Jugendliche bei ihrer ersten Anhörung falsche Angaben über ihr Herkunftsland.

2. *Das Alter:* Nach § 12 Asylverfahrensgesetz (AsylVfG) gelten Minderjährige ab dem vollendeten 16. Lebensjahr als handlungsfähig im Sinne dieses Gesetzes, das heißt sie können und müssen ihren Asylantrag ohne Vertretung durch einen gesetzlichen Vormund selbst stellen und ihr Asylverfahren allein betreiben. Im Widerspruch zum Kinder- und Jugendhilfegesetz wird diese „Asylmündigkeit" von den meisten Jugendämtern und anderen Behörden so ausgelegt, dass bei unbegleiteten minderjährigen Flüchtlingen ab dem 16. Geburtstag regelmäßig davon auszugehen sei, dass kein „erzieherischer Bedarf" mehr bestehe und diese Jugendlichen folglich nicht in Obhut genommen und pädagogisch betreut werden müssten. Dies hat unter anderem zur Konsequenz, dass Jugendliche, die nach ihrem 16. Geburtstag nach Deutschland einreisen, wie Erwachsene in die jeweiligen Zentralen Aufnahmestellen (ZAST) eingewiesen und in das bundesweite „Umverteilungsverfahren" aufgenommen werden. Für neu eingereiste Flüchtlinge in Hamburg bedeutet letzteres, dass sie aus dem urbanen Kontext und seiner recht etablierten afrikanischen Community sowie seiner relativ ausgebauten Infrastruktur für Flüchtlinge (Beratungs- und Betreuungsangebote) in ländliche Gebiete „umverteilt" werden können, in denen sie vollkommen isoliert in „Asylbewerberheimen" untergebracht sind und auf Grund mangelnder Verkehrsanbindungen, geringer finanzieller Ressourcen und vor allem der Residenzpflicht während ihres Asylverfahrens kaum Möglichkeiten haben, mit Freunden und Bekannten, afrikanischen Organisationen ihres Herkunftslandes, Flüchtlingshilfeorganisationen oder anderen für sie wichtigen Gruppen und Einrichtungen in Kontakt zu bleiben. Auch haben sie dort keinen Zugang zum Bildungssystem (vgl. im Einzelnen Gogolin/Neumann/Reuter 2001). Aus diesen Gründen geben einige der bereits 16- oder 17-jährigen Flücht-

---

90 Im Forschungszeitraum gehörten zu diesen „sicheren Herkunftsstaaten" u.a. die afrikanischen Staaten Ghana und Senegal (vgl. Anlage II zu § 29a AsylVfG).

linge und vermutlich auch einige junge Volljährige bei ihrer Einreise an, noch unter 16 Jahren alt zu sein. Denn in diesem Fall müssen sie vor Ort in Obhut genommen werden und können ihr Asylverfahren in Hamburg durchführen.

3. *Vergangenheit:* Eine weitere Schwierigkeit ergab sich in der Sammlung der Informationen, die sich generell auf die Vergangenheit der jungen Flüchtlinge beziehen. Als Asylsuchende haben sie ihr Land zwangsläufig – sei es aus wirtschaftlichen, religiösen oder politischen Beweggründen – verlassen. Sie zu ihrer Vergangenheit zu befragen, ist nicht unproblematisch: Einerseits weckt diese Vergangenheit vielfach unangenehme und oft traumatische Erinnerungen, die für die meisten in direkter Beziehung zu den Ursachen ihrer Flucht stehen. Andererseits ist die Erwähnung mancher Ereignisse ihrer Vergangenheit für sie nicht ohne Risiko, wenn die Garantie der Verschwiegenheit des Interviewpartners nicht zuverlässig gegeben ist. Der Zwang zur inhaltlichen Kohärenz der Fluchtgeschichte, wie sie im Asylverfahren gefordert wird, kann die kleinste Unstimmigkeit in den Fakten und Daten zur „Lüge" werden lassen und die Entscheidung über ihr Asylverfahren negativ beeinflussen. Aus diesen Gründen waren unsere Informanten in den Schilderungen der Erlebnisse in ihrem Herkunftsland nicht immer sehr gesprächig.

4. *Informelles Lernen:* Auch die Sammlung der Informationen zu ihren Aktivitäten im informellen Sektor war wegen der diesen kennzeichnenden informellen Lernformen, verknüpft mit einer in den Interviews immer wieder aufscheinenden internalisierten Unterbewertung der dort erworbenen Kompetenzen, und auch auf Grund divergierender Konzeptionen des Kompetenzbegriffs sowie der Modi ihres Erwerbs nicht leicht. Während zum Beispiel in der Beantwortung der Frage nach dem im Herkunftsland Gelernten die Mehrzahl unserer Informanten *spontan* schulisches Lernen thematisierte, mussten wir um Informationen bezüglich ihrer Tätigkeiten im informellen Sektor sehr nachdrücklich bitten.

Es ist also anzunehmen, dass unter anderen Bedingungen und an anderen Orten mit den gleichen Befragten und denselben Fragen die Bereitschaft höher und die Antworten qualitativ ergiebiger ausgefallen wären, wenn für die Flüchtlinge die ihnen abverlangte ‚Erinnerungsarbeit' emotional positiver codiert gewesen wäre. Wir gehen aber davon aus, dass die hier ausgeführten Probleme der Datenerhebung keine Auswirkung auf die *Substanz* meiner Analysen und Deutungen haben, da die schwierige Lage der jungen Flüchtlinge ihnen aller Wahrscheinlichkeit vorzugsweise ein ‚understatement' nahe legt, das heißt sie werden ggf. um es mit ihrer nach unten korrigierten Altersangabe abzustimmen, ihre Vorbildung als geringer darstellen, als sie es tatsächlich ist.

Wegen der hier ausgeführten spezifischen Struktur unseres Forschungsfelds und den Bedenken von Betreuerinnen und Betreuern haben wir auf eine systematische Erhebung der betreffenden Daten (Alter, Herkunftsland) gleich zu Beginn des Interviews – wie es bei Fragebogenerhebungen sonst üblich ist – verzichtet. Wir wollten das Interview nicht mit Fragen beginnen, die die Jugendlichen an die verhörähnlichen Anhörungen vor dem Bundesamt zur Anerkennung von Flüchtlingen erinnern. Außerdem haben wir es den Jugendlichen frei gestellt, uns *anstelle* ihres

Namens *nur* ein Pseudonym zu nennen.[91] Nur zwei Jugendliche zogen es vor, ihr Herkunftsland nicht zu nennen; 14 machten keine Angaben zu ihrem Alter. Des Weiteren haben uns eine Reihe von Interviewpartnern nur ihr Geburtsjahr, nicht ihr genaues Geburtsdatum genannt. Bei diesen Informanten sind die Altersangaben in den Texten entsprechend gekennzeichnet, z.b. in der Form: „Harona, ca. 19 Jahre".

6.1.3   Zur Qualität und Aussagekraft der Stichprobe

Auf Grund der schwierigen Lebensumstände der jungen Flüchtlinge und ihres berechtigten Misstrauens gegenüber ‚offiziellen Befragungen' jeder Art, war es unumgänglich, zunächst Vertrauenspersonen der Flüchtlingsjugendlichen vom Sinn unseres Forschungsvorhabens zu überzeugen und diese um die Vermittlung von potenziellen Interviewpartnern zu bitten. Für diese Rolle boten sich die sozialpädagogischen Mitarbeitern („Betreuerinnen„) in den Jugendhilfeeinrichtungen und Jugendpensionen an. 56 Jugendliche (74%) lebten zum Zeitpunkt des ersten Interviews noch in einer betreuten Einrichtung. Bei 15 (20%) handelt es sich um ehemalige Bewohner dieser betreuten Einrichtungen, die zum Zeitpunkt des Interviews bereits eine eigene Wohnung hatten oder in Asylbewerberunterkünften für Erwachsene leben mussten. Zweimal waren befreundete Besucher von Bewohnern der Jugendpensionen, die selbst nie in betreuten Einrichtungen gelebt hatten, am Interviewtermin zufällig anwesend und bereit, ein Interview zu geben. In drei Fällen wurden junge Frauen aus dem privaten Umfeld einer der Interviewerinnen für ein Interview gewonnen. Die Stichprobe ist nicht repräsentativ, denn es handelt sich nicht um eine Zufallsstichprobe. Die systematischen ‚Verzerrungen' lassen sich durch folgende Überlegungen skizzieren: Nicht in die Befragung einbezogen wurden die besonders marginalisierten Flüchtlingsgruppen: ‚illegalisierte' und obdachlose Jugendliche, seien es solche, die sich nie bei Behörden gemeldet haben, oder solche, die nach einem negativen Asylbescheid ‚untergetaucht' sind. Nur in Einzelfällen erfasst sind Flüchtlinge, die bei ihrer Einreise bereits volljährig waren bzw. durch die Ausländerbehörde ‚älter gemacht' und Erwachsenenwohnunterkünften zugewiesen wurden. Da die Interviewpartner zum großen Teil durch Einrichtungen der Jugendhilfe vermittelt wurden, sind diejenigen Jugendlichen deutlich überrepräsentiert, die bei ihrer Einreise unter 16 Jahre alt waren – und denen dies auch geglaubt wurde, die also ihren Lebensweg und ihre Bildungskarriere in Deutschland in einer relativ geschützten Wohnsituation beginnen konnten. Im Sample sind zudem vergleichsweise viele Jugendliche, die bei ihrer Einreise bereits 16 oder 17 Jahre alt waren, die aber zunächst gemäß § 42 KJHG in Obhut genommen wurden, bevor sie sich bei der Ausländerbehörde meldeten und somit nicht umverteilt wurden, sondern in der Hamburger Jugendhilfe blieben, sofern „erzieherischer Bedarf" festgestellt wurde, oder die zumindest in einer Jugend-

---

91   Die meisten Jugendlichen nannten uns ihre richtigen Namen. Selbstverständlich wurden auch diese durch Pseudonyme ersetzt.

pension untergebracht wurden. Weitere Tendenzen zu einer ‚Positivauswahl‘, das heißt einer Stichprobenzusammenstellung, in der Jugendliche mit vergleichsweise günstigen Lebensumständen und asylrechtlichem Status überrepräsentiert sind, lassen sich vermuten:

Jugendliche mit einer Aufenthaltsbefugnis oder einer Aufenthaltserlaubnis können gegenüber solchen mit einer Aufenthaltsgestattung oder einer Duldung überrepräsentiert sein, da diese auf Grund der aufenthaltsrechtlich relativ abgesicherten Lage weniger Angst vor der Teilnahme an einem Interview hatten. Weiterhin können Jugendliche mit hoher Bildungsmotivation überrepräsentiert sein, da diesen ein größeres Interesse an unserem Forschungsvorhaben unterstellt werden kann als solchen mit einem distanzierten Verhältnis zu Schule und Bildung.

Wegen der unzureichenden Daten über die Grundgesamtheit der Zielgruppe der Befragung ist es nicht möglich anzugeben, welchen Prozentsatz aller jungen afrikanischen Flüchtlinge zwischen 14 und 27 Jahren in Hamburg mit den 76 ausgewerteten Interviews erfasst wurde. Gemessen an der Zahl der afrikanischen Jugendlichen, die im Erhebungszeitraum in betreuten Einrichtungen für minderjährige unbegleitete Flüchtlinge lebten (etwa 400), handelt es sich um knapp 20%.

6.1.4 Zur Auswertung der Daten

Die Interviews wurden weitgehend wortgetreu transkribiert. Die deutschsprachigen Interviews wurden dabei der besseren Lesbarkeit halber sprachlich-grammatikalisch behutsam ‚geglättet‘. Die in afrikanischen Sprachen durchgeführten Interviews wurden von den jeweiligen Interviewenden transkribiert und ins Deutsche übertragen. Die englisch- und französischsprachigen Interviews wurden mit einer Ausnahme nicht ins Deutsche übersetzt.

Die Interviewtexte wurden dann nach thematischen Sequenzen gegliedert und codiert (vgl. Flick 1996, S. 206 ff.), um sie in eine Datenbank einzugeben, die eine Querauswertung nach thematischen Schwerpunkten ermöglicht. Die nun folgenden Analysen fokussieren den Themenschwerpunkt „mitgebrachte Kompetenzen und ihre Anwendung in Hamburg". Dabei handelt es sich zunächst ausgehend von den Antworten der Flüchtlinge auf die Frage nach ihren ‚mitgebrachten‘ Kompetenzen darum, sichtbar zu machen, welche Kompetenzen sie in ihrem Herkunftsland im informellen und formellen Bildungssektor erworben haben.[92] Um die Angaben der

---

92 In diesem Kapitel wird der Begriff des non-formelles Sektors als Kategorie der Einordnung von Bildungsangeboten nicht verwendet. Wie es sich durch die Darstellung der Struktur der formellen Bildungsinstitutionen in Afrika zeigen wird, gehört, was man die Kategorisierung der UNESCO zufolge als non-formell betrachten kann, im Rahmen der Altersstufe unserer Zielgruppe zum privaten, nicht-kirchlichen Sektor und somit faktisch zum formellen Bereich, denn hier werden, genau wie im staatlichen oder kirchlichen Bildungssystem, die institutionellen Abläufe, wie z.B. Abschlussprüfungen, von staatlichen Regeln bestimmt. Im übrigen betrifft die nichtformelle Bildung, verstanden als in „außerschulischen Angeboten erworbene Bildung, in denen zwar ebenfalls organisierte Lernprozesse angeboten werden, die Teilnahme aber auf Freiwilligkeit beruht" (vgl. Neumann/Schroeder, Antragsband des SFB 520, S. 77),

Jugendlichen angemessen interpretieren zu können, wird dazu vergleichend eine Auseinandersetzung mit der Problematik der Bildung im postkolonialen Afrika geführt. Dann diskutiere ich die Anschlussmöglichkeiten bzw. -hindernisse der mitgebrachten Kompetenzen im deutschen Bildungssystem. Es geht darum herauszufinden, in welcher Weise und unter welchen Bedingungen diese Kompetenzen einen Vorteil für den Bildungsfortschritt der Jugendlichen in ihrer neuen Umgebung darstellen können; untersucht wird auf dieser Ebene also der Tauschwert ihrer mitgebrachten Kompetenzen auf dem deutschen „Bildungsmarkt".

6.2 Kompetenzen im formellen Sektor

Unter ‚formeller Bildung' verstehe ich Bildungsgänge, die in Institutionen wie den allgemein bildenden oder beruflichen Schulen, den Universitäten oder in anderen staatlich anerkannten Einrichtungen erworben und mit formellen Abschlüssen beendet worden sind. Um die von den Informanten zur formellen Bildung gegebenen Antworten verstehen und einordnen zu können, ist es wichtig, zunächst einen Blick auf die schulische Organisation zu werfen, wie sie sich im subsaharischen Afrika zeigt.[93]

6.2.1 Schulische Organisation im subsaharischen Afrika

Eines der gemeinsamen Merkmale formeller Bildungsinstitutionen in den Ländern Afrikas südlich der Sahara ist ihre Aufteilung in einen öffentlichen und einen privaten Sektor. Obwohl beide der Autorität und der Richtlinienkompetenz der nationalen Regierungen unterstehen, müssen sie in Bezug auf ihre äußerlichen Organisationsprinzipien differenziert betrachtet werden. Während im so genannten öffentlichen Bildungssektor alle schulischen und beruflichen Bildungsinstitutionen direkt vom Staat verwaltet werden, beschränkt sich im privaten Sektor der Einfluss des Staates auf Gesetzgebung und Subventionen. Der private Bildungssektor lässt sich in kirchliche und nichtkirchliche Institutionen unterteilen.[94] Die Koranschule ordne ich dem kirchlichen Sektor zu. Auf Grund der Geschichte ihrer Einführung auf dem afrikanischen Kontinent und ihrer von der christlichen Missionsschule sich unterscheidenden Struktur werde ich sie jedoch getrennt von den Schulen europäischen Typs darstellen. Überall in der Region sind also der Staat und, in geringerem Ausmaß, die Kirchen Träger der Bildungsinstitutionen.

---

nur eine einzige Informantin: Abeba aus Äthiopien, die nach ihrem Abitur in einer privaten Institution eine Ausbildung zur Sekretärin absolviert hat.

93 Die folgende Darstellung der im afrikanischen Kontext erworbenen Kompetenzen folgt weitgehend der in Neumann u.a. 2003, S. 266-289.

94 Solche privaten Schulen tragen z.B. den Namen ihres Gründers und dienen neben kommerziellen Zwecken auch der Versorgung der Kinder von Plantagenarbeitern. Sie füllen damit eine Lücke im Angebot staatlicher Schulen.

Abbildung 3: Bildungsinstitutionen in Afrika

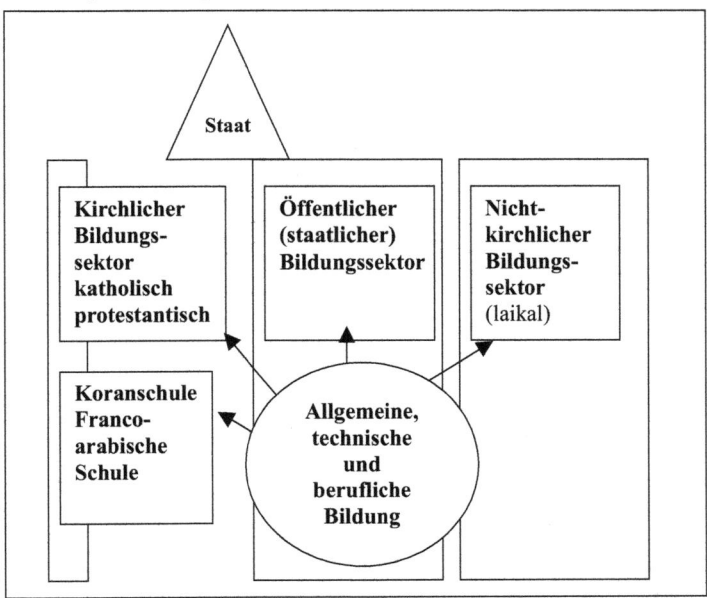

Koranschule: Sie unterscheidet sich von den schulischen Institutionen europäischen Zuschnitts durch ihre Geschichte und ihre Struktur, ihre Inhalte und Ziele. Ihre Einführung in Afrika ging der christlichen Missionsschule lange voraus. Mit dieser teilt sie jedoch eine Gemeinsamkeit, die in ihrer ursprünglichen Zielsetzung der missionarischen Ausbreitung einer Religion (hier: des Islam) und einer Kultur (der arabischen) besteht. Dies erklärt, warum die europäischen Kolonialmächte sie bei ihrer Ankunft im 19. Jahrhundert als Konkurrenz betrachteten und sie, solange sie nicht abzuschaffen war, zumindest zu kontrollieren versuchten. Dem Ziel, die Koranschulen zu verdrängen, war ein eher geringer Erfolg beschieden, denn in manchen Teilen des afrikanischen Kontinents, wie beispielsweise in Westafrika, hat ihre Verbreitung zugenommen. In Ländern mit einem großen muslimischen Bevölkerungsanteil, wie z.B. dem Niger, zählt man Tausende dieser Schulen, die auf Grund einer solchen Entwicklung auf dem Weg sind, in nächster Zukunft die vorherrschende Grundbildungsinstitution in diesen Ländern zu werden. Ähnlich urteilt Urch in Bezug auf Entwicklungen im Senegal:

„Im Land, in dem ungefähr 85 % der Bevölkerung Muslime sind, gibt es ein paralleles System von Koranschulen. In der letzten Zeit wurden diese Schulen wegen zunehmender Kritik am Verschwinden der traditionellen Werte wieder populärer" (Urch 1992, S. 103).

Die Koranschulen in diesem Teil Afrikas sind in einen Primar- und Sekundar-bereich sowie in einen Bereich für Erwachsenenbildung gegliedert. Sie haben ein einheitliches Curriculum, in dessen Mittelpunkt die Lehre des Korans steht. Da der Unterricht überwiegend religiöse Inhalte vermittelt, unterscheidet sich die Koran-schule deutlich vom europäischen Schulmodell:

> „Im Allgemeinen zeigt die koranische Unterweisung drei Hauptdimen-sionen der praktischen Anwendung: (1) Sie bildet eine Einführung in die Technik des Schreibens, (2) sie ist eine Schule für die religiöse und soziale Führungselite und (3) sie bildet eine Alternative zur ökonomischen und politischen Karriere" (Easton/Peach 1998, S. 57).

In Ländern, in denen Koranschulen neben den europäischen Schulen bestehen, wird das Niveau der Koranschule oft mit dem der Grundschulbildung gleichgesetzt.[95] Ohne irgendwelche Gemeinsamkeiten in Inhalten, Methoden und Zielen, sind solche Vergleiche jedoch sehr willkürlich.

Europäisch orientierte Schulen: Als Erbe der kolonialen und durch missionari-sche Aktivitäten geprägten Vergangenheit haben sich die Strukturen des Bildungs-systems in den meisten afrikanischen Ländern südlich der Sahara von der Unab-hängigkeit bis heute nicht wesentlich verändert. Ausnahmen bildeten insbesondere Tansania mit der von ihrem langjährigen Staatspräsidenten Julius Nyerere verfolg-ten Politik des „Ujamaa" (vgl. Kassam 1983, S. 56-68) und in geringerem Ausmaß Liberia, wo in ländlichen Regionen eine Bildungsform entwickelt wurde, die sich am Modell der traditionellen Übergangsriten orientiert. Die ansonsten hier und dort zu beobachtenden Veränderungen im Schulsystem bleiben marginal. Insgesamt ist die Grundstruktur des Schulsystems einheitlich dreistufig aufgebaut: Der Primar-stufe für alle Kinder schließt sich in verschiedenen Varianten eine technische Aus-bildung oder eine allgemeine höhere Ausbildung an.[96]

Dennoch unterscheiden sich die Schulsysteme von einem Land zum anderen, z.B. im Hinblick auf das Schuleintrittsalter, die Dauer der Schulpflicht, die Abfolge und Länge von Ausbildungsstufen sowie Zeugnisse und Diplome. Variationen ergeben sich infolge der unterschiedlichen politischen Ausrichtungen der Staaten in Bezug auf ihre Bemühungen, das Bildungssystem an die Gegebenheiten des Landes anzupassen oder das von der Kolonialmacht hinterlassene System beizubehalten.

---

95 Die Effekte eines solchen Vergleichs sind bei der oft dem Niveau der Schüler/innen unangemessen niedrigen Einstufung bei der Umorientierung von der Koranschule zu der nach westlichem Modell aufgebauten Schule zu beobachten.

96 In einigen Ländern, wie Kamerun oder Burkina Faso, ist angesichts der steigenden Schul-abbruchsraten eine ein- oder zweijährige post-primäre Ausbildungsstufe eingeführt worden, deren Aufgabe die berufliche Vorbereitung derjenigen ist, die ihre Bildung nicht in den klas-sischen beiden Zweigen der Sekundarstufe fortsetzen können oder wollen.

Auf Grund dieser Unterschiede gibt Abbildung 2 einen Überblick zu den jeweiligen allgemeinen Bildungsbereichen in den Herkunftsländern der Befragten gegeben.[97]

Von den 76 Jugendlichen, deren im formellen Bildungssektor erworbene Kompetenzen im Folgenden dargestellt und diskutiert werden, stammen nur zwei aus Ländern, die nicht dem subsaharischen Afrika zugerechnet werden (Ägypten und Tunesien). 33 Jugendliche stammen aus Sierra Leone, acht aus Togo und sieben aus Guinea-Conakry. Zwei Jugendliche haben ihre Nationalität nicht angegeben. Die übrigen 26 Befragten kommen aus zwölf verschiedenen Ländern.

Abbildung 4: Allgemeinbildende Schulsysteme in Afrika

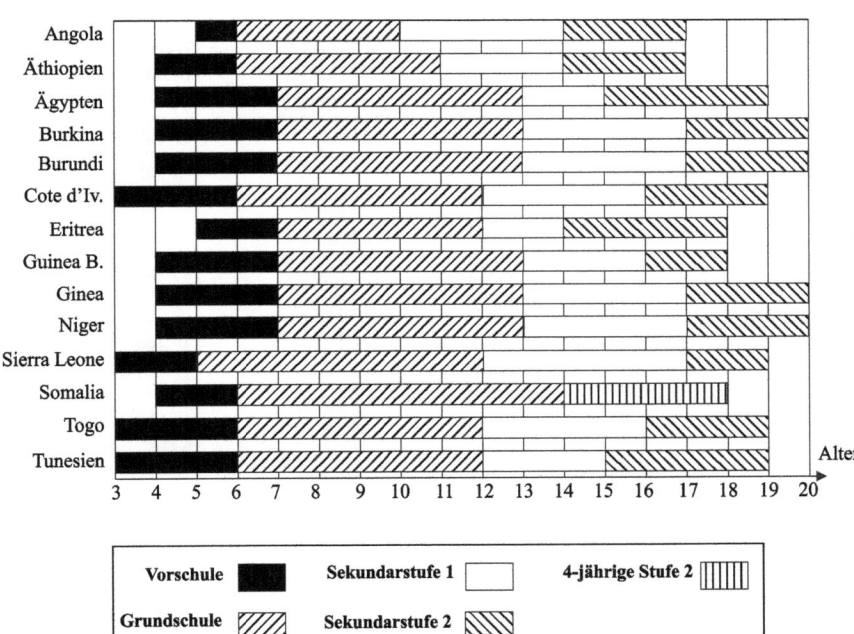

Das Balkendiagramm (Abbildung 4) veranschaulicht das System der allgemeinen Bildung in 13 der 14 betreffenden Länder, aus denen die Jugendlichen stammen, in der Abfolge von vier Stufen nämlich: die Vorschulerziehung, die Primarschule, die Sekundarstufe I und II. Die Dauer der jeweiligen Stufen variiert von Land zu Land:[98] Neun Staaten sehen für die Primarstufe sechs Jahre vor (Äthiopien,

97 Die Entscheidung, ausschließlich das allgemein bildende Schulsystem darzustellen, begründet sich aus den Bildungserfahrungen unserer Befragten, von denen nur einer eine technische Ausbildung in seinem Heimatland durchlaufen hat. Die für diese Darstellung verwendeten Informationen sind zum Teil dem „Institute for Statistics" der UNESCO entnommen, einzusehen unter http://unescostat.Unesco.org/statsen/statistics/yearbook/tables/Table3_1.html
98 Die Vorschulerziehung bildet nicht in all diesen Ländern eine eigene Stufe im Schulsystem.

Burkina Faso, Burundi, Côte d'Ivoire, Guinea-Bissau, Guinea-Conakry, Niger, Togo und Tunesien). In Ägypten und Eritrea dauert die Primarstufe fünf, in Angola vier und in Sierra Leone sieben Jahre. Die Dauer der Sekundarstufe I variiert zwischen zwei und fünf Jahren, die Sekundarstufe II umfasst zwischen zwei und vier Jahre. Somalia bildet insofern eine Ausnahme, weil die Sekundarschule lediglich eine vierjährige Stufe umfasst, der eine achtjährige Primarstufe vorangeht.

Der Übergang zu einer weiterführenden Stufe wird länderspezifisch entweder durch ein staatliches Examen (mit Abschlusszeugnis), durch eine Zugangsprüfung oder durch eine Kombination von beidem geregelt.

Tabelle 2: Übersicht über die Schulsysteme in den Herkunftsländern

Land	Schul-pflichtiges Alter	Dauer der Schulpflicht	Gesamtdauer der Primar- und Sekundarstufe	Durchschnittsalter bei Abschluss der Sekundarstufe
Angola	7-15 Jahre	8 Jahre	11Jahre	16 Jahre
Ägypten	6-14 Jahre	8 Jahre	11 Jahre	16 Jahre
Äthiopien	7-13 Jahre	6 Jahre	12 Jahre	18 Jahre
Burkina Faso	7-14 Jahre	7 Jahre	13 Jahre	19 Jahre
Burundi	7-13 Jahre	6 Jahre	13 Jahre	19 Jahre
Côte d'Ivoire	7-13 Jahre	6 Jahre	13 Jahre	18 Jahre
Eritrea	7-13 Jahre	6 Jahre	11 Jahre	17 Jahre
Guinea-Bissau	7-13 Jahre	6 Jahre	11 Jahre	17 Jahre
Guinea-Conakry	7-13 Jahre	6 Jahre	13 Jahre	19 Jahre
Liberia	Keine Angaben	Keine Angaben	Keine Angaben	Keine Angaben
Niger	7-15 Jahre	8 Jahre	13 Jahre	19 Jahre
Sierra Leone	Keine Schulpfl.	Keine Schulpfl.	12 Jahre	18 Jahre
Somalia	6-14 Jahre	8 Jahre	12 Jahre	17 Jahre
Togo	6-12 Jahre	6 Jahre	13 Jahre	18 Jahre
Tunesien	6-16 Jahre	9 Jahre	13 Jahre	18 Jahre

In der Tabelle wird das jeweilige Alter der Schüler in den verschiedenen Stufen und die Dauer der Schulpflicht mit der Gesamtdauer der Schulstufen erfasst. Die zweite und dritte Spalte zeigen Daten zur Schulpflicht: Zunächst sind die unteren und oberen Altersgrenzen der Schulpflicht angegeben. Die Angabe „7-13 Jahre" weist darauf hin, dass sich die Schulpflicht auf Kinder dieser Altersspanne bezieht. Die zweite Spalte gibt die Dauer der Schulpflicht wieder. Diese Unterscheidung ist insofern wichtig, als die Anwendung der einen bzw. der anderen Schulpflicht-regelung in der Praxis für die Kinder größere oder geringere Flexibilität bezüglich ihres Schuleintrittalters mit sich bringt. Anzumerken ist noch, dass von den 14 auf-geführten Ländern nur Sierra Leone keine Schulpflicht eingeführt hat. Allerdings bedeutet auch in den anderen Ländern das Bestehen einer Schulpflicht nicht zwangsläufig, dass sie auch verwirklicht wird, denn ohne die notwendige Finanzierung und daraus folgende Maßnahmen – wie zum Beispiel den Schulbesuch zumindest in der Primarstufe kostenlos anzubieten – bleibt die Anordnung der Schulpflicht in der Praxis ohne Wirkung. Angesichts ihrer kritischen ökonomischen Situation stehen den meisten Ländern die notwendigen finanziellen Mittel für ihre Durchsetzung nicht zur Verfügung.

Afrikanische Regierungen haben direkt nach ihrer Unabhängigkeit für lange Zeit den größten Anteil des Staatsbudgets für Bildungsaufgaben verwendet. Heute wird diese Finanzierung im Bildungsbereich mehr und mehr durch neue Herausforderungen wie Aids und Bürgerkriege beeinträchtigt. Diese Probleme rufen beträchtliche sozio-ökonomische und demografische Veränderungen hervor, die auch im Bildungssektor der meisten Länder Afrikas südlich der Sahara Wirkungen zeigen. So sind einerseits in von Bürgerkrieg betroffenen Ländern wie z.b. Angola, Liberia, Sierra Leone und Somalia nicht nur die massiven Zerstörungen der Bildungs-Infrastruktur und die Vertreibung von Millionen Menschen, darunter viele Kinder im Schulalter, zu konstatieren, sondern auch deren Zwangsrekrutierung für die Armee. Andererseits macht HIV/Aids zahllose Kinder zu Waisen, die mangels finanzieller Mittel keine Möglichkeit des Zugangs zu schulischer Bildung haben, während in manchen Ländern jährlich die Anzahl der an HIV/Aids gestorbenen Lehrer die der Absolventen der Lehrerausbildung übertrifft (vgl. Harsch 2000, S. 3).

Die Zunahme solcher Schwierigkeiten fassen die Experten der UNESCO in ihrem Bericht des Jahres 2002 über die Region des subsaharischen Afrika folgendermaßen zusammen:

„Die Herausforderungen, denen sich die subsaharischen Länder Afrikas auf dem Bildungssektor gegenübersehen, sind beträchtlich. HIV-AIDS, Krieg, Bürgerkrieg und eine enorme Bevölkerungszunahme sind die Hauptprobleme für alle Regierungen und Völker in der gesamten Region. Jeder dritte Staatsbürger ist im Schulalter (Primar- oder Sekundarstufe) verglichen mit nur jedem fünften in Lateinamerika oder Asien und jedem sechsten in den Ländern der OECD" (UNESCO 2002, S. 7)

6.2.2   Spektrum der Schulerfahrungen

Die folgende Darstellung basiert auf Angaben, die die interviewten afrikanischen Jugendlichen getroffen haben. Sie sind bezogen auf die in ihrer Heimat besuchten Schulformen. Ziel ist es, die im Schulsystem ihres Herkunftslandes verbrachte Zeit zu rekonstruieren, weil dies später für die Bewertung ihrer Chancen im deutschen Schulsystem behilflich sein kann.

Fünf der 76 Jugendlichen (7%) gaben an, vor der Flucht aus ihrem Land keine formelle Bildungsinstitution besucht zu haben; alle stammen aus Sierra Leone (*Binta, Diallo, Joseph, Salif, Samba*). Weitere 18 Befragte (23,5%) haben in ihrem

Herkunftsland eine Koranschule besucht (Tab. 3). Leider verfügen wir mit Ausnahme der Aussagen von fünf jungen Flüchtlingen nicht über Informationen zum dort erreichten Lernniveau. Diese fünf haben sieben (*Dentas*), sechs (*Harona, Nazim, Ousmane*) und drei Jahre lang (*Saifonlaye*) die Koranschule durchlaufen. Diese Angaben sind in Bezug auf die hier gestellte Frage nach der Performanz im Bildungssystem nicht aussagekräftig, denn die Übergänge in eine höhere Bildungsstufe hängen in der Koranschule weniger von der Anzahl der Jahre als vielmehr von der spirituellen Entwicklung, der Beherrschung des Korans und der Fähigkeit im Lesen und Schreiben der arabischen Sprache ab, deren Bewertung allein der Einschätzung des Marabus, Mullahs oder Koranmeisters unterliegt. Das Hauptziel der Koranlehre ist Easton/Peach (1998) zufolge immer die Vertiefung des Glaubens gewesen.

Tabelle 3: Besuch der Koranschule (n=18)

Jugendliche	Herkunftsland	Anzahl
Ahmed (*), Alhadji (*), Biba (*), Boubacar (*), Dentas (7 Jahre*), Harona (6 Jahre), Nazim (6 Jahre), Rias (*), Habib (*), Thierno (*)	Sierra Leone	10
Dam (*), Ousman (6 Jahre), Saifonlaye (*3 Jahre)	Guinea-Conakry	3
Abdul (*), Fuzum	Somalia	2
Marie Claire	Burkina Faso	1
Fnan	Guinea-Bissau	1
Abdou Khadim (*)	Liberia	1

(*) Befragte, die spontan die Frage nach dem Schulbesuch in ihrem Herkunftsland verneinten, obwohl sie dort eine Koranschule besucht hatten.
( ) Anzahl der Jahre, die eine Koranschule besucht wurde.

Fünfzehn der achtzehn hier aufgeführten Jugendlichen stammen aus westafrikanischen Ländern. Es liegt offensichtlich ein Zusammenhang zwischen einer starken Präsenz des Islam in der Mehrzahl der Länder Westafrikas und der oben bereits erwähnten Verbreitung von Koranschulen vor. Dies ist nach Meinung mancher Schulentwicklungsexperten ein Indikator für die Krise, in der sich die Schule europäischen Typs in dieser Region heute befindet. Tatsächlich kompensiert die Koranschule trotz eines eng gefassten, auf die religiöse Lehre fokussierten Curriculums ihren reduktionistischen Charakter durch berufsbildende Anteile, die sie dem alltäglichen Leben der Bevölkerung annähert. So dienen die Marabus oder Mullahs, die meist zugleich Führer der Gemeinden und Mitglieder der islamischen Machtnetzwerke sind, für ihre Gefolgschaft als Vermittler zum Eintritt in diese Netzwerke, die ihren Schülern Vorteile für ihre soziale Positionierung bieten. Andererseits beinhalten die Unterrichtsthemen durch konkrete Aufgabenstellungen Übungen im Zeitmanagement, und sie stellen einen soliden moralischen Referenzrahmen dar (vgl. Easton/Peach 1998).

Acht der 18 Koranschüler verneinten spontan die Frage nach ihrem Schulbesuch. Erst nach gezieltem, mit Beispielen unterstütztem Nachfragen erwähnten sie den Besuch einer Koranschule. Diese Reaktion ist bezüglich des hier verfolgten Zieles der Bestandsaufnahme und Beschreibung von Kompetenzen sowohl für das methodische Vorgehen als auch für die Analyse des Gegenstands interessant; auf diesen Zusammenhang werde ich noch zurückkommen.

22 der 76 befragten Jugendlichen (etwa 29%) haben vor dem Exil in ihrem Land eine Primar-, aber keine Sekundarschule besucht (Tab. 4). Nur zwei, *Abdoulaye* und *Juliette*, konnten einen Primarschulabschluss erwerben. Zwölf Jugendliche (ca. 16%) konnten den Besuch der Primarschule nicht zu Ende führen. Von sieben Jugendlichen wissen wir nur, dass sie eine Primarschule besucht haben.

Tabelle 4: Besuch der Primarschule (n=22)

Jugendliche/r	Land	Dauer der Grundschule	Zuletzt besuchte Klasse	Abschluss
Abdoulaye	Sierra Leone	6 Jahre	6. Klasse	Ja
Aliou	Sierra Leone	6 Jahre	k. A.	k. A.
Assalik	Angola	4 Jahre	k. A.	k. A.
Demba	Sierra Leone	6 Jahre	6. Klasse	Nein
Isi	Sierra Leone	6 Jahre	2. Klasse	Nein
Joash	Burkina Faso	6 Jahre	5. Klasse	Nein
Jonathan	Sierra Leone	6 Jahre	2. Klasse	Nein
Juliette	Togo	6 Jahre	6. Klasse	Ja
Kapu	Togo	6 Jahre	4. Klasse	Nein
Maimouna	Togo	6 Jahre	5. Klasse	Nein
Malik	Sierra Leone	6 Jahre	k. A.	k. A.
Mamudou	Sierra Leone	6 Jahre	6. Klasse	Nein
Mikael	Somalia (+Äthiop.)	8 Jahre	6. Klasse	Nein
Mohammed	Tunesien	6 Jahre	k. A.	k. A.
Moussa	Sierra Leone	6 Jahre	k. A.	k. A.
Patrik	Sierra Leone	6 Jahre	k. A.	k. A.
Rayim	Guinea-Conakry	6 Jahre	1. Klasse	Nein
Rita	Eritrea	5 Jahre	4. Klasse	k. A.
Saiku	Sierra Leone	6 Jahre	4. Klasse	Nein
Sambiga	Burkina Faso	6 Jahre	6. Klasse	Nein
Simon	Togo	6 Jahre	5. Klasse	Nein
Sulayman	Sierra Leone	6 Jahre	k. A.	k. A.

Tabelle 5: Besuch der Sekundarschule (n=30)

Jugendliche/r	Land	Zuletzt besuchte Klasse	Sekundar-stufe I	Sekundar-stufe II	Abschluss
Abeba	Äthiopien	12	X	X	Ja
Alhasan	Sierra Leone	9	X		Nein
Astere	Äthiopien	8	X		Nein
Aziz	Sierra Leone	8	X		Nein
Bali	Côte d'Ivoire	9	X		Nein
Chirmo	Sierra Leone	12	X		Ja
Dauda	Sierra Leone	k. A.	k. A.	k. A.	k. A.
Dramane	Niger	8	X		Nein
Eden	Eritrea	12	X	X	k. A.
Francis	Guinea-Conakry	10	X		Ja
Genet	Äthiopien	8	X		*
Ibrahim	Sierra Leone	12	X		Ja
Janine	Togo	10	X		Nein
Jeremy	Sierra Leone	12	X	X	Ja
Konaté	Unbekannt	k. A.	X		Nein
Koodi	Togo	9	X		Nein
Lorenzo	Angola	8	X		*
Marta	Äthiopien	8	X		Nein
Meryl	Guinea-Conakry	k. A.	X		Nein
Mireille	Guinea-Conakry	10	X		Ja
Musa	Sierra Leone	12	X	X	Ja
Ndengo	Burkina Faso	9	X		Nein
Olivier	Côte d'Ivoire	7	X		Nein
Rashied	Togo	10	X		Nein
Rodeo	Burundi	9	X		Nein
Rosa	Angola	6	X		Nein
Sega	Äthiopien	k.A.	X	X	Nein
Silvain	Togo	10	X		Ja
Taschat	Côte d'Ivoire	10	X		Ja
Walid	Ägypten	9	X	X	Nein

*   Jugendliche, die eine dem Schulsystem ihrer Länder entsprechende Zeit in der ersten oder zweiten Stufe der Sekundarschule verbracht haben, den Erwerb des Schulabschlussdiploms aber nicht ausdrücklich erwähnen.

30 der 76 Jugendlichen (etwa 40%) haben eine allgemein bildende Sekundarschule besucht (Tab. 5). 23 von ihnen (etwa 30%) sind nicht über die erste Stufe hinausgekommen, sechs von diesen (*Chirmo, Francis, Ibrahim, Mireille, Silvain* und *Taschat*) haben die Sekundarstufe I mit einem Diplom abgeschlossen. Weitere sieben Befragte (*Abeba, Chirmo, Eden, Jeremy, Musa, Sega* und *Walid*) haben die Sekundarstufe II besucht, und drei von ihnen (etwa 4%), nämlich *Abeba, Jeremy* und *Musa*, haben einen dem Abitur entsprechenden Abschluss erworben. Von *Dauda* wissen wir nur, dass er eine Sekundarschule besucht hat, ohne weitere Informationen über die von ihm erreichte Stufe zu haben. Lediglich *Ali* hat vor der Migration eine technische Schule besucht, ohne jedoch einen Abschluss zu erwerben.

Anders als bei der Frage nach dem Besuch der Koranschule wurden die Antworten zum Besuch von Schulen europäischen Zuschnitts sehr spontan und ohne Missverständnisse gegeben, selbst wenn sich die Frage allgemein auf die Tätigkeiten im Herkunftsland und nicht explizit auf die Schule bezog.

Insgesamt 71 Befragte (93%) haben in ihrem Herkunftsland eine formelle Bildungsinstitution irgendeiner Art besucht (Tab. 6). Von diesen waren 53 (70%) in einer formellen Bildungsinstitution europäischen Modells. 41 Flüchtlinge (55%) haben eine bereits begonnene Ausbildungsstufe nicht beendet, elf (13%) konnten ein Abschlussdiplom erwerben. 18 Jugendliche (24%) haben eine Koranschule besucht, während fünf der Befragten (7%) an keinerlei formellen Bildungsangeboten teilgenommen haben.

Tabelle 6: Übersicht zur in Afrika erworbenen schulischen Bildung

Schulform	Befragte Jugendliche		davon			
			ohne Abschluss		mit Abschluss	
	absolut	% v. ges.	absolut	% v. ges.	absolut	% v. ges.
Keine	5	7%				
Koranschule	18	24%				
Grundschule	22	29%	20	26%	2	3%
Sekundarstufe I	24	31%	17	24%	6	6%
Sekundarstufe II	6	8%	4	5%	3	4%
Technische Schule	1	1%				
Gesamt	76	100%	41	55%	11	13%

Welche Aussagen lassen diese Daten über die von den Jugendlichen im formellen Bildungssektor in ihren Herkunftsländern erworbenen Kompetenzen zu? Schule vermittelt qua Definition Kompetenzen in Form von inkorporiertem bzw. institutionalisiertem kulturellem Kapital, was u.a. in Abschlusszeugnissen sichtbar wird (vgl. Teil 1, Kap. 3). Die Nützlichkeit dieses Kapitals zeigt sich nach Bourdieu in seinem Tauschwert: Es ist dann nützlich, wenn es in den verschiedenen sozialen Feldern gut konvertierbar ist, das heißt, wenn sich dafür symbolisches, ökonomisches und soziales Kapital eintauschen lässt. Das Datenmaterial lässt es nicht zu, Aussagen über die in den afrikanischen Schulen tatsächlich vermittelten bzw. von den befragten Jugendlichen erworbenen Kompetenzen zu machen, denn zwischen der Dauer des Schulbesuchs und dem Erwerb von Kompetenzen besteht keine Kausalbeziehung. Aus diesem Grund werden Antworten zur Schlüsselfrage nach dem Tauschwert des von den Befragten im formellen Sektor der Bildung erworbenen kulturellen Kapitals im Folgenden aus einigen allgemeinen Überlegungen zur Problematik der Schule im heutigen Afrika abgeleitet.

6.2.3   Skizze der Problematik der Schule im postkolonialen Afrika

Analysiert man die Themen, die sich auf Bildungsinhalte und -zwecke in Afrika beziehen, so geht es dabei vorwiegend um die Probleme, welche die Schule als importierte Institution der Sozialisation und Bildung bis heute auf dem afrikanischen Kontinent mit sich bringt: Seien es die Probleme der Unterrichtssprache oder die der Ambivalenz zwischen einer „education for self-reliance" und dem Erwerb technischen Wissens westlichen Stils, sei es die Frage nach der Funktion der Schule als Instrument der Förderung endogener Kulturen usw. Diese Themen verweisen alle auf das selbe Problem, nämlich das der ‚Schule' als Erbschaft der Missionierung und Kolonisierung. Dies ermöglicht es, unter einem methodologischen Gesichtspunkt – jenseits der regionalen und nationalen im Bildungswesen zu beobachtenden Unterschiede – allgemeine Aussagen über die Problematik der schulischen Bildung im heutigen Afrika zu machen. Sowohl die Koranschule als auch die Schule westlichen Modells sind als formelle Bildungsinstitutionen im afrikanischen Kontext exogen, zunächst von den muslimischen, dann von den christlichen Missionaren und später von den Kolonialverwaltungen im Rahmen unterschiedlicher Eroberungen des Kontinents eingeführt worden. Obwohl diese Ausgangssituation durch die Untersuchungen zahlreicher afrikanischer wie auch westlicher Wissenschaftler und internationaler, auf die Frage der Erziehung spezialisierter Institutionen wie die UNESCO grundsätzlich bestätigt worden ist (vgl. Berger 1978, Bude 1984, Depaepe 1995, Erny 1981, Kom 1996), gibt es diesbezüglich einige kritische Stimmen (Adick 1988, Küster 1994). Sie versuchen das Erklärungsmuster zu widerlegen, das die Ursache heutiger Bildungsprobleme in Afrika in der durch die staatlichen Strukturen weitergeführten kolonialen Vergangenheit sieht. Dieses Erklärungsmuster sei unzureichend, weil es nicht erklären könne, weshalb und wie Schule nach ‚westlichem' Modell weltweit dominant wurde. Ebenso reduziere die Argumentation die eher komplexen Phänomene zu sehr, denn immerhin habe die Kolonialschule auch zur Herausbildung von antikolonialen Bewegungen bzw. einer afrikanischen Führungselite beigetragen.

Eine solche Argumentation birgt die Gefahr einer Relativierung und Verharmlosung des Kolonisierungsprojekts in sich, wobei die Einführung der Schule ein wesentliches Moment bildet und dessen Hauptmerkmal seine gewaltsame Durchführung ist. Dass die Folgen dieser historischen Situation negative und zum Teil die entscheidenden Faktoren in dem gewaltigen Umbruch darstellen, in dem sich der Kontinent heutzutage befindet, ist in maßgeblichen Forschungen zur Bildungsproblematik Afrikas bereits ausführlich belegt worden (Balandier 1962, 1995).

Jenseits dieser Diskussion stellt sich die Frage, ob die Schule trotz der gewaltsamen Bedingungen ihrer Einführung nicht doch die ihr traditionell zugeschriebene positive Funktion auch im afrikanischen Kontext erfüllt hat. Hat die westliche Schule nicht zahlreiche Söhne und Töchter dieses Kontinents ausgebildet? Sind nicht auch diejenigen dazuzuzählen, die heute die so genannte ‚afrikanische Elite' bilden? Hat sie nicht durch die Einführung von europäischen Sprachen, die die Vielzahl der auf dem Kontinent gesprochenen ‚ethnischen Dialekte' überbrücken können, sowohl die inter-afrikanische Kommunikation als auch vor allem die Verständigung mit der westlichen Welt ermöglicht, und bleibt die Schule nicht deswegen für die Bevölkerung Afrikas das wichtigste Mittel des Zugangs zur westlichen ‚Modernität' bzw. zur ‚zivilisierten Welt'? Sollten uns all diese ‚guten Taten' nicht trotz der ursprünglich gewaltsamen Umstände der Einführung der Schule zu einer differenzierteren und ausgewogeneren Beurteilung dieser Institution im postkolonialen Afrika führen?

Um diese entscheidende Frage bezüglich der Rolle der Schule nach westlichem Muster bzw. der von dieser Institution vermittelten Kompetenzen grundsätzlich anzugehen, ist es sinnvoll, auf die ihr im westlichen Kontext zugeschriebene Funktion zurückzugreifen. Auf diese Weise kann die Diskrepanz zwischen dem humanistischen Anspruch der Schule und ihrer Wirklichkeit im afrikanischen Kontext deutlich gemacht werden.

Die europäische Schule ist als *Erziehungs-* und *Sozialisationsinstitution* in Ergänzung zur familiären Erziehung konzipiert. Sie dient zur Vermittlung gesellschaftlich relevanter Kompetenzen, die viele Familien auf Grund qualitativer und vor allem quantitativer Veränderungen in der Erwerbstätigkeit und der daraus resultierenden Einschränkung der für die Kindererziehung zur Verfügung stehenden Zeit allein nicht mehr leisten können. Diese Funktionen[99] sind organisch miteinander verbunden und führen zum gleichen Ziel: Während sich das Kind als Individuum entfaltet, wird es gleichzeitig dazu ausgebildet, den Erwartungen seiner Gesellschaft durch die Entwicklung von Fähigkeiten zur Lösung der sich ihm in diesem Rahmen stellenden Probleme zu entsprechen.

Erziehung wird so zu einem Akt der Sozialisation, indem sie dem Kind die Kultur seiner Umgebung vermittelt und es lehrt, in dieser zu leben und ihr durch seine Fähigkeit der Problemlösung zu dienen. Daraus folgt, dass die Schule durch ihre Funktion der Gesellschaft substanziell eingegliedert ist, die vermittels ihrer Glaubensvorstellungen, Werte und Zukunftvorstellungen der Schule ihre Erzie-

---

99 Neben einer struktur-funktionalistischen Perspektive auf die Schule wie bei Bourdieu/ Passeron (1979) heben andere Autoren wesentliche Merkmale der Schule hervor, wie z.B. ihre Allokations-, Reproduktions-, Selektions- und Legitimationsfunktion (vgl. Fend 1980). Das humanistische Bildungsideal kann hinzugefügt werden.

hungsziele liefert. So kann eine Beurteilung der Schule als gesellschaftlicher Institution in erster Linie im Blick auf ihre Fähigkeit, diese primäre Funktion der Erziehung als ‚Praxis der Zivilisation und der Freiheit' (Eboussi 1999, S. 25) ihren Heranwachsenden zu vermitteln, vorgenommen werden. Dieses Vorgehen ist hier in methodologischer Hinsicht entscheidend, weil es ermöglicht, Kulturalismus und Willkür zu vermeiden. Mit der pädagogischen Funktion der Schule ist eine Orientierungskategorie gegeben, die als Bewertungsinstrument für die Kompetenzen der Heranwachsenden auch in Afrika benutzt werden kann. Dabei wird sich die Analyse nicht auf ein abstraktes Gebilde namens Schule, sondern auf die Schule in ihren konkreten Erscheinungsformen und Performanzen seit ihrer Einführung auf dem afrikanischen Kontinent richten.

6.2.4   Schule und Kompetenzen im postkolonialen Afrika

Geschichtlich kann gesagt werden, dass Schulen in Afrika von muslimischen und christlichen Missionaren als Instrument zur Bekehrung geschaffen wurden. Die Schule im heutigen Afrika ist immer noch von dieser Zielsetzung geprägt, was zu einer plausiblen Erklärung für die Krise herangezogen werden kann, in der diese Institution sich befindet. Die Prägung, von der hier die Rede ist, weist auf den grundsätzlich extravertierten Charakter der Zielsetzungen und Funktionen der Schule in Afrika hin. Zur Bedienung fremder Interessen in den afrikanischen Gesellschaften eingerichtet, konnte dies nur zum Nachteil des Kontinents gereichen. Denn um ihr Unternehmen zu rechtfertigen, mussten die Begründer der Schule nicht nur behaupten, dass es im vorkolonialen Afrika keine Bildungsinstitutionen gab, sondern darüber hinaus den Afrikanern die Fähigkeit absprechen, solche aus eigener Kraft zu entwickeln:

> „Der Begriff, in dem sich alle diese Rechtfertigungen zusammenfassen lassen, ist der der Zivilisation oder der Kultur. Das Fehlen von Zivilisation oder Kultur ist als die Summe der Mängel oder der Defizite der grundlegenden humanisierenden Faktoren zu verstehen, die durch Religion, Staat, Moral, der Schrift und der Kunst, der Industrie gegeben sind. […] Die postkoloniale Historiografie ist gekennzeichnet durch die anthropologische Verweigerung, die Menschlichkeit bestehe grundsätzlich aus den Eigenschaften, die im Besitz der Anderen sind und die den Kolonisierten oder den früher Kolonisierten völlig fehlen oder von denen sie nur das Allernötigste oder nur Virtuelles besitzen" (Eboussi: ‚Logique de l'histoire: anachronismes' [unveröff. Typoskript]).

Daraus erklärt sich die doppelte Aufgabe der Missionierung und Zivilisierung, zu der sich die Kolonialherren berufen fühlten. Diese auf der „anthropologischen Verweigerung" gegründete Aufgabe führt ein Element der Gewalt ein, das zum substanziellen Funktionsmodus des gesamten missionarischen Unternehmens wurde und durch die Kolonisierung seinen Höhepunkt erreichte. Die hier angesprochene Gewalt hat sowohl symbolischen als auch materiellen Charakter (vgl. Teil 2, Kap. 1). Sie setzt sich zusammen aus der Missachtung oder Verneinung des Vorgefundenen, gefolgt von der Zerstörung lokaler Kulturen einschließlich ihrer Erziehungssysteme, um diese gewaltsam durch anderes zu ersetzen, dessen Ziele und Interessen außerhalb dieser Gesellschaft liegen. Tatsächlich hatte die koloniale Schule keine andere Funktion als die Bildung der Einheimischen für die Aufgaben, deren Haupterträge den kolonialen Metropolen zuflossen. Walter Rodney schreibt:

> „Der Hauptzweck des kolonialen Schulsystems bestand darin, die Afrikaner soweit zu bilden, dass sie auf der lokalen Ebene in den bescheidensten Stellungen der Administration und für private kapitalistische Unternehmen, die Europäern gehörten, arbeiten konnten" (Rodney 1982, S. 240).

Die meisten politischen Führer in den importierten und mit Gewalt eingepflanzten Strukturen[100] der afrikanischen Staaten (vgl. Tetzlaff 2003) sind in Schulen dieser Art ge- bzw. verformt worden. Dort haben sie gelernt, die Sprachen bzw. die Lebensstile der jeweiligen Kolonialherren als ihren eigenen überlegen zu betrachten und diese konsequenterweise nachzuahmen (vgl. Mvesso 1998). Vor allem haben sie gelernt, deren Interessen bzw. ihre persönlich-egoistischen zu bedienen. Dies bietet eine Erklärung dafür, weshalb die so genannte afrikanische Elite nach Ende der Kolonialherrschaft trotz der Krisenlage, von der die schulische Bildung in Afrika seit mehr als drei Jahrzehnten gekennzeichnet ist, sich einer radikalen Hinterfragung der „neuen" Dysfunktionalität[101] dieser Institution bezüglich der ihr traditionell zugeschriebener Aufgaben der Sozialisation bzw. Allokation verweigert, und statt dessen eine Vogel-Strauß-Politik betreibt. Die hier angesprochene Dysfunktionalität der Schule nach westlichem Modell im afrikanischen Kontext ist über lange Zeit durch ihren scheinbaren Erfolg verschleiert worden, der, wie im Folgenden gezeigt wird, sich jedoch nur im Rahmen einer zeitlich begrenzten Konjunktur erklären lässt.

Die Schule ist in den meisten afrikanischen Ländern nach der formellen politischen Unabhängigkeit das Mittel des sozialen Aufstiegs par excellence gewesen. Indem sie die Aufgabe hatte, die einheimischen Angestellten und Funktionäre auszubilden, die teilweise die nach Europa zurückkehrenden Kolonialverwalter ersetzen sollten, bekam die Schule eine gesellschaftliche Anerkennung, die im direkten Verhältnis zu dem Ansehen und den durch ihre berufliche Stellung

---

100 Die Verteilung des „afrikanischen Kuchens" fand auf der 1884 von Otto von Bismarck einberufenen Berliner Konferenz zur Regelung der territorialen Streitigkeiten zwischen den Kolonialmächten statt. Diese Aufteilung besiegelte sowohl die Grenzverläufe als auch in der Folge die Schaffung der meisten staatlichen Einheiten Afrikas in der noch heute geltenden Form. Muss dabei noch auf die vielfältigen destabilisierenden Konsequenzen sozialer, politischer und ökonomischer Art hingewiesen werden, die eine solche Balkanisierung begründet?

101 Der Begriff „neue Dysfunktionalität" weist hier auf die Folgen des nicht vollzogenen Funktionswandels der Schule westlichen Modells im afrikanischen Kontext nach der Unabhängigkeit hin, während die Kolonialschule trotz oder sogar dank der Brutalität der von ihr angewandten Methoden mit Konsequenz und ‚Erfolg' ihre Funktion der Bildung von Einheimischen für Aufgaben, deren Haupterträge den Kolonialmächten zufließen sollten, erfüllt hat.

gegebenen Vorteilen fast aller dort Ausgebildeten stand. Dies war die Zeit des Ansturms auf die Schulen und die Genese des Mythos von Diplomen als Maßstab des schulischen Erfolgs, aber auch eines Prestigegewinns für Familien mit ausgebildeten Kindern. Diese Situation erklärt sich im Rückblick aus einer in dieser Zeit perfekten Gleichsetzung der Strukturen von Angebot und Nachfrage, die dazu führte, dass der Erwerb von Diplomen praktisch eine Anstellung in der Verwaltung und damit den Gewinn von Reichtum und Autorität garantierte. Ein Diplom bzw. auch der einfache Schulbesuch bildeten im sozialen Kontext der Unabhängigkeitsjahre wie auch der folgenden Jahre in Afrika ein echtes „institutionalisiertes *(importiertes)* Kapital", das sich in „ökonomisches" und „symbolisches Kapital" umwandeln ließ.

Dieses Vorrecht hielt ungefähr zwei Jahrzehnte an. Nachdem die Schule die ihr zugesprochene Aufgabe der Produktion von Verwaltungspersonal zur Kontinuitätssicherung der aus der Kolonisation ererbten Strukturen abgeschlossen hatte, eine Aufgabe, zu deren Bewältigung Reformen dieser Institution überflüssig waren, kamen die 1980er Jahre: Die tief gehende Krise, die durch die nahezu automatischen Rekrutierungen von Schulabgängern durch den Staat verdeckt worden war, wurde spätestens zu diesem Zeitpunkt offensichtlich. Der Staat konnte den Absolventen die Arbeitsplätze nicht mehr sichern; er selber befand und befindet sich noch immer in der Krise und seine Schule mit ihm. Diese hat durch die Vermittlung abstrakter, für ihre Umgebung realitätsferner Inhalte im besten Fall „Verwaltungsfunktionäre" ausgebildet. Dieser Ausdruck verweist in vielen Ländern Afrikas auf eine Kategorie von Personen, die für Entscheidungspositionen ausgebildet worden sind und dementsprechend Aufgaben im Bereich gesellschaftlicher Verantwortung übernehmen. In der beruflichen Realität reduziert sich ihre Funktion jedoch auf rein symbolische, nahezu magische Tätigkeiten (wie das Unterschreiben von Akten, das Ernennen von Funktionsträgern etc.), mit denen sie keinerlei Einfluss auf die konkrete Transformation der Realität haben, von der sie im übrigen auch durch die realitätsfernen Inhalte ihrer Schulbildung abgeschnitten sind (vgl. Teil 2, Kap. 2). Die Schule ist auf diese Weise zu einer Institution zur Produktion von Arbeitslosen geworden, die sich mit zahlreichen Diplomen schmücken können, aber nicht fähig sind, auf Grundlage ihrer schulischen Ausbildung auf die elementaren Probleme ihrer Gesellschaft eine Antwort zu finden.

Henry N. Tatangang fasst wie folgt die (hier analysierte) Krise der vom abendländischen Modell kopierten Schule im postkolonialen Afrika zusammen:

> „73% der Kinder beenden ihre Vorbereitung auf das Berufsleben auf Grundschulniveau. Werden sie in der Lage sein, in der modernen, technisierten, dem transnationalen Wettbewerb ausgesetzten Wirtschaft, entscheidende Rollen zu übernehmen? Es gibt Grund genug daran zu zweifeln, ob diese aus der Primarstufe ‚Herausgefallenen' zur Übernahme ihrer wirtschaftlichen Rolle in der aktuellen Gesellschaft bereit sind, wenn sie die Schule verlassen. […] Die große Mehrheit der Kinder, welche die Schule zwischen dem Beginn der Primarstufe und dem Ende der Sekundarstufe

zwangsweise verlassen, haben eines gemeinsam: es fehlen ihnen die Kompetenzen oder die Kenntnisse, mit denen sie die Schule nach westlichem Modell eigentlich versorgen sollte [...], ebenso fehlt ihnen das für die Unternehmensgründung notwendige Know-how. Sie haben also weder die berufliche Qualifikation, die sie für einen Lohn verkaufen könnten, noch die Kompetenz, um ihr eigenes Unternehmen modernen Stils gründen zu können. [...] Die Situation ist sogar noch schlimmer. Sowohl diejenigen, die die Sekundarstufe abgeschlossen haben, wie auch Hochschulabsolventen, haben Schwierigkeiten, als Lohnabhängige oder als Selbständige ihren Platz in der modernen Wirtschaft zu finden [...] Während die Schule ihre Grundlage durch die Ablehnung von Schülern zerstört, verliert der Staat seine Funktion als Hauptarbeitgeber und hinterlässt ein Vakuum" (2000, S. 286/287).

Die kulturelle Entwurzelung und Entfremdung der einheimischen Bevölkerung stellte die notwendige Voraussetzung für das Gelingen des Zivilisationsprojektes dar, zu dessen Realisierung die koloniale Schule das Hauptinstrument war. Es ging weniger darum, durch schulische Bildung Menschen zur Entfaltung kreativer Fähigkeiten zu bringen und zur Lösung der Probleme in ihrer Umgebung heranzubilden, als vielmehr durch Dressur der einheimischen Bevölkerung die Kultur der Kolonialherren, zur prometheischen Zivilisation erhoben, einzupflanzen. Um dieses Ziel zu erreichen, war es wichtig, wie das folgende Zitat Lord Thomas Macaulays bezüglich der in Indien unter der britischen Herrschaft angewandten Bildungsprinzipien deutlich macht, eine ‚gefälschte', d.h. mental entfremdete Elite hervorzubringen:

„Wir müssen gegenwärtig unser Bestes tun, um eine Klasse auszubilden, die als Vermittler zwischen uns und den Millionen, die wir regieren, wirken können; eine Klasse von Personen, die, vom Blut und der Hautfarbe her Inder sind, aber Engländer im Geschmack, den Meinungen, der Moral und dem Intellekt" (Zit. nach: Ashcroft/Griffiths/Tiffin 1995, S. 430).

Auf diese Weise konnte die Kontinuität des Zivilisationsprojekts sichergestellt werden, so dass die physische Anwesenheit der Kolonialherren zu seiner Weiterführung nicht mehr nötig war. Der ‚Krankheitserreger' wurde vermittels der (Ver-) Bildung der ‚Eliten', denen die Aufgabe der Fortführung des Projekts übergeben wurde, ‚injiziert'. So erklärt sich die Tatsache, dass die Mehrheit der afrikanischen Führer angesichts der in ihren Ländern herrschenden schulischen Krise sich keine andere Lösung vorstellen kann, als westliche Experten um Hilfe zu bitten. Die Effizienz dieser Lösung bleibt fragwürdig, wie die vielfachen Misserfolge der von diesen durchgeführten schulischen Reformen zeigen (vgl. Erny 1977 und 1981). Die einzige als positiv zu bezeichnende Entwicklung, die all diesen neueren Reformversuchen gemeinsam ist, ist die Anerkennung der Notwendigkeit der Integration indigener kultureller Elemente in die schulische Bildung. Diese Kehrtwendung bezüglich des Bildungsansatzes erfolgt aber zu plötzlich, um grundlegend oder zumindest effizient sein zu können, denn sie gründet sich auf ein zu oberflächliches, folkloristisches Verständnis kultureller Elemente. So wird zum Beispiel in den Lehrplan der handwerklichen Arbeit als neues Element die Stickerei eingeführt, oder es werden in die Konzeption von Lehrbüchern einige afrikabezogene fotografische Illustrationen aufgenommen.[102] All dieses wird die schulischen Probleme nicht aufheben, denn deren Wurzeln liegen tiefer. Sie liegen in der in afrikanischen Gesellschaften durch die Initiatoren der Schule verursachten mangelnden Anerkennung der eigenen Fähigkeiten zur Problemlösung begründet, die eigentlich jeder menschlichen Gemeinschaft inhärent sind. So wurde die Schule in Afrika unter Missachtung der einheimischen Bildungssysteme und in Konsequenz auf deren Kosten durchgesetzt. Diesbezüglich schreibt Moumouni:

„In den nichtislamisierten afrikanischen Populationen erwirbt das Kind im Laufe seiner Entwicklung im allgemeinen all sein Wissen durch das familiale und soziale Leben: auf praktischer Ebene durch das Beobachten und Nachahmen der Tätigkeiten der Erwachsenen sowie in zahlreichen und unterschiedlichen gemeinschaftlichen Spielen; auf theoretischer Ebene durch das Zuhören bei Älteren und Erwachsenen, durch Nachfragen im Rahmen der täglichen Beschäftigungen oder der Unterhaltungen beim nächtlichen Wachen, durch Rätsel und Sprichwörter. Später wird dieses Wissenspaket vom jungen Mann durch die Teilnahme am traditionellen Gericht (Palaver), unterschiedliche Zeremonien und öffentliche Veranstaltungen vervollständigt. Schließlich werden während der Initiation die schon beschriebenen Aspekte mit dem Erwerb allgemeinen Wissens bezüglich unterschiedlicher Bereiche wie Pflanzenkenntnisse, sexuelles oder religiöses Leben ergänzt" (Moumouni 1964, S. 29).

Diese gleichzeitig differenzierte wie konkrete Bildung war in ihrer Struktur und ihrem Verlauf mehr als ein einfaches Lernen, es war

„das vollständige Leben, gelebt in allen seinen wesentlichen Dimensionen. Das Leben des Kindes dort ist ein reales und beschränkt sich nicht auf eine vorbereitende Übung für den Erwachsenen von morgen" (Eboussi 1999, S. 25).

Diese Einbettung in das alltägliche Leben drückt sich durch die im Wesentlichen partizipative Methode der ‚traditionellen' Erziehung aus. Indem der Schule diese Einbettung in die sie umgebenden sozialen Werte und Bedürfnisse fehlt, ist es schwer zu sagen, wie sie ihre Funktion effektiv und in positiver Weise erfüllen könnte. Es wird damit offensichtlich, dass die Appelle der für die Bildungspolitik

---

102 Paradox ist, dass die Eltern die hohen finanziellen Anstrengungen für den Schulbesuch ihrer Kinder nicht erbringen, damit diese handwerkliche Arbeiten lernen, die sie übrigens zumeist schon durch die Mithilfe bei den Eltern auf der Plantage und bei anderen Hausarbeiten beherrschen. Ihre Erwartung liegt mehr auf dem Erwerb von Diplomen, die trotz schwieriger konjunktureller Verhältnisse zu einer angesehenen und den Status der ganzen Familie erhöhenden Anstellung führen könnte, wie es für die Generationen vor der Krise der Fall war.

in Afrika Verantwortlichen in ihrer Aufforderung an die Schulreformer, die indigenen kulturellen Elemente in den Lehrplan aufzunehmen, nur Phrasen sein können, die vielmehr darauf hinweisen, in welchem Ausmaß die Probleme der Schule ihnen fremd geblieben sind. Diese Probleme fordern für ihre Lösung auf Grund ihrer Komplexität sowie des Ausmaßes ihrer gesellschaftlichen Folgen offensichtlich die Betrachtung unterschiedlicher, sowohl bildungstheoretischer als auch bildungspolitischer Faktoren, die sich nicht auf den schlichten Einbezug einiger ‚kultureller' Elemente in den Lehrplan reduzieren lassen.

Die Schule wirkt im postkolonialen Afrika durch die Bedingungen ihrer Einführung strukturell entfremdend; sie hat sich aber als Institution gegen die einheimischen Bildungssysteme durchgesetzt. Als Hauptinstrument der *kulturellen Kolonisierung* hat sie es nicht vermocht, Afrikanern ein Wissen zu vermitteln, das sie befähigt, Antworten auf die elementaren Fragen ihrer Lebenswelt zu finden. Wie die in diversen afrikanischen Ländern an den Modellen der früheren Kolonialmächte orientierten Unterrichtssprachen und Lehrinhalte zeigen, bleibt der junge, die Schule besuchende Afrikaner Besitzer eines von außen stammenden Wissens, das ihm bei der Lösung der Probleme seiner eigenen Gesellschaft nur wenig hilft. Dieses von außen bestimmte Wissen verkoppelt mit der im vorigen Kapitel beschriebenen postkolonialen Morbidität hat heutzutage zur Folge, dass viele gebildete Afrikaner in Länder des Nordens migrieren, in denen ihr schulisches Wissen der Nachfrage in vielen Tätigkeitsbereichen entspricht. Diese Migration wird zudem durch die in diesen Ländern praktizierte Politik des „brain drain" (Anwerbung Hochqualifizierter) gefördert. So tendiert die Schule bzw. Hochschule im postkolonialen Afrika angesichts ihrer mangelnden gesellschaftlichen Effektivität sowie einer allgemeinen Krise der Beschäftigungslage dazu, eine Institution zur Produktion von „Humankapital" für die reichen Länder des Nordens zu werden. Zahlreiche Familien des Kontinents bringen mühselig die finanzielle Investition in die Ausbildung ihrer Nachkommen auf, allein von der Hoffnung motiviert, dass diese ihre Studien im reichen Norden fortführen, um dort eine Arbeit finden zu können. Die so Ausgebildeten sind dann wie Produkte anzusehen, die man zum Export vorbereitet. Durch ihre Bildung nicht dazu in die Lage versetzt, die Probleme im eigenen Land zu lösen, bilden sie für ihre Familie zumindest eine Geld-Quelle, wie es schon bei Exportprodukten wie Kaffee, Kakao, Bananen, Gummi etc. war. Dies ist die alarmierende Feststellung, zu der uns eine hier nur skizzierte Analyse der durch die Schule vermittelten Kompetenzen im heutigen Afrika geführt hat.[103]

---

103 Für die Vertiefung dieses Themas siehe auch: „The Regional Conference on Brain Drain and Capacity Building in Africa". Addis Ababa 22-24 February 2000, unter www.uneca.org

6.2.5 Schlussfolgerungen zu den im formellen Sektor gewonnenen Kompetenzen

Welche Schlussfolgerungen lassen sich aus dem hier Geschilderten bezüglich der in dieser Studie untersuchten Kompetenzen junger afrikanischer Flüchtlinge ziehen? Zu dem praktischen Nutzen ihres in der Schule erworbenen Wissens können dazu die folgenden Einschätzungen vorgenommen werden:

- Für die 18 Jugendlichen, die die Koranschule besucht haben, können sich, ausgehend von den ihnen vermittelten Lehrinhalten, Rückschlüsse auf den Erwerb von drei Kapitalsorten ziehen lassen:
  - Durch die moralischen bzw. religiösen Werte der Koranlehre sowie durch die Alphabetisierung in der arabischen Sprachen wird den Lernenden kulturelles Kapital vermittelt, das besonders in der islamischen Welt bzw. in arabisch-sprachigen Ländern von großem Nutzen ist.
  - Eine der Hauptdimensionen der praktischen Anwendung der Koranlehre zeigt sich in einer Mitarbeit bzw. Mithilfe der Schüler bei den wirtschaftlichen Aktivitäten der Lehrer (z.B. Handel oder Viehzucht),[104] folglich lassen sich für die 18 hier genannten Jugendlichen entsprechende Qualifikationen ableiten, die durch eine Erwerbstätigkeit zu ökonomischem Kapital gemacht werden können.
  - Da die Koranschule hauptsächlich eine Institution zur Vorbereitung ihrer Schülerinnen und Schüler auf ein durch religiöse Werte geprägtes soziales Leben ist, vermittelt sie ein gewisses symbolisches Kapital, das sich in dem von ihren Absolventen erworbenen Prestige, ihrer Vorbildfunktion und gesellschaftlichen Anerkennung zeigt. Bezogen auf unsere Befragten ist jedoch zu vermuten, dass ihnen u.a. auf Grund der Unterbrechung ihrer (Koran-)Ausbildung ein solches Kapital nur in geringem Maße zur Verfügung steht.

- Für die 53 Jugendlichen, die eine Schule westlichen Typs besucht haben, lassen sich, ausgehend von unserem Bewertungsmaßstab der potenziellen oder faktischen Transformierbarkeit ihres kulturellen Kapitals, vorsichtig folgende Aussagen machen:
  - Da kaum eine/r der Jugendlichen das Schulsystem im Herkunftsland lückenlos durchlaufen hat und außerdem so gut wie keine Bildungstitel bzw. -ab-

---

104 Weil diese Beteiligung der Koranschüler an den Privataktivitäten ihrer Lehrer meistens nicht freiwillig ist und keine direkte finanzielle Entlohnung bringt, wird die Koranschule von manchen Wissenschaftlern als Ausbeutung betrachtet. Autoren wie Easton/Peach vertreten dagegen die Ansicht, dass diese Praxis eine der wichtigsten Dimensionen der Anpassung der Koranschule an die Lebensrealität sei, da auf diese Weise in Ergänzung zu den auf den Religionsunterricht fokussierten Lehrinhalten praktisches Wissen vermittelt werde.

schlüsse erworben wurden,[105] muss die Möglichkeit zur Erweiterung des bereits erworbenen institutionalisierten kulturellen Kapitals als gering eingeschätzt werden, denn der Bildungsablauf in der Schule westlichen Modells ist dadurch gekennzeichnet, dass der Erwerb eines Zeugnisses auf einer bestimmten Stufe die Berechtigung für den Zugang zur nächsten Stufe vermittelt.

– Obwohl wir davon ausgehen, dass auch im informellen Sektor – als zweitem bedeutsamen ökonomischen Segment – in vielen afrikanischen Ländern Grundbildungskompetenzen wie Lesen, Schreiben, Rechnen erforderlich sind, kann unterstellt werden (und viele Untersuchungen bestätigen diese Annahme), dass auf dem informellen Arbeitsmarkt mit einem schulischen Abschluss wenig anzufangen ist, da hier andere Kompetenzen gefordert sind.

– Auf Grund der oben dargestellten spezifischen historischen Entwicklung der formellen Bildungssysteme in Afrika mit ihrer bis heute überwiegenden Orientierung an den Inhalten europäischer humanistischer Bildung, verstanden als Propädeutikum für eine geisteswissenschaftliche akademische Karriere oder eine Verwaltungslaufbahn, ist die Transformierbarkeit des institutionalisierten kulturellen Kapitals in ökonomisches Kapital (im Sinne eines qualifizierten Zugangs zu anderen Segmenten des Arbeitsmarktes) eher gering. Verschärft wird diese erschwerte Transformierbarkeit des institutionalisierten kulturellen Kapitals in ökonomisches Kapital durch die in den meisten Herkunftsländern der Jugendlichen herrschende wirtschaftlich und politisch schwierige Lage, die sich u.a. in Krisen des Arbeitsmarktes und Kriegen äußert. All dies führt auch dazu, dass nur vorsichtige Aussagen über die Zugangschancen der beiden Absolventen der Sekundarstufe II zum Arbeitsmarkt gemacht werden können.

– Schließlich unterliegt der symbolische Wert des Schulbesuchs bzw. der schulischen Diplome unserer Befragten wegen ihrer Nutzlosigkeit im afrikanischen Kontext zunehmend einem Entwertungsprozess. Es mag sein, dass sich immer noch ein gewisses symbolisches Kapital im Sinne von Distinktionsprofiten beispielsweise gegenüber Analphabeten daraus gewinnen lässt. Insgesamt dürfte der Gewinn aber eher gering sein, da Analphabeten durch Überlebenskunst aller Art im informellen Sektor durchaus über finanzielles Vermögen verfügen können. So sind sie in einem von zunehmendem Geldmangel gekennzeichneten gesellschaftlichen Kontext in der Lage, zahlreiche lebenswichtige Probleme zu lösen, was ihnen im Gegenzug eine entsprechende soziale Anerkennung einbringt. Demgegenüber wird in den formellen Bildungsinstitutionen in Deutschland (wie die in den Interviews

---

105 Zur Erinnerung: Die Jugendlichen haben mehrheitlich ihre formelle Bildung in Afrika nicht abgeschlossen: Zweiundzwanzig verließen in der Primarstufe, dreiundzwanzig in der Sekundarstufe I und sechs in der Sekundarstufe II das Bildungssystem in ihren Herkunftsländern. Nur zwei konnten die Sekundarschule regulär mit dem Abitur abschließen.

aufscheinende Herabstufung bei der Zuweisung von Schulplätzen zeigt) ein in Afrika erworbener Schulabschluss häufig bereits als minderwertig bewertet, bevor überhaupt sorgfältig geprüft wurde, über welches konkrete Wissen bzw. welche Kompetenzen der oder die Jugendliche verfügt. Dies ist ein Hinweis darauf, dass ein in Afrika erworbener Schulabschluss auch in Deutschland ein eher geringes symbolisches Kapital darstellt.

Unabhängig von der Qualität der Inhalte, den schulischen Leistungen und dem praktischen Nutzen des schulischen Wissens betrachte ich die Tatsache des Schulbesuchs an sich als ein kulturelles Kapital. Diese scheinbar paradoxe Bewertung ist im jugendlichen Alter der Bezugsgruppe begründet, die sich, wie die statistischen Daten zeigen, überwiegend noch in der Ausbildungsphase befindet. Obwohl sie alle wegen der Flucht ihre Ausbildung unterbrechen mussten, eröffnen sich bezüglich ihres in Afrika erworbenen schulischen Wissens durch das Exil neue Perspektiven. Denn ein Wechsel des Kontexts kann dazu führen, dass sie ein in ihren Ländern unangepasstes und dysfunktional wirkendes Wissen wieder nützlich machen können, da einerseits in dem neuen Kontext der Ankunftsgesellschaft der Wert und soziale Nutzen schulischen Wissens unbestritten ist und andererseits in den meisten Ländern Afrikas in verschiedenen Unterrichtsfächern wie Mathematik, Literatur usw. Wissensinhalte gelehrt werden, die eher in westlichem Ländern elaboriert, stabilisiert und validiert wurden. Eine in dieser Hinsicht wichtige Frage ist, welche Bedeutung eine durch mangelnde soziale Anwendbarkeit im Herkunftsland zunehmend entwertete Schulbildung in dieser neuen Umgebung haben kann. Anders gefragt: Können die Jugendlichen diesen, wenn auch mageren schulischen Ertrag in ihrem Aufnahmeland zu einem institutionalisierten kulturellen Kapital machen? Können sie ihre Ausbildung auf der Stufe fortführen, die sie vor dem Exil besucht haben?

6.3   Kompetenzen im informellen Sektor

Unter dem informellen Sektor der Bildung verstehen wir ein Bildungssegment, das durch Lern- und Erziehungsprozesse gekennzeichnet ist, wie sie beispielsweise in Familien, in *peer groups* oder in anderen sozialen Gruppen stattfinden, in denen Wissen, Kompetenzen und Fertigkeiten in eher ungeplanter Form in der täglichen Lebens- und Arbeitspraxis erworben werden und die vornehmlich an der Existenzsicherung und Lebensbewältigung orientiert sind. Angesichts des in Ländern der so genannten „Dritten Welt" im Allgemeinen und in Afrika im Besonderen wahrzunehmenden exponentiellen Wachstums des Bildungsangebots im informellen Bereich und in Anlehnung an zahlreiche Studien zu diesem Phänomen, wurde bei der Konzipierung des Projektes „Bildungsinstitutionen im Spiegel von Flüchtlingsbiographien afrikanischer Jugendlicher" festgelegt, die im informellen Sektor ihrer

Herkunftsländer erworbenen Kompetenzen von unseren Informantinnen und Informanten zu untersuchen.[106]

In diesem Sinne haben wir die Flüchtlinge danach befragt, was sie in ihren Herkunftsländern außerhalb der Schule gelernt haben: zu Hause, auf der Straße usw. Angesichts der oben bereits geschilderten geringen Anzahl spontan positiver Antworten auf die Frage nach den im informellen Sektor erworbenen Kompetenzen haben wir unsere Frage insofern umformuliert, als wir weniger das Lernen betont haben, sondern vielmehr den Schwerpunkt auf hauswirtschaftliche, landwirtschaftliche, auf den Handel bezogene oder sportliche Aktivitäten gelegt haben. Allerdings gingen die Antworten in den meisten Fällen nicht über eine Reaktion auf die genannten Beispiele hinaus und nur wenige der Jugendlichen wurden dadurch zu einer ausführlicheren Schilderung ihrer außerschulischen Aktivitäten angeregt. Diese Schwierigkeit ist unseres Erachtens nach symptomatisch für die Probleme, die sich aus der Mehrdeutigkeit des Kompetenzbegriffs sowie der Interviewmethode ergeben. Wie die jungen Flüchtlinge auf die Frage nach den im informellen Sektor erworbenen Kompetenzen reagiert haben, bildet dementsprechend eine signifikante Variable für ihr Verständnis von ‚Bildung' und ‚Kompetenz' (vgl. Teil I, Kap. 1), worauf noch eingegangen werden soll.

Die Darstellung der Antworten strukturiert sich nach den Orten, an denen außerschulische Kompetenzen erworben wurden. Dabei wird über die in den Interviews benutzten Kategorisierungen hinaus („zu Hause", „auf der Straße,,) die Kategorie „Familie" hinzugefügt. Der Begriff „Familie" ist hier im erweiterten Sinne zu verstehen: Er umfasst Onkel und Tanten, Cousins und Cousinen, kurz alle, die in verwandtschaftlichen Beziehungen zueinander stehen. Diese Kategorie ermöglicht uns, einerseits unterschiedliche, in den Interviews auftauchende Orte und Personen zu subsumieren, andererseits eröffnet sie Perspektiven für das Verständnis der institutionalisierten Mechanismen informellen Lernens in Afrika als einer der Methoden der so genannten „traditionellen" Erziehung. Nach dieser Darstellung werden die Antworten diskutiert, die bezüglich des informellen Sektors als Ort der Bildung und Vermittlung von Kompetenzen im afrikanischen Kontext gegeben wurden.

Eine Topografie der außerschulischen Aktivitäten unserer Befragten, kategorisiert nach Tätigkeiten innerhalb und außerhalb der Familie,[107] ergibt die in den Tabellen 7 und 8 dargestellten Resultate, die sich folgendermaßen zusammenfassen lassen:

---

106 vgl. Neumann/Schroeder 1998, Finanzierungsantrag des SFB 520, S. 78 f.

107 Diese Aufteilung ist in gewisser Hinsicht künstlich, denn in der Realität besonders der ländlichen Gebiete und der städtischen Elendsviertel in Afrika lässt sich bis heute das Leben bzw. die familiale Erziehung nicht leicht von der der sozialen Gemeinschaft im Ganzen trennen. Da letztere in Bezug auf die Sozialisation des Kindes in beständiger Wechselwirkung mit der Familie steht, wäre es angemessener, diese beiden Strukturen hinsichtlich ihres Zusammenhangs als Rahmen des Erwerbs von Kompetenzen in Verbindung miteinander zu betrachten.

- 41 Jugendliche (etwa 54%) haben auf die Frage nach informell Gelerntem eine oder mehrere Tätigkeiten im familiären Rahmen angeführt (Tab. 7),
- 17 Jugendliche (etwa 22%) haben solche Tätigkeiten parallel zur Schule außerhalb der Familie realisiert (Tab. 8),
- sieben Jugendliche (9%) gaben an, außer zur Schule zu gehen nichts anderes gemacht zu haben,
- elf (ca. 15%) haben diese Frage im Interview nicht beantwortet.

Tabelle 7: Informelle Aktivitäten im Kontext der Familie (n=41)

Jugendliche	Land	Tätigkeit/„Kompetenzen"	Ort des Erwerbs
Abdoulaye	Sierra Leone	Ackerbau	Bei den Eltern
Abeba	Äthiopien	Haushalt, Frisuren machen	Bei den Eltern
Ahmed*	Sierra Leone	Ackerbau, Viehzucht	Bei den Eltern
Alhadji	Sierra Leone	Viehzucht	Bei den Eltern
Alhasan	Sierra Leone	Diamantenhandel	Beim Vater
Astere	Äthiopien	Kuchen backen, kochen	Bei den Eltern
Bali	Côte d'Ivoire	Ackerbau	Bei den Eltern
Biba*	Sierra Leone	Koran lesen	Zu Hause
Binta	Sierra Leone	Koran lernen, Viehzucht	Beim Vater
Boubacar	Sierra Leone	Mitarbeit im Geschäft	Beim Vater
Diallo*	Sierra Leone	Alphabet lernen	Bei seinem Onkel
Eden	Eritrea	Haushalt, Betreuung v. Geschwistern, Bastkörbe flechten/verkaufen	Bei den Eltern
Fuzum	Somalia	Fischerei	Beim Vater
Genet*	Äthiopien	Haushalt, Haare flechten	Bei den Eltern
Habib	Sierra Leone	Viehzucht	Bei den Eltern
Isi*	Sierra Leone	Singen, Marktfrau, Ackerbau, Haushalt	Bei der Mutter
Janine	Togo	Kochen	Zu Hause
Joseph	Sierra Leone	Viehzucht	Bei den Eltern
Juliette	Togo	Disziplin, Respekt, Kochen, Frisuren machen	Bei den Eltern und der Schwester
Kapu	Togo	Medizin	Beim Vater
Koodi	Togo	Ackerbau	Bei den Eltern
Maimouna	Togo	Schneidern, Marktfrau, Kochen, Babysitting	Zu Hause
Mamudou	Sierra Leone	Viel von der Mutter gelernt	Bei der Mutter
Marta	Äthiopien	Haushalt, Sticken, Schneiderei, Kochen	Bei den Eltern
Mireille	Guinea-Conakry	Afrikanische Küche, Babysitting, Friseur, Maniküre, Pediküre	Zu Hause
Moussa	Sierra Leone	Mithilfe beim Ackerbau	Bei den Eltern
Olivier*	Côte d'Ivoire	Frisuren, Kochen	Bei seiner Cousine und seiner Mutter

Patrik	Sierra Leone	Kochen	Zu Hause
Rashied	Togo	LKW-Begleiter, Mithilfe beim Verkauf	Beim Vater und den Brüdern
Saifonlaye	Guin.-Conakry	Kochen	Zu Hause
Rias	Sierra Leone	Mithilfe b. Kühe hüten, Ackerbau	Bei den Eltern
Saiku	Sierra Leone	Mithilfe beim Ackerbau	Bei den Eltern
Salif*	Sierra Leone	Mithilfe in Autoreparaturwerkstatt	Bei seinem Onkel
Samba	Sierra Leone	Botengänge	Für seinen Vater
Sambiga	Burkina Faso	Mitarbeit im Laden	Beim Vater
Sega	Äthiopien	Kochen	Zu Hause
Silvain	Togo	Mithilfe bei Autoreparaturen	Beim Vater
Simon	Togo	Haushalt, Kochen, Koran lesen	Zu Hause
Sulayman	Sierra Leone	Mithilfe im Laden	Bei seinen Eltern
Thierno	Sierra Leone	Mithilfe b. Ackerbau und Viehzucht	Bei seinen Eltern
Walid	Ägypten	Haushalt, Mithilfe in Strumpffabrik	Bei seinen Eltern

Tabelle 8: Informelle Tätigkeiten außerhalb der Familie (n=17)

Jugendliche	Land	Tätigkeit/„Kompetenzen"	Ort des Erwerbs
Abdou K.	Liberia	Fußball (Sport)	Straße/Freunde
Aziz	Sierra Leone	Elektro-Installationen i. Wohnungen	Freund des Vaters
Dentas*	Sierra Leone	Fußball (Sport)	Straße
Fnan*	Guinea-Bissau	Fußball	Straße
Joash	Burkina Faso	Fabrikarbeit, Schuhputzer, Deutsch lernen	Fabrik, Straße, Nachbar
Ibrahim	Sierra Leone	Fotograf	Selbstständig
Marie Cl.	Burkina Faso	Haare flechten, Marktfrau, Basketball spielen	Straße u.a.
Mireille	Guinea-Conakry	Basketball	Straße/Freunde
Ndengo	Burkina Faso	Malerei, Holzarbeit	Straße
Ousman	Guinea-Conakry	Automechanik	Werkstatt/Straße
Patrik	Sierra Leone	In Jugendorganisation gearbeitet	politische Partei
Rita*	Eritrea	Fußball, Gymnastik	Mitschüler u.a.
Rodeo	Burundi	Fußball, Basketball, Volleyball	Straße u.a.
Rosa	Angola	Handwerk	Flüchtlingslager
Saifonlaye	Guinea-Conakry	Friseur	Straße
Silvain	Togo	Fußball	Straße
Taschat	Côte d'Ivoire	Reparaturen	Straße

* Jugendliche, die die Frage nach ihrem außerschulisch erworbenen Wissen spontan verneinten und erst nach weiteren Nachfragen Auskünfte über das in und außerhalb der Familie Gelernte gaben. Es handelt sich um insgesamt zehn Jugendliche.

Die 58 positiven Antworten weisen auf eine Vielzahl von Aktivitäten in unterschiedlichen beruflichen Bereichen in den Herkunftsländern hin. Einige der Jugendlichen, wie z.b. *Abeba* und *Eden*, gaben an, in bestimmten Tätigkeitsbereichen, wie dem familiären Haushalt, die alleinige Verantwortung getragen zu haben:

> „Im Haus? [Habe ich] Eigentlich alles. Bügeln, Saubermachen [...]."
> (*Abeba*, 26 Jahre, Äthiopien, seit achteinhalb Jahren in Deutschland, unbefristete Aufenthaltserlaubnis).
> „Alles, alles. Zuhause habe ich wirklich alles gemacht. Ich kann dir sogar sagen ganz klar, dass ich mit sieben, acht Jahren alleine den gesamten Haushalt geschmissen habe. Weil ich die Älteste war, war ich für alles verantwortlich. Ich trug meine Geschwister auf dem Rücken, habe Essen gekocht, Fladen gebacken usw." (*Eden*, 24 Jahre, Eritrea, seit fünfeinhalb Jahren in Deutschland, unbefristete Aufenthaltserlaubnis).

Die Teilnahme an solchen Aktivitäten lässt den Erwerb eines diesen Tätigkeiten entsprechenden Wissens bei jedem der Jugendlichen vermuten. Dennoch kann nicht unmittelbar davon ausgegangen werden, dass die Teilnahme an einer Tätigkeit mit ihrer kompetenten Ausübung gleichsetzbar ist. Nimmt man Bezug auf den in dieser Arbeit erarbeiteten und verwendeten Kompetenzbegriff (vgl. Teil I, Kap. 3), so muss zur Lösung dieses Problems die Frage gestellt werden, in welcher Weise die Mitarbeit im informellen Sektor zur Ausbildung von Kompetenzen und damit zum Erwerb kulturellen Kapitals beiträgt.

6.3.1 Zur im informellen Sektor angewandten Lernmethode

Die nähere Betrachtung der von den jungen Flüchtlingen ausgeübten außerschulischen Tätigkeiten zeigt, dass diese von den meisten nicht als etwas Gelerntes im Sinne eines organisierten Vorgehens mit der Absicht des Wissenserwerbs angesehen werden. Dies drückt sich beispielsweise in den Antworten von *Janine* und *Abeba* aus:

> I: Hast Du in Deinem Land das Kochen gelernt?
> J: Ich kann gut kochen. Denn in Afrika müssen alle Frauen kochen können. (*Janine*, 19 Jahre, Togo, seit drei Jahren in Deutschland, Aufenthaltsgestattung).
> I: Sonst, kannst Du noch so was, wie zum Beispiel Haare frisieren, flechten...?
> A: Ich habe es nicht gelernt, aber ich kann das alles natürlich. (*Abeba*, 26 Jahre, Äthiopien, seit achteinhalb Jahren in Deutschland, unbefristete Aufenthaltserlaubnis).

Viele andere geben einfach an, ihren Eltern bei deren Tätigkeiten geholfen zu haben. Diese Antworten verweisen auf das für den informellen Sektor charakteristische „learning by doing". Hinter dieser Bezeichnung verbirgt sich eine bemerkenswerte Lerntechnik, deren genauere Erörterung Einblicke in die Mechanismen des Kompetenzerwerbs im informellen Sektor in Afrika vermitteln kann.

Die Einbeziehung der Personen oder Orte, in deren Kontext die Interviewten ihre Tätigkeiten ausgeführt haben, macht die kollektive und soziale Vernetzung dieses Lernens sichtbar. Der informelle Sektor führt eine Vielzahl von Akteuren zusammen, die in mehr oder weniger verwandtschaftlicher oder freundschaftlicher Beziehung zu den Jugendlichen stehen. Auf diese Weise wird zudem das allmähliche Herauswachsen des Kindes aus der Kernfamilie ermöglicht. Seinem Alter und Geschlecht entsprechend nimmt das Kind oder der Jugendliche bei einem Onkel, einem Freund der Familie, bei Altersgenossen etc. an vielfältigen Aktivitäten wie Spielen, Hilfstätigkeiten, Sport usw. teil. So ermöglicht diese Form des Lernens durch ihren kollektiven Charakter den Erwerb von sozialer Kompetenz bzw. sozialem Kapital. Hinzu kommt der Erwerb diverser Fähigkeiten und Fertigkeiten, die sich aus dem pragmatischen Charakter der Lerninhalte der hier praktizierten Aktivitäten ergeben. All dieses steht in direktem Bezug zum realen Leben der Gesellschaft. In dieser sozialen Einbettung, in der die gesellschaftliche Relevanz des informellen Lernens liegt, ist der Hauptunterschied zum formellen Lernen im afrikanischen Kontext zu sehen. Es ist mehr als eine bloße Vorbereitung auf ein zukünftiges berufliches Leben; es konfrontiert den Lernenden mit der realen beruflichen Situation. Auf diese Weise verlangt es von ihm die Fähigkeit, scharf zu beobachten, ein gutes Gedächtnis zu entwickeln, das Beobachtete praktisch nachzuvollziehen sowie verantwortungsvoll die gegebenen Aufgaben durchzuführen. Es ist ‚das Leben selbst', von und in dem die Jugendlichen lernen.

Dies ist einer der Gründe, weshalb die meisten der befragten Jugendlichen die Ausübung dieser Aktivitäten nicht als Lernprozess ansehen, da dieser Begriff für sie eher auf das schulische Lernen verweist, wie die folgende Sequenz aus dem Interview mit *Olivier* verdeutlicht:

I: Das ist nämlich das andere, was wir von Euch wissen möchten: was Du schon gelernt hast, bevor Du nach Deutschland gekommen bist.
O: Ich habe nicht gelernt.
I: Na ja, Du hast aber gesagt, Du konntest schon ein bisschen Coiffeur.
O: Okay. Coiffeur, das ist meine Cousine, sie hatte einen Friseurladen in Afrika, und jeden Samstag nach der Schule, ich gehe da für eine Stunde oder zwei Stunde, wenn sie soviel zu tun hat, ich kann ihr ein bisschen helfen, nur einfach so. (*Olivier*, 21 Jahre, Côte d'Ivoire, seit fünfeinhalb Jahren in Deutschland, Duldung)

Obwohl er das Gelernte zunächst gering schätzt, wird im weiteren Verlauf des Gesprächs deutlich, dass er auf diese Weise beachtliche Fähigkeiten im Frisieren erworben hat, die für seine berufliche Integration in Hamburg von großem Nutzen sein können. *Ndengo* dagegen stellt mit seiner Einschätzung des im informellen

Sektor Gelernten eine Ausnahme dar; als einziger beschreibt er diese Tätigkeiten als einen Lernprozess:

> N: [...] in Afrika kann man viel auf der Straße lernen. Weißt du, mit anderen Leuten kannst du alles auf der Straße lernen. Oder wenn du einen Onkel hast oder einen Bruder, einen Freund, der eine Arbeit hat, zum Beispiel eine Holzarbeit, wenn du nicht zur Schule gehst, kannst du zu diesem Mann gehen, der mit Holz macht, und er sagt: „O.k., nimm das hier und ..."
> I: Sägen?
> N: Ja ja, und sägen, Holz. Und erst guckt dieser Mann zu, und du lernst so. Das ist so in Afrika, ja. (*Ndengo*, 17 Jahre, Burkina Faso, seit einem Jahr in Deutschland, Duldung)

Weil die hier angewandte Methode des informellen Lehrens und Lernens partizipativ und in das Alltagsleben einverwoben ist, verstärkt sie den impliziten Charakter dieses Lernens. Kochen, Vieh züchten, mit Freunden spielen, den Eltern in ihren Aktivitäten helfen etc.; die Teilnahme an all diesen Tätigkeiten setzt zweifellos den Erwerb einer Vielzahl von Wissensbeständen und Fähigkeiten für jeden der betreffenden Bereiche voraus bzw. bringt sie hervor. Ocitti beschreibt den polyvalenten Erwerb von Kompetenzen, die durch die Methoden der „traditionellen Erziehung" in Afrika vermittelt werden und die in den Lernmethoden im informellen Sektor wiedererkennbar sind:

> „[...] ein Junge, der gelernt hat, ein Haus zu bauen, indem er ein Haus baute, hat auch eine Reihe anderer ‚Gegenstände‘, die mit dem Hausbau zu tun hatten, gelernt. Er lernte etwas über die Geographie der Gegend in Verbindung mit vielen anderen Dingen, wie der Geologie, darüber, wo Wasser zu finden ist, den Bau anderer Dörfer, wichtige Straßen und er lernte etwas über die Grasarten, besonders über die, mit denen Dächer gedeckt werden können. Er lernte etwas über Bäume und Sträucher, so dass er in der Lage war, weiche Hölzer von harten zu unterscheiden und wusste, welche leicht von den Ameisen angegriffen wurden" (Ocitti 1973, S. 96).

Aus dieser kurzen Erörterung einiger Merkmale der im informellen Sektor vorherrschenden Lernmethode und der durch diese vermittelten Kompetenzen und Fähigkeiten folgt, dass es schwierig ist, Aussagen über den Qualifikationsgrad der von den befragten Jugendlichen ausgeübten Tätigkeiten im informellen Sektor zu treffen; was im übrigen auch nicht intendiert wurde. Zumindest kann jedoch die Schlussfolgerung gezogen werden, dass die Jugendlichen, die im informellen Sektor tätig waren, über die diesen Tätigkeiten entsprechenden Kompetenzen, in Form eines inkorporierten kulturellen Kapitals, verfügen. Denn das Lernen in diesem Sektor unterliegt durch seinen Charakter der Einbettung in die Lebensrealität dem unmittelbaren und rigorosen Urteil der Erfordernisse des Alltags.

6.3.2 Zur sozialen Funktion des informellen Sektors

Eine zweite Perspektive für die Analyse des informellen Sektors als Vermittler von Kompetenzen ergibt sich durch die Bedeutung, die dieser Sektor für afrikanische Gesellschaften gegenwärtig hat. Diese Perspektive ist umso wichtiger, wenn man die sozio-politische und wirtschaftliche Lage der meisten afrikanischen Staaten in Betracht zieht, die durch eine grundlegende und anhaltende Krise charakterisiert ist, deren Wirkungen die am meisten verwundbaren und benachteiligten Bevölkerungsschichten, besonders also Frauen, Kinder und Jugendliche, treffen (vgl. Kap. 5). Die sichtbaren Zeichen dieser Krise wurden für den schulischen Sektor bereits oben skizziert. Dies zeigt sich einerseits in der Perspektivlosigkeit, mit der sich die Mehrzahl der beschulten Jugendlichen in Bezug auf ihre Zukunft konfrontiert sieht, und andererseits durch die Vielzahl von Schulabbrüchen, die ein Resultat der schulischen Selektionsmechanismen, der Armut der Eltern oder des Desinteresses von Schülerinnen und Schülern bzw. Eltern sind, die im Schulbesuch ihrer Kinder mehr und mehr eine verlorene Investition sehen. Dies ist auch die Diagnose von Abdeljalil Akkari, der in seiner Analyse über die „Bedeutung der Ausbildung im informellen Sektor in Afrika" eine Statistik der UNESCO aus dem Jahre 1993 zur durchschnittlichen Dauer des Schulbesuchs in einem Vergleich der Länder des Nordens mit denen des Südens folgendermaßen kommentiert:

> „Die Stagnation oder sogar der Rückgang schulischer Bildung ist ein aktuelles Merkmal der Bildung in den Ländern des Südens. Schulische Bildung als Vorbereitung auf das Berufsleben ist ein Modell, dessen Grenzen sich besonders in Afrika zeigen. Wenn man beispielsweise die Dauer des Schulbesuchs betrachtet, ist zu bemerken, daß die Höhe dieses Indikators in Afrika sehr gering ist" (Akkari 1995, S. 371).

H. N. Tantangang gelangt in einer Studie über die strukturellen Mechanismen, die aus der postkolonialen afrikanischen Schule eine Schule im Dienste der informellen Wirtschaft machen, zu einer ähnlichen Schlussfolgerung:

> „Es erscheint uns klar, dass die [postkoloniale afrikanische] Schule nicht die Entwicklung einer modernen, rationellen und technokratischen Wirtschaft des westlichen Typs unterstützt. Sie funktioniert in einer Art, die eine einzigartige Wirtschaft hervorbringt und unterstützt, […] sie wird als informelle Wirtschaft bezeichnet, weil sie sich den üblichen Normen und Regeln entzieht" (Tatangang 2000, S. 287).

Vor dem Hintergrund der allgemeinen gesellschaftlichen Morbidität, die sich u.a. in der Dysfunktionalität der Institution ‚Schule', die zur vorrangigen Einrichtung der Bildung und Berufsvorbereitung in Afrika geworden ist, widerspiegelt, lässt sich die soziale Funktion des informellen Sektors beurteilen. Dieser zeigt sich in einem solchen Kontext „als letzte Rettung für die Stiefkinder der Entwicklung und der Beschulung" (Akkari 1995, S. 373). Für einen Großteil der Jugendlichen stellt eine

Beschäftigung in diesem Sektor die letzte Chance dar, wenn sie in ihren ersten beruflichen Plänen frustriert worden sind. Wenn man den Statistiken der Internationalen Arbeitsorganisation (ILO) Glauben schenken darf, ist der informelle Sektor dabei, im heutigen Afrika nicht nur zum Haupt-Arbeitgeber, sondern auch und vor allem zu dem Ort zu werden, an dem der Einfallsreichtum und die Kreativität eines bedeutenden Teils der mit Entfremdungsstrukturen konfrontierten Bevölkerung dieser Länder zum Tragen kommen.[108] Die Dynamik dieses Sektors liefert den Beweis für die Widerstandsfähigkeit seiner Akteure, indem sie *endogene Antworten* für Probleme geben, deren Ursachen über sie hinausreichen. Aus diesem Grund ist der informelle Sektor im heutigen Afrika als der Ort zu betrachten, an dem die Kompetenzen Jugendlicher am ehesten wahrnehmbar sind. Es soll an dieser Stelle daran erinnert werden, dass den in diesem Sektor tätigen Jugendlichen in den meisten Fällen sowohl das notwendige Anfangskapital für jedes noch so kleine Vorhaben als auch ein durch die Schule vermitteltes realitätsbezogenes Wissen fehlt, während ihre Alltagssituation sie zwingt, ihre Existenz aus eigener Initiative zu sichern. Somit wird der kollektive und soziale Charakter des informellen Lernens zu einem beachtenswerten Kapital:

> „Neben den klassischen ökonomischen Faktoren nehmen [im informellen Sektor] weitere Dimensionen an Wichtigkeit zu. Dazu gehören die sozialen Beziehungen, die eine (partielle) Befriedigung der grundlegenden Bedürfnisse erlauben [...]. Die Netzwerke der Solidarität, die sich auf die ethnischen oder Verwandtschaftsbeziehungen und die freien Gemeinschaften von Frauen, Nachbarn oder Berufsgruppen gründen, spielen eine entscheidende Rolle und tragen zur Bewältigung der aktuellen Krise bei [...]. Sie bilden konstituierende Elemente der sozialen wie auch ökonomischen Überlebensstrategien" (Sottas/Roost-Vischer 1995, S. 23).

Die Tatsache, dass die meisten der Befragten parallel zum Schulbesuch in diesem Sektor tätig waren, kann auch als Vorsichtsmaßnahme ihrer Eltern interpretiert werden, die es angesichts der wahrscheinlichen Perspektivlosigkeit von Schulabsolventen bevorzugen, ihre Kinder zusätzliche Kompetenzen in der ‚Schule des Lebens' erwerben zu lassen. In Anbetracht der zunehmenden Bedeutung dieses Sektors für die Alltagsbewältigung in Afrika vermeiden einige Autoren den Gebrauch der ihrer Meinung nach abwertenden Bezeichnung „informell":

---

108 1985 stellte die ILO fest, dass 2,7 Mio. Menschen in Afrika im informellen Sektor tätig waren, was etwa einem Anteil von 60% der gesamten städtischen Arbeitskräfte entsprach. Fluitman (1989, S. XIV) schätzt, dass die Wachstumsrate in diesem Sektor jährlich 6,7% beträgt. Nach Lubell und Zarour (1990, S. 388) zeigt die Volkszählung von 1988 im Senegal, dass Kleinstunternehmen allein in Dakar und Umgebung Beschäftigung für mehr als 57.000 Menschen schaffen. Und dem in Ghana 1991/92 erhobenen Living Standard Survey (Banque Mondiale Ghana SAR 1995, S. 7) zufolge fand sich 32% der städtischen Arbeit im informellen Sektor.

„Reden wir nicht mehr vom informellen Sektor, als ob man von einem informellen Treffen spräche, denn es gibt kein informelles Leben! […] Es handelt sich fast oder gar nicht darum, ökonomisches Kapital anzuhäufen, es geht mehr darum, von Tag zu Tag zu überleben, indem man den Seinen hilft, das heißt, indem man sich in ein Netzwerk der Solidarität einfügt, das für das seelische Gleichgewicht des afrikanischen Menschen in der Gegenwart unentbehrlich ist […]" (Touré 1985, S. 18).

6.4 Zusammenfassung der Resultate der Auswertung des empirischen Materials im Hinblick auf im formellen und informellen Bildungssektor in Afrika erworbene Kompetenzen; Formulierung der zweiten Arbeitshypothese

Ausgehend von der Definition der Kompetenz als „kulturelles Kapital" lässt sich zusammenfassend die bisherige Auswertung der Interviews betrachten:

(1) Was die von den Jugendlichen im formellen Bildungssektor ihrer Herkunftsländer erworbenen Kompetenzen betrifft, erschien es einerseits schwierig, auf der Grundlage der gegebenen Informationen Aussagen über ihre schulische Performanz zu machen. Andererseits wurde festgestellt, dass die schulische Bildung auf Grund der Unangemessenheit des durch sie vermittelten Wissens zur Lösung der gesellschaftlichen Probleme in Afrika zunehmend entwertet wird und nur einer sehr kleinen Minderheit die Tür in das berufliche Leben öffnet. Angesichts des festgestellten eher geringen Beitrags schulischen Wissens zur gesellschaftlichen bzw. individuellen Entwicklung in heutigen afrikanischen Ländern ist es in Bezug auf den Tauschwert der in der Schule vermittelten Kompetenzen der Jugendlichen schwer, eine positive Einschätzung zu geben.

Trotz dieser Vorbehalte ist die bloße Tatsache ihres Schulbesuchs als etwas Nützliches anzusehen, weil die Befragten Jugendliche sind und sich – mit Ausnahme von zweien, die bereits das Abitur erworben hatten – noch im Bildungsprozess befinden. Hinzu kommt, dass sie als Flüchtlinge ihre Ausbildung im Herkunftsland unterbrechen mussten. Die Möglichkeit, dass sie am Ende ihrer Ausbildung zu der Minderheit gehören könnten, der ein Schulabschluss den Zugang in die Arbeitswelt ermöglicht, ist nicht völlig auszuschließen. Und schließlich eröffnet das Exil den Jugendlichen auch im Hinblick auf ihre Bildungslaufbahn neue Lebensperspektiven. Sie können in einem Kontext wie dem der Aufnahmegesellschaft, in dem schulisches Wissen eine große Bedeutung für die Lebensgestaltung hat, ihre wenn auch nur rudimentären schulischen Kenntnisse zum Zweck eines schnelleren Fortschritts im neuen System nützen. In dieser Hinsicht bleibt ihre Zukunftsperspektive offen.

(2) Was die im informellen Sektor erworbenen Kompetenzen angeht, ist festgestellt worden, dass durch die in diesem Sektor angewandten Lernmethoden und ihre Einbettung in die Alltagsrealität der Erwerb eines großen Maßes an Wissen,

Fähigkeiten und Fertigkeiten, also von inkorporiertem kulturellen Kapital, gefördert wird. Im Hinblick auf die soziale Funktion und gesellschaftliche Nützlichkeit bietet dieser Bereich nicht nur den immer zahlreicher werdenden vom Schulsystem Enttäuschten eine zweite Chance, sondern bildet auch den Ort par excellence, an dem sich der Einfallsreichtum der ‚kleinen Leute' zeigt, die in einer schwierigen konjunkturellen Lage zur Sicherung des Überlebens in Entfremdungsstrukturen mit allerlei Strategien und Schlichen eine außergewöhnliche Kreativität an den Tag legen.

Nach erfolgter Analyse des empirischen Materials lässt sich eines definitiv feststellen: Wenn man die sozialen Umbrüche von unerhörter Gewalt, die sich im postkolonialen Afrika abspielen, und ihre verheerenden Folgen für das Schulsystem ernst nimmt, wird offenbar, dass die Kompetenz als individuelle Fähigkeit betrachtet nur durch den Wert und die soziale Legitimität, die mit ihr verbunden sind, zu einem Kapital und damit für den profitabel wird, der sie besitzt; entsprechend kann sie nicht unabhängig von den Herausforderungen des besagten Kontexts wahrgenommen werden. Was die befragten Jugendlichen betrifft, so ist festzustellen, dass allein die von ihnen im informellen Sektor erworbenen Kompetenzen alle die bei der Begriffserklärung für die Kennzeichnung des Phänomens als notwendig erachteten Aspekte aufweisen. Eine solche Schlussfolgerung stützt sich auf die Tatsache, dass diese im informellen Sektor erworbenen Kompetenzen im Gegensatz zu den im formellen Bildungssektor abstrakt erworbenen Kenntnissen und nahezu nutzlosen Qualifikationen nicht nur im Hinblick auf die schwierige Umgebung entwickelt wurden, sondern gleichzeitig einen Ausweg aus dem vom Umfeld hervorgebrachten widrigen Geschick weisen.

Fortan sind also die positiven oder negativen Urteile, welche die Verfechter der Modernisierungs- oder der Dependenztheorien über diesen Ausweg abgeben können, sowie infolgedessen deren Beurteilung der Entwicklung des informellen Sektors weniger wichtig. Ob dieser Sektor nun als ein schlichtes Palliativ der aktuellen Misere und so als provisorische Alternative wahrgenommen wird, während man auf die Wiederherstellung der strukturellen und funktionalen Normalität der postkolonialen Staaten wartet (Modernisierungstheorie), oder aber als unausweichliche und daher dauerhafte Konsequenz der neoliberalen Ökonomie, die nicht ohne den Ausschluss und die Verarmung der Mehrheit der Bevölkerungen vorstellbar ist (Dependenztheorien, vgl. Komlosy/Delapina 1997, Fodouop/Metton 2000), bleibt abgesehen von diesen Spekulationen über die Zukunft dieses Sektors seine augenblickliche Effizienz für die in ihm tätigen Akteure unbestreitbar. Die Kompetenz, die diesen Akteuren des informellen Sektors hier zuerkannt wird, ist nicht so sehr die eines Know-how oder einer praktischen Nützlichkeit, die sich aus dieser oder jener speziellen Tätigkeit in diesem Sektor ergibt (obwohl auch das der Fall ist). Sondern es ist die einer *allgemeinen Fähigkeit*, einer *besonderen Disposition* dazu, dem grausamen tausendarmigen Monster, welches die Postkolonie[109] ist, das

---

109 Der Begriff der Postkolonie verweist hier auf einen schwindelerregenden Raum, eine chaotische Pluralität, sie ist das kombinierte Produkt der von der Kolonisation ererbten Praktiken

an jeder Straßenecke lauert, um seine kaum zum Leben erwachten Kinder einzufangen und zu verschlingen, indem es sie daran hindert, ein menschenwürdiges und vernünftiges Leben zu führen, ohne dem Fatalismus zu verfallen, die Stirn zu bieten. Diese Disposition, unter anderem auf dem Umweg über den informellen Sektor der Morbidität, die in den Reichen der postkolonialen Potentaten von den staatlichen Strukturen ausgeht, Widerpart zu bieten, will ich den *Habitus der Überlebenskunst* nennen.

Die hier hergestellte semantische Äquivalenz zwischen dem Habitus und der Kompetenz erfordert jedoch noch einige Erläuterungen zur Beziehung zwischen den beiden Begriffen. Es ist zunächst wichtig, daran zu erinnern, dass der Begriff des Habitus entwickelt wurde, um die unfruchtbaren theoretischen Antagonismen in den klassischen Versuchen zu überwinden, eine Handlungstheorie oder eine Theorie der beobachtbaren sozialen Praktiken aufzustellen, wie es im Strukturalismus geschah. Dieser sah in den individuellen Handlungen nur den Reflex auf die den Strukturen zu Grunde liegenden Gesetze, die diese hinter dem Rücken des Individuums oder der Gruppe bestimmen. Dem gegenüber stand der Subjektivismus, der als Grundlage für jegliche menschliche Handlung nur den Willen des freien Subjekts anerkannte, das Herr über alle seine Entscheidungen und Handlungen sei. Der Begriff des Habitus hingegen zielt darauf ab, die menschlichen Handlungsweisen als das Produkt ihrer inkorporierten kollektiven und individuellen Geschichte zu sehen, und damit auch als Produkt ihrer verschiedenen Sozialisation. Bourdieu beschreibt dies folgendermaßen:

> „Die mit einer besonderen Klasse von Existenzbedingungen verbundenen Konditionierungen bringen den Habitus hervor, ein System dauerhafter und übertragbarer Dispositionen, strukturierter Strukturen, die dazu prädisponiert sind, als strukturierende Struktur zu wirken, das heißt, als ein Praktiken und Repräsentationen generierendes und organisierendes Prinzip, die an ihr Ziel angepasst sein können, jedoch ohne das bewusste Anstreben des Ziels und die ausdrückliche Beherrschung der zur seiner Erreichung notwendigen Operationen vorauszusetzen" (Bourdieu 1980, S. 88).

Als ein System von Praxis generierenden Schemata ist der Habitus also vom funktionalen Gesichtspunkt her der chomskyschen Kompetenz vergleichbar, obgleich er sich von letzterer durch zwei fundamentale Aspekte unterscheidet: zunächst im Hinblick auf seine Genese als „durch implizites oder explizites Lernen erworbene Dispositionen" (op. cit. S. 119), die nicht eingeboren sind; dann ermöglicht der Habitus auf Grund dieses ‚Eingebettetseins', das heißt, dieser Immersion oder seiner Verankerung im Sozialen als strukturierende Struktur das Hervorbringen von Handlungsweisen, die spontan der Situation und den Erfordernissen des Umfelds bzw. dem Sozialisationsraum angepasst werden.

---

und Strukturen der Ausbeutung und Entfremdung, welche die afrikanischen Potentaten sich wieder zu eigen machen und gegen ihre Bevölkerung voll entfalten.

Darüber hinaus besagt der Begriff des „Habitus der Überlebenskunst", der im Rahmen der vorliegenden Arbeit formuliert wird, um einen präzisen Typ von Kompetenz zu bezeichnen, dass er sich einem besonderen Kontext verdankt. Einerseits wird, wie bereits erwähnt, das Informelle als Ort wahrgenommen, wo sich die Widerspenstigkeit artikuliert, das heißt, die Aktivität der Beherrschten gegenüber den Unterdrückungsstrukturen und daher ihre Subjektivität (agency), und andererseits werden dort die Modalitäten der Handlungen deutlich, die vom leidenden aber handelnden, dem beherrschten, aber nicht passiven Subjekt aus gesehen, die durchaus üblichen sind.[110]

Das erlaubt, die Kompetenz im Rahmen einer Problematik wahrzunehmen, die der von Foucault in *Überwachen und Strafen* zugleich analog und konträr ist:

> „[...] analog, da es sich darum handelt, die quasi mikrobenhaften Operationen zu bestimmen, die sich im Inneren der technokratischen Strukturen verbreiten und deren Funktionsweise durch eine Vielzahl von ‚Taktiken‘ unterlaufen, die sich in den ‚Details‘ des Alltäglichen artikulieren; konträr, da es sich nicht mehr darum handelt herauszuarbeiten, wie die Gewalt der Ordnung sich in eine disziplinierende Technologie umsetzt, sondern darum, die untergründigen Formen ans Licht zu bringen, welche die zersplitterte, taktische und bastelnde Kreativität von Gruppen und Individuen annimmt, die heute von der ‚Überwachung‘ betroffen sind. Diese Praktiken und Listen von Konsumenten bilden letztlich das Netz einer Antidisziplin" (de Certeau 1988, S. 16).

Diese mikrobenhaften, untergründigen und bastelnden Praktiken kennzeichnen den Habitus, den die Akteure des informellen Sektors entwickeln. Sie verdanken sich einer „Kunst des Tuns". Will man die Modalitäten ihrer Ausführung analysieren, wie Michel de Certeau nahelegt, so wird dies z.B. durch den Rückgriff auf von der Polemologie (Kriegswissenschaft) erarbeitete Modelle ermöglicht. Das Unterwerfungsverhältnis als Modus der Machtausübung und das ungleiche Kräfteverhältnis zwischen den Potentaten und den Volksmassen, das daraus hervorgeht, bringen die letzteren und das sind die Akteure in diesem Sektor, in eine ähnliche Lage wie die eines Volkes unter Besatzung. Fortan „handelt es sich um Kämpfe oder Spiele zwischen dem Starken und dem Schwachen und um ‚Aktionen‘, die dem Schwachen noch möglich sind" (ebd. S. 84). Die Unterscheidung, die Certeau dabei zwischen Strategie und Taktik macht, erscheint mir zu diesem Zweck erhellend:

---

110 Von dieser Auffassung des Informellen als Ort der Widerspenstigkeit der „Leute von unten" gegenüber den Strukturen der Entfremdung und ebenso als Ort, wo sich zugleich ihre Kreativität und ihre Subjektivität äußert, sind seit etwa zwei Jahrzehnten zahlreiche empirische Untersuchungen ausgegangen. Zur Vertiefung dieses Gesichtspunktes s. u.a. Ela (1998) *Innovations sociales et renaissance de l'Afrique noire: Les défis du «monde d'en bas»*. Paris l'Harmattan. Sottas/Roost-Vischer (Hg. 1995): *Überleben im afrikanischen Alltag. Improvisationstechniken im ländlichen und städtischen Kontext*. Bern, oder Touré (1985): *Les Petits métiers à Abidjan. L'imagination au secours de la conjoncture. Paris*.

„Als *Strategie* bezeichne ich die Berechnung (oder Manipulation) von Kräfteverhältnissen, die in dem Moment möglich wird, wenn ein mit Willen und Macht versehenes Subjekt (ein Unternehmen, eine Armee, eine Stadt oder eine wissenschaftliche Institution) ausmachbar ist. Sie setzt *einen Ort* voraus, der als etwas *Eigenes* beschrieben werden kann und somit als Basis für die Organisierung von Beziehungen zu einer *Exteriorität* dienen kann, seien dies Stoßrichtungen oder Bedrohungen. [...] Wie beim Management ist jede ‚strategische' Rationalisierung vor allem darauf gerichtet, das ‚Umfeld' von dem ‚eigenen Bereich', das heißt vom Ort der eigenen Macht und des eigenes Willens, abzugrenzen. [...] Im Gegensatz zu den Strategien [...] bezeichne ich als *Taktik* ein Handeln aus Berechnung, das durch das Fehlen von etwas Eigenem bestimmt ist. Keine Abgrenzung einer Exteriorität liefert ihr also als Bedingung einer Autonomie. Die Taktik hat nur den Ort des Anderen. Sie muss mit dem Terrain fertig werden, das ihr so vorgegeben wird, wie es das Gesetz einer fremden Gewalt organisiert. Sie ist nicht in der Lage, sich bei sich selbst aufzuhalten, also auf Distanz, in einer Rückzugsposition, wo sie Vorausschau üben und sich sammeln kann: sie ist eine Bewegung ‚innerhalb des Sichtfeldes des Feindes', wie von Bülow sagte, die sich in einem von ihm kontrollierten Raum abspielt. Sie hat also nicht die Möglichkeit, sich einen Gesamtüberblick zu verschaffen und den Gegner in einem abgetrennten, überschaubaren und objektivierbaren Raum zu erfassen. Sie macht einen Schritt nach dem anderen. Sie profitiert von ‚Gelegenheiten' und ist von ihnen abhängig; sie hat keine Basis, wo sie ihre Gewinne lagern, etwas Eigenes vermehren und Ergebnisse vorhersehen könnte. [...] Dieser Nicht-Ort ermöglicht ihr zweifellos die Mobilität – aber immer in Abhängigkeit von den Zeitumständen –, um im Fluge die Möglichkeiten zu ergreifen, die der Augenblick bietet. Sie muss wachsam die Lücken nutzen, die sich in besonderen Situationen der Überwachung durch die Macht der Eigentümer auftun. Sie wildert darin und sorgt für Überraschungen. Sie kann dort auftreten, wo man sie nicht erwartet. Sie ist die List selber. Insgesamt gesehen ist sie eine Kunst des Schwachen" (ebd. S. 87-89).

So also lässt sich dieser Habitus in seiner Funktionsweise als Ausdruck einer Taktik verstehen; er ist eine Überlebenskunst oder Kompetenz, durch welche die Beherrschten mehr oder weniger wirksam Widerstand gegen die herrschende Macht leisten, ohne sie offen anzugreifen. Als Habitus wurde diese Kunst des Überlebens von denen, die sie praktizieren, in der Form einer ihre Handlungen strukturierenden Struktur inkorporiert, und sie tendiert, wie Bourdieu unterstreicht, dahin, sich zu reproduzieren, wenn die Bedingungen ihrer Anwendung wie ihres Erwerbs identisch oder ähnlich sind.

„Als Disposition zum Handeln, die das Produkt vorausgegangener Erfahrungen in ähnlichen Situationen ist, sichert er [der Habitus] die praktische Beherrschung von Situationen der Unsicherheit und begründet damit ein Verhältnis zur Zukunft, das nicht das des Planens als dem Rechnen mit einer Möglichkeit ist, die eintreffen kann oder auch nicht, sondern das der praktischen Antizipation" (Bourdieu 2000, S. 264).

Jetzt ist es interessant, von den hier untersuchten Jugendlichen, die alle Migranten sind, zu erfahren, was innerhalb des neuen Kontexts oder in ihrem Immigrationsland aus diesem Habitus wird. Dies wird unter anderem eine Frage sein, der im Folgenden nachgegangen wird.

Kapitel 7
Anschlussmöglichkeiten bzw. -hindernisse
für mitgebrachte Kompetenzen

Aus dem empirischen Material gehen einerseits die persönlichen Einschätzungen der Jugendlichen über die Nützlichkeit ihrer mitgebrachten Fähigkeiten und Fertigkeiten im Hamburger Kontext hervor, andererseits die tatsächlich erfolgte „Verwertung" ihrer mitgebrachten Kompetenzen, wie sie oben dargestellt wurden. Zunächst soll auf die Sicht der Jugendlichen selbst eingegangen werden, inwiefern sie das im afrikanischen Kontext erworbene Wissen und ihre Fähigkeiten positiv bewerten, was sie im neuen Kontext glauben, davon haben nutzen können und wo ihnen dies verwehrt war. Diese Einschätzungen dienen dazu, einen Einblick in die Kontinuitäten und Brüche ihrer Bildungsverläufe zu geben sowie die Hindernisse in der Anwendung mitgebrachter Kompetenzen näher zu beleuchten. Auf diese Weise können die Transfermechanismen entdeckt und dargestellt werden.

7.1 Transfer mitgebrachter Kompetenzen nach Selbsteinschätzungen der Jugendlichen

Bei der Auswertung der Daten zu den in Afrika erworbenen Kompetenzen wurde mit den Kategorien des Formellen und des Informellen dem Gedanke einer Topographie der Orte ihres Erwerbs gefolgt. In der Untersuchung der Anwendungsmöglichkeiten für diese Kompetenzen aus Sicht der Jugendlichen wurden die beiden Sektoren „informell" und „formell" aus Gründen der Operationalisierbarkeit inhaltlich neu definiert. Unter der Kategorie des Formellen wurden alle Antworten subsumiert, die sich auf schulische und/oder berufliche Bildungsinstitutionen in Hamburg beziehen. Die Kategorie des Informellen beinhaltet demgegenüber alle nicht institutionalisierten Bereichen des Lebens in Hamburg. Die folgende Darstellung bezieht sich nur auf die Jugendlichen, die tatsächlich Aussagen zur geplanten oder gegenwärtig stattfindenden Anwendung von in Afrika erworbenem Wissen oder Fähigkeiten in Hamburg gemacht haben.

7.1.1 Vom Nutzen mitgebrachter Kompetenzen

Insgesamt geben nur neun Jugendliche an, dass sie ihr im Herkunftsland formell und informell erworbenes Wissen in Hamburg schulisch oder beruflich nutzbringend haben anwenden können.

Tabelle 9: Anwendung im formellen Sektor (n=9)

Jugendliche/r	Mitgebrachte/s Wissen/ Fähigkeiten	Nutzen in Hamburg
Abdoulaye	Englisch- und Französischkenntnisse	Vorteil beim Fremdsprachenlernen in der Schule
Bali	Erfahrung in Ackerbau und Gärtnerei	Ausbildung zum Gärtner
Maimouna	Besuch der 5. Klasse in Togo	Geht weiter zur Schule
Marie Claire	Rechenkenntnisse durch Handel	Gut in Mathematik
Marta	Chemie- und Englischkenntnisse	Vorteil wegen ähnlicher Lehrinhalte
Rodeo	Englisch- und Französischkenntnisse	Vorteil bei Suche nach Praktikumsplatz
Olivier	Haare frisieren	Friseurlehre
Saifonlaye	Arabischkenntnisse	Nützlich für Notizen in der Schule
Simon	Gute Französischkenntnisse	Hilfe für die Einschätzung seines Lernniveaus

Abdoulaye, Marta, Rodeo, Saifonlaye und *Simon* glauben, Vorteile aus ihren Sprachkenntnissen gezogen zu haben[111]. Vier der Jungendlichen haben gute Kenntnisse des Französischen und/oder des Englischen. Diese Sprachen haben im hiesigen Kontext einen Mehrwert, da sie zu den im schulischen Lehrplan verankerten Fremdsprachen gehören. Ihre Beherrschung bildet so für sie ein „Kapital", aus dem sie Nutzen ziehen können. Im Fall von *Abdoulaye* kommt das so zum Ausdruck:

I: Was du in deinem Heimatland gelernt hast, ich meine du hast die Schule bis zur sechsten Klasse besucht [...] hat dir das ganze hier in Hamburg Vorteile gebracht?

A: Ja, ich sehe Vorteile. In der Schule konnte ich ein wenig Englisch und Französisch sprechen, das sind Vorteile [...]. (*Abdoulaye*, Alter unbekannt, Sierra Leone, ein Jahr in Deutschland, Duldung).

Auch *Rodeo* geht davon aus, dass ihm die Sprachkenntnisse Vorteile schaffen:

I: Du sagst, du hast die Möglichkeit, einen Platz für die *Ausbildung* zu finden?

R: Ja, dessen bin ich sicher (...) sie haben mir gesagt, dass sie jemanden brauchen, der Französisch und Englisch spricht. Und da bin ich gut platziert, denn ich spreche diese beiden Sprachen. (*Rodeo,*17 Jahre, Burundi, seit drei Jahren in Deutschland, Aufenthaltsgestattung)

---

111 Für eine ausführliche Darstellung über die sprachlichen Ressourcen der befragten Jugendlichen, siehe den Beitrag von Heike Niedrig „Bildungsinstitutionen im Spiegel der sprachlichen Ressourcen von afrikanischen Flüchtlingsjugendlichen", in: Neumann u.a. (Hrsg.) 2003, S. 303-346.

Bei *Sayfonlaye* liegt die Situation etwas anders, denn er verfügt auf Grund des Besuchs der Koranschule in seinem Herkunftsland über gute Arabischkenntnisse. Im Unterschied zu Französisch und Englisch ist der Tauschwert dieser Sprache auf dem deutschen Schulsprachenmarkt gering. Nichtsdestotrotz kann er sie zum Ausgleich seiner Schwierigkeit beim Mitschreiben im Unterricht nutzen, denn auf Deutsch kann er in der Schule nicht so schnell Notizen machen. Auf diese Weise wendet er Kenntnisse an, die im hiesigen Kontext keinen hohen symbolischen Wert haben, aber zum Aufbau von solchen Qualifikationen dienen, die im Hamburger Kontext anerkannt sind. Das Vorgehen erinnert an die von Bourdieu aufgezeigten Strategien der Kapitalkonversion. Danach sind die zur Verfügung stehenden Kapitalien in ihren unterschiedlichen Erscheinungsformen (ökonomisch, sozial und kulturell) wie Spielkarten anzusehen, die eingesetzt werden können, um neue soziale Positionen zu erreichen und daraus wiederum materiellen oder symbolischen Gewinn zu ziehen. Der gesellschaftliche Erfolg eines Individuums hängt dabei nicht nur von der Quantität des ihm zur Verfügung stehenden Kapitals, sondern auch von seiner Fähigkeit ab, dieses den jeweiligen Umständen und Strategien entsprechend zu verwandeln.

Bali, Marie Claire und *Olivier* nutzten ihr in Afrika im informellen Sektor erworbenes Wissen in Hamburg mehr im formellen Sektor. Die von *Bali* durch die Mithilfe bei der Feldarbeit seines Vaters gewonnenen Erfahrungen sind nicht nur von großem Vorteil für die erfolgreiche Durchführung mehrerer Praktika im Gartenbau gewesen, sondern haben ihm zudem eine Orientierung für die weitere Berufswahl gegeben, nachdem sich sein vorrangiger Wunsch, eine Lehre im Einzelhandel zu machen, nicht erfüllen ließ:

> B: „[…] also mein Vater, der hat Kakaoplantage, und da habe ich so mitgearbeitet […]. Da habe ich Erfahrung gesammelt. Deswegen habe ich gedacht, wenn ich keine Chance habe, eine andere Ausbildung zu finden, dann kann ich auch Gärtner machen." (*Bali*, 20 Jahre, Côte d'Ivoire, seit fünfeinhalb Jahren in Deutschland, Aufenthaltsbefugnis)

Marie Claire nutzt ihre Kompetenzen im Rechnen, die sie in Burkina Faso gewinnen konnte, auch wenn sie in Hamburg nicht mehr im Straßenhandel tätig sein kann.

Weil *Olivier* in Abidjan nach der Schule gelegentlich seiner Cousine in ihrem Friseursalon zur Hand ging, besitzt er gute Kenntnisse im Frisieren. Diese sind ihm in seiner beruflichen Ausbildung in Hamburg von großem Nutzen, wie er in folgendem Interviewausschnitt erzählt. Um einen Praktikumsplatz zu bekommen, nutzt der Jugendliche sein Können für einen „Tauschhandel" mit der Besitzerin des Frisiersalons, die ihrerseits Interesse am afrikanischen Frisierstil zeigt:

> „[…] ich habe wieder ein Praktikum gemacht. Das war eine Frau, […] und sie hat mich gefragt: ‚Ja, ich wollte etwas lernen von Afrikanerhaaren'. Und ich habe gesagt: ‚Ja, ich will auch lernen von die deutsche Haare'. Sagt sie: ‚okay'. Und ich war da, ich habe Praktikum gemacht für drei Monate […].

Und das war richtig schön, weil einen Tag wir schneiden die Haare für die Leute, einen Tag nehme ich Termine für die Rasta-Zöpfe, für die Haarverlängerung für die Afrikanerhaare, und sie lernt mit mir." (*Olivier*, 21 Jahre, Côte d'Ivoire, seit fünfeinhalb Jahren in Deutschland, Duldung).

Auch andere Jugendliche sehen ihre in Afrika erworbenen Kompetenzen als gewinnbringend an. So stellt z.B. *Maimouna* eine kausale Nützlichkeitsbeziehung zwischen dem Schulbesuch in ihrem Heimatland und dessen Fortsetzung in Hamburg her. *Marta* gibt an, im gegenwärtigen Schulbesuch Vorteile aus der Ähnlichkeit der Lehrinhalte in verschiedenen, bereits im Herkunftsland studierten Fächern wie Chemie oder Englisch zu ziehen. Doch auch für den informellen Sektor können sich die mitgebrachten Kenntnisse und Erfahrungen als positiv erweisen.

Tabelle 10: Anwendung im informellen Sektor (n=15)

Jugendliche	Fähigkeit/Kompetenz	Nutzen in Hamburg
Abdou Khadim	Fußball spielen	Sucht eine Mannschaft
Ahmed	Koran/Beten	Privater Nutzen: Seelischer Ausgleich
Astere	Sprache/Amharisch	Kommunikation mit den Landsleuten
Ibrahim	Photografieren/Filmen	Hat mit Freunden einen Film gemacht
Janine	Kochen	Privater Nutzen
Juliette	Kochen, Frisuren	Privater Nutzen, kann ihrer Schwester sowie ihrer Betreuerin helfen
Maimouna	Handel, Kochen	Verkauf von Videokassetten zu Hause, kocht für sich selbst
Marie Claire	Haare flechten	Hilfe für afrikanische Freunde
Mikael	Autoreparatur	Hilft seiner Vormünderin bei kleinen Reparaturen wie Ölwechsel
Mireille	Frisuren und Kochen	Hilfe für Bekannte
Olivier	Kochen	Privater Nutzen
Rodeo	Spielt Basketball und Volleyball	Privater Nutzen: Stressbekämpfung
Saifonlaye	Kochen	Privater Nutzen
Taschat	Technisches Wissen	Hilfe bei Reparaturen in der Jugendwohnung
Thierno	Koran/religiöse Werte	Privater Nutzen: Seelischer Ausgleich

Wiedergegeben werden die Angaben von 15 Jugendlichen zum Nutzen ihrer in Afrika erworbenen Kompetenzen für das Alltagsleben in Hamburg. Fasst man diese sehr unterschiedlichen Anwendungsformen danach zusammen, welcher Art Nutzen daraus gezogen wurde, ergeben sich die folgenden Konstellationen:

Mehrere Jugendliche, *Abdou Khadim, Ibrahim* und *Maimouna,* versuchen ihr Wissen und ihre Fähigkeiten zum Geldverdienen zu nutzen:. *Abdou Khadim* ist auf der Suche nach einer Fußballmannschaft, in der er eine Karriere als Fußballspieler machen kann. *Ibrahim* konnte dank seiner bereits gesammelten Berufserfahrung als Fotograf an den Dreharbeiten eines kleinen Films in Hamburg teilnehmen:

> „Me and some of my friends and one other social worker who was here, Kristina, we've made one film together. It was nice for a start." (*Ibrahim,* Alter unbekannt, Sierra Leone, fünf Jahre in Deutschland, Aufenthaltsbefugnis).

Maimouna, Mutter eines neunmonatigen Kindes, knüpft an ihre Erfahrungen im Handel an. Um trotz der zusätzlichen Ausgaben durch die Geburt ihres Kindes finanziell über die Runden zu kommen, verkauft sie in ihrer Unterkunft Videokassetten.

Eine zweite Gruppe von Jugendlichen gab an, Freunden und nahen Bekannten ihre Fähigkeiten unentgeltlich zur Verfügung zu stellen. Es handelt sich dabei um *Juliette, Marie Claire, Mikael, Mireille* und *Taschat.* Die drei Mädchen führen in diesem Zusammenhang das Kochen und das Frisieren für sich selbst wie auch für Bekannte an:

> M: Ich koche für mich, und um den jungen Leuten zu helfen.
> I: Bei Parties?
> M: Nein, es gibt junge Fulbe hier, und ich helfe ihnen beim Kochen.
> I: Verdienst Du mit dem Frisieren hier ein bisschen Geld?
> M: Nein, weil die Leute nicht bezahlen. Was meine Freunde angeht, helfe ich ihnen. (*Mireille,* 17 Jahre, Guinea-Conakry, seit eineinhalb Jahren in Deutschland, Duldung).

Auch die beiden Jungen *Mikael* und *Taschat* stellen ihre Fähigkeiten im technischen Bereich anderen unentgeltlich zur Verfügung. Der eine kennt sich mit Kfz-Mechanik aus und geht von Zeit zu Zeit seiner Vormünderin zur Hand. Der andere hat gute Kenntnisse in Installationstechniken und hilft damit in seiner Jugendwohnung:

> „Ich kann eine ganze Wohnung installieren, wie das wirklich ist. Und zurzeit bleibe ich hier, die ganze Zeit [...] Zurzeit, wenn es etwas hier [in der Jugendpension] gibt, zum Beispiel in der Küche hier, da war etwas kaputt. Und ich war mit Alexander [dem Betreuer], und wir haben etwas Neues gekauft. Ich habe das hier gemacht. Auch da, wo ich früher gelebt habe. Wenn etwas kaputt war, half ich den Leuten." (*Taschat,* ca. 22 Jahre, Elfenbeinküste, seit fünfeinhalb Jahren in Deutschland, Duldung).

Schließlich können die Jugendlichen, die nach eigener Einschätzung ihr Wissen hauptsächlich für eigene Zwecke nutzen, zusammengefasst werden: *Astere, Ahmed, Janine, Olivier, Rodeo, Saifonlaye* und um *Thierno*. *Astere* nutzt ihre Amharischkenntnisse, um sich mit ihren gleichsprachigen Landsleuten zu unterhalten. *Janine, Olivier* und *Saifonlaye* verweisen auf ihr kulinarisches Wissen und *Rodeo* gibt an, durch Sport „den permanenten Stress zu bekämpfen", in dem er sich befindet. Für *Ahmed* und *Thierno* erfüllt die Religiosität diese Funktion und wird als wichtige Hilfe für ihr psychisches Gleichgewicht angesehen:

I: Kannst du deine Erfahrungen in deiner Heimat hier verwenden?
A: Ja, ich kann beten, und deswegen besitze ich ein Gleichgewicht.
(*Ahmed*, Alter unbekannt, Sierra Leone, seit zweieinhalb Jahren in Deutschland, Duldung).
„Ja, ich versuche, gut zu sein. Ich lese auch manchmal den Koran und bete, das hilft mir sehr." (*Thierno*, Alter unbekannt, Sierra Leone, seit dreieinhalb Jahren in Deutschland, Duldung).

7.1.2   Auswertung dieser positiven Selbsteinschätzung der Jugendlichen

Die Sichtweise der befragten Jugendlichen legt folgende Interpretation nahe, blickt man auf die Frage nach den Mechanismen des Transfers und der Anwendung mitgebrachter Kompetenzen. Es können zwei bestimmende Faktoren herausgearbeitet werden, wovon der erste institutioneller Art und der zweite individueller Art ist.

Die institutionelle Determinante bezieht sich auf Bildungsangebote, zu denen die Befragten im Aufnahmeland Zugang haben. Wenn diese kompatibel mit den Angeboten des Herkunftslandes sind, dann ziehen die Jugendlichen daraus einen doppelten Nutzen: Weil ihre Kompetenzen im betreffenden Bereich auf Grund ihrer Legitimität im neuen Kontext unmittelbar einen Wert und daraus folgend Anerkennung erhalten, ersparen sie sich auf diese Weise den mühsamen Kampf um deren Legitimierung bzw. formale Anerkennung. Dies ist beispielsweise bei den Jugendlichen der Fall, die gute Kenntnisse in Fremdsprachen wie Englisch oder Französisch oder sportliche Fähigkeiten in gesellschaftlich anerkannten und verwertbaren Sportarten wie dem Fußball aufweisen. Sie können, und darin besteht der zweite Vorteil, wegen der inhaltlichen Ähnlichkeit ihrer früheren Aktivitäten mit den heutigen direkt auf ihre bereits erworbenen Kompetenzen zurückgreifen und damit in der Ankunftsgesellschaft unmittelbar leistungs- und konkurrenzfähig sein. In diesem Fall hängt die Anwendbarkeit der mitgebrachten Kompetenzen von Art und Struktur der Angebote in der Ankunftsgesellschaft ab. Die Kompatibilität der Kompetenzen mit diesen Angeboten bestimmt in hohem Maß die Möglichkeit ihrer Kapitalisierung.

Die Auswertung zeigt jedoch auch, dass viele derjenigen, die eine positive Antwort auf die Frage nach dem Nutzen ihrer mitgebrachten Kompetenzen in Hamburg gegeben haben, in den beiden Kontexten nicht die gleichen Tätigkeiten ausüben; die Kompatibilität der Angebotsarten ist hier nicht vorhanden. Ihre Antworten lassen eher die Konversion oder Anpassung früherer Erfahrungen an die gegenwärtige Situation erkennen, um einen Nutzen daraus ziehen zu können. Damit hängt die Möglichkeit eines positiven Transfers auch von individuellen Faktoren ab. In den von den Jugendlichen gegebenen Antworten lassen sich hauptsächlich drei Arten der Anwendung unterscheiden, je nach Anpassung ihrer Kompetenzen an die Gegebenheiten des neuen Kontexts.

Bei der ersten werden die mitgebrachten Kompetenzen konvertiert, um eine Qualifikation, d.h. ein kulturelles Kapital in seiner institutionalisierten Form zu erwerben. Dies ist für viele der Jugendlichen der Fall, die angeben, Nutzen aus ihrer früheren schulischen Erfahrung ziehen zu können, obwohl der gegenwärtige Typ der Ausbildung dem vorherigen weder in inhaltlicher noch in methodischer Hinsicht entspricht, da viele von ihnen z.b. von einer allgemeinen Bildung im Herkunftsland in eine berufliche Ausbildung in der Ankunftsgesellschaft gelangt sind.

Bei der zweiten dienen die Kompetenzen zur Wahrung des seelischen Gleichgewichts. Dies gilt zum Beispiel für diejenigen, die ohne einen weiteren Besuch der Koranschule im neuen Kontext weiterhin auf die islamischen Lehren zurückgreifen, um daraus angesichts der Widrigkeiten ihres Alltags psychische und moralische Stärkung zu ziehen.

Die letzte zu erwähnende Form, in der die Anpassung von Kompetenzen also deren Viabilität konstruktivistisch gesprochen sichtbar wird, ist die der Hervorbringung oder Pflege sozialen Kapitals. So stellen verschiedene Jugendlichen ihre Fähigkeiten bei Bedarf Freunden und Bekannten unentgeltlich zur Verfügung, was ihnen ermöglicht, Freundschaften zu schaffen oder zu bestärken. Dies kann in ihrer oftmals prekären Situation einen besonderen Nutzen darstellen.

Es ist deshalb an dieser Stelle festzuhalten, dass die Nutzbarmachung bzw. die Nützlichkeit von mitgebrachten Kompetenzen stark von der Fähigkeit der Jugendlichen abhängt, diese an die Gegebenheiten des neuen Kontexts anzupassen, um daraus ein Kapital machen zu können.

7.1.3 Von den Hindernissen, mitgebrachte Kompetenzen zu nutzen

Elf Jugendliche geben an, keine Möglichkeit zu haben, ihre mitgebrachten Kompetenzen in Deutschland nutzbar zu machen. Sie meinen, sie nicht in eine berufliche Ausbildung oder Tätigkeit einbringen zu können bzw. sind beim dem Versuch, dies zu tun, gescheitert.

Tabelle 11: Gescheiterte Anwendungswünsche in Bezug auf den formellen Sektor (n=11)

Jugendliche/r	Wissen/Fähigkeiten/ Qualifikation	Anschlusshindernis
Abeba	Hat einen dem Abitur vergleichbaren Abschluss. Wunsch nach Ausbildung zur Reiseverkehrskauffrau	Findet keine Ausbildungsmöglichkeit wegen des ungesicherten Aufenthaltsstatus
Aziz	Wollte seine Kenntnisse in Elektroinstallation vertiefen	Ungesicherter Aufenthaltsstatus, demotiviert
Binta		Hat keine Erfahrung mit dem Lernen
Boubacar	Will seine Kenntnisse im Handel erweitern	Keine Unterstützung, fehlende Arbeitserlaubnis, demotiviert
Dentas	Will seine Koranstudien fortsetzen	Findet keinen Lehrer
Francis	Zehnte Klasse mit Abschluss. Wollte eine Ausbildung im Elektronikbereich machen	Langes Asylverfahren
Habib	Will seine Koranstudien fortsetzen	Findet keinen Lehrer
Harona	Ausbildung zum Elektriker	Keine Unterstützung, Probleme mit dem Aufenthaltsstatus
Jonathan	Will seine Handelskenntnisse vertiefen	Findet keinen entsprechenden Praktikumsplatz
Ousman	Will seine Kenntnisse in Automechanik vertiefen	Findet keinen Ausbildungsplatz
Salif	Will seine Kenntnisse in Automechanik vertiefen	Keine Unterstützung, ungesicherter Aufenthaltsstatus
Silvain	Wollte Flugzeugmechaniker werden	Hat wegen ungesichertem Aufenthaltsstatus keinen Ausbildungsplatz erhalten

Abeba und *Francis* bringen relativ hohe Schulabschlüsse aus dem afrikanischen Kontext mit, denn sie haben vor ihrer Flucht die Sekundarstufen I bzw. II absolviert. *Abeda* möchte Bürokauffrau lernen, *Francis* wünscht sich, durch eine Ausbildung eine Berufsqualifikation als Elektroniker zu erwerben. Ihnen ist der Wille zur beruflichen Umorientierung gemeinsam. Beide geben jedoch an, keinen Ausbildungsplatz gefunden zu haben. Ursächlich dafür ist in beiden Fällen der ungesicherte Aufenthaltsstatus, dessen Folge der versperrte Zugang zu schulischen und beruflichen Ausbildungsangeboten ist. *Dentas* und *Habib* haben in ihrem Land die Koranschule besucht und den Wunsch, diese Ausbildung in Hamburg fort zu setzen. Dies sei aber in Hamburg mangels Lehrangebots nicht möglich:

> „Ja, im Moment mache ich das nicht mehr. Weil ich keinen Lehrer habe,
> wo ich hingehen kann und fragen: ‚Kannst du mir helfen über das und das?
> Das habe ich nicht. […] Ich finde das richtig, wenn ich das auch weiter

lerne. Aber das geht nicht immer. In diesem Land, wo ich bin, muss ich was anderes lernen." (*Dentas*, 17 Jahre, Sierra Leone, zwei Jahre in Deutschland, Aufenthaltsbefugnis).

Wie die Jugendlichen, über die im vorigen Abschnitt berichtet wurde, wollen auch *Aziz, Boubacar, Jonathan, Ousman, Salif* und *Silvain* ihr im informellen Sektor in Afrika erworbenes Wissen durch eine berufliche Ausbildung ein nutzbar machen. *Aziz* hat parallel zum Schulbesuch im Herkunftsland bei einem Freund des Vaters gelernt, Elektroinstallationen in Haushalten durchzuführen:

> „A very good friend of my dad. He was an electrician. I used to go with him sometimes […] after school. That is why at the time I came to Germany, I wanted to do installation." (*Aziz*, 18 Jahre, Sierra Leone, dreieinhalb Jahre in Deutschland, Duldung).

Doch für eine Ummünzung dieser Vorkenntnisse in eine Ausbildung oder Berufstätigkeit hat er keine entsprechende Möglichkeit erhalten. *Boubacar* hat neben dem Besuch der Koranschule bei seinem Vater, einem Kleinhändler, dessen Berufspraxis kennen gelernt und würde in Hamburg gerne in diesem Bereich eine Ausbildung machen. Ähnlich ist die Situation *Jonathans*, der seinem Vater, einem Diamantenhändler in Sierra Leone, bei der Arbeit geholfen hat. Auf die Frage nach dem Nutzen dieser Erfahrung in Hamburg antwortet er:

> „[…] ich hatte viel gelernt, wie kann man verkaufen und mit den Leuten umgehen. Und dafür ich wollte Import-Export als Beruf machen. Und dafür wollte ich bei Otto-Versand Praktikum machen. Aber weil es zu spät war, hat das nicht geklappt." (*Jonathan*, 18 Jahre, Sierra Leone, drei Jahre in Deutschland, Aufenthaltsbefugnis).

Obwohl er in seiner Heimat keine Schule besuchen konnte, hat *Salif* in der Werkstatt seines Onkels die Tätigkeit eines Automechanikers kennen und schätzen gelernt. In Hamburg würde er gern an diese Erfahrung anknüpfen, kann und darf es aber nicht:

> I: In deiner Heimat hast du was gelernt?
> S: Dort habe ich nicht was gelernt. Aber mein Onkel war auch Mechaniker, er hatte eine Werkstatt in Afrika. Ich war die ganze Zeit mit ihm in Afrika. Von da habe ich diese Mechanik geliebt. […] Und dann bin ich hierher gekommen. […] wenn ich kriege die Möglichkeit, dann mache ich hier weiter. (*Salif*, 17 Jahre, Sierra Leone, viereinhalb Jahre in Deutschland, Duldung).

Auch *Silvain*, der in Togo ein dem Realschulabschluss entsprechendes Zeugnis erworben hat, orientiert sich in Bezug auf seine Berufswahl nicht an diesem Erfolg im formellen Sektor, sondern eher an den im informellen Sektor gesammelten

Erfahrungen und am Vorbild seines Vaters, wenn er gern Mechaniker werden möchte:

> „Also mein Vater ist ein Ingenieur, der repariert große Schiffe und Motoren. Und wenn ich Freizeit hatte, war ich immer mit ihm unterwegs, deshalb habe ich immer im Kopf, als Beruf irgend etwas mit Mechanik tun zu wollen. Aber leider kann man hier in Deutschland nicht seine Träume verwirklichen. Wegen der Papiere und des Aufenthalts kannst du das vergessen." (*Silvain*, 24 Jahre, Togo, sieben Jahre in Deutschland, Duldung).

Schließlich muss *Binta* zur Gruppe der Jugendlichen gerechnet werden, die keine Ausbildungsmöglichkeiten im formellen Sektor sehen, obwohl sie dies möchten. Allerdings bildet ihr Fall eine Ausnahme wegen der Besonderheit ihrer Schwierigkeiten. Sie ist unter allen Befragten einschließlich derer, die in Afrika keine Schule besucht haben, die einzige, die ausdrücklich angibt, nicht nur keine formale Lernerfahrung, sondern auch persönlich Lernprobleme zu haben.

Tabelle 12: Gescheiterte Anwendungswünsche in Bezug auf den informellen Sektor (n=4)

Jugendliche/r	Wissen/Fähigkeiten/Kompetenz	Anschlusshindernis
Alhadji	Viehzucht	Entsprechende Angebote fehlen
Eden	Haushaltsführung, Bastkörbe flechten	Kontextveränderung, keine Nachfrage
Ndengo	Holzarbeit	Ungesicherter Aufenthaltsstatus
Saiku	Ackerbau	Kein entsprechendes Angebot

Vier Jugendliche sehen für ihr im Herkunftsland erworbenes Wissen keine Anwendungsmöglichkeiten, weder im formellen, noch im informellen Sektor. Drei dieser Befragten – *Alhadji*, *Eden* und *Saiku* – sehen als Ursache für ihre Situation den Mangel an Nachfrage oder Angeboten für ihre Kompetenzen im Hamburger Kontext. *Alhadji* hat neben dem Besuch der Koranschule seinen Eltern bei der Viehzucht geholfen. Auf die Frage nach dem Nutzen des im Heimatland Gelernten in Hamburg antwortet er: „Nein, weil ich hier in Hamburg die gleiche Arbeit nicht machen kann". Diese Antwort kann so gedeutet werden, dass er der Überzeugung ist, die fehlende Nutzbarmachung seiner mitgebrachten Fähigkeiten liege im mangelnden Angebot des neuen Kontexts begründet. *Eden* hat die Schule in ihrem Land bis zur Abiturklasse besucht. Parallel dazu hat sie sich um die Haushaltsführung gekümmert, hat Bastkörbe geflochten und diese verkauft. Über die Anwendbarkeit dieser Kenntnisse im neuen Kontext sagt sie:

> I: Konntest du die vielen Fähigkeiten in Deutschland irgendwie einsetzen?
> E: […] Wenig, weil ich ja hier alleine bin, keine Kinder oder Familie habe, für die ich sorgen muss […]. Hier ist sowas nicht gefragt. (*Eden*, 24 Jahre, Eritrea, fünfeinhalb Jahre in Deutschland, unbefristete Aufenthaltserlaubnis)

Sie deutet ihre Situation also so, dass die Veränderung des sozialen Kontexts, in dem es keine Nachfrage für ihre Fähigkeiten gebe, das Hindernis für die fehlende Anwendbarkeit ihrer Kompetenzen bilde. Was *Saiku* angeht, so sieht er keine Entsprechung zwischen seiner gegenwärtigen Tätigkeit in Hamburg und seinem auf der elterlichen Plantage erworbenen landwirtschaftlichen Wissen. Er erklärt:

> „Die Hilfe an meine Eltern haben mir hier nichts gebracht. Im Feld [Plantage] ging es nicht um Schule oder Lehre. Es kann mir hier in Hamburg nichts bringen." (*Saiku*, 17 Jahre, Sierra Leone, viereinhalb Jahre in Deutschland, Duldung).

Ndengo ist der einzige der vier Befragten, der das Anschlusshindernis hauptsächlich in seinem Status als Asylbewerber sieht:

> „[…] weil als ich hier nach Deutschland kam, war das sehr schnell, mit politischen Probleme." (*Ndengo*, 17 Jahre, Burkina Faso, ein Jahr in Deutschland, Duldung).

7.1.4 Auswertung dieser negativen Selbsteinschätzung der Jugendlichen

In den Antworten, die eine negative Einschätzung der Anwendbarkeit bzw. Nützlichkeit von mitgebrachten Kompetenzen anzeigen, kommt zum Ausdruck, dass die Jugendlichen dafür im wesentlichen fehlende Anschlussmöglichkeiten verantwortlich machen. Sie geben aber auch Auskunft über die schulischen und beruflichen Wünsche der Jugendlichen, denn in deren Klagen spiegeln sich ihre enttäuschten schulischen und beruflichen Ambitionen. Diese Informationen über die Bildungswünsche der Befragten sind insofern interessant, als sie zweierlei ermöglichen: eine Analyse der Angebotsstruktur im Hamburger Bildungssektor im Hinblick auf die Bedürfnisse dieser Gruppe von Jugendlichen und zum Zweiten die Betrachtung der Beziehungen zwischen den aktuellen Bildungswünschen der Jugendlichen und ihrem früheren in Afrika begonnenen Bildungsgang. Vor der Erörterung der Anschlusshindernisse soll zunächst dieser zweite Aspekt noch einmal näher betrachtet werden.

7.1.5 Die Beziehung zwischen den im deutschen Kontext geäußerten Bildungs- und Berufswünschen zu den in Afrika erworbenen Erfahrungen

Bei solchen Jugendlichen, die die Anwendungsmöglichkeiten ihrer mitgebrachter Kompetenzen im formellen Bildungssektor in Hamburg negativ sehen, kommt deutlich die Tendenz zum Ausdruck, dass sie ihre Bildungslaufbahn im neuen Kontext durch eine berufliche oder technische Ausbildung fortsetzen wollen. Die

Wünsche decken zwar einen breiten Bildungsbereich ab, stellen aber dennoch einen Bruch mit dem früher eingeschlagenen Bildungsweg dar. Alle Befragten, die im Herkunftsland eine Schule besucht hatten, absolvierten diese in einem allgemein bildenden Schulzweig, in Hamburg streben sie nur selten dessen Fortsetzung im allgemeinbildenden Schulwesen an, sondern sind auf Berufe orientiert. Eine mögliche Erklärung ihrer neuen Ausbildungsambitionen kann die Annahme sein, dass ein Besuch allgemeinbildender Schulen sehr lang dauern würde und zu keinen großen Chancen auf dem Arbeitsmarkt führen würde. Deshalb bevorzugen sie eine praxisbezogenere bzw. spezialisierte Ausbildung, die ihnen vielleicht eher den Einstieg in den Arbeitsmarkt rasch eröffnen kann.

Gleichzeitig sind sich die Jugendlichen dessen bewusst, dass ihnen das Exil eine Chance bieten könnte, ihre in Afrika nicht verwirklichten Bildungswünsche und beruflichen Träume realisieren zu können. Dies kommt in Äußerungen wie „Ich will nicht dumm bleiben" oder „Ich will meine Ausbildung machen" zum Ausdruck. Wie aber kommen sie zu einer ausreichend präzisen Vorstellung von ihren Ausbildungswünschen, wenn diese, wie es bei den meisten der Befragten der Fall ist, nicht in einer einfachen Fortführung ihrer in Afrika begonnenen schulischen Bildung bestehen? Die Daten weisen darauf hin, dass es einen direkten Zusammenhang zwischen der Tatsache, dass die Mehrheit der Befragten im informellen Sektor ihres Herkunftslandes Erfahrungen gemacht hat, und ihrer Ausbildungs- oder Berufsorientierung in der Ankunftsgesellschaft besteht. So geben die meisten Jugendlichen an, sich in der Wahl ihres Ausbildungsganges in Hamburg an ihren Erfahrungen und Aktivitäten im informellen Sektor ihrer Heimat zu orientieren. Sie scheinen auf die Erfahrung des nützlichen und praxisbezogenen Charakters dieser Tätigkeiten zurück zu greifen, um auf dieser Grundlage ihre berufliche Zukunftsplanung im neuen Kontext vorzunehmen.

7.1.6 Die Beziehung zwischen den Lernerfahrungen im formellen und im informellen Sektor

Es zeigt sich demnach, dass die Unterscheidung der Lern- und Bildungserfahrungen der Jugendlichen nach den Sektoren des Bildungs- und Arbeitsmarkt im Hinblick auf die Anwendbarkeit der Lerninhalte und des erworbenen Wissens irrelevant für die Anschlussmöglichkeiten im Flüchtlingskontext Hamburgs zu sein scheinen. Denn viele der in Afrika im informellen Sektor erworbenen Kompetenzen (wie Sprachen, Rechnen, Landwirtschaft und handwerkliche Arbeit u.a.) finden ihre Anwendung auch im formellen Bildungssektor Hamburgs. Dies scheint ein Indiz dafür zu sein, dass der qualitative Unterschied zwischen den beiden Bereichen bezüglich ihrer Inhalte weniger bedeutend ist als angenommen wird. Der entscheidende Unterschied liegt vielmehr in den Bedingungen, unter denen dort Erfahrung gewonnen und Kompetenz aufgebaut wird. Der formelle Sektor ist gekennzeichnet durch seinen legalen Charakter, sei es, dass er direkt dem Staat untergeordnet ist und von diesem beaufsichtigt wird, sei es, weil die freien Träger finanzielle Mittel vom Staat erhalten.

Der informelle Sektor dagegen entwickelt sich im heutigen Afrika im Wesentlichen am Rande des Staates – der in irreführender Weise nicht selten in Anlehnung an die politischen und administrativen Systeme westeuropäischer Staaten als „Rechtsstaat" bezeichnet wird. In dieser Situation gewinnt die Beteiligung am informellen Sektor an Bedeutung. Es sind Menschen jeden Alters und Geschlechts, die im Allgemeinen sehr geringe Anteile an den verschiedenen „Kapitalsorten" besitzen. Das Informelle wird im afrikanischen Kontext, wie er in Kapitel VI. Abschnitt III dargestellt wurde, zum Ort des Handelns der benachteiligten Bevölkerungsmehrheit, die mittels Transgression einem im Dienste mafioser Eliten stehenden "Rechtsstaat" ihren Willen und ihre Fähigkeit zum Überleben deutlich machen – trotz und jenseits aller Fremdbestimmungen. Weil dieser Sektor Ungehorsam, Gesetzesübertretung und subversive Kreativität als Paradigmen der Befreiung verlangt, die von den „Leuten von unten" ständig praktiziert wird, war eine nuancierte Betrachtung des Legalen und Illegalen als Grenzsetzung zwischen dem Formellen und dem Informellen erforderlich. Es ist diese Relativität der Grenzsetzung, verstärkt durch die Ähnlichkeit der Lerngegenstände in beiden Sektoren, die einer großen Anzahl der Befragten den Übergang vom einen in den anderen Bereich trotz eines veränderten Kontexts möglich macht. Viele der von den Jugendlichen in Afrika informell ausgeübten Tätigkeiten stellen in Hamburg formelle, d.h. institutionalisierte und im Zugang reglementierte Ausbildungsberufe oder Beschäftigungen dar. Der von mehreren Befragten geäußerte Wunsch, diese Tätigkeiten mit Hilfe einer Ausbildung fortsetzen zu wollen, stößt deshalb im Hamburger Kontext u.a. auf das Hindernis dieser Reglementierung.

7.2 Hindernisse für die Nutzung mitgebrachter Kompetenzen

Von den befragten Jugendlichen werden vielfältige Faktoren genannt, die sie daran hinderten, ihre in Afrika erworbenen Kompetenzen im Hamburger Kontext zu nutzen: Demotivierung, Konzentrationsmangel, permanenter Stress, Angst, Mangel an Unterstützung bei der Suche nach einem Ausbildungsplatz usw. Die genannten Hindernisse sind Auswirkungen eines Problems, von dem an dieser Stelle nur seine Struktur interessieren soll. Entsprechend geht es hier weniger darum, die Wirkungen dieser Hindernisse auf den schulischen oder beruflichen Werdegang der Jugendlichen in Hamburg zu untersuchen, als vielmehr eine Typologie zu erarbeiten, welche die Formen und Ebenen beleuchtet, in denen die Hindernisse ins Spiel kommen. Bezugspunkt sind wieder die Antworten der Jugendlichen, die sie auf die Frage nach den Anschlusshindernissen für ihre mitgebrachten Kompetenzen gaben, was bei fünfzehn Jugendliche der Fall war. Zehn von ihnen wollten eine berufliche Ausbildung absolvieren, sind jedoch auf Grund ihres unsicheren Aufenthaltsstatus und eines Mangels an Unterstützung bei der Suche nach einem Ausbildungsplatz nicht dazu gekommen. Zwei andere haben den Wunsch geäußert, eine Koranschule zu besuchen, was ihnen in Ermangelung entsprechender Institutionen in Hamburg nicht möglich ist.[112] Die übrigen drei haben angeführt, die unterschiedlichen im informellen Sektor in Afrika betriebenen Aktivitäten mangels Nachfrage im neuen Kontext nicht fortsetzen zu können. Diese Antworten ermöglichen es, zwei Typen von Hindernissen zu unterscheiden: der eine ist gesetzlicher und der andere struktureller Art.

7.2.1   Gesetzliche Hindernisse

Solche Hindernisse können durch sämtliche Reglementierungen und Kodifizierungen gesetzlicher Art – seinen sie länder- oder bundesrechtlicher Art – gegeben sein, die den Zugang zum formellen Bildungssektor bestimmen. Dies ist dann problematisch, wenn sie diskriminierende Klauseln gegenüber solchen geflüchteten Menschen beinhalten, die (noch) nicht in einem formalen Asylverfahren als Verfolgte anerkannt worden sind. So aber ist ihnen durch eine listige Verflechtung des Arbeitserlaubnisrechts, des Asylverfahrens- und Asylbewerberleistungsgesetzes mit der Reglementierung im gesamten formellen Bildungssektor in Hamburg der Zugang sowohl zu beruflicher Bildung als auch zum Schulbesuch bis zur Ebene des Abiturs praktisch verschlossen.[113]

Der Wunsch der großen Mehrheit der Jugendlichen, eine Berufsausbildung absolvieren zu dürfen, stößt im deutschen beruflichen Bildungssystem auf Hindernisse: Es muss eine Arbeitsgenehmigung für mindestens acht Stunden täglich vorliegen, die aber den Jugendlichen auf Grund ihres ungesicherten Aufenthaltsstatus nicht erteilt wird. So werden sie in der Regel in berufsvorbereitende oder -orientierende Klassen umgeleitet, die aber nicht nur im Hinblick auf die Qualität ihrer Lehrinhalte, sondern auch wegen fehlender darauf aufbauender Ausbildungsmöglichkeiten eine wahre Sackgasse für die Jugendlichen darstellen.

---

112 Es kann diesbezüglich angemerkt werden, dass der hier von den Jugendlichen angesprochene Mangel an Koranschulen in Hamburg hauptsächlich die aus westafrikanischen Ländern stammenden Muslime betrifft. Für andere, die beispielsweise aus der Türkei oder Afghanistan kommen, sind entsprechende Einrichtungen vorhanden.

113 Die Reglementierungen stellen jedoch keineswegs absolut undurchlässige Barrieren dar. Wie alle Disziplinierungsmaßregeln haben sie Lücken, deren Ausnutzung allerdings eine hervorragende Kenntnis der Gesetze (Ausländergesetz, Asylleistungsgesetz) erfordert, da deren Hauptcharakteristika ihre Komplexität und Dynamik sind. Alles Dinge, die in Anbetracht der Jugend dieser Zielgruppe wie auch der für ihr Leben im Allgemeinen typischen sozialen Isolierung, eine Zumutung darstellen. Vgl. hierzu Joachim Schroeder „Bildungskarrieren von 76 afrikanischen Flüchtlinge" Kapitel IV. der Veröffentlichung zu den Ergebnissen des Gesamtprojekts in Neumann u.a. 2003.

7.2.2 Strukturelle Hindernisse

Hindernisse auf struktureller Ebene bestehen in zwei Formen: Es sind erstens die Zugangsregelungen zu den Bildungsangeboten in Hamburg sowie die beteiligten individuellen oder institutionellen Akteure, die für die Vermittlung des Zugangs verantwortlich sind. Einerseits geht es dabei in den Erzählungen der Jugendlichen um die Betreuer, von denen manche ihren Schützlingen bei der Suche nach einem Ausbildungsplatz ihrer Wahl nicht in ausreichendem Maß behilflich seien. Zu diesem Eindruck der Jugendlichen ist jedoch anzumerken, dass die Betreuer, abgesehen von ihrem Maß an Kenntnis über die verschlungenen bürokratischen Wege und an beruflichem Engagement für die Betreuten, auf die Entscheidungen in diesem Bereich so gut wie keinen Einfluss haben. Andererseits handelt es sich um die Verwaltung, deren Aufgabe die Koordination und Vermittlung der Bildungs- und Ausbildungsplätze ist. Hier werden u.a. die Einstufungen und Anerkennungen der mitgebrachten schulischen Qualifikationen vorgenommen. Es kommt vor, dass die schulischen oder beruflichen Wünsche mancher Jugendlicher mit den hier erforderlichen Qualifikationsvoraussetzungen im gewünschten Bereich nicht übereinstimmen. In solchen Fällen müssen sie u.U. Vorbereitungskurse für die benötigte Qualifikation besuchen oder Abstand von ihren schulischen oder beruflichen Ambitionen nehmen und die ihnen von der Vermittlungsinstitution angebotene Ausbildungsalternative akzeptieren. Diese Alternative stellt sich wiederum nur im Rahmen der durch den rechtlichen Status der Jugendlichen begrenzten Möglichkeiten.

Auf ein zweites Hindernis struktureller Art wurde von einigen Jugendlichen hingewiesen, die anführten, ihre mitgebrachten Kompetenzen im neuen Kontext nicht nutzen zu können, weil ein entsprechendes Angebot oder eine Nachfrage in diesem Bereich nicht gegeben sei. Beim Vergleich dieser Antworten mit den Fällen, in denen Jugendlich positive Anschlussmöglichkeiten sahen (Koranschule, Viehzucht, Haushaltsführung, Bastkörbe flechten und Ackerbau), zeigte sich Folgendes: Erinnert sei an das Beispiel von *Saifonlaye*, der seine in der Koranschule erworbenen Arabischkenntnisse zum effizienten Notizenmachen in seinem Ausbildungskurs nutzt, an *Thierno*, der zur Bewältigung seiner psychischen Belastungen auf seine Koranlehre zurückgreift, oder an *Marie Claire*, die ihre durch den Kleinhandel geschulten Rechenkompetenzen nun im Mathematikunterricht nutzbringend verwendet. Es kann angenommen werden, dass das Problem des Anschlusses von Kompetenzen hier weniger im Mangel an Angeboten in diesem Bereich als vielmehr in der Fähigkeit der Konversion oder Anpassung der früher erworbenen Kompetenzen an die neuen Gegebenheiten in Hamburg besteht. Erst durch sie werden Kompetenzen zu „Kapital". Sich auf diese Feststellung zu beschränken, würde jedoch die Flexibilität und Anpassungsfähigkeit vieler dieser Jugendlichen missachten, die in einer von permanenter Abschiebungsandrohung charakterisierten Lebenssituation mit manchmal erstaunlichem Erfolg Bildungsangebote nutzen, die ihren eigenen Ausbildungswünschen nicht entsprechen. So

zeigen sich die gesetzlichen Hindernisse in Bezug auf die Anwendung der mitgebrachten Kompetenzen im formellen Bildungssektor in Hamburg für die Jugendlichen als der weitaus wichtigste Faktor in der Form, dass sie ihnen nicht nur wenig
Auswahlmöglichkeiten zugestehen, sondern sie auch von einem fairen Wettbewerb
ausschließen, dessen prinzipielle Voraussetzung die Chancengleichheit aller Be-
werber wäre. Unseren Befragten eröffnet sich jedoch auf Grund ihres rechtlichen
Status von vornherein nur ein Zugang zu Bildungsmöglichkeiten geringeren
Niveaus. Daher kann Joachim Schroeder mit Recht schreiben:

„Eine die Lebenslage der jungen Afrikanerinnen und Afrikaner mit am
stärksten beeinflussende ‚Kapitalsorte' ist das *juridische Kapital*, weil es die
Jugendlichen beim Zugang zu anderen Kapitalsorten erheblich benachteiligt. Allgemein für den Erwerb von Bildungskapital relevante Dimensionen des Rechts-
kapitals sind: staatsbürgerschaftliche, aufenthalts- und arbeitsrechtliche, schul- und
ausbildungsrechtliche Bestimmungen, ebenso die Regelungen des Familien-,
Sozialhilfe-, Gesundheits-, Versicherungs- und Rentenrechts. Weil den Flüchtlingen das zum Zugang zu den Bildungs-, Ausbildungs- und Arbeitsmärkten erforderliche juridische Kapital (Aufenthaltstitel, Arbeitserlaubnis, Bildungsrechte,
Jugendhilfeansprüche usw.) nicht uneingeschränkt zugestanden und teilweise sogar
völlig verwehrt wird, ‚fehlt' ihnen somit ein wichtiges ‚Startkapital', das in hohem
Maße den Erwerb und die Transformierbarkeit der anderen Kapitalsorten bestimmt"(2003, S. 261). Diese Ausschlussbedingungen, so meine Hypothese, erzeugen jedoch wiederum Kompetenzen, die in den Bildungserfolgen der Jugendlichen
sichtbar werden. Wie andere im Rahmen unseres Forschungsprojektes unter verschiedenen Gesichtspunkten durchgeführten Untersuchungen zeigen, sind diese
Jugendlichen weiterhin nicht nur motiviert, sondern ein nicht zu vernachlässigender
Teil von ihnen hat auch einen erstaunlichen schulischen Erfolg, ungeachtet des
Ausmaßes und der Verschiedenheit der Hindernisse (legale, strukturelle und
symbolische Diskriminierung, wobei die symbolische Stigmatisierung sich entlang
des Merkmals der Hautfarbe bemerkbar macht), die ihre Schullaufbahn und ihr
alltägliches Leben im Kontext der Immigration begleiten. Eine solche Kompetenz,
die eine Fähigkeit darstellt, die äußeren Determinationen zu überwinden, nenne ich
den Habitus der Überlebenskunst in dem Sinne, wie er ihm im Kapitel sechs zuerkannt wurde.

7.3 Resümee der Auswertungen zur Anwendung der mitgebrachten Kompetenzen

Auf den Punkt gebracht, machen die Resultate der Auswertung im Wesentlichen
zwei Dinge deutlich: Einerseits die Anschlussmöglichkeiten, andererseits die Anschlusshindernisse für das von den jungen afrikanischen Flüchtlingen in das Hamburger Bildungssystem mitgebrachte kulturelle Kapital. Die Anschlussmöglichkeiten scheinen dabei zunächst von den *individuellen Fähigkeiten*, über welche die

meisten dieser jungen Leute verfügen, abzuhängen. Sie sind je nach Fall variabel und ihnen verdanken die es jungen Leute, dass sie aus dem, was sie vor ihrem Exil als kulturelles Kapital erworben haben, mittels verschiedener Konversionsstrategien bei ihrem weiteren Bildungsweg in Hamburg das Beste machen können. Was die Anschlusshindernisse betrifft, so sind sie, von wenigen Ausnahmen abgesehen, zumeist *struktureller und legaler* Natur. Die verhängnisvollen Auswirkungen dieser Hindernisse schon zu Beginn des Bildungsganges oder in dessen Verlauf sind so bestimmend, dass es mir sinnvoll erscheint, von jeder Fähigkeit, die es den Jugendlichen erlaubt, diese Determination, die sich als Barriere für ihr Fortkommen erweist, zu überwinden, als Kompetenz zu sprechen.[114] Vor dem Hintergrund dieser Hindernisse und in Anbetracht des schulischen Erfolges, den diese jungen Leute trotzdem haben, ist ihre Kompetenz ein Habitus der Überlebenskunst. Wie also gestaltet sich dieser Habitus der Überlebenskunst konkret und wie drückt er sich in ihrem Alltagsleben in Hamburg aus? Das ist die Hauptfrage, der im folgenden Kapitel nachgegangen wird und deren Interesse darin besteht, die Überlebenskunst in der Praxis empirisch zu erfassen. Aus forschungspragmatischen Gründen beschränke ich mich bei der Behandlung dieser Frage auf die Ausdrucksformen dieses Habitus im Bildungsbereich. Denn abgesehen von den fachspezifischen Gründen, die einer solchen Entscheidung zu Grunde liegen, ist es in Anbetracht der breit gefächerten Lebensbereiche und Aktivitäten eines Individuums, in denen sich die Überlebenskunst[115] beobachten lässt, notwendig, das Forschungsfeld soweit wie möglich einzuschränken, in dem die Beschreibung und Analyse der Ausdrucksformen wie auch der Funktionsmechanismen der Überlebenskunst vorgenommen werden, um der hierbei erforderlichen Gründlichkeit genügen zu können.

---

114 Im Rahmen unseres Forschungsprojektes war, darauf habe ich in der Einleitung hingewiesen, von einer Ressourcenhypothese ausgegangen worden, die die Analyse der von den jungen afrikanischen Flüchtlingen mitgebrachten Kompetenzen ebenso wie die Anwendung dieser Kompetenzen im Hamburger Schulsystem vorsah. Aber angesichts der extremen Behinderung der schulischen Karriere dieser jungen Leute durch die Gesetze mussten wir eine der zentralen Fragen unseres Forschungsprojektes umformulieren, um von Grund auf die Mechanismen untersuchen zu können, mit denen diese gesetzlichen Hindernisse entscheidend in den Bildungsgang dieser Kategorie von Migranten eingreifen. Bei meinen Analysen werden nun die Konsequenzen gezogen aus dem schulischen Erfolg, den ein guter Teil der befragten Jugendlichen trotz der gesetzlichen Barrieren hatte, gezogen. Es war mir dabei wichtig, die Hypothese der Kompetenz, die im Rahmen des Projektes aus dem eben erwähnten Grund nicht die nötige Vertiefung bei der Untersuchung genossen hat, weiterzuverfolgen, um den Typ von Ressourcen zu entdecken, auf den die Jugendlichen zurückgreifen, um sich unter solch widrigen Bedingungen aus der Affäre ziehen zu können.

115 Man könnte unter anderem die Ausdrucksformen dieses Habitus auf beruflichem oder finanziellem Gebiet untersuchen. Es würde sich dann darum handeln festzustellen, wie die jungen Asylbewerber es ungeachtet des Arbeitsverbotes schaffen, alles hinzukriegen und, was sehr viele unter ihnen tun, auch noch ihre Herkunftsfamilien zu unterstützen. Eine solche Untersuchung würde, das muss hier erwähnt werden, nicht ohne praktische Konsequenzen bleiben, denn ihre Resultate könnten von den Behörden zu repressiven Maßnahmen benutzt werden.

Kapitel 8
Auf der Suche nach dem Habitus der Überlebenskunst

8.1 Zur Methode

8.1.1 Präzisierung und theoretische Verortung der Fragestellung

Um zu zeigen, worin diese Kompetenz bestehen kann, die sich als Habitus der Überlebenskunst in der Fähigkeit äußert, Formen der Selbstgestaltung zu entfalten selbst in Situationen extremer Fremdbestimmung, wie sie sich aus dem prekären Status als Asylbewerber ergibt, werde ich mich im Folgenden genauer mit der (Bildungs-)Biographie eines Jugendlichen befassen. Ziel dieser Fallstudie ist es, exemplarisch einige empirisch feststellbare Gestalten des Habitus der Überlebenskunst zu erhellen, so wie sie sich in einem erzählenden Bericht aufspüren lassen. Ausgehend von der Erzählung über sein Leben im Exil möchte ich einige Mechanismen beschreiben, durch die es dem jungen afrikanischen Flüchtling gelingt, trotz der strukturellen und vor allem gesetzlichen Hindernisse, die den Alltag eines Asylbewerbers existenziell bestimmen, dennoch den Bildungsweg in Hamburg mit großem Erfolg zu absolvieren. Ich hoffe, die bislang eher aus theoretischen Überlegungen erarbeiteten Konturen des Habitus der Überlebenskunst somit empirisch fundieren zu können. Bereits jetzt möchte ich darauf hinweisen, dass Bourdieus Begriff von Bildung als einem Produkt individueller Zugangsmöglichkeiten zu und Verfügungsmacht über unterschiedliche Formen ökonomischen, sozialen und kulturellen Kapitals als Ausgangspunkt für ein solches Vorgehen nicht ausreicht; es ergeben sich allerlei Schwierigkeiten, die im Rahmen dieser Arbeit angenommene Ressourcenhypothese als Perspektive der Analyse bei der Untersuchung von Bildungsbiographien junger afrikanischer Flüchtlinge damit weiter zu verfolgen. Diese Beschränkung des bourdieuschen Ansatzes drückt sich konkret in den Problemen aus, sich möglichst umfassend den Strategien annähern zu können, die von dieser Gruppe von Migranten angewandt werden. Ebenso gehen die von ihnen aktivierten Ressourcen, um Bildungserfolge zu erzielen, über die von Bourdieu definierten Kapitalsorten hinaus, auch wenn sie, unter anderem wegen der Tatsache der Migration[116], nur in geringem Ausmaß darüber verfügen. Denn es sind Bildungserfolge, die trotz der erheblichen, von der Forschung eindeutig nachgewiesenen Belastungen erzielt werden, Belastungen, die vorwiegend aus einem Mangel an *rechtlichem Kapital* resultieren und in fast allen Lebensbereichen als eingeschränkt vorhandenes ‚Startkapital'[117] den Asylbewerbern[118] den Werdegang sehr erschwe-

---

116 Die Migration wird nach der Theorie Bourdieus nicht allein als Kapitaltransfer (inkorporiertes Kapital, Habitus) gesehen, sondern auch als Kapitalverlust (z.B. an sozialem Kapital).

117 Die von dem Spezialisten für Ausländerrecht, Rainer Albrecht, aufgestellte Analogie zwischen dem, was wir hier juridisches Kapital nennen und dem vegetativen Nervensystem, macht ausdrücklich die für den Migranten lebenswichtige Funktion dieses „Kapitals" deut-

ren. Dieses ‚juridische Kapital' stellt durch seine Funktionen und Auswirkungen für die Betroffenen eine Vorbedingung, ja in gewisser Weise eine Zugangslizenz zum Markt dar, ohne die jeder faire Wettbewerb nur schwer denkbar ist. Wie also sind die Bildungserfolge einiger dieser Jugendlichen zu erklären, die im Rahmen des bourdieuschen Ansatzes eher als ein Paradoxon erscheinen?

Um dieser Frage nachzugehen, habe ich den Blick auf das Subjekt in seinem Konstitutionsprozess gerichtet, so wie dieser sich in der andauernden Konfrontation und Auseinandersetzung mit den entfremdenden Sozialstrukturen vollzieht. Das Subjekt, um das es uns hier geht, ist dasjenige, dessen Individualität sich als sekundär gegeben darstellt. Eine Individualität, die sich immer vor dem Hintergrund sozialer Beziehungen und Strukturen herausbildet, die dort existierten, wo das Subjekt anfänglich integriert war. Außerdem ist es ein Subjekt, das nicht länger nur unter dem Gesichtspunkt des Habens (der Kapitalkonstellation) wahrgenommen wird, sondern vor allem unter dem Gesichtspunkt der *Aktion*, die dieses Beziehungsmoment oder den Prozess der Subjektivierung durch und in der Konfrontation mit den entfremdenden Strukturen in Gang setzt. Über diesen Typ von Aktion hat Michel de Certeau geschrieben: „Vor langer Zeit hat man zum Beispiel den zweideutigen Vorgang untersucht, der den ‚Erfolg' der spanischen Kolonisatoren bei den indianischen Völkern unterlaufen hatte: unterwürfig und sogar bereitwillig *machten* diese Indianer aus den rituellen Handlungen, Vorstellungen oder Gesetzen, die ihnen aufgezwungen worden waren, oft etwas ganz anderes als der Eroberer bei ihnen erreicht zu haben glaubte; sie unterwanderten sie nicht, indem sie sie ablehnten oder veränderten, sondern durch die Art und Weise, wie sie sie zu Zwecken und mit Bezugspunkten gebrauchten, die dem System, welchem sie nicht entfliehen konnten, fremd waren. Innerhalb des Kolonialsystems, das sie äußerlich ‚assimilierte', blieben sie Fremde; ihr Gebrauch der herrschenden Ordnung war ein Spiel mit deren Macht, welche sie nicht abweisen konnten; sie entflohen dieser Ordnung, ohne sie zu verlassen" (de Certeau 1988, S. 13-14).

Die hier behandelte Frage verweist auf die Operationsmodi oder Aktionsschemata, die das beherrschte, aber nicht passive Subjekt anwendet. Meine Aufgabe besteht darin, die Ausdrucksformen dieser Operationen deutlich zu machen, die Reflexe dessen sind, was ich Habitus der Überlebenskunst genannt habe; es sind jene Kompetenzen, welche die ‚Künste des Tuns' hervorbringen, die es ihrerseits den Asylbewerbern ermöglichen, der repressiven Wirkung der Gesetze zu entgehen und bildungserfolgreich zu sein, ohne dass sich ihr rechtlicher Status geändert hätte. Am Beispiel einer Bildungsbiographie wird deutlich gemacht, wie ein junger Asylbewerber mit einem System fertig wird, dessen Macht über ihn zurückzuweisen er nicht die Mittel hat, dessen Zugriff er aber auf gewisse Weise ‚entwischt', ohne das System zu verlassen. Die diesen Aktionen zugrunde liegende

---

lich, von dem Erfolg oder Misserfolg seiner gesamten Integrationsbemühungen in die Gesellschaft, die ihn aufnimmt, abhängt.

118 Unter Asylbewerbern, denen das juridische Kapital fehlt, sind hier diejenigen zu verstehen, die über eine Duldung verfügen, das sind ungefähr 75% unserer Untersuchungsgruppe.

‚Grammatik', im Sinne eines formalen Regelwerks der subjektiven Handlungen, verstehe ich – in ihrer Gesamtheit – als Habitus der Überlebenskunst.

8.1.2 Zum Erhebungsverfahren und den damit verbundenen Schwierigkeiten

Um einen tieferen Einblick in das Alltagsleben der Flüchtlingsjugendlichen gewinnen zu können, wurde bei der Konzipierung des Projektes unter anderem eine qualitative Biographieforschung zur Rekonstruktion von Lebens- und Bildungsverläufen (Tiefeninterviews, teilnehmende Beobachtung, dokumentarische Methode usw.; vgl. Neumann/Schroeder 1999) vorgesehen. Eine dieser biographischen Methoden sollte in der Alltagsbegleitung nach Schroeder/Storz (1994) bestehen. Über einen Zeitraum von etwa einem Jahr sollten die jungen Flüchtlinge in ihrem Alltag intensiv begleitet werden, um solchermaßen – trotz sprachlicher und kultureller Verständigungsschwierigkeiten – einen präzisen, auf Fakten gestützten Einblick in ihre Lebenssituation und ihre Bewältigungsstrategien zu erhalten. Diese Methode führt dahingehend über die übliche ethnographische teilnehmende Beobachtung hinaus, dass die jungen Flüchtlinge nicht nur beim Lösen ihrer Alltagsprobleme beobachtet werden, sondern zwischen den Beobachteten und dem Forscher ein (pädagogisches) ‚Arbeitsbündnis' geschlossen wird, um diese Probleme der Alltagsbewältigung, soweit möglich, im Forschungsprozess gemeinsam zu lösen. Geleitet ist dieser Ansatz von der letztlich ethisch begründeten Überlegung, dass Forschung zum Leben und Überleben in extremer Marginalisierung, wenn sie in ‚objektiver Distanz' verbleibt, die ‚Beforschten' erneut zu Objekten ausgrenzender Verhältnisse macht. Ein auf Problemlösung zentrierter wechselseitiger Annäherungsprozess an extreme Lebenssituationen erscheint dagegen aussichtsreich, um den Forschungsprozess für beide Seiten – Forscher wie Beforschte – in Respekt und gegenseitiger Anerkennung zu gestalten. Nur nebenbei sei angemerkt, dass mit dieser Methode zudem ein Weg zu ‚spracharmen' Formen der Datenerhebung eröffnet wird, somit auch Menschen, denen das für die vorherrschenden Ansätze narrativer Forschungsarbeit erforderliche sprachliche Kapital zur Produktion vielschichtiger Erzählungen schlichtweg fehlt, Zugänge zur ‚indirekten' Artikulation ihrer Erfahrungen, Selbstwahrnehmung und Deutungshorizonte möglich wird.

Bei der Umsetzung dieser Methode sah ich mich jedoch mit Schwierigkeiten konfrontiert, die ich zu Beginn der Arbeit nicht voraussehen konnte. Denn die Methode erfordert als conditio sine qua non – in Anbetracht des erhöhten Grades der Einmischung oder des Eindringens in die verschiedenen Lebensbereiche des Jugendlichen – die Herstellung eines stabilen gegenseitigen Vertrauensverhältnisses zwischen den Beteiligten (Forscher und Informant). In Bezug auf unsere Zielgruppe machen die ständige Atmosphäre der Angst, in der ihre Mitglieder leben und die ihrem unsicheren Aufenthaltsstatus geschuldet ist, sowie die vielfältigen gesetzlichen, administrativen und polizeilichen Einschränkungen, denen sie ausgesetzt sind, den Aufbau einer solchen Vertrauensgrundlage umso schwieriger, als alle diese Restriktionen dazu beitragen, bei ihnen ein ausgeprägtes Gefühl des Misstrauens gegenüber jeder fremden Person hervorzurufen.

Auch wenn die Kontaktaufnahme mit den Jugendlichen für mich als Afrikaner durch das, was man ,ethnische Zugehörigkeit' nennen könnte, wesentlich einfacher war, so hat dieses Element der Identität schnell dem Realitätssinn und der kalkulierenden Vernunft dieser Jugendlichen Platz gemacht. Obwohl alle zwei jungen Männer und ein Mädchen zunächst mit der Alltagsbegleitung einverstanden waren, war es mir auch nach mehr als zwei Jahren ununterbrochener Bemühungen praktisch unmöglich, diese Methode wirksam umzusetzen. Alle meine Informanten haben den ,Vertrag' zur Begleitung, den wir in gegenseitigem Einvernehmen geschlossen hatten, einseitig aufgehoben, ohne deshalb den sozialen Kontakt zu mir abzubrechen, der weiterhin in der Form von privaten Besuchen, Telefongesprächen usw. stattfand. Eine plausible Erklärung für diesen irritierenden Befund lieferte mir einer der Jugendlichen, dem inzwischen der Status des Flüchtlings nach § 53 Ausländergesetz zuerkannt worden war.[119] Auf meine Frage, weshalb er die Alltagsbegleitung nicht mehr fortsetzen wollte, obwohl er mir doch sein Einverständnis erklärt hatte, ließ er durchblicken, dass sein Verhalten überhaupt nicht das Vertrauen und die Wertschätzung mindere, die er mit entgegenbringe. Aber seine Situation als Asylbewerber erfordere von ihm, wenn er die alltäglichen Schwierigkeiten in den Griff bekomme wolle, ein Höchstmaß an Pragmatismus im Umgang mit seinen persönlichen Beziehungen. So sei es zum Beispiel nicht sehr nützlich für ihn, wenn ich als Afrikaner ihn bei seinen Gängen zur Ausländerbehörde wegen seines Asylverfahrens begleiten würde. Ich hätte ja in den Augen der Beamten dieser Behörde überhaupt keinen symbolischen Wert, ich würde, wie die Erfahrung beweise, nahezu genauso verachtet wie er, was nicht der Fall wäre, wenn er dabei von einer deutschen Person begleitet würde. Obendrein hätte er als Asylbewerber nicht das Recht, einen Beruf auszuüben, der ihm das nötige Geld zur Befriedigung der vielfältigen eigenen sowie seiner familiären finanziellen Bedürfnisse einbrächte, Geld, das ich, als wenig begüterter Student, ihm auch nicht geben könnte. Deshalb habe er sich an Stelle der Alltagsbegleitung einen privaten deutschen Vormund gesucht, der in der Lage wäre, konkrete und befriedigende Lösungen für seine drängendsten Probleme zu finden.

8.1.3 Anpassung der Methode

Ich habe versucht, die hier beschriebene Schwierigkeit der Feldforschung zu bewältigen, indem ich mich für das schwach gesteuerte Interview entschied, das mir zwei methodische Vorteile zu haben schien: Dank einer offenen, aber expliziten Formulierung der Eröffnungsfrage, welche die Befragten dazu aufforderte zu

---

119 Der § 53 Ausländergesetz regelt den Abschiebungsschutz z.B. bei Gefahr von Folter oder Todesstrafe. Auch die Abschiebung in einen Staat, in dem einem Flüchtling unmenschliche oder erniedrigende Behandlung droht, ist unzulässig.

erzählen, wie es ihnen als jungen afrikanischen Flüchtlingen gelingt, den Alltag in Hamburg zu meistern, verbunden mit Verständnisfragen und Fragen, die zur Entwicklung von Ideen oder interessanten Informationen dienten, war es möglich, ein inhaltsreiches empirisches Material zu sammeln. Im Hinblick auf das Ziel, in den Aussagen der Jugendlichen die Ausdrucksformen des Habitus der Überlebenskunst aufzuspüren, dank derer es ihnen gelingt, die verheerenden Auswirkungen der strukturellen Determinanten auf ihren Bildungsverlauf zu überwinden, erweist sich das narrative Interview als ein bewährtes methodisches Instrument. Es bietet „der Analyse *Abdrücke von Handlungen* oder von Sprechvorgängen; [es] bezeichnet die *Operationen*, deren Gegenstand [der Sprechvorgang] gewesen ist, also Operationen, die von Umständen abhängig sind und die als jeweilige *Modalisierungen* der Aussage und der Praxis betrachtet werden können" (de Certeau 1988, S. 64).

Der zweite Vorteil, den diese Methode bietet, gehört eher in das Gebiet der Forschungsethik, denn sie erlaubt den Betroffenen, das Wort zu ergreifen, um ihre Geschichte aus ihrer eigenen Perspektive zu erzählen. Ein derartiges Vorgehen gewinnt in Anbetracht der Zielgruppe beträchtlich an Bedeutung, auch wenn es bei der qualitativen Untersuchung das Übliche ist. Denn es ermöglicht ihnen, die häufig mit den Institutionen und der Gesellschaft insgesamt nur Erfahrungen der Ablehnung und Marginalisierung gemacht haben, ihre Subjektivität beim Erzählen zu artikulieren, wobei sie, und sei es nur für die kurze Zeit des Interviews, wirklich in der Rolle des Experten sind. Dieser Sachverstand äußert sich unter anderem darin, dass sie, um welchen Gegenstand es dabei auch gehen mag (zum Beispiel die Alltagsbewältigung), frei über das Thema, den Stil, ebenso die Art, in der sie die verschiedenen Elemente beim Erzählen anordnen wollen, entscheiden können und vor allem darin, dass diese Jugendlichen gerade während der Interviewsituation das Gefühl vermittelt bekommen, dass sie es sind, von denen man etwas lernen kann oder die dem Forscher etwas zu bieten haben.

Zur Herstellung eines Vertrauensverhältnisses musste ich mich während der gesamten Phase der Kontaktaufnahme darum bemühen, mit meinen späteren Interviewpartnern ungezwungen, das heißt, nicht systematisch, über verschiedene Themen zu reden, die ihr tägliches Leben in Hamburg betrafen. Diese informellen Gespräche haben sich später bei einem Pilotinterview als Hindernis für eine freie Erzählung erwiesen, das heißt, als Hindernis dafür, reichhaltiges empirisches Material zu erhalten. Denn der Interviewte nahm bei mehreren Fragen oder Themen an, dass er mir nichts Neues mehr zu berichten hätte, da er glaubte, ich wüsste ja durch die informellen Gespräche bereits das Wesentliche, was er mir erzählen sollte. Daraufhin habe ich mich entschlossen, aus forschungsstrategischen Gründen künftig eine dritte Person mit der biografischen Interviewführung zu betrauen, der ich mein Erkenntnisinteresse zuvor genauestens erklärt hatte. Dazu habe ich eine Liste von Themen aufgestellt, die mir wichtig waren, für den Fall, dass die Interviewpartner sie nicht aus eigenem Antrieb anschnitten.

Die Auswahl der Informanten erfolgte nach dem Zufallsprinzip. Die für mich relevanten Kriterien waren: das Alter (Jugendliche), der Status (Asylbewerber), die

Herkunft (Afrika) sowie eine gleichmäßige Verteilung der Geschlechter. Außerdem achtete ich darauf, dass die interviewten Person zum Zeitpunkt des Interviews an einer Bildungs- oder Ausbildungsmaßnahme teilnahmen.

Die Wahl der Interviewsprache (Englisch, Französisch oder Deutsch) blieb meinen Gesprächspartnern überlassen, es sollte die sein, in der sie sich am wohlsten fühlten. Sie haben sich alle dafür entschieden, das Interview auf Deutsch zu geben, was überraschend erscheinen kann, wenn man bedenkt, dass sie Migranten sind, von denen zum Zeitpunkt des Interviews keiner mehr als vier Jahre in Deutschland gelebt hatte. Der Jugendliche, den ich hier ausführlich vorstellen möchte, wählte Deutsch, weil er außer seiner afrikanischen Muttersprache, die ich nicht beherrsche, keine andere Sprache als die deutsche gelernt hat.

8.1.4 Zur Auswertung und Analyse

Die Interviews mit den zwei Jungen und einem Mädchen wurden als Tonbandaufzeichnungen mitgeschnitten und wörtlich transkribiert; ebenso sind das zögernde Reden, das Lachen, die Ausrufe sowie auch die hörbaren non-verbalen Äußerungen wie Pausen oder Seufzer enthalten. Die Transkriptionen wurden anschließend an Hand der Originalaufnahmen überprüft und die notwendigen Korrekturen vorgenommen. In einem zweiten Durchgang wurde der so erhaltene Text den Befragten zur Lektüre, Korrektur der unhörbar gebliebenen Passagen, der Wahl von Pseudonymen zur Anonymisierung und der endgültigen Freigabe für wissenschaftliche Zwecke unterbreitet (vgl. Lamnek 1989, Bd. 2, S. 104). Von den drei Interviews wurde eines für eine tief gehende Analyse ausgewählt. Die Auswahlkriterien beruhen sowohl auf dem Informationsgehalt des Interviews als auch auf seiner sprachlichen Qualität.

Für die Inhaltsanalyse habe ich mich von Lamneks (1989, S. 106 ff.) „inhaltlich-reduktiver Auswertung" inspirieren lassen. Dieses Modell erschien mir im Hinblick auf die Fragestellung insofern interessant, als es zur Analyse der empirischen Daten ein heuristisches Vorgehen empfiehlt, das im Wesentlichen auf die Perspektive des Informanten zentriert ist, aus der die Resultate erschlossen werden. „Eine derartige Einschränkung erscheint legitim, weil ausschließlich die Perspektive der [Informantinnen und Informanten] handlungsrelevant ist. Alle anderen Situationsbedingungen werden quasi durch deren Rezeptionsbrille miteinbezogen" (ebd. S. 107). Dem Modell folgend habe ich zunächst, ausgehend von dem ausgewählten Interview, eine Matrix entwickelt, die eine Synopsis der verschiedenen von dem Informanten berührten Themen bietet. Aber da „die Themenmatrix in erster Linie den thematischen Gehalt eines jeden Interviews [darstellt] und nicht die unterschiedlichen Äußerungen zu den einzelnen Themen" (ebd. S. 114), wurden in einem zweiten Durchgang die berührten Themen inhaltlich analysiert, soweit sie sich in der Perspektive des hier verfolgten Erkenntnisinteresses auf die Bildung bezogen. Diese Analyse wurde in zwei Schritten durchgeführt: für jeden der von dem

Informanten erwähnten Aspekte, der mit dem Thema Bildung zu tun hat, habe ich zunächst versucht, die Wahrnehmung oder subjektive Einschätzung, die er von der Situation hatte, wiederzugeben, danach wurden die Bewältigungsstrategien oder Lösungsansätze deutlich gemacht, die er diesen verschiedenen Problemsituationen entgegenzusetzen hatte. Das beabsichtigte Ziel war: (1) die Identifizierung des Typs von Ressourcen, derer er sich dabei bedient. Doch vor allem (2) die Offenlegung der Mechanismen (Operationsschemata), die mobilisiert werden, um die Herausforderungen, die sich seiner Bildungslaufbahn entgegenstellen, erfolgreich zu bewältigen.

8.2   Kurze Vorstellung des Interviewpartners (Meme)

Geboren 1983, erlebt er seit seinem siebten Lebensjahr in seinem Heimatland Liberia einen grauenvollen Bürgerkrieg mit. 1990 flieht Meme in das Nachbarland Elfenbeinküste, wo er bis Februar 1997 bleibt; zu diesem Zeitpunkt gelingt es ihm, nach Hamburg zu kommen. Sein Antrag, als politischer Flüchtling anerkannt zu werden und Asyl zu erhalten, wird im gleichen Jahr (November 1997) abschlägig beschieden. Seither lebt er mit einer Duldung in Hamburg. Seine Bildungslaufbahn kann folgendermaßen zusammengefasst werden: Von Oktober 1997 bis Juli 1998 besucht er ein Berufsvorbereitungsjahr für Migranten an einer Gewerbeschule. Zwischen 1998 und 2000 absolviert er eine zweijährige Berufsfachschule an einer Handelsschule, das er mit einem Realschulabschluss abschließt. Von 2000 bis 2002 besucht er die Fachoberschule für Wirtschaft und Verwaltung, wo er das Fachabitur erwirbt. Seit dem Sommersemester 2003 ist er für das Studium zum Wirtschaftsingenieur an der Universität Hamburg eingeschrieben. Er ist Muslim. Zum Zeitpunkt des Interviews 19 Jahre alt. Er leidet unter dem Wiederauftreten eines posttraumatischen Schocks, der mit seiner Bürgerkriegserfahrung in seinem Heimatland zusammenhängt. Deshalb nimmt er an einer Therapie im „Fluchtpunkt" in Altona teil, einer kirchlichen Einrichtung, die sich auf die Unterstützung von Asylbewerbern spezialisiert hat.

8.3   Themenmatrix: „Meme"

Die Matrix (Tab. 12) zeigt, dass Meme (ein selbstgewähltes Pseudonym) sich zu einer Vielzahl von Themen geäußert hat. Von den elf hier aufgelisteten Themen werde ich meine Aufmerksamkeit, wie bereits oben dargelegt, hauptsächlich auf diejenigen richten, die Meme mit seiner Bildungslaufbahn in Verbindung bringt. Diese für die folgenden Analysen relevanten Themen und Unterthemen, sind in der Themenmatrix mit einem Sternchen (*) gekennzeichnet.

Tabelle 13: Themenmatrix „Meme"

Nr.	Bezeichnung	Meme
1	**Fluchtgeschichte**	▨
1a	Reise nach Deutschland	▨
2	**Schule***	
2a	Schulbiographie in Hamburg*	▨
2b	Gründe für Schulbesuch*	▨
2c	Geschichte des Schulerfolgs*	▨
2d	Selbstreflexion über die Gründe des Schulerfolgs*	▨
2e	Schule als Schutzraum*	▨
2f	Schule als Orientierungsstruktur*	▨
2g	Schule als die Persönlichkeit aufwertendes Element*	▨
2h	Selbstbezeichnung als Lernender*	▨
3	**Sozialbeziehungen***	
3a	Amtsvormund	▨
3b	Privatvormund	▨
3c	Ansichten über Sozialbeziehungen	▨
3d	Funktionen der Sozialbeziehungen*	▨
4	**Schul-/Lernerfahrung in Afrika***	▨
4a	Informelles Lernen in Afrika*	▨
5	**Religion**	▨
5a	Einstellung zu Religion und Glauben	▨
6	**Geld**	▨
6a	Arbeit eigener Verdienst	▨
6b	Eigener Verdienst und Freiheitsgefühl	▨
6c	Sozialhilfe	▨
7	**Gesundheit**	▨
7b	Psychotherapeutische Behandlung*	
8	**Wohnung***	▨
8a	Schwierige Wohnsituation	▨
9	**Rechtsstatus***	
9a	Rechtsstatus und schulische Motivation*	▨
9b	Rechtsstatus und Schulleistungen*	▨
9c	Rechtsstatus, Persönlichkeit und Selbstvertrauen	▨
9d	Rechtsstatus und Sozialbeziehungen*	▨
9e	Rechtsstatus und die Gesundheit*	▨
9f	Rechtsstatus und Wohnsituation	▨
9g	Rechtsstatus und Zukunftsperspektive*	▨
9h	Abschiebungsandrohung*	▨
10	**Zukunftspläne***	
10a	Unterscheidung zwischen Zukunftsplänen/-träumen/-perspektiven*	▨
11	**Schüssel zum Erfolg***	▨

8.4 Ausdrucksformen eines Habitus der Überlebenskunst

8.4.1 Äußeren Schwierigkeiten als Herausforderung begegnen

„Dann sagte ich: ‚Ich muss jetzt was machen.‘"

Das Interview beginnt folgendermaßen:

> I: Es geht also in diesem Interview um dein Leben hier in Deutschland, /
> M: Ja / I: Wie du hier hergekommen bist und wie du es schaffst, deinen
> Alltag hier zu bewältigen und auch voranzukommen / M: hm / I: Als
> Jugendlicher, als junger Erwachsener, / M: hm / I: Als Afrikaner, als
> Flüchtling und wenn du magst, dann erzählst du einfach, wie alles gekom-
> men ist, seit du hier hergekommen bist.

Daraufhin skizziert Meme schnell, was er in den ersten Wochen in Hamburg unternommen hatte, wobei es hauptsächlich darum ging, eine Bleibe zu finden. Es geht
daraus hervor, dass er sich zunächst auf Anraten anderer Asylbewerber hin in einer
Erstaufnahmeeinrichtung einquartiert hatte, obwohl er minderjährig war. Diese
Unterkünfte sind für erwachsene Asylbewerber gedacht und zeichnen sich durch
den Mangel an Betreuung und durch eine eher geringe Kontrolle der Bewohner aus.
Dieser ‚Laissez-faire‘ war ihm von seinen ‚Beratern‘ als ‚Freiheit‘ geschildert
worden, und bestimmte seine Entscheidung, in eine solche Erwachsenenunterkunft
zu ziehen.

> M: Ich bin, ich glaube, drei Wochen auf dem Schiff gewesen. / I: hm / M:
> Und ich habe dann durch die Leute, mit denen ich dort eingeliefert wurde,
> die anderen kennen gelernt, und sie haben mir dort gesagt: ‚Ja, auf dem
> Schiff ist es kalt, und hier sind Plätze frei‘ und solche Sachen, dann sind wir
> / I: Das war das Flüchtlingswohnschiff, um das es geht? M: Ja, das war /
> Bibby Altona hieß das. […] Also dann sind wir mal nach Lübecker Straße
> gefahren, und sie haben uns erzählt: ‚Es sind ja Plätze frei, und das ist ja /
> man kann tun, was man will, und man kann auch weggehen und zurück-
> kommen, wann man will‘ und solche Sachen. Und das hat mich einfach
> hergelockt, [*Lachen*]

Aufgrund dieser Entscheidung erhält Meme, der damals 14 Jahre alt war, nicht die
intensive pädagogische Betreuung, die in den Erstversorgungseinrichtungen für
Jugendliche angeboten wird. Zu diesen Angeboten gehört unter anderem auch ein
Deutschsprachkurs für Anfänger, den er sehr nötig gehabt hätte. Denn als er in
Hamburg ankommt, beherrscht Meme weder eine Schriftsprache, noch hatte er in
Afrika schulische Erfahrungen gemacht, die diesen Namen verdienten. Er ist zu
diesem Zeitpunkt ein Analphabet:

M: Nee, ich war schon in einer Schule, aber nur für zwei Stunden. / I: Zwei Stunden am Tag oder zwei Stunden die Woche? / M: Nee, überhaupt. / I: Ach! [*lacht*] Wie kam das? / M: Ja, als ich klein war, unsere Nachbarkinder sind ja zur Schule gegangen, und ich fand das so toll, wollte ich unbedingt hingehen. Und ich habe darum auch so gekämpft, dass meine Eltern immer sagten, ich war nur nicht so alt genug, um zur Schule zu gehen, aber durch Bekanntschaften, das geht dort ja immer. / I: Hm / M: Dann haben sie dafür gesorgt, dass sie für mich einen Platz gefunden haben. Dann bin ich auch hingegangen, mein erster Schultag. Ich war so froh, ‚jetzt bin ich ein Schüler‘ und so. Ja. Geh ich zur Schule, und ja, der Lehrer fängt an, die Schüler zu schlagen, und in der ersten Pause bin ich nach Hause gelaufen und nie wieder gekommen.

Aber es dauert nicht lange, bis er sich der Konsequenzen seines Analphabetismus in einem fremden Land, dessen Sprache er überhaupt nicht versteht, bewusst wird.

M: Einmal bin ich äh nach Sternschanze, nee, Sternschanze war das nicht. Steinstraße, / I: hm / M: bin ich hingefahren und ja, draußen aus dem Bahnhof bin ich rausgegangen und wusste gar nicht mehr, wo ich war, weil hatte ich mich halt verlaufen, konnte gar nicht mehr nach Hause gehen, und dann musste ich die Leute fragen, und keiner konnte mich auch verstehen. I: Mhm. Und Du hast Französisch gesprochen? / M: Nee, damals nicht so, nicht so wirklich, nicht so gut. / I: Sondern? Wie hast Du es probiert? /M: Ja, ‚Lübecker Straße‘ habe ich halt gesagt. / I: hm / M: Mehr wusste ich ja auch nicht. /I: Mhm / M: Lübecker Straße. Ich bin dann auf einen Afrikaner gestoßen, der zufällig auch dort Freunde hatte und der wusste, was ich wollte, und der hat mich dann in Bahnhof noch mal begleitet, und dann bin ich in der Bahn gestiegen und nach Hause. Danach sage ich dann: ‚Ja, ich muss jetzt was machen.‘

Diese unangenehme Erfahrung löst in ihm einen Schock aus, der ihn zu dem Entschluss bringt, seinen Analphabetismus anzugehen. Als ersten Schritt dazu macht er seiner Amtsvormünderin deutlich, dass er zur Schule gehen möchte. Diese hilft ihm, einen Platz in einer Erstversorgungseinrichtung zu finden. Nach einer sechsmonatigen Wartezeit beginnt er mit dem Berufsvorbereitungsjahr für Migranten. Bei seinem Umgang mit dieser Erfahrung ist zunächst bemerkenswert, dass er die richtige Maßnahme ergreift, um sein Problem zu lösen bzw. sein Handicap zu beseitigen, das für ihn sein Analphabetismus in einer schriftsprachlich dominierten Gesellschaft darstellt. Er lässt sich in dieser Situation nicht unterkriegen, schiebt das Problem auch nicht auf die lange Bank, sondern handelt rasch, um eine Wiederholung der Situation zu vermeiden.

8.4.2 Optimale Nutzung der Bildungszeit oder: von der Kunst, die Gelegenheit zu ergreifen

„Ich werde es mit Realschule versuchen"

Einmal in der Schule, will er die ihm zur Verfügung stehende Bildungszeit optimal nutzen und ergreift zu diesem Zweck jede Gelegenheit, die ihm auf verschiedene Weise von einigen seiner Lehrer angeboten werden, um seine überdurchschnittlichen schulischen Leistungen weiter zu fördern. Die erste dieser Gelegenheiten beschreibt er wie folgt:

M: Erstens bin ich in eine BVJM-Klasse gekommen. / I: BVJM / M: Ja, BVJM-Klasse, und das ist Berufsvorbereitung für junge Migranten heißt das, BVJM. Also, in der Klasse habe ich dann/ war ich ein Jahr. Am Ende des Jahres sagte mein Deutschlehrer, ich sollte Hauptschulabschluss versuchen. Er war dann beim Schulleiter, und unser Klassenlehrer hat das irgendwie versäumt, dass ich das doch nicht machen konnte, weil zeitlich hat das nicht mehr gereicht.

Er erkennt, dass ihm dieser Vorschlag erlaubt, ein ganzes Jahr zu gewinnen, denn der Hauptschulabschluss wird normalerweise im BVJM nach zwei Jahren gemacht. Als er durch die laxe Haltung oder Nachlässigkeit seines Klassenlehrers diese Gelegenheit schwinden sieht, will er die Situation nicht dem Glück oder Zufall überlassen, sondern entscheidet sich zu kämpfen, um daraus das Beste zu machen.

M: [...] und ich wollte ja halt nicht mehr dort bleiben Ich sagte mir dann: ‚Ich werde es mit Realschule versuchen.' Dann kam noch mal die Diskussion, ‚trallala', dann bin ich noch mal zur Schul/ äh Schulbehörde, damals war Hamburger Straße, in der Schule. Dann bin ich hingegangen, habe denen gesagt: ‚Ich will es jetzt mit Realschule versuchen.' Und hab die Lehrer auch, bei der Schule, wo ich war, das war G5 an der Lübecker Straße, und ja, sie haben mir auch einen Brief geschrieben, und danach / haben die das dann geregelt, und ich bin dann weiter in eine andere Schule gekommen, eine Handelsschule.

Dieser Erfolg ist jedoch nur ein scheinbarer, denn der Schulwechsel, der ihm von der Schulbehörde bewilligt worden war, bringt ihm keinen Wechsel in einen Bildungsgang, der ihm ermöglicht hätte, den Realschulabschluss zu erwerben.

M: Also dort dann nach diesem Brief bin ich dann in Handelsschule gekommen in der Barmbeker Straße. Und da bin ich wieder in eine BVJM-Klasse gekommen, was ich überhaupt nicht wollte. Das hieß wiederum noch mal kämpfen. I: Und wie hast Du das gemacht? / M: Am Anfang habe ich gar nicht mitgemacht in der Schule, weil ich meinte: ‚Das sind einfache Dinge, ich will das gar nicht.' Und der Lehrer meinte, dass ich ihm doch zeigen sollte, dass ich besser kann, dann kann er sich einsetzen, damit ich in eine Handelsschule komme, äh, Handelsschulklasse komme. Dann hat er uns, glaube ich, eine Geschwindigkeitsaufgabe gegeben, die ich auch ein Jahr davor in meiner alten Schule hatte. Ja, ich sollte das machen, als Hausaufgabe, habe ich nicht gemacht! / I: mhm [verwundert] / M: Dann kam ich in der Schule und habe angefangen zu reden, und die anderen / irgendwie die anderen hatten das zwar gemacht, aber es war nicht so gut, wie er es sich vorstellte. Ich meinte: ‚Das ist so einfach, das ist baby-leicht' und so. Ja, er meinte dann, wenn ich schaffe, das jetzt zu lösen, dann wird er/ dann verspricht er, dass ich in eine Handelsschulklasse komme. Dann bin ich an die Tafel gegangen und habe das gelöst. Und ja, er war sozusagen baff, sozusagen. / I: Und er hat sein Versprechen gehalten? / M: Ja, er hat das auch gehalten, dann bin ich in eine Handelsschulklasse gekommen.

In seiner Beschreibung der Vorgehensweise, die er „Kampf" nennt, finden sich einige charakteristische Elemente einer Taktik. Diese sind, um auf der gleichen polemologischen Sprachebene wie Meme zu bleiben, Vorgehensweisen, die in einer Situation ungünstiger Kräfteverhältnisse den Umständen so lange die Priorität einräumen, bis sie sich dann in einem bestimmten Moment durch eine Intervention in eine günstigere Situation verwandeln lässt. „Weil sie keinen Ort hat", schreibt de Certeau, „bleibt die Taktik von Zeit abhängig; sie ist immer darauf aus, ihren Vorteil ‚im Fluge zu erfassen'. [...] Sie muss andauernd mit den Ereignissen spielen, um ‚günstige Gelegenheiten' daraus zu machen. Der Schwache muss unaufhörlich aus den Kräften Nutzen ziehen, die ihm fremd sind. Er macht das in günstigen Augenblicken." (de Certeau 1988, S. 23) Die hier von Meme beschriebene Taktik funktioniert tatsächlich nach einem solchen Schema. Sie nimmt die Form eines Spieles an, in das er seinen Lehrer mit einbezieht, indem er ihn dazu bringt, ihm als Gegenleistung für seine aktive Teilnahme am Unterricht Versprechungen zu machen, welche die Realisierung seiner Wünsche zum Inhalt haben. Doch das Versprechen seines Lehrers erscheint ihm zu allgemein, er möchte es konkreter haben, sozusagen für beide Parteien moralisch verbindlich. Er gewinnt diese Runde, indem er geschickt die Karte der Beteiligung am Unterricht voll ausreizt. So bringt er den durch sein gegenüber den Hausaufgaben an Arroganz grenzendes Verhalten zweifellos irritierten Lehrer dazu, das Spiel in eine Herausforderung oder ein Duell zu verwandeln. Der gut vorbereitete Meme hat keine Mühe, dies zu seinen Gunsten auszunutzen.

8.4.3 Über die Kunst trotz ungewissen Ausgangs weiterzumachen

„Die Duldung hatte ich schon, aber ich wollte halt was machen..."

Der Sieg in diesem ‚Gefecht' bedeutet für ihn nicht nur den Zugang zur Realschule, sondern auch ein gewonnenes Jahr im Hinblick auf seine Bildungskarriere. Doch es dauert nicht lange, dass ihm die hohen sprachlichen Anforderungen, die mit diesem Sprung in die höhere Klasse verbunden sind, klar werden. *„Ich dachte, das wird dort für mich leicht sein, aber das war gar nicht so, weil erstens meine Deutsch-*

kenntnisse waren noch nicht so gut dafür." Dieser unvorhergesehenen Situation setzt er Entschiedenheit und Konsequenz entgegen: *„Aber ich wollte das haben, und ich hatte es, dann muss ich das Beste daraus machen. Und das habe ich auch versucht. Und am Ende habe ich das doch geschafft.*"

Durch den Erwerb des Realschulabschlusses sieht er sich nun einer Reihe völlig anderer Schwierigkeiten als den bisher gekannten gegenüber, denn sie sind nicht direkt schulischer Art, sondern mit seinem Status als Asylbewerber verbunden. Dieser Schulabschluss bedeutet in der Regel für fast alle geduldeten Flüchtlinge das Ende ihres Schullaufbahn, weil es ihnen nicht erlaubt ist, an einer beruflichen Ausbildung teilzunehmen oder die gymnasiale Oberstufe zu besuchen[120]. Darüber hinaus muss Meme angesichts der ständig drohenden Abschiebung, die ihn sehr belastet, in dieser für seinen Werdegang entscheidenden Phase den Kampf gegen die eigene Entmutigung führen, um sich selbst von der Notwendigkeit der Fortsetzung seines schulischen „Abenteuers" zu überzeugen.

> M: […] danach wollte ich gar nicht mehr auf die Schule gehen, / I: Hm / M: weil ich dachte: Nee, das bringt ja auch gar nichts mehr, weil ich würde jetzt irgendwas anfangen, dass ich nicht zu Ende bringen würde, wenn ich jetzt Abi machen würde und so […]. Ich war der Meinung, ich werde das jetzt anfangen und nicht zu Ende bringen können, weil seit '97, Ende '97 habe ich ja diese Duldung, womit die Be/ die Ausländerbehörde mich jederzeit abschieben kann und so. / I: Und seit wann bist Du da? Wann bist Du gekommen? / M: Anfang '97. / und Ende '97 war die Duldung. Da war das Asylverfahren/ abgeschlossen.

Die Antwort auf seine für ihn fundamentale Frage, ob es sich überhaupt lohne, den Kampf fortzusetzen, findet er schließlich in der Tatsache, dass diese Situation der Unsicherheit seines Status nicht neu für ihn ist; sie begleitet ihn seit dem Zeitpunkt, als er nach Deutschland gekommen ist. Seine Taktik besteht nun darin, auf Zeit zu spielen. Da sich bislang nichts Ernstes im Sinne einer Abschiebung ereignet hat, will er deshalb von der Zeit, die eher einem Aufschub entspricht, den bestmöglichen Gebrauch machen:

---

120 Eine berufliche Ausbildung scheitert am restriktiven Arbeitsgenehmigungsrecht, denn für eine Ausbildungsstelle ist eine Arbeitserlaubnis erforderlich. Da diese Hürde auch im Einzelfall kaum zu überwinden ist, werden Asylbewerber aus dem beruflichen Ausbildungssektor weitgehend ausgeschlossen und somit verstärkt in die schulischen Bildungswege gelenkt. Bei den schulischen Anschlussmöglichkeiten jedoch tun sich ebenfalls Barrieren auf, denn hier sind den jungen Flüchtlingen im Prinzip alle BAföG-fähigen Bildungswege versperrt: Die meisten Flüchtlingsjugendlichen sind nicht BAföG-berechtigt, der Besuch eines BAföG-fähigen Bildungsangebots aber schließt den Bezug von Sozialhilfe aus, selbst dann, wenn die betreffende Schülerin bzw. der Schüler keine Leistungen nach dem BAföG erhält. Dies gilt auch für die gymnasiale Oberstufe.

M: Na ja, eigentlich, als ich an der Handelsschule kam, hatte ich die Duldung schon. / Die Duldung hatte ich schon, aber ich wollte halt was machen, und das war ja Handelsschule, und das war geschafft.

Das gesetzliche Hindernis wird so, obgleich es sehr real ist, von Meme als momentan nicht existent verdrängt. Konfrontiert mit den Auswirkungen dieses Systems von Rechtseinschränkungen, verweigert er ihnen den transzendentalen Status „der Ordnung der Dinge"; er lässt nicht zu, dass diese über sein Schicksal bestimmen, dem er sich dann nur beugen könnte.

„Zwei Jahre sind zwar lang, aber das ist ein Jahr weniger..."

Meme stürzt sich in den Kampf um Fortsetzung seiner schulischen Ambitionen. Unter derart unsicheren Umständen und Einschränkungen besteht sein Vorgehen darin, auf kurzfristige Ziele zu setzen und sie zum Hauptkriterium seiner Entscheidungen und schulischen Orientierung zu machen. In Anbetracht der wegen der gesetzlichen Hindernisse minimalen Wahlmöglichkeiten unter den Bildungs- und Ausbildungsangeboten für Asylbewerber, ist es erforderlich, im komplexen Ausländer-, Asyl- und Asylbewerberleistungsrecht die entsprechenden Schlupflöcher zu finden. Oder sich zumindest eine solide Unterstützung durch kompetente Beratung zu verschaffen. Dies scheint jedoch für Meme kein Problem darzustellen, er weiß offensichtlich genau, welcher Schultyp im Hinblick auf sein Ziel, das Abitur zu machen, in Frage kommt, obwohl die Bildungsgänge, die zum Abitur führen, „bafögfähig" und daher im Allgemeinen für Asylbewerber unzugänglich sind.

M: Ausbildung durfte oder darf ich immer noch nicht machen, und die Alternative war dann diese Fachoberschule oder ein, wie heißt das noch mal, ein Gymnasium, Handelsgymnasium. / I: Das wäre auch gegangen? / M: Das wäre auch gegangen. nur das wäre dann drei Jahre / I: Hm / M: Und das andere zwei Jahre, und die drei Jahre hätte ich gar nicht mehr ausgehalten, oder ich fand das zu lang, weil ich weiß gar nicht, wann die Behörden jetzt sagen würden: ‚Jetzt ist Schluss. Feierabend. Du musst jetzt zurück.' Und ich fand, zwei Jahre sind zwar lang, aber das ist ein Jahr weniger. / I: hm / M: Und damit kann ich mich / kann ich schon mal anfangen. / I: mhm / M: Also habe ich mich da angemeldet.

8.4.4 Soziale Kontakte als (Re-)Stabilisierungsfaktor in Tagen der Verzweiflung

„Da musste ich wiederum mit Leute reden, und dann Freitag war das dann ganz wieder anders"

Die Tatsache, dass sein Aufenthalt in Deutschland nur geduldet und die Abschiebung jederzeit möglich ist, schwebt wie ein Damoklesschwert über Meme. Sollte er es doch einmal vergessen, wird es ihm durch einen Brief vom Rechtsanwalt, eine

Vorladung der Ausländerbehörde oder der Justiz immer wieder neu in Erinnerung gebracht; so viele kleine Dinge mit unkalkulierbaren Folgen, denen gegenüber auch er trotz seiner bemerkenswerten Hartnäckigkeit nicht gleichgültig bleibt. Und dies umso mehr als zum Zeitpunkt des Interviews in Hamburg mit seiner ohnehin äußerst restriktiven Ausländerpolitik die Leistungen des Innenministers u.a. nach der Anzahl der vorgenommenen Abschiebungen von Asylbewerbern bemessen werden[121]. Das wiederum erklärt die Kreativität und den Eifer der Beamten dieses Amts, die bei ihren Bemühungen, diese erhöhten Abschiebequoten zu erreichen, wie Meme erklärt, häufig zu Methoden griffen, die wenig mit der Europäischen Menschenrechtskonvention übereinstimmen.

> M: Ich glaube, am 15. letzte / äh dieses Monats noch. Ja. Mitten in der Prüfung habe ich einen Brief von der Rechtsanwältin bekommen. Es lief ein / Ja, ich bin ja aus Liberia, und der liberianische Botschafter hat mich nicht als Liberianer anerkannt, und die Ausländerbehörde versucht dann, mich irgendwohin abzuschieben. Die nächst beste Adresse sozusagen. Und ja, und angeblich soll der guineische Botschafter sich bereit erklärt zu haben, mir einen Reisepass auszustellen. Und dann hatte die Rechtsanwältin deswegen diesen Einspruch oder ein – wie heißt das noch mal? – Abschiebungshindernis, weil es ein Musterverfahren wegen Abschiebungen, die nachher irgendwie schlecht war oder die Leute, die nach Guinea abgeschoben worden und danach verschwunden waren oder irgendwie gefoltert und solche Sachen, und da war ein Musterverfahren, und deswegen hatte ich dann / oder hatten alle Guineer einen Abschiebungsstop. / I: Hm / M: Mitten in der Prüfung bekam ich dann den Brief, dass das doch nicht war, dass das zu Ungunsten der Kläger entschieden wurde. Und am nächsten Tag durfte ich dann noch mal ran an die Prüfung, und ich habe da die schlechteste Arbeit in meiner Geschichte geschrieben.

In diesen Augenblicken der Bedrängnis, in äußerster Not, als seine persönlichen Ressourcen, namentlich sein wacher Geist und seine Hartnäckigkeit, nicht auszureichen scheinen, sucht er ohne zu zögern Kontakt zu seinem sozialen Umfeld. Er wendet sich an einige vertraute Menschen, die zwar an der direkten Ursache für sein Unglück (seinem gesetzlichen Status) nichts ändern können, jedoch die richtigen Worte finden, um ihn, und sei es nur für die Zeit einer Prüfung, moralisch zu unterstützen und soweit zu stabilisieren, dass er den Kampf fortsetzen kann. Seine Taktik ist nun durch schnelles, situationsbezogenes Reagieren gekennzeichnet. Im Sinne eines „Schlag auf Schlag" geht er, in Anbetracht der Unklarheit und der Unvorhersehbarkeit der Situationen, die sich aus ihnen ergebenden Schwierigkeiten so an, wie sie auftauchen. Unter derartigen Umständen besteht die einzig mögliche

---

121 Die Abschiebung von Asylbewerbern als privilegiertes Kriterium bei der Einschätzung von Leistungen des Innenministers fand ihren Höhepunkt in der Berufung von Ronald Schill von September 2001 bis Februar 2004 als Innensenator. An dieser Praxis hat sich seither allerdings nichts Wesentliches geändert, da seit März 2004 der neue konservative Senat eine absolute Mehrheit hat.

Vorbereitung in der prompten und adäquaten Reaktion auf unvorhersehbare Ereignisse. Was in der hier skizzierten Situation heißt, möglichst rasch mit nahestehenden Personen über die außerschulischen Probleme zu reden, die ihm zusetzen. Er findet in diesen Gesprächen beruhigende Entlastung, er kann sein mentales Gleichgewicht wiederfinden, die nötige Konzentration aufbringen und seine Prüfung fortsetzen.

> M: Aber am nächsten Tag war das / das war ein Donnerstag, und Freitag war das dann ganz anders. Da musste ich wiederum mit Leute reden, und dann Freitag war das dann ganz wieder anders. / I: Nach dem Gespräch? / M: Ja. / I: Hm / M: Und dann war ich wieder sehr gut drauf und habe dann meiner Meinung nach eine sehr gute Arbeit geschrieben /und diesen Gespräche und zu wissen, dass immer einer für mich da sein wird, egal, was passieren würde. Ich glaube, das hat mir sehr geholfen. Das hat mich auch irgendwie ermutigt, das so weiterzumachen bis zu diesem Fachabi, das ich jetzt gemacht habe.

8.4.5 Das Vertrauen der Vorsicht unterordnen

„Es ist ein Risiko, und das will ich nicht eingehen. Dann habe ich dann gar nicht erzählt."

Auch wenn es eine gängige menschliche Praxis ist, einem Dritten sein Unglück zu erzählen, um sich zu erleichtern, so ist dies für einen Asylbewerber dennoch nicht selbstverständlich. Die ziemlich negativen Bilder, die von der Bevölkerung gemeinhin mit dem Status des Asylbewerbers assoziiert und die geschickt von manchen Politikern demagogisch genährt werden, führten dazu, dass in Deutschland mit dieser Kategorie von Migranten, um nur zwei der gängigsten Vorurteile zu nennen, das Bild des sozialen Parasiten verbunden wird, der sich darin gefällt, von Sozialhilfe zu leben, oder des geldgierigen Kriminellen, der skrupellos die Jugend am Ort verdirbt, indem er ihr Drogen verkauft. Diese weit verbreitete düstere Vorstellung, ein soziales Konstrukt, das eine Folge der fast vollständigen Ignoranz der objektiven Lebensbedingungen der Asylbewerber darstellt, bildet ein ernsthaftes Hindernis für die Integration und Akzeptanz von Personen mit diesem Status. Als sich Meme auf der Suche nach einem offenen Ohr in der Schule an seinen Lehrer wendet, um über die Probleme zu reden, die eine Folge seines prekären Status sind, wird er mit dieser traurigen Realität konfrontiert.

> M: In der Handelsschule habe ich auch wegen der Probleme, die ich während des Frühjahrs auch hatte, habe ich den Abteilungsleiter, der damals ja auch mein Klassenlehrer war, erzählt, ich habe versucht, mit ihm darüber zu reden, weil die Lehrer sagen ja immer: ‚Wenn man Probleme hat, soll man zu ihnen kommen und das mit ihm besprechen' und solche Sachen. Habe ich ihm auch erzählt, und er hat das dann die ganze Klasse erzählt. / I: Wolltest Du das? / M: Nee, ich wollte das nicht. Und danach fühlte ich

mich irgendwie als Außenseiter und von den anderen nicht so richtig beachtet. / I: Hm, nachdem sie das wussten? / M: Ja. Das fand ich ganz schlimm eigentlich. / I: Hm / M: Das war dann nicht so einfach.

Er zieht die Konsequenzen aus dieser Erfahrung, die er als Vertrauensbruch erlebt, und beschließt aus Vorsicht seinen Status absolut geheimzuhalten und zumindest, was die Schule angeht, die Last der daraus resultierenden psychischen Probleme alleine zu tragen.

M: Und ja, dieses Mal habe ich dann versuchen, das Ganze für mich zu behalten. / I: Jetzt auf der Fachoberschule. / M: Hm. Kein Mitschüler und kein Lehrer weiß wirklich, wie es um meine Aufenthaltserlaubnisgeschichte steht, und sowieso manchmal bin ich ganz schlecht in der Schule. In einigen Fächern bin ich manchmal von zwei auf vier gerutscht. / I: Hm / M: Ja, sie können sich das gar nicht erklären. Ich kann das auch denen nicht erzählen, obwohl die Lehrerin vertraue ich mehr als den Abteilungsleiter von der Handelsschule, aber ich finde halt, es ist ein Risiko, und das will ich nicht eingehen.

Die Resultate dieser Vorsichtsmaßnahme, nämlich des Ausblendens seines Status als Asylbewerber in seiner neuen Schule, machten sich bald bemerkbar. Auf diese Weise von dem vorurteilsbehafteten Bild des Asylbewerbers und den damit verbundenen Assoziationen befreit, kann er ein ‚normaler' Schüler werden, sich in seine Klasse integrieren und dort wohl fühlen.

M: Die Klasse war klasse. [lachen] / I: Hm / M: Ja, die Klasse war super, und na ja, ich war ja auch der Klassensprecher gewählt worden in zweites Jahr. / I: Hm / M: Wir waren zwei, die als Klassensprecher gewählt worden und zwei Vertreter, und ich war einer der Klassensprecher, und wir hatten ja auch zwei Vertreter. / I: Mhm / Und ich fühlte mich oder fühle ich mich immer noch in der Klasse wirklich akzeptiert. Dieses Mitleid von den Mitschülern, die ich gar nicht mag und solche Sachen, den spüre ich nicht und das/ ich fühle mich als ein ganzen Teil von/ irgendwie ein Teil von der Klasse, und zwar im Ganzen. Ich glaube, das war ja auch wichtig dieses Jahr.

„Irgendwie es scheint so, dass ich manchmal auch solche Sachen brauche, um richtig die Leute zu zeigen, dass ich es doch kann"

Nur die wenigsten Leute um ihn herum (einige seiner Lehrer inbegriffen), die über seinen prekären Status und dessen Bedeutung als Handicap Bescheid wussten, nehmen seine schulischen Ambitionen wirklich ernst und vermitteln ihm das. Doch besitzt er, was seine Ziele und Projekte angeht, eine Hartnäckigkeit, die in Anbetracht der Schwierigkeiten, die ihrer Realisation entgegenstehen, schon an Verwegenheit grenzt. Anstatt sich von dem wirklich nicht unbegründeten Pessimismus seiner Umgebung anstecken zu lassen, verwandelt er die Schwierigkeiten in eine Herausforderung, die für ihn zu einer wichtigen Quelle der Motivation wird.

> M: Also habe ich mich da angemeldet [für die Abitur Prüfung] und als ich dem Leiter oder Abteilungsleiter davon erzählt habe, er meinte von vornherein: ‚Nee, Du wirst gar nicht mehr schaffen' und so. Na ja, ich hab dann noch mal gemacht und hab ja, letzte Woche die Abschlussarbeiten geschrieben. / I: Hm / M: Ja. Das Ergebnis haben wir noch nicht, das wird am 10. sein, aber ich glaube schon, dass ich es geschafft hab. / I: Mh, vielleicht ist das früh, aber darf ich schon mal: Herzlichen Glückwunsch! / M: Ja, danke schön. Na ja, jedenfalls dieses Gefühl, irgendetwas geschafft zu haben, habe ich. Und ich glaube auch, dass das auf irgendwas – wie heißt das noch mal – irgend etwas Gutes oder Reelles basiert ist.

8.4.6 Die Dialektik des Geschlossenen und des Offenen oder: die Kunst des Zukunftsentwurfs in der absoluten Ungewissheit

„Für die anderen ganz normal jetzt eine abgeschlossene Sache,
für mich aber nicht…"

Meme hat in der Tat sein Fachabitur mit Erfolg bestanden, aber dieser Erfolg hat für ihn den Beigeschmack des Unvollendeten, da es ihm wegen der gesetzlichen Einschränkungen, unter denen er zu leiden hat, objektiv unmöglich ist, seine Bildungskarriere nach dem Abitur fortzusetzen. Er thematisiert seine Sicht der Situation wie folgt:

> M: Das sind so diese Sachen, die ich nicht verstehe, und / irgendwo sagen sie: ‚Die Ausländer oder Asylbewerber geben sich keine Mühe jetzt, die Schule zu besuchen, die interessieren sich nicht an der Sprache', und ja, wenn man das doch macht – ich glaube, deshalb gehen auch viele nicht zur Schule, viele Asylbewerber, auch wenn sie diese Möglichkeit haben, denke ich, weil sie sehen, es bringt nichts, man hat keine Perspektive, man kann damit nichts erreichen, […] Es sollte nicht so sein, dass die Leute zur Schule gehen, um die Sprache zu lernen und irgendwelche Abschlüsse zu schaffen, und wenn das danach in den Regalen verschwindet oder in Schubladen verschwindet. / I: Hm / M: Weil sie dürfen damit ja gar nicht arbeiten, sie können damit jetzt keine Ausbildung machen. Ja. Ich bin jetzt / ich gehe seit fünf Jahren zur Schule, und das wird von der Behörde bezahlt. Sie sind bereit, das zu zahlen, aber es ist denen auch recht, dass das in Schubladen verschwindet. Das ist merkwürdig, ne? / Sie haben dafür dann bezahlt und werden dafür nichts bekommen.

Er liefert hier anhand seines persönlichen Falles nicht nur eine klare Erklärung der ökonomischen Widersprüche einer ‚geschlossenen' und im Wesentlichen repressiven Asylpolitik (Investition à fonds perdu in die Bildung der Asylbewerber), sondern er sieht und beschreibt als Konsequenz einer solchen Politik vor allem seine

Situation, die nach dem Abitur objektiv ohne Perspektive zu sein scheint, ungeachtet aller dieser Barrieren oder gerade ihretwegen als offen.

> M: Nur halt, ja, vielleicht wäre das für die Schüler oder für die anderen ganz normal jetzt eine abgeschlossene Sache, für mich aber nicht. Weil auch mit diesem Abschluss werde ich ja auch jetzt nicht viel anfangen können, weil ich darf ja nicht Ausbildung machen, ich darf ja auch nicht studieren. / I: mhm / M: Und insofern ist für mich immer noch das Ganze wiederum offen sozusagen.

Die Wahrnehmung und die Beschreibung einer an sich ‚geschlossenen‘ Situation als ‚offen‘ scheint hier nicht auf einem einfachen Wortspiel zu gründen, sondern verweist einerseits auf die feste Überzeugung Memes, immer noch nicht alle seine Mittel ausgeschöpft zu haben und andererseits auf seine Bereitschaft, wie in der Vergangenheit auch, zu kämpfen, um aus dieser Problemsituation eine Chance für sich zu machen. Das ist es nämlich, was aus der Skizzierung seiner Zukunftsprojekte hervorgeht.

8.4.7 Realistische Zielsetzung oder die Träume den Plänen unterordnen

„Ich habe Pläne oder Träume, aber Perspektive gibt es nicht…"

Gefragt, was er denn nun, nachdem er sein Abitur mit Erfolg geschafft habe, für die Zukunft plane, antwortet er:

> M: Ja, Pläne ist vielleicht, irgendwie darum zu kämpfen, um einen Studienplatz zu bekommen. I: Mhm. In welchem Fach oder in welcher Richtung? M: Im Moment ist das irgendwie ein bisschen schwierig, weil mein Traum ist ja, ein Drehbuchautor zu werden. / I: Hm / M: Aber mein Plan ist, vielleicht erstmal BWL zu studieren, weil ich glaube, als Künstler seinen Lebens/ oder sein Brot zu verdienen, ist nicht einfach. Und es ist ja auch nie garantiert, dass man einen Job bekommt. Und wenn ich dort BWL studieren sollte, ich würde immer sicher sein vielleicht/ na ja, was heißt immer sicher? Ich hätte dann eine große Chance, immer einen Job zu bekommen. / I: Hm / M: Und ja, deswegen sage ich, ich habe Pläne und Träume.

Mit seiner Art, die durch seinen gesetzlichen Status verursachten Schwierigkeiten eher als Herausforderungen, die ihn fordern, denn als unüberwindliche Hindernisse zu sehen, wird ein Universitätsstudium durchaus eine ernsthafte Option, deren Realisierung zwar nicht selbstverständlich ist, aber nach seiner Wahrnehmung nur von seiner Fähigkeit zu kämpfen abhängt. Darüber hinaus ist das, was er seinen Plan nennt, ein Universitätsstudium in BWL, in keiner Weise etwas, was er wegen des Prestiges will oder als ein Ziel an sich. Seine Wahl entspricht vielmehr einer sehr rationalen Einsicht auf der Grundlage der Einschätzung von Beschäftigungschancen. Auch ist dieser Plan in ein umfassendes Projekt integriert, in dem das

Studium zu einem Mittel wird, um eine materielle Sicherheit zu erreichen, die ihm erlaubt, in aller Ruhe seinen Berufswunsch in einem anderen Gebiet zu realisieren, das ihn begeistert und in dem er meint, mit Kreativität brillieren zu können:

> M: Mein Traum ist ja, der Drehbuchgeschichte nachzugehen, und das kann ich auch eigentlich gut. Was heißt jetzt, das kann ich gut? / I: Hm [lachen] / M: Weil ich glaube, ich kann Geschichten gut entwickeln. Von Alter bin ich noch jung, aber von Erfahrung her viel, viel weiter. / I: Hm / M: Das ermöglicht mir, immer irgendwelche Geschichte zu entwickeln, die ich auch mit meiner Geschichte verbinden kann.

Als vorsichtiger und pragmatischer Mensch lässt sich Meme jedoch nicht vom Charme dieses Berufstraumes davontragen, der die negative Begleiterscheinung hätte, keine finanziell gesicherte Perspektive zu bieten. Er setzt ihn auf seiner Prioritätenliste an zweite Stelle. Was die Selbstdeutung dieser Geschichte angeht, so bringt er sie zunächst zur Erklärung seiner eigenen Leistungen in Verbindung, versteht sie dann aber auch und vor allem als Illustration eines Modells, trotz widrigen Geschicks erfolgreich zu sein, das für andere, mit denen er seinen Status als Asylbewerber gemeinsam hat, als Beispiel dienen könnte.

> M: […] und ich glaube, solche Geschichten verdienen es auch, erzählt zu werden. / I: Hm / M: Erzählt zu werden, einmal für mich und einmal für die Leute, die gleiches Schicksal erlebt haben oder erleben, weil ich glaube, viele geben schnell nach: ‚Ja, es geht nicht mehr. Es gibt nichts mehr zu tun.' Wenn ich es geschafft habe, denke ich, kann jeder es schaffen.

8.4.8   Den Widrigkeiten des Lebens trotzen

„Und wenn ich mit meinen fünf Jahren Schulgeschichte jetzt dagegenhalten will... "

Das Geheimnis seines Erfolges fasst Meme so zusammen:

> M: Man muss einfach diesen Willen haben. Und man muss ja auch diese kleine Portion Glück dazu, die richtigen Leute im richtigen Moment zu treffen, die einem weiterhelfen, wenn man nicht mehr kann. I: Hm / M: Ich glaube, das ist wichtig. Ja, das ist einer der Gründe, weswegen ich dieser Drehbuchgeschichte nachgehen will.

Ein unerschütterlicher Wille und im richtigen Moment über die richtigen Beziehungen zu verfügen scheinen in seinen Augen die wichtigsten Ressourcen zu sein, um ein Bildungsabenteuer, wie das seine, erfolgreich bestehen zu können. Doch was versteht Meme in diesem Kontext unter „Willen haben"?

M: […] wenn man diese Unsicherheit hat und wenn man diese ständige Angst hat/ I: Hm / M: Und diese psychische Belastung und diese Ungewissheit, nicht zu wissen, was kommt. Ich glaube, das macht einen einfach krank. Und wenn man trotzdem auch versucht, was zu erreichen, wie ich es gemacht habe, und na ja, man ist in einer Klasse, wie in meinem Fall jetzt, die anderen sind mindestens zehn Jahre zur Schule gegangen. Zehn, elf Jahre. Und wenn ich mit meinen fünf Jahren Schulgeschichte jetzt dagegenhalten will, ja, das ist keine so leichte Arbeit. Man muss dann viel, viel lernen und ganz viele andere Sachen.

Wenn Meme hier von unermüdlicher Arbeit unter widrigen Bedingungen spricht, so muss dieser Ausdruck im eigentlichen Sinn des Wortes verstanden werden. Er lässt, wie er bestätigt, keine Anstrengung aus, opfert vor allem die in seinem Alter so beliebten Freizeitbeschäftigungen.

M: Ja, wenn ich jetzt den Menschen sage, dass ich in den letzten fünf Jahren nur fünfmal ins Kino gegangen bin, dann glaubt mir fast keiner. / I: Hm / M: Und dass ich ja auch nur in der letzten Zeit jetzt öfters in die Disko gehe, glaubt mir auch keiner.

„Ich bin am Lernen, egal, wo ich bin…"

Über seinen beständigen Willen und die geeigneten Beziehungen im richtigen Moment hinaus beruft sich Meme auf eine andere Fähigkeit, die zweifellos eine wertvolle Ressource für seinen schulischen Erfolg darstellt, nämlich, was er sein „fotografisches Gedächtnis" nennt. Denn dieses ermögliche ihm, überall zu lernen, unabhängig vom dem Ort, wo er sich befindet.

M: Wie ich sagte, überall wo ich bin, ich bin am Lernen, egal, wo ich bin. / I: Hm / M: Es ist ja auch so, dass ich – wie sagt man das – dieses fotografische Gedächtnis habe. / I: Hm / M: Meistens brauche ich ja diese Unterlagen und solche nicht, um zu lernen. / I: Hm / M: Dann kann ich immer wieder lernen, überall. Aber na ja, ich brauche nur einfach ein bisschen Ruhe zu haben, und plötzlich fange ich an zu lernen.

„Beim Verkaufen habe ich Rechnen gelernt"

Diese Fähigkeit hat Meme bereits in Afrika erworben. Anlässlich des Berichts über seine Aktivitäten im informellen Bildungssektor in Afrika wird deutlich, dass er auf dem Weg über die in diesem Sektor übliche Methode „learning by doing" Gelegenheit hatte, eine solche Fähigkeit zu erwerben und anzuwenden. Diese Methode erfordert unter anderem von dem Lernenden als Vorbedingung „ein genaues Beobachten bzw. Zuhören […] viel Übung bis hin zur vervollkommneten und ganzheitlichen Reproduktion des Gehörten oder Gesehenen" (Nestvogel 1983, S. 35-36).

I: Und so was wie Lesen und Schreiben oder Rechnen, konntest Du das schon, als Du gekommen bist? […] M: Rechnen konnte ich schon / I: Hm / M: weil Rechnen / ich musste meinen Eltern ja auch beim Verkauf und solchen Sachen helfen. I: Die haben einen Laden oder die sind Händler? / M: Ja, Laden nicht, sie sind auf dem Markt, wie es dort so der Fall ist. Man hat so einen Platz irgendwo draußen, stellt da die Sachen, hin und verkauft das. Dabei habe ich ihnen geholfen. Dadurch habe ich auch ‚learning by doing' / beim Verkaufen habe ich Rechnen gelernt. […] Und weil ich das konnte dann, über das Andere auch musst ich zwar ein bisschen mehr lernen als die anderen, musste ich vielleicht auf ganz viele andere Sachen verzichten als die anderen, aber ich konnte mithalten, und das war für mich das Wichtigste.

Bereits während seines ersten Exils noch in Afrika, wo er im Alter von sieben Jahren ankommt, aber keinerlei Möglichkeit hat, eine Schule zu besuchen, ist ihm diese informell erworbene Fähigkeit nützlich. Er erlernte das französische Alphabet, während er seinen Eltern bei ihrem Kleinhandel half:

M: Als ich in Elfenbeinküste war, war es für mich auch einfach, Alphabet zu lernen, weil da damals war diesen/ so ein Frauenstoff, und da war das Alphabet drauf. / I: [lachen] Und das hast Du Dir immer angeguckt oder einmal angeguckt, und dann hattest Du es? / M: Ja, ich wusste dann mehrere Buchstaben, weil es ging ja nicht auf ein Kleid / auf einem Stoff ist nicht alles drauf, ist nur Teil. / I: Hm / M: Und ich habe nur gefragt: ‚Wie man / Was ist das?', wie man das ausspricht und so, und dann habe ich das so gelernt.

„Ich brauche das, um die ganze Sachen zu vergessen…"

Seiner Unermüdlichkeit bei der Arbeit, die Meme charakterisiert, liegt das Bedürfnis nach einer Kompensation für die Nachteile und Sorgen zu Grunde, die ihm die gesetzlichen Einschränkungen einbringen. Deshalb nimmt er gegenüber den äußeren objektiven Schwierigkeiten, auf die er stößt, eine dialektische Haltung ein, die es ihm ermöglicht, diese als konstitutive Elemente in sein Vorhaben, sich ungeachtet seines Status als geduldeter Asylbewerber zu bilden, zu integrieren. So wird seine Wahrnehmung dieser Schwierigkeiten eine andere. Indem er sie in Herausforderungen verwandelt, die es zu bewältigen gilt, werden sie zu einer Motivationsquelle. Unermüdlich zu lernen oder leidenschaftlich zur Schule zu gehen, kann so zu einem Mittel zur Kompensation negativer Lebensumstände werden.

M: […] ich glaube, ich habe das so geschafft, weil mein ganzes Leben hier dreht sich nur um das Eine. / I: Nur um die Schule? / M: Ja. Und das gibt es nicht, weil ich brauche das, um die ganze Sachen zu vergessen und/ oder mich irgendwie abgelenkt zu fühlen. Auch wenn ich mich hinsetze oder mach ich irgendwas, wo keine Schulsachen dabei ist, lerne ich trotzdem im Kopf. Es sind immer die gleichen Sachen, die irgendwie herumdonnern und ja. / I: Hm / M: Ich glaube, in solchen Momenten kann man das schon schaffen. Und wenn das Willen auch da ist, das zu schaffen, dann kann man das. Das ist machbar. [...]Als ich auch hier war und nicht zur Schule ging, ging es mir auch überhaupt nicht gut.

„Irgendwie sich zu fühlen, dass ich irgendwas schaffen kann. Ich bringe irgendwas zustande..."

In Anbetracht der Tatsache, dass es Meme verboten ist zu arbeiten, waren der Schulbesuch und seine hartnäckigen Bemühungen um Erfolg jedoch nicht in erster Linie durch die damit verbundene Berufsperspektive motiviert, selbst wenn diese Möglichkeit nicht ausgeschlossen werden kann; seine Motivation scheint vielmehr aus dem Wunsch zu stammen, den Stolz auf sich, sein Selbstvertrauen, kurz gesagt eine Persönlichkeit zu restaurieren, die von all den Demütigungen und anderen Frustrationen, die in Hamburg einem geduldeten Asylbewerber zugemutet werden, stark erschüttert ist.

M: Die Schule habe ich erst aus Angst besucht, dann kamen immer mehr Gründe dazu, weswegen ich doch Schule weiter besuchen sollte. Ja. Ein Grund davon war ja auch, die Schule zu besuchen, um sich abgelenkt zu fühlen und sich irgendwie/ irgendwie sich zu fühlen, dass ich irgendwas schaffen kann. Ich bringe irgendwas zustande. / I: Hm / M: Dieses Gefühl zu haben. / I: Das hat die Schule auch vermittelt, das hat sie möglich gemacht? / M: Ja. Das Gefühl habe ich gehabt und habe immer noch, dass ich irgendwas geschafft habe, worauf ich stolz sein kann.

„Aber was ich jetzt gelernt habe, kann mir keiner wegnehmen"

Wegen seines Status völlig unsicher, was ihm die Zukunft bringen würde, hat er dennoch vorgezogen, den verlockenden, aber in mehrerlei Hinsicht gefährlichen Weg des schnellen Geldverdienens zu vermeiden, den manche geduldete Flüchtlinge einschlagen, um sich, wenn möglich, die Mittel zu verschaffen, woanders eine Existenz aufzubauen, für den Fall, dass die drohende Abschiebung vollzogen wird. Seine Taktik in dieser Situation der vollkommenen Unsicherheit, die sich dadurch auszeichnet, dass er nirgendwo verortet ist – denn er kann ständig und ohne Vorwarnung aus Deutschland ausgewiesen werden – und der rechtlichen Einschränkungen, die jede längerfristige Planung unmöglich machen, besteht eher darin, in Wissen zu investieren, das als inkorporiertes kulturelles Kapital den großen Vorzug besitzt, ein unveräußerliches Eigentum zu sein, auf das er immer und überall zurückgreifen kann.

M: Vielleicht wäre ich nie zur Schule gegangen, vielleicht hätte ich irgendwas gemacht, schwarz gearbeitet, oder vielleicht wäre ich auch Dealer geworden. Ich weiß es nicht. Vielleicht hätte ich irgendwas gemacht, aber hätte ich vielleicht dabei Geld verdient. Geld verdient. Man könnte mir das wegnehmen, aber was ich jetzt gelernt habe, kann mir keiner wegnehmen. / I: Hm / M: Und darauf bin ich besonders stolz.

242

Trotz seiner eindrucksvollen schulischen Karriere nimmt Meme seine Migration nach Hamburg als biografischen Umbruch wahr, nicht nur, weil die Migration an sich ein Sprung ins Ungewisse ist. Denn für Personen wie ihn, die der in den dysfunktionalen afrikanischen Staaten verbreiteten Morbidität entgangen sind – Staaten, die wie sein Heimatland Liberia sich am Rande der Gesetzlosigkeit befinden –, bedeutet dieser Sprung angesichts der traurigen Realität, die sie hinter sich lassen, vor allem einen Hoffnungsfunken. Diese Hoffnung ist übrigens nicht völlig unberechtigt oder nur durch die Gewissheit einer fehlenden Zukunftsperspektive in den Heimatländern begründet, da sie sich auch auf ein bestimmtes Bild der Länder des Nordens stützt, das diese über verschiedene Kanäle selbst verbreiten und sie als Orte zeigt, wo es sich gut leben lässt. Die Jugendlichen sehen Staaten wie Deutschland als Orte, wo genügend materielle Güter rational und gerecht verteilt werden, aber vor allem, wo die Beachtung der Rechte der Person ungeachtet ihres Alters, ihres Geschlechts und ihrer sozialen Klasse garantiert wird. Dass dieses Bild täuscht, bemerken Menschen wie Meme, wenn sie die gefährliche Reise in ein solches Land des Nordens hinter sich haben und mit Leib und Seele den alltäglichen Einschränkungen, Diskriminierungen und anderen Formen des Ausgeschlossenseins, welche die Asylgesetze vorsehen, ausgesetzt sind – und dies sogar auf einem Gebiet, das als durch die grundlegenden Menschenrechte geschützt gilt, nämlich das der Bildung. In der Falle dieser unerwarteten Notlage gefangen, ist es eine wahre Kunst, sich am eigenen Schopf aus dem Sumpf zu ziehen, wie dies sein Beispiel illustriert. Es ist die Kunst der subversiven Transgression, die es durch die Kombination von verschiedenen Taktiken ermöglicht, innerhalb eines restriktiven und repressiven Systems, wie es die aus dem Asylrecht abgeleiteten Maßnahmen bilden, zu überleben, ohne es zu verlassen oder sich damit abzufinden.

> M: Ich glaube, man ist hier hergekommen und wusste nicht, wo man hingeht, was einen erwartet, und auf einmal man ist hier, man ist einfach drinnen und muss einfach versuchen, das Beste daraus zu machen. / I: Hm / M: Sicherlich es geht nicht ohne viel Kopfschmerzen.

8.5 Zusammenfassung der Resultate und ihrer Beschreibung anhand von Modellen

Am Ende dieser Fallstudie sollen die sich daraus ergebenden Resultate noch einmal zusammengefasst werden, um, soweit es die Schulbiographie Memes erlaubt, einerseits das Formale, d.h. die von der Überlebenskunst beachteten Regeln oder deren Logik herauszuarbeiten und andererseits die theoretischen Modelle anzudeuten, die der Überlebenskunst als Operationsmodi oder Handlungsschemata des beherrschten, aber nicht passiven Subjekts zu Grunde liegen. Für die Erarbeitung solcher Modelle orientiere ich mich an der von Jacques Ladrière entwickelten Definition des Modells. In *Les enjeux de la rationalité* schreibt er dazu: „ein Modell ist eine abstrakte Konstruktion, von der man annimmt, dass sie eine schematische Annäherung an den konkreten Bereich liefert, mit dem man sich beschäftigt oder die als eine akzeptable schematische Darstellung des untersuchten Objekttyps angesehen wird." (1977, S. 43) Dieser Definition entsprechend bekommt die Darstellung der Modelle – nach der Auswertung der empirischen Daten – eine theoretische, d.h. eine die Empirie erklärende Funktion zugewiesen.

Die vorgestellte Schulbiographie ist in mehrerer Hinsicht dem Bericht über ein Hindernisrennen oder einen Hürdenlauf vergleichbar, an dem außer den normalen Läufern ein Hinkender teilnimmt, der aber merkwürdigerweise bereit ist, den Lauf bis zum Ende durchzustehen. Was einen solchen Bericht, abgesehen von den verschiedenen Hindernissen, die der Läufer zu überwinden hat, deutlich und damit interessant werden lässt, sind vor allem die Ressourcen, die mobilisiert werden und die Mechanismen, wie sie der behinderte Athlet, den hier Meme darstellt, in Gang setzt, um den Lauf, wenn nicht siegreich (was in Anbetracht der äußerst ungünstigen Ausgangsbedingungen eine wahre Heldentat wäre), so doch zumindest würdevoll zu beenden. Es muss jedoch festgestellt werden, dass das schulische Abenteuer von Meme, so wie es in dem Interview wiedergegeben wird, nicht sehr weit von einer solchen Heldentat entfernt ist. Meme fehlte nicht nur das "juridische Kapital", sondern aus seiner Schulbiographie geht hervor, dass er vor der Migration auch über kein bedeutendes kulturelles Kapital verfügte. Das heißt, es war zumindest keines, das in dem neuen Kontext legitimiert war, da er keine formelle Schule in Afrika besuchen konnte und deshalb bei seiner Ankunft in Hamburg ein Analphabet war. In Anbetracht dieser mehr als miserablen Ausgangslage bestand mein Ziel bei dieser Fallstudie darin, Aufschluss geben zu können über die produktive oder Erfolg erzeugende Aktivität eines in den Maschen eines repressiven Systems gefangenen Subjekts durch die Untersuchung der Mechanismen oder Aktionsmodi, die zu diesem Zweck von dem Subjekt entfaltet werden.

8.5.1 Die Ressourcen und ihre Funktionen

Im Interview nimmt Meme auf drei Ressourcen Bezug, es handelt sich dabei um den unbeugsamen Willen oder seine Hartnäckigkeit, das fotografische Gedächtnis und die richtigen Beziehungen im richtigen Moment.
– Der unbeugsame Wille: Er ist die grundlegende Ressource für eine Hartnäckigkeit, die ihn charakterisiert und die in bestimmten Situationen fast wie Verwegenheit wirkt. Sie ermöglicht ihm trotz aller Hindernisse, die er auf seinem Weg vorfindet, und über sie hinaus immer den Kurs auf seine schulischen Ziele beizubehalten.
– Das fotografische Gedächtnis: Er bezeichnet es als das Instrument, das seiner Fähigkeit, jederzeit und überall lernen zu können, zu Grunde liegt und das es ihm ermöglicht, wertvolle Informationen schnell und in beträchtlichem Ausmaß

aufnehmen zu können, um in der Schulsituation dem Wettbewerb gewachsen zu sein.

– Die richtigen Beziehungen im richtigen Moment: Diese Ressource, die dem nahekommt, was Bourdieu das soziale Kapital nennt, wird hier durch zwei wesentliche Kennzeichen differenziert und präzisiert, die ebenso Attribute sind, die aus einer Beziehung ein effektives Kapital machen, namentlich: die *geeignete Qualität* der Beziehung und die *Opportunität* des Momentes, in dem sie ins Spiel kommt.

8.5.2 Die Aktionsmodi

Diese Ressourcen, so wie sie im Interview präsentiert werden, erfüllen hingegen eher die Funktion einer Infrastruktur oder einer „causa materialis", wie Aristoteles sagen würde. Die Verfahren der Mobilisierung oder „causae efficientes", die dazu beitragen, begrenzte Ressourcen in Aktivität, d.h. eine Vielzahl von Operationen umzusetzen, welche die Subversion des Gesetzessystems, innerhalb dessen Meme sich entwickelt, ermöglichen, ohne dass er ihm deshalb entkäme, sind dagegen nicht unmittelbar wahrnehmbar. Die hier in Frage stehenden Handlungen verweisen auf die vielfältigen Mikroprozesse, die fragmentiert und über die Operationen verteilt sind, die Meme unternimmt, um bei seinem schulischen Fortschritt die Hindernisse verschiedenen Typs zu überwinden, so wie diese in den einzelnen Episoden des Erzählten sichtbar werden. Diese Mikroprozesse, deren wesentliches Kennzeichen darin besteht, unauffällig zu sein, da sie immer auf bestimmte Anlässe und die über die subversiven Handlungen verstreuten, also versteckten Details bezogen sind, fügen sich, aber in transgressiver Weise, in das in seinen Auswirkungen repressive System ein, welches das Asylrecht darstellt. Ich habe versucht, sie sichtbarer zu machen, indem ich sie, wie es die folgende nicht erschöpfende Aufzählung[122] zeigt, unter Kategorien subsumiert habe, die in der gesamten Auswertung als Untertitel formuliert sind:

– Äußeren Schwierigkeiten als Herausforderung begegnen,
– Optimale Nutzung der Bildungszeit: die Kunst, die Gelegenheit zu nutzen,
– Die Kunst des Weitermachens in Ungewissheit,
– Soziale Kontakte als (Re) Stabilisierungsfaktor in Tagen der Verzweiflung,
– Das Vertrauen der Vorsicht unterordnen,
– Die Dialektik des Geschlossenen und des Offenen oder die Kunst des Zukunftsentwurfs in der absoluten Ungewissheit,
– Realistische Zielsetzung oder die Träume den Plänen unterordnen,
– Den Widrigkeiten des Lebens trotzen.

---

122 Siehe zu diesem Gegenstand gleichfalls die als Zitate formulierten Untertitel in Kursivschrift.

Die unter diese Kategorien subsumierten Vorgehensweisen kristallisieren die Operationstypen heraus, die das Zusammenwirken besonderer Umstände bei Meme erzeugt hat. Diese Vorgehensweisen bringen eine ganze Reihe von Taktiken zur Ausführung, die ebenso viele Arten darstellen, repressive Maßnahmen spielerisch zu umgehen. Als eine beeindruckende subversive „Gebrauchsanweisung" für den Umgang mit den repressiven Technologien der Macht charakterisieren diese Mikroprozesse die subtile, hartnäckige Aktivität, den Widerstand eines Subjekts, das Subjekt seines Willens und Handels, aber nicht des Könnens ist, das, weil es weder einen Ort noch eine „Eigenheit" hat, also „sich im Netz der etablierten Kräfte und Vorstellungen zurechtfinden muss. Man muss mitmachen, indem man etwas damit macht. Bei diesen Kriegslisten gibt es so etwas wie die Kunst, einen Coup zu landen, gewissermaßen ein Vergnügen daran, die Regeln einer aufgezwungenen Umwelt auf den Kopf zu stellen" (de Certeau 1988, S. 60).

Die Operationsschemata, die gleichzeitig dem Formalen dieser Kunst der Subversion entsprechen, werden im Folgenden skizziert.

8.5.3 Das Formale der Mikroprozesse

Das Formale dieses Typs von Handlungen darzustellen, die einem Subjekt, das im Kräfteverhältnis zu den Strukturen der herrschenden Macht hoffnungslos unterlegen ist, neue Möglichkeiten eröffnen, bedeutet gleichfalls zu zeigen, dass diese Handlungen, weit davon entfernt willkürlich zu sein, einer gewissen Logik gehorchen, einer Grammatik, die es erlaubt, Aufschluss über sie zu erlangen. Was nicht heißt – um einem Missverständnis vorzubeugen –, dass sie bei allen Subjekten und überall die Gleichen wären. Diese Verfahrensweisen lassen sich nämlich nicht von den Kategorien der sozialen Analyse loslösen, welche das Geschlecht, die Klasse und die Ethnizität sind, deren Inhalt von einem Fall zum anderen beträchtlich variieren kann. Aber über diese Heterogenität des Inhalts hinaus existiert eine formale Einheit, die den *Operationsschemata* entspricht, denen diese Verfahrensweisen gehorchen, was de Certeau wie folgt zusammenfasst:

> „Diese Handlungsstile intervenieren in einem Bereich, der sie auf einer ersten Ebene bestimmten Regeln unterwirft [...], aber sie ziehen dabei ihren Nutzen aus diesem Bereich auf eine Weise, die anderen Regeln folgt und die so etwas wie eine zweite Ebene bildet, die mit der ersten verflochten ist. [...] Ähnlich wie die *Gebrauchsanweisungen* führen diese ‚Macharten' durch eine Schichtung unterschiedlichster und ineinandergreifender Funktionsweisen innerhalb der Maschinerie zu einem Spiel" (ebd. S. 78).

Diese Grammatik, die den Techniken zu Grunde liegt, mit denen Situationen manipuliert werden können, lässt sich während der gesamten Auswertung in verschiedenen Episoden von Memes Bericht leicht in Bezug auf die Aktionen herauslesen, die er unternimmt, um ans Ziel zu gelangen oder die Schwierigkeiten zu umschiffen, die ihm das Asylrecht bei seiner schulischen Bildung macht. Wenn aber diese Verfahrensweisen bestimmten Formen oder Regeln gehorchen, die ihre Funktionsweise strukturieren, wird es für die Kohärenz und Konsistenz der Analyse notwendig, von der simplen Feststellung ihrer Existenz zu den sie erklärenden Modellen überzugehen, das heißt also, von der Beschreibung zur Theorie.

8.5.4 Die Modelle

Michel de Certeau widmet das dritte Kapitel seines Werkes *L'invention du quotidien 1* (1990) der Aufgabe dieser Identifizierung und Ausarbeitung von Modellen, die geeignet sind, die zahlreichen und winzig kleinen Verfahrensweisen oder „*Künste des Tuns*" zu erklären, durch welche es den Beherrschten gelingt, die Repressionsmaßnahmen eines Staates (von innen her) zu unterlaufen. Eine kurze Vorstellung von zweien dieser Modelle, die alle aus der Linguistik stammen, sollte an dieser Stelle der Analyse genügen, um meine Ausführungen zu untermauern. Das erste wurde von der linguistischen Pragmatik angeregt, die sich der Untersuchung von „indexical expressions" widmet, unter denen „Wörter und Sätze, deren Bezug nicht bestimmt werden kann, ohne den Kontext des Gebrauches zu kennen" zu verstehen sind (Montague 1968, S. 102-f.). Bei den Grundlagen dieses linguistischen Forschungsfeldes findet Michel de Certeau die Äußerungsproblematik wieder, die er folgendermaßen charakterisiert:

> „Die Äußerung setzt in der Tat folgendes voraus: 1. *eine Realisierung* des sprachlichen Systems durch ein Sprechen, das seine Möglichkeiten aktualisiert (die Sprache ist nur im Sprechakt real); 2. *eine Aneignung* der Sprache durch den Sprecher, der sie spricht; 3. die Einführung eines (realen oder fiktiven) Gesprächspartners und somit die Konstitution eines relationalen *Vertrages* oder einer Allokution (man spricht zu jemandem); 4. die Herstellung *einer Gegenwart* durch den Akt des ‚Ich', das spricht, und gleichzeitig – da ‚die Gegenwart die eigentliche Quelle der Zeit ist' – die Organisation einer Zeitlichkeit (die Gegenwart erzeugt ein Vorher und ein Nachher) und die Existenz eines ‚Jetzt', das Präsenz in der Welt bedeutet. Diese Elemente (realisieren, aneignen, sich in die Relationen einschreiben, sich in die Zeit einordnen) machen aus der Äußerung und sekundär auch aus dem Gebrauch einen Knoten von Umständen, eine unauflösliche Verknüpfung mit dem ‚Kontext', von dem sie abstrakt getrennt werden. Untrennbar vom gegenwärtigen *Augenblick,* von den *besonderen* Umständen, einem *Tun* (Sprache produzieren und die Dynamik einer Relation modifizieren) ist der Sprechakt ein Gebrauch *der* Sprache und ein Operieren *mit* der Sprache. Man kann versuchen, dieses Modell auf viele nicht-sprachliche Operationen anzuwenden" (ebd. S. 83-84).

Die von Meme ausgeführten Operationen, so wie die Auswertung des Berichts über seine Schulbiographie sie sichtbar werden lässt, sei es in den Episoden, wo er mit den angebotenen Umständen spielt, um einen optimalen Gebrauch von seiner Bildungszeit zu machen oder seien es die zahlreichen anderen Episoden, wo er sich von den Widrigkeiten nicht entmutigen lässt, indem er die von seinem Status herrührenden Schwierigkeiten als zu überwindende Herausforderungen und nicht als Schicksal auffasst, lassen keinen Zweifel daran aufkommen, dass allen Operationen, die er in den verschiedenen Situationen ausführt, ein Schema zu Grunde liegt (realisieren, aneignen, sich in die Relationen einschreiben, sich in die Zeit einordnen), das aus den Vorgängen bei der Äußerung hervorgeht. Die Charakterisierung von de Certeau bietet in erster Annäherung ein Modell, das erlaubt, die in den Operationen oder Mikroprozessen wirkenden Mechanismen zu begreifen, die einem Subjekt ermöglichen, zu handeln und Widerstand zu leisten, auch wenn es keine Macht hat, *wenn nämlich diese Vorgehensweisen aus der Perspektive der Beziehung betrachtet werden,* die sie zu einem Disziplinar- oder Überwachungssystem unterhalten bzw. zu einem repressiven Maßnahmenkatalog, wie ihn das deutsche Asylrecht darstellt.

Aber da Widerstand, wie seit Foucault bekannt ist, „das andere Ende der Machtbeziehung ist, denn er erscheint als das unbezwingbare Gegenüber" (Foucault 1976, S. 125) dieser Machtapparate, ist es wichtig, die Operationen des „Schwachen" oder des beherrschten Subjekts gleichfalls *unter der Perspektive des Kräfteverhältnisses,* das zwischen diesen Operationen und dem herrschenden Disziplinarsystem besteht, zu betrachten. „Infolgedessen muss man [...] zu einer kriegswissenschaftlichen Referenz übergehen" (de Certeau 1988, S. 84). Um diese Überleitung vorzubereiten, macht de Certeau zunächst eine grundsätzliche Unterscheidung zwischen Strategie und Taktik. „Ohne eigenen Ort, ohne Gesamtübersicht, blind und scharfsinnig wie im direkten Handgemenge, abhängig von momentanen Zufällen, wird die Taktik durch das *Fehlen von Macht* bestimmt, während die Strategie durch eine Macht organisiert wird" (ebd. S. 90).

Die offensichtliche Ähnlichkeit, welche die taktischen Vorgehensweisen mit der Sophistik, der Kunst der diskursiven Manipulation, aufweisen, die sich nach Aristoteles dadurch auszeichnet, dass sie [die schwächste Position zur stärksten machen kann] (vgl. La Rhétorique 1967, Bd. 2, S. 131), bewegt de Certeau, auf die Rhetorik als geeignetes theoretisches Modell zurückzugreifen, um über die Taktik Aufschluss zu geben. Genauer gesagt, stützt er sich dabei auf Analysen, die über die Stilfiguren und andere linguistische Wendungen gemacht wurden, die in der Rhetorik gültig sind, dieser Kunst, die lehrt, wie die Sprache zum eigenen Vorteil genutzt werden kann. Dazu schreibt er:

> „Verschiedene theoretische Vergleiche werden es ermöglichen, die Taktiken oder die Kriegswissenschaft des ‚Schwachen' besser zu charakterisieren. Das gilt besonders für die ‚Figuren' und ‚Wendungen', die von der *Rhetorik* analysiert werden. Bereits Freud hat sie übrigens in seinen Untersuchungen über den Witz gebraucht und für die Formen herangezogen, die die Wiederkehr des Unterdrückten im Bereich einer Ordnung annehmen: verbale Verkürzung und Verdichtung, Doppelsinnigkeiten und Wider-

sinnigkeiten, Verschiebungen und Alliterationen, mehrfache Verwendung desselben Materials etc. Diese Homologien zwischen den praktischen Finten und den rhetorischen Bewegungen sind nicht verwunderlich. In Bezug auf den ‚richtigen Gebrauch' der Syntax und der ‚eigentlichen' Bedeutung, das heißt in Bezug auf die allgemeine Definition von etwas ‚Richtigem' im Gegensatz zu etwas nicht Richtigem, bewegen sich die gelungenen und misslungenen Wendungen der Rhetorik auf einem Terrain, das auf diese Weise abgesondert worden ist. Es handelt sich um Sprachmanipulationen, die von bestimmten Gelegenheiten abhängig sind und die den Adressaten verführen, für sich einnehmen oder seine sprachliche Position umkehren sollen. Während die Grammatik die ‚Eigenheit' der Terme überwachen soll, verweisen die rhetorischen Abwandlungen (metaphorische Abschweifungen, elliptische Verdichtungen, metonymische Verkleinerungen etc.) auf einen Gebrauch der Sprache durch Sprecher in den ganz besonderen Situationen von tatsächlichen oder rituellen sprachlichen Auseinandersetzungen. Sie sind Hinweise auf den Verbrauch und auf das Spiel der Kräfte. [...] Obwohl (oder weil) diese ‚Sprechweisen' prinzipiell aus dem wissenschaftlichen Diskurs ausgeschlossen sind, liefern sie doch der Analyse der ‚Handlungsweisen' ein ganzes Repertoire von Modellen und Hypothesen" (ebd. S. 92 f.).

Das hier vorgestellte linguistische Modell lässt die Kontrolle und Disziplin als eigentliche Bedingung der Möglichkeit einer Taktik des Widerstandes erscheinen. Die rhetorischen Stilfiguren sind aus polemologischer Perspektive eine Manifestation des ungeheuren kreativen Potenzials der Sprache ebenso wie ihres Insubordinationspotenzials, vor allem im Hinblick auf die etablierten Regeln, aber auch in Bezug auf alle Konventionen, die gelten, um eine Sprache zu pflegen und zu schützen, wozu unter anderem auch ihre Syntax und ihre Semantik gehören. Diese Konventionen, welche die Stelle einer „Kontrollinstanz" einnehmen, konstituieren den Machtapparat, der es in dem Kräfteverhältnis, das zwischen der Rhetorik und den Kontrollinstanzen besteht, ermöglicht, die Aktionen des "Schwachen", die hier durch die rhetorischen Stilfiguren symbolisiert sind, besser zu verstehen. Da sie weder über einen Ort noch über eigenes Material verfügt, ist die Rhetorik um des Überlebens willen gezwungen zu basteln, das heißt, aus dem, was die Umstände des Redens und das Material der konventionellen und ordnungsgemäßen Sprache ihr bieten, etwas Neues zu schaffen. Ihre Existenz beruht also wesentlich auf dem Modus des Spiels mit der Transgression. Unter Transgression verstehe ich hier mit George Bataille (1987 u. 1992) die Fähigkeit, von Innen heraus Grenzen, Verbote und Tabus zu überwinden, die zum Zweck der sozialen Über- und Unterordnung und Disziplin geschaffen wurden. Die Transgression bedeutet folglich die Konventionen in Frage zu stellen, das völlig Unerwartete zu tun und dabei dennoch im etablierten System zu verbleiben. In diesem Sinne ist die Transgression im konventionellen Sinn des Wortes nicht subversiv, da sie keine Änderung der etablierten Ordnung anstrebt. Darüber hinaus bestätigen die als Transgressionen wahrgenommenen rhetorischen Stilfiguren, indem sie als eine Art zu reden erscheinen, die mit den Konventionen der etablierten Sprache spielt, diese als die eigentliche Bedingung ihrer Existenz. Ohne die konventionelle Sprache wäre also die Rhetorik undenkbar. Dass aber ihr Ausdrucksmodus die Transgression ist, sie also vollständig innerhalb der Konventionen verbleibt, verweist gleichfalls auf die Unmöglichkeit jedes Disziplinarsystems, als ein „totales" System, das heißt mit absoluter Wirksamkeit zu funktionieren. Denn seine Einrichtung ruft unweigerlich im Inneren des Systems selbst bei den zu disziplinierenden Elementen transgressive Reaktionen hervor. Im Begriff der Transgression kommt so die produktive Seite der Disziplinarmaßnahmen oder der Machtssysteme zum Vorschein und drückt das ganze kreative Potenzial der rhetorischen Stilfiguren aus, das vom dogmatischen Konformismus der Konventionen oder Kontrollinstanzen nicht vorhergesehen und erstickt werden kann.

Die empirischen Formen dieser transgressiven Kreativität durch einen biografischen Bericht deutlich werden zu lassen, der wie der Memes stark von der Heteronomie geprägt ist und jenseits all dieser strukturellen Hindernisse, die eine Folge der Disziplinierungsmaßnahmen des Asylrechts sind, das Subjekt unter dem Gesichtspunkt seiner Ressourcen sichtbar macht, ist das Wesentliche der Epistemologie, die dieser Fallstudie zu Grunde liegt.

8.6 Überlebenskunst als Habitus: die Problematik des Kompetenztransfers

Nach Auswertung und Analyse des ersten Teils des empirischen Materials, das die 76 mit jugendlichen Flüchtlingen geführten Interviews über die von ihnen im formellen und informellen Bildungssektor in Afrika erworbenen Kompetenzen umfasst, habe ich im VI. Kapitel in Anbetracht der Charakteristika des afrikanischen Kontexts, wo die Entwertung der im formellen Bildungssektor erworbenen Qualifikationen festzustellen ist, die Hypothese aufgestellt, dass es über das von den Jugendlichen im informellen Sektor erworbene, unmittelbar profitable Savoir-faire hinaus eben diese Fähigkeit ist, mit List und den Taktiken des Informellen der herrschenden Morbidität zu begegnen, die das Kennzeichen der postkolonialen afrikanischen Staaten ist – dies habe ich den Habitus der Überlebenskunst genannt. Dies schien mir auf der ganzen Linie dem in dieser Arbeit verwendeten Begriff der Kompetenz zu entsprechen. Indem ich diese Kunst des Widerstandes Habitus nenne, wollte ich auf ihrem Charakter des Erworben-Seins in und durch eine ständige Beziehung, die das Individuum mit einer bestimmten Umwelt unterhält, insistieren. Die Überlebenskunst als Habitus verweist so auf eine größtenteils unbewusste Internalisierung von dem Individuum objektiv äußerlichen Strukturen, die sich im Verlauf des Sozialisationsprozesses ergibt. „Strukturierte Strukturen, prädisponiert um als strukturierende Strukturen zu wirken, das heißt als Praxis und Repräsentationen generierende und organisierende Prinzipien, die objektiv ihrem Ziel angepasst werden können, ohne dabei ein bewusstes Anvisieren von Zwecken und die ausdrückliche Beherrschung der zu ihrer Erreichung notwendigen Operationen vorauszusetzen" (Bourdieu 1980, S. 88). Der Habitus, betrachtet als sozialisations- und handlungserklärender Begriff, ermöglicht nicht nur, die Ähnlichkeit der Praktiken oder der Macharten bei Individuen festzustellen, die aus der gleichen sozialen Schicht stammen, sondern gleichfalls und vor allem ihre Tendenz, diese in anderen Kontexten zu reproduzieren, sofern jene mit dem Kontext ihres Erwerbs Ähnlichkeiten aufweisen. Er bildet somit ein wertvolles heuristisches Instrument für Untersuchungen wie diese, bei der eine der zentralen Fragen die nach den mitgebrachten Kompetenzen der Flüchtlinge ist; das heißt, von Personen, die in einem von dem ihres Aufnahmelandes abweichenden Kontext sozialisiert wurden. Ebenso stellt der Habitus bei der Analyse der Mechanismen bzw. der Bedingungen der Möglichkeit des Transfers und der Anwendung dieser Kompetenzen im neuen Kontext ein interessantes Hilfsmittel dar. In diesem Zusammenhang geht es jetzt letzten Endes darum, den praktischen Fall von Meme mit dieser theoretischen Annahme zu verbinden, um festzustellen zu können, welche Beziehungen zwischen den Kompetenzen existieren, die in seiner Bildungslaufbahn in Hamburg zum Ausdruck kommen, und denen, die er in Afrika erworben hat, so wie er es uns im Interview offenbart. Kann man also in seinem Fall von einem Kompetenztransfer sprechen?

Der erste Eindruck, den das Interview in Bezug auf diese Frage hinterlässt, ist der, dass Meme seinem Schulbesuch in Hamburg alles verdankt, was er im Augenblick des Interviews an Wissen und Savoir-faire hat. Ist er etwa nicht als Analphabet in Hamburg angekommen? Als ihm im Hinblick auf dieses Handicap einerseits und in Anbetracht seiner eindrucksvollen Schullaufbahn andererseits die folgende Frage gestellt wird: *„Du bist hierher gekommen, und Du hast innerhalb von fünf Jahren das gemacht, was andere Leute in zwölf Jahren machen. Du musst ja vorher viel gelernt haben"*, ist seine Antwort eindeutig: *„Nee, ich habe das hauptsächlich hier gelernt."* Wenn man aber genauer hinsieht, ist dieser Erfolg nur eine *Performanz*, das heißt, die Aktualisierung eines Typs von *Kompetenz*, deren Charakterisierung nach der Auswertung erfolgte: 1. durch die Deutlichmachung der Ressourcen, die sie konstituieren, 2. die Mechanismen beim Einsatz dieser Ressourcen oder Taktiken, 3. das Formale dieser Taktiken sowie 4. ihre Erklärungsmodelle. Das Interview hat ebenso darüber Aufschluss gegeben, dass der Erwerb dieser Kompetenz im Wesentlichen seinem Leben in Hamburg vorausgegangen ist. So ist zum Beispiel eine der wichtigsten Ressourcen, auf die er bei seinem Schulerfolg setzt, das, was er sein fotografisches Gedächtnis nennt, das nach seinen eigenen Aussagen ihm das ständige und schnelle Lernen ermöglicht. So kann er einen optimalen Gebrauch von seiner Bildungszeit machen, die wegen der Unsicherheit seines Status eher einem Moratorium vor seiner Ausweisung gleicht. Diese Ressource ist, wie wir bei der Auswertung gesehen haben, keineswegs eine natürliche Begabung, sondern ein Erwerb, der sich Memes Teilnahme an den Aktivitäten seiner Eltern im informellen Sektor in Afrika verdankt. Andererseits ist Meme, als er mit 14 Jahren in Hamburg ankommt, bereits an der zweiten Station seines Exils, nachdem er vorher sieben Jahre ohne Eltern oder Familie in der Elfenbeinküste zugebracht hatte, wo er nicht einmal die Gelegenheit hatte, eine formelle Schule zu besuchen, was die Vermutung nahe legt, dass er völlig sich selbst überlassen war, oder zumindest doch nicht die seinem Alter entsprechende Betreuung erfahren hat. Wenn man dem noch die Risiken und Schwierigkeiten hinzufügt, die den Exilanten in den Ländern des Nordens erwarten, die sich beständig von dem Ansturm ‚hungriger Horden' aus den südlichen Ländern bedroht fühlen und deshalb ihre Grenzen verbarrikadieren, so spricht viel dafür, dass es diese Konfrontation mit Extremsituationen seit frühester Kindheit war, in denen er, obwohl er im Kräfteverhältnis die schwächere Position hatte, kämpfen musste, um zu überleben. Gerade hier hat Meme diese Hartnäckigkeit, diesen Listenreichtum, kurz diese für die Überlebenskunst charakteristischen Mikroprozesse und Macharten erworben, die wir in seiner Schullaufbahn am Werke sahen.

In Anbetracht der Tatsache, dass in Afrika der Kontext zwar geografisch ein anderer ist als in Hamburg, aber im Hinblick auf seine Struktur und seine Auswirkungen für Meme ähnlich geblieben ist, wird sein Leben im einen wie im anderen Kontext jenseits aller Differenzen im Detail durch den gleichen Mangel an dem gekennzeichnet, was Anthony Giddens in *The constitution of society* (1984) die „ontologische Sicherheit" nannte, einerseits hervorgerufen durch die postkoloniale Morbidität, andererseits durch die Repressivität des Asylrechts. Diese Ähnlichkeit zwischen den beiden Kontexten macht also die Reproduktion der Überlebenskunst als eines habituellen Ablaufs von Mechanismen möglich, der auf der Basis der beeindruckenden schulischen Performanz, wie sie die Biographie von Meme aufweist, als Kompetenz funktioniert und dies umso mehr, als eine solche Performanz vor dem Hintergrund von Bedingungen erbracht wird, die aus pädagogischer Perspektive völlig inakzeptabel sind.

Schlussbemerkungen

Kompetenz und Kontextabhängigkeit:
zur Überwindung von Kulturalismus

Diese Arbeit ist in einem wissenschaftlichen Kontext entstanden, der sich selbst als „interkulturell" bezeichnet. Es geht darin darum, adäquate pädagogische Antworten auf die Herausforderungen durch wachsende Heterogenität der schulischen Klientel sowie der Gesellschaft im Allgemeinen zu finden. Diese zunehmende Heterogenität wird gegenwärtig vorherrschend als Folge wachsender Migration angesehen. Eine demokratietheoretisch begründete Antwort interkultureller Bildung besteht in der Schaffung eines schulischen Umfelds, das durch die Beseitigung unterschiedlicher Formen von Diskriminierung allen Jungen und Mädchen die gleichen Bildungschancen bietet. Einen zweiten Zusammenhang bildet das erziehungswissenschaftliche Problem, diesem Programm einen konkreten Inhalt zu geben. Dafür muss ein Ensemble von Fähigkeiten bestimmt werden, das dazu geeignet erscheint, zu einer harmonischen sozialen Koexistenz in einem gesellschaftlichen Kontext beizutragen, der sich durch die Verschiedenartigkeit der Einzelnen auszeichnet. Diese als „interkulturelle Kompetenz" bezeichnete Fähigkeit hätte folglich einen transkulturellen Charakter, da sie darauf abzielt, die kulturellen und ethnischen Partikularismen zu transzendieren. Partikularismen sind eine der Hauptquellen für Diskriminierung und Marginalisierung und damit der ungleichen Behandlung in einem pädagogischen Umfeld, das durch die kulturelle, ethnische und soziale Heterogenität seiner Klientel gekennzeichnet ist. Wie in der Einleitung dargelegt, gelingt es aber mit diesem Ansatz in der pädagogischen Praxis bisher nicht, Kulturalismus und Ethnisierung zu vermeiden, ohne diese in einer anderen Form zu reproduzieren. Auch theoretisch ist er trotz seiner häufigen Verwendung in der Literatur weitgehend ungeklärt.

Ziel meiner Auseinandersetzung mit dem Begriff der Kompetenz war es deshalb, ihn theoretisch auszuleuchten und empirisch zu festigen, um so zu seiner Schärfung im erziehungswissenschaftlichen Diskurs über „interkulturelle Bildung" beizutragen. Dies geschah in einem Rahmen, der durch ein Forschungsprojekt gesetzt wurde, das eine strukturelle Frage verfolgte, nämlich die nach den Reaktionen des deutschen Bildungssystems auf Einwanderung und seiner Wirkung auf eine gesellschaftlich stark marginalisierte Gruppe, die der Flüchtlinge aus afrikanischen Ländern. Die theoretische Klärung des Kompetenzbegriffs mithilfe einer ontogenetischen Analyse ermöglichte mir die Einsicht, dass Kompetenz an einen Kontext gebunden ist. Ob man Kompetenz als eine individuelle Leistungen generierende Fähigkeit versteht oder als ein mit einem gewissen Wert versehenes „Kapital", sie erweist sich – und das ist die erste These dieser Arbeit – als soziokontextuelles Phänomen. Aus dieser Erkenntnis war zwingend zu folgern, dass in der Untersuchung ein Rückgriff auf Afrika erforderlich ist als demjenigen sozialen Kontext, in dem die interviewten afrikanischen Flüchtlinge ihre Kompetenzen erworben haben. Ein derartiges Vorgehen könnte paradox erscheinen, denn in vielen Strömungen, die dem interkulturellen Ansatz zugeordnet werden (vgl. Einleitung, 2. Abschnitt), wird bislang häufig unterstellt, dass diese Fähigkeiten als von jedem Kontext unabhängige und daher von einer besonderen Kultur losgelöste anzusehen sind.[123] Die in dieser Arbeit gewählte Vorgehensweise hat es erlaubt zu zeigen, dass Kompetenz nicht transkulturell, sondern vielmehr kontextabhängig ist. Auch ermöglichte sie, sowohl bei der Operationalisierung des Forschungsgegenstands (der Kompetenz) als auch der des Forschungsraumes (Afrika) die Klippen des Kulturalismus oder der Ethnisierung erfolgreich zu umschiffen, indem diese zum Gegenstand einer genaueren Überprüfung gemacht wurden.

Die ontogenetische Analyse zeigte hinsichtlich der Operationalisierung des Forschungsgegenstands, dass Kompetenz als individuelle Fähigkeit nur in beständiger Auseinandersetzung (z.B. Assimilation, Akkomodation, Äquilibration) geformt wird, die das Individuum mit seiner natürlichen und sozialen Umwelt seit seiner frühesten Kindheit unterhält. Aus diesem Grund kann ihre Spezifik, das heißt, die spezielle Art von Fähigkeit, die durch einen solchen Dialog hervorgebracht wird, nicht ohne Berücksichtigung des Umfelds erfasst werden, das zugleich Quelle und Ressource dieser Konstruktion ist. Zu diesem psychogenetischen Prozess kommt noch ein soziogenetischer hinzu: dieser verleiht der so konstruierten Fähigkeit den sozialen Wert, der aus ihr in einem bestimmten Umfeld, in dem diese Fähigkeit aufwertend wirkt, eine „legitime" Kompetenz macht, die für ihren Besitzer ein Kapital darstellt. Wenn also die Kompetenz bei diesem doppelten Prozess – der psychogenetischen Konstruktion als Fähigkeit und der soziogenetischen Konstitution als Kapital – stark kontextabhängig ist, was bleibt dann als transzendierendes Element übrig, das als Grundlage für die Suche nach einer Kompetenz dienen könnte, welche die kulturalistischen und ethnozentrischen Partikularitäten hinter sich lässt? Dieses transkulturelle Moment ist in der allgemeinen Fähigkeit gegeben, über die im Prinzip jedes körperlich und geistig gesunde Individuum verfügt, um sich an die Umgebung anpassen zu können, in die es gestellt ist. Das heißt, es handelt sich hier um eine formale, universelle Disposition, die jedoch nur kontextuell gestaltet werden kann, also jeweils dem Umfeld entsprechend, in dem das Individuum gelebt hat.

In dieser allgemeinen Feststellung liegen zwei wichtige Implikationen: In Anbetracht der Tatsache, dass jedes sozialisierte Individuum im Prinzip über Kompetenzen in Form einer Fähigkeit verfügt – einer potenziellen, deren Aktualisierung entscheidend von den äußeren Bedingungen des Individuums abhängt – kann einerseits die Untersuchung von Kompetenzen nicht von der Frage nach diesen

---

123 Andere Strömungen dieser in sich eher heterogenen Disziplin gehen davon aus, dass Teilfähigkeiten, die als interkulturelle Kompetenz gelten wie „Perspektivwechsel", „Empathie" oder „Anerkennung von Differenz" kulturabhängig sind bzw. sich in Auseinandersetzung mit den Anforderungen der Kommunikation in interkulturellen Kontexten bilden (können).

,äußeren' strukturellen und sozialen Bedingungen ihrer Aktualisierung losgelöst werden. Obwohl die so genannten interkulturellen Kompetenzen als unabhängig von konkreten „Einzelkulturen" betrachtet werden, entgehen sie dennoch nicht dem Gesetz des Kontexts, das allein darüber entscheidet, welcher Wert einem bestimmten Ensemble von individuellen Fähigkeiten in diesem und keinem anderen Kontext zukommt.[124] Tatsache ist, dass jeder Bewertungsprozess einer Fähigkeit die Funktion von Anforderungen und Herausforderungen ist, denen sie in einem bestimmten Kontext entsprechend der Nachfrage und den Gesetzen eines genau bestimmten Marktes nachzukommen erlaubt.

Es galt daher festzustellen, welche Kompetenzen die afrikanischen Flüchtlinge in ihrem Herkunftskontext erwerben konnten. Dieser Kontext musste, um operational zu sein, zuvor konstruiert werden und zwar so, dass die ,gemeinsamen' strukturellen Hauptmerkmale gegenwärtiger afrikanischer Gesellschaften deutlich werden. Denn diese verbindenden Strukturen können in Anbetracht des Umfangs, der Ähnlichkeit und der Allgemeinheit ihrer Wirkungen als erklärendes Prinzip für Produktion und Erwerb von Kompetenzen im formellen oder informellen Bildungssektor dienen.

Um nicht der Gefahr der Kulturalisierung zu erliegen, habe ich den Forschungsraum „Afrika" nicht als eindeutig und natürlich gegeben betrachtet. Ein derartiges Vorgehen hätte unweigerlich dazu geführt, entweder mit dem einen oder dem anderen der beiden recht problematischen Paradigmen – nämlich dem des „Primitivismus" und dem der „Authentizität" – operieren zu müssen, die den Sozialwissenschaften als Deutungsfolien für die afrikanischen Gesellschaften dienten und noch immer dienen. Afrika als Rahmen oder Kontext der Produktion und des Erwerbs von Kompetenzen wurde so mittels des archäologischen Ansatzes (de-)konstruiert. Meine These am Ende der kritischen Untersuchungen der beiden paradigmatischen Konstruktionen von Afrika kann so zusammengefasst werden: Unabhängig von einem (positiven oder negativen) Werturteil, das man über sie fällen könnte, gibt es keine kulturelle Substanz und kein mythisches Wesen, das ahistorisch und irrational oder authentisch und unveränderlich und nur den afrikanischen Gesellschaften oder „dem Afrikaner" zu eigen ist, so dass man daraus eine Ontologie gewinnen könnte. Vielmehr sind auch die afrikanischen Gesellschaften das Produkt eines historischen Prozesses, und nur in dieser ihrer Geschichte lässt sich der Schlüssel für eine Analyse und ein rationales Verständnis ihrer gegenwärtigen Situation finden. Die afrikanischen Gesellschaften werden so von jeder Kulturmetaphysik befreit: „Der Afrikaner" kann demnach formal als Subjekt einer spezifischen Handlung in einem bestimmten Kontext oder in spezifischen Strukturen bezeichnet werden, einem struktureller Kontext, den man „afrikanische Gesellschaften" nennt und

---

124 Es genügt, bei diesem Gegenstand daran zu erinnern, dass die Debatte über die interkulturellen Kompetenzen nicht überall den gleichen Umfang noch die gleiche Bedeutung hat. In diesem Sinne schreiben Neumann u.a. (1990, S. 84): „Der Leitbegriff der interkulturellen Erziehung ist so gut wie ausschließlich ein Begriff der aufnehmenden Bildungssysteme, nicht ein Begriff der Migranten-communities und nicht ein Begriff der Herkunftsländer. Die ,interkulturelle Pädagogik' bedarf selbst der interkulturellen Perspektiverweiterung."

dessen hervorstechendstes Merkmal heutzutage die gewaltsamen Umbrüche sind. Aber was heißt das konkret für afrikanische Flüchtlinge in Hamburg und ihre Kompetenzen?

Der unanfechtbare Zeuge

Die Beschreibung und Analyse des Umbruchs, den die afrikanischen Gesellschaften heute erleben, haben den Kontext in seinen Strukturen konkretisiert, aus dem die afrikanischen Flüchtlinge stammen. Ein Kontext, der mit einer schweren historischen Hypothek belastet ist und den die postkolonialen Potentaten im Dienste widerstreitender Interessen durch ihre Politik schließlich in einen „Ort des Wahnsinns" verwandelt haben. Die Dramatik dieser gesellschaftlichen Verhältnisse ist kaum anders benennbar als in einer metaphorischen Sprache: Es ist eine Art menschlicher Dschungel, in dem der physische wie der soziale Tod für den größten Teil der Bevölkerung die alltäglichste Sache der Welt ist, denn sie leben in Staaten, in denen die Befehlsgewalt sich über jegliche Gesetze hinwegsetzt und die staatlichen Institutionen zu Handlangern der Regierenden verkommen. Auch die formale Schule bleibt als Bildungsinstitution unter der direkten Aufsicht des Staates nicht von dem Verfall und den Funktionsstörungen der staatlichen Strukturen ausgenommen. Ihre Dysfunktionalität zeigt sich unter anderem daran, dass die Absolventen durch ihre Schulbildung nicht dazu befähigt werden, konkrete und befriedigende Antworten für die Bewältigung der vitalen, elementaren Probleme zu finden, die sie und ihre Gesellschaften bedrängen. Diplomiert, aber inkompetent ist auch für sie der informelle Bildungssektor, wie für viele Nicht- oder zu wenig Beschulte, „die Schule der letzten Chance" (Touré 1985). Hier erwerben sie in der unmittelbaren Konfrontation mit der harten Realität ihrer Gesellschaften und dank der speziellen, dem informellen Sektor eigenen Lehr- und Lernmethoden, Kenntnisse und Fertigkeiten, die sich für die Befriedigung der Bedürfnisse in ihren Lebensbezügen sofort nutzen lassen; darüber hinaus erwerben sie die in einem derartigen Kontext sehr wertvolle fundamentale Fähigkeit, nicht als Opfer der widrigen Lebensumstände zu resignieren.

Die in meiner Untersuchung befragten Jugendlichen haben das Abenteuer durchgestanden und mit dem Exil in Hamburg einen möglichen Ausweg, eine Bewältigungsstrategie gefunden, um auf den in Afrika erlebten Umbruch subjektiv erfolgreich zu reagieren. Anders als in der üblichen alltagstheoretischen Perspektive gehe ich jedoch davon aus, dass sie erst mit ihrer Ankunft in Deutschland zu „Flüchtlingen" (gemacht) werden. Denn hier werden sie zu Objekten einer juristischen Konstruktion, der deutschen Asylgesetzgebung, die ihnen einen uneingeschränkten Status als Rechtssubjekte verwehrt. Die Untersuchung ihrer in Hamburg durchlaufenen Bildungskarrieren hat die hochgradige Einschränkung, die diese Gesetze ihnen auferlegen, deutlich gemacht.[125] Die Gesetzgebung wirkt sich nicht nur negativ auf ihre Schulbiographien aus, sondern auf fast alle Aspekte ihrer Lebenslagen. Sie sind gezwungen, ein auf die lebensnotwendigen Funktionen beschränktes Leben zu führen, das u.a. gekennzeichnet ist durch die Abwesenheit von Perspektiven und die Unmöglichkeit, für die Zukunft sinnvoll und realistisch planen zu können. Das repressive Asylsystem zerbricht ihre Träume und ihre Begeisterung und lässt die Mehrheit in einer Art Sackgasse landen; das Aufnahmeland gleicht einem „offenen Gefängnis". In diesem paradoxen Bild soll ausgedrückt werden, dass Deutschland den Flüchtlingsjugendlichen mit seinem Bildungsangebot nur vermeintlich Zukunfts- und Lebensperspektiven eröffnet, weil gleichzeitig ein verwobenes, kaum zu durchschauendes System von Rechtsvorschriften (u.a. Sozialgesetzgebung, Aufenthaltsrecht, Asylrecht) die Realisierung dieser Perspektiven verhindert. Damit greift erneut eine gewaltförmige Struktur in das Leben der Jugendlichen ein, die zwar nicht in Form und Inhalt, wohl aber in ihrer Wirkung der des postkolonialen Afrika gleicht, aus der sie geflohen sind.

Die Entscheidung, das Problem der Kompetenz an afrikanischen Flüchtlingen zu untersuchen, führte zur Analyse der Sozialstrukturen und Machtmechanismen, die sich in Afrika einerseits und in Deutschland andererseits entfalten und die den Erwerb sowie die Anwendung der Kompetenzen bestimmen. Für die Analyse dieser Machtstrukturen und -mechanismen hat sich die Untersuchungsgruppe in methodologischer Hinsicht als geeignete Basis erwiesen. Ob es sich nun um die Auswirkungen der postkolonialen afrikanischen Gouvernementalität oder um die der Asylgesetzgebung in Deutschland handelt – „der afrikanische Flüchtling" erscheint immer als eine soziale Produktion, dessen miserable Lebensbedingungen durch ihre Unausweichlichkeit viel über die Natur des Systems aussagen, das sie hervorgebracht hat. Die afrikanischen Flüchtlingsbiographien als Spiegelung der diffusen Machtmechanismen eines ideologischen Systems eröffnen eine dezentrierte Perspektive auf soziale Prozesse, die einen Einblick in ihren Gesamtzusammenhang erlauben. Um eine sprachliche Anleihe in der Fotografie zu machen: Als Untersuchungsgegenstand stellen diese Biographien eine Art ‚Negativ' dar, das es zulässt, ein Bild des Netzwerks repressiver Zwänge zu erhalten, welches die herrschenden Systeme nur sehr unfreiwillig preisgeben, wenn sie von Innen heraus betrachtet werden. Der Flüchtling kann von diesem Gesichtspunkt aus als der „unanfechtbare Zeuge" der herrschenden Systeme mit ihren Entfremdungsstrukturen und Unterdrückungsmechanismen angesehen werden. Seine unhintergehbaren Erfahrungen, die den Ausschluss und die Marginalisierung als Effekte der besagten Systeme fokussieren, sind zum Gegenstand der Reflexion selbst geworden und ermöglichen, das ins Zentrum der Analyse zu rücken, was an den Rand gedrängt war.

---

125 Diesen gesetzlichen Rahmen haben wir ausführlich in dem Beitrag „Schule, Ausbildung und Arbeit für junge afrikanische Flüchtlinge in der Diskussion" (vgl. Lewes/Seukwa 2001) beschrieben.

Indem sie diese Erfahrungen und die stark von der Heteronomie bestimmten Lebenswege nachzeichnen, widerlegen die Biographien dieser Flüchtlinge solche Konzeptionen des autonomen Subjekts, die an der kantischen Tradition festhalten und enthüllen sie als eine ideologische Bezugnahme auf die Epoche der Aufklärung.[126] Meine Untersuchung der Frage nach den vor dem Exil im formellen oder informellen Sektor erworbenen Kompetenzen sowie der Frage des Kompetenztransfers in den Hamburger Kontext, ist vor dem Hintergrund dieser von den afrikanischen Flüchtlingen in den verschiedenen Kontexten erlebten Erfahrungen zu sehen. Diese Kontexte, nämlich die generelle postkoloniale Dysfunktionalität und die daraus resultierende Morbidität in Afrika einerseits, und der durch eine repressive Gesetzgebung gekennzeichnete soziale Flüchtlingsraum in Hamburg andererseits, sind zwar von ihren strukturellen und funktionellen Merkmalen aus gesehen sehr unterschiedlich, bleiben jedoch in Hinblick auf ihren repressiven Effekt und dessen Folge auf die Bildungsentfaltung dieser Jugendlichen sowohl in Afrika als auch in Hamburg – wie ihre Bildungsbiographie es deutlich macht – ähnlich hinderlich.

Die Kompetenz als Habitus der Überlebenskunst

Zieht man zweierlei in Betracht – einerseits die Entwertung der im formellen Bildungssektor in Afrika erworbenen Qualifikationen, verbunden mit der wachsenden Bedeutung des informellen Sektors, der die von der Schule Enttäuschten und Ausgeschlossenen aufnimmt und sie mit für ihr Überleben in Afrika unmittelbar nützlichen Kompetenzen versieht, und andererseits die Tatsache, dass eine erfolgreiche Schullaufbahn in Hamburg wegen der restriktiven Gesetzgebung vor allem von den Fähigkeiten der jungen afrikanischen Flüchtlinge abhängig ist, mit eben diesen Gesetzen geschickt umzugehen, – dann erweisen sich bei der Auswertung des empirischen Materials die Kompetenzen im Wesentlichen als diejenigen Dispositionen und Fähigkeiten, die es erlauben, den Strukturen der Entfremdung die Stirn zu bieten. Diese Fähigkeit habe ich den Habitus der Überlebenskunst genannt.

Fasst man Kompetenz als Habitus auf, das heißt als äußere Strukturen, die inkorporiert werden und ihrerseits wiederum die Handlungen des Individuums strukturieren, so erlaubt dies, den klassischen Antagonismus zwischen Struktur und Kultur zu überwinden (vgl. Koller 2002, S. 184 f.). Dieser Ansatz führt weiterhin

---

126 Die geistigen Bemühungen jener Zeit waren auf den Wunsch gerichtet, das Individuum von der Angst vor den transzendenten Mächten zu befreien, ob dies nun Gott oder die Natur sein sollten, um es zum Herren über sein eigenes Schicksal zu machen. Wenn man auch heute den Erfolg in diesem Kampf bis zu einem gewissen Grade bestätigen kann, so ist das Projekt des autonomen Subjekts an sich doch noch weit davon entfernt, realisiert zu werden. Da sich neue Formen der Entfremdung, die der Modernität immanent und konsubstantiell sind, entwickelt haben, hat das Projekt der Autonomie zumindest seit Foucault immer mehr dem der Subjektivität Platz gemacht, das bei seiner Realisierung die Entfremdung als eine Bedingung der Möglichkeit mit einbezieht.

dazu, Aufschluss über den Kompetenztransfer in der Migrationssituation wie auch über die Bedingungen seiner Möglichkeit zu erhalten.

Mit dem Begriff ‚Überlebenskunst' lassen sich Kompetenzen benennen und erklären, die in einem für die Entfaltung des Bildungspotenzials afrikanischer Flüchtlinge besonders ungünstigen Kontext ausgebildet wurden. Wie die Fallstudie eines einzelnen Jugendlichen illustriert, erlaubt dieser Begriff zudem durch die Analyse der Performanz und der damit verbundenen Aktionen sowie der Modalitäten ihrer Ausführung, die produktive Aktivität der Mehrheit dieser Jugendlichen zu erkennen. Denn diese liefern sich nicht als resignierte Opfer den entfremdenden Strukturen aus, vielmehr demonstrieren sie durch allerlei Taktiken und Listen, die sie innerhalb dieser Strukturen ergreifen, die sowohl transgressive als auch kreative Kraft des Habitus der Überlebenskunst. Sie lassen sich – trotz der in Teilen und von manchen als ausweglos empfundenen Situation – nicht zum Objekt von Regelungen mit inhärentem Abwehrcharakter machen, sondern bilden sich als Subjekte. Die Überlebenskunst als eine in widrigen Lebensbedingungen erworbene Kompetenz, weist im Hinblick auf die in dieser Arbeit angenommene Ressourcenhypothese darauf hin, dass auch Menschen, die in extrem freiheitsberaubenden Bedingungen leben, handlungsfähig bleiben (können). Die mit dieser Kunst des Überlebens verbundenen Handlungen sind also als eine Poetik (im Sinne des Aristoteles) der transgressiven Freiheit zu verstehen, die dazu führt, die Subjektivität immer in Relation zu Entfremdungsstrukturen zu sehen, also immer als einen Prozess der Subjektivierung. Aus dieser Erkenntnis resultiert die sowohl theoretische als auch faktische Unmöglichkeit, ein disziplinäres System als ein lückenlos Funktionierendes zu betrachten. Mit anderen Worten hat in dieser Arbeit die systematische Anwendung der Ressourcenhypothese bei einer Untersuchungsgruppe, die mit Marginalisierung bzw. Benachteiligung als Effekt repressiver Strukturen extrem konfrontiert wurde, es ermöglicht, den privilegierten Kompetenztypus – den „Habitus der Überlebenskunst" –, den solche Strukturen bei Individuen hervorrufen, zu identifizieren. Da aber dieser Habitus die repressiven Strukturen als Bedingungen seines Erwerbs bzw. seiner Entstehung hat, konnte auch seine Analyse sowohl die *produktive* Seite der Macht als auch die *produktive Aktivität* des Individuums im Kampf mit den Machtstrukturen erhellen.

Für die theoretische Diskussion über die Genese und den Erwerb von Kompetenzen bestätigen diese Ergebnisse die konstruktivistische These, da der Habitus der Überlebenskunst keine angeborene Disposition bildet, sondern eher das Produkt der Sozialisation in einem mit repressiven Strukturen ausgestatteten Kontext ist. Dieser Kompetenztypus erweitert schließlich den Wissenshorizont über das kreative menschliche Potential. Seine positive und optimale pädagogische Anwendung fordert als Bedingung einerseits die Abschaffung von strukturellen Barrieren, und andererseits die Gestaltung der Bildungsumgebung in einer Art und Weise, dass diese als stimulierender Kontext für die Nutzbarmachung einer solchen Kompetenz in Lernaktivitäten dienen kann.

Diese Resultate stützen sich jedoch zum großen Teil auf eine Fallstudie, die, um die empirische Gestalt des Habitus der Überlebenskunst vertiefend analysieren zu können, exemplarisch die Biographie eines einzelnen Jugendlichen fokussiert hat. Mit einer solchen Vorgehensweise war ein der qualitativen Forschung inhärentes methodologisches Dilemma, dass nämlich der tiefere Einblick in wissenschaftlich relevante Phänomene, die die Einzelfallstudie ermöglicht, umgekehrt proportional zum Erkenntnisverlust in quantitativer Hinsicht ist bzw. sein kann, schwer vermeidbar. Dadurch ergibt sich die Notwendigkeit weitere Forschungen durchzuführen, die in Anlehnung an die quantitative Methode der Sozialforschung weitere „Gestalten" des Habitus der Überlebenskunst an einer breiten und statistisch relevanten Population untersuchen. Dafür ist es erforderlich – unter strenger Berücksichtigung von Kategorien wie soziale Schicht, Religion und Geschlecht, welche, so meine Vermutung, für die Gestalt dieses Habitus ausschlaggebend sein können – eine Untersuchungsgruppe mit Jugendlichen zu konstruieren, die in Kontexten mit repressiven Strukturen leben. Eine weitere offene Forschungsfrage bezieht sich auf die transformationsfördernden bzw. transformationswidrigen Bedingungen dieses Habitus. Die Erfassung eines solchen Prozesses erfordert Langzeit-Untersuchungen über Jugendliche, die beispielsweise nach langem Asylverfahren einen „sicheren" Status bekommen haben.

Schließlich soll erneut betont werden, dass die Entdeckung des Habitus der Überlebenskunst und die daraus resultierenden Schlussfolgerungen aus einer analytischen Perspektive erfolgen, die vor allem die Ressourcen der Jugendlichen fokussiert hat. Denn was die Biographien dieser Jugendlichen gleichermaßen, und zwar ausnahmslos deutlich, zum Ausdruck bringen, sind die negativen Ausprägungen der strukturellen Gewalt auf fast alle (individuellen und sozialen) Bereiche ihres Lebens. Der Überlebenswille bestimmter Jugendlicher, der sich durch die Überlebenskunst ausdrückt, dürfte hier also auf keinen Fall die negative Auswirkung der strukturellen Gewalt maskieren. Vielmehr machen alle im Rahmen dieser Arbeit durchgeführten theoretischen und empirischen Analysen deutlich, dass die Frage der Kompetenz bei den jungen afrikanischen Flüchtlingen schließlich immer auf die strukturellen Bedingungen ihres Erwerbs und/oder ihrer Anwendung zurückführt. Welche pädagogischen Konsequenzen lassen sich aus einer solchen Feststellung ziehen?

Konsequenzen aus den analytischen Befunden aus erziehungswissenschaftlicher Sicht

Das wesentliche theoretische als auch empirische Ergebnis der Untersuchungen zum Kompetenzbegriff ist der Nachweis seiner Kontextabhängigkeit. Der Erwerb von Kompetenz im heutigen Afrika mit seinen gewaltförmigen sozialen und politischen Strukturen bildet die Basis für einen Bildungsprozess, der im Flüchtlingsraum Deutschlands auf einen anderen, in seinen Effekten jedoch sehr ähnlichen

Kontext trifft und seine weitere Entfaltung bestimmt. Will man also Konsequenzen aus diesem Befund ziehen, müssen auch dabei die unterschiedlichen Kontexte berücksichtigt werden. Um den durch die jeweilige Spezifik der sozialen Strukturen in Afrika und Deutschland gestellten Anforderungen an die Formulierung politischer und pädagogischer Problemlösungen gerecht zu werden, sollen sie nachfolgend getrennt diskutiert werden.

Im afrikanischen Kontext

Hier stellt sich dem formalen Schulsystem das Problem der funktionellen Operationalität des Wissens und der Qualifikationen, die es seinen Schülern im Hinblick auf die unmittelbaren Anforderungen und Herausforderungen vermittelt, mit denen sich Gesellschaft und Bevölkerung dort heutzutage konfrontiert sehen. Ob man diese Herausforderungen nun mit dem kontrovers diskutierten Begriff der (politischen, sozialen, wirtschaftlichen usw.) Entwicklung oder einem anderen Namen bezeichnet, hat die fehlende Anschlussfähigkeit des schulischen Wissens angesichts dieser Herausforderungen zu einer starken Entwertung dessen geführt, was die Schule in diesem Kontext an Qualifikationen anbietet. Auf diese Weise des sozialen Werts entkleidet, der sie in Kapital verwandelt hätte, sind die Schulzeugnisse für ihre Besitzer von immer weniger Nutzen, es sei denn, um mit ihnen die Einwanderungsbedingungen für ein Land des Nordens zu erfüllen. Denjenigen, denen es nicht gelang, ihre Qualifikationen auf diese Weise zu kapitalisieren und den zahlreichen anderen, die nichts Derartiges besitzen, bleibt lediglich der Weg, „sich durchzuschlagen", das heißt, in die raue „Schule des Lebens" zu gehen, zu der der informelle Ausbildungssektor gehört. Lösungsvorschläge für diese Probleme, die mit der Entwertung der von der Schule vermittelten Kompetenzen in Afrika angesprochen sind, möchte ich nachfolgend von zwei Ebenen her – einer bildungstheoretischen und einer bildungspolitischen – aufzeigen.

Bildungstheoretisch geht es um Reformen der Lehrprogramme und -methoden, also um die Curricula und die entsprechenden Didaktiken. Die Lösung besteht darin, schulische Inhalte und Bildungskonzepte denjenigen lokalen und globalen Herausforderungen anzupassen, die sich heute diesen Gesellschaften stellen. Es geht also unter einer solchen Perspektive darum, bewusst einen Ansatz zu erarbeiten, der auf die Probleme zentriert ist, die sich in den Bedürfnissen und Erfordernissen dieses spezifischen Kontexts widerspiegeln. Auf diese Weise können solche Inhalte vermieden werden, wie sie ohne Berücksichtigung der lokalen Realität konzipiert und während Jahrzehnten als offizielles Lehrprogramm vorgeschrieben wurden und zu nichts anderem als zur massiven Entfremdung der beschulten Afrikaner beigetragen haben. Dieses entfremdende Wissen hat sich längst als unnütz, ja sogar schädlich für die dringende Aufgabe erwiesen, die Menschen zu befähigen, ihr politisches, wirtschaftliches und soziales Schicksal selbst in die Hand zu nehmen. All dies fand im Namen der angeblichen Universalität des

Wissens statt, die, wenn man sie näher betrachtet, nichts anderes als ein die Partikularinteressen verschleiernder Diskurs ist.

Wenn ich hier Vorschläge zu einer pädagogischen Reform formuliere, behaupte ich keineswegs, Neuland zu beschreiten. Derartige Vorschläge gehören seit vier Jahrzehnten zu den Forderungen, die viele Personen und Institutionen vertreten, die sich für die Problematik der Bildungsreform interessieren.[127] Ungeachtet der ernsten Lage dieser Gesellschaften lässt die strikte Durchführung der Reformprogramme, die mit der hier dargelegten Perspektive in Einklang stehen, in den meisten afrikanischen Ländern – von einigen Ausnahmen abgesehen – immer noch auf sich warten. Solche Umsetzungsschwierigkeiten weisen darauf hin, dass das Problem nicht in erster Linie bildungstheoretischer Natur ist. Dies hat der gegenwärtige senegalesische Präsident Abdoulaye Wade bereits 1956 festgestellt. In einem Artikel mit dem Titel *Examen critique des méthodes pédagogiques* schreibt er: „Das Bildungswesen in Schwarzafrika und noch viel mehr [seine] kritische Überprüfung, […] [offenbaren], [dass] das System sowohl in seinen Methoden wie auch in seinen Inhalten hier noch im Stadium des Herumtastens ist, wenn es nicht in Ermangelung von Pädagogik die völlige Unzulänglichkeit im Hinblick auf die spezifischen Bedürfnisse des Landes ist. Soll man auf einen schnellen Wandel hoffen? […] Denjenigen, die sagen, ‚habt Geduld, nach und nach …‘, werden wir antworten, dass trotz der Komplexität des Problems und der Schwierigkeiten technischer Art zumindest eine Änderung des Geistes unverzüglich erfolgen könnte. Aber den Geist zu verändern, der in einer Institution herrscht, setzt eine politische ‚Atmosphäre‘ voraus, einen Willen zur Veränderung, um nicht zu sagen, zur Revolution. […] Die Modifikation des gesetzgebenden Organs reicht häufig bereits, um viele Dinge zu verändern. Es genügte zum Beispiel, dass Vichy an die Macht kam, um uns bis in die tiefsten Tiefen des Tchad und Gabuns hinein jeden Morgen die Maximen des Marschall Pétain beizubringen. Deshalb werde ich mit einem Paradox aufhören: *Das Problem des Bildungswesens in Schwarzafrika ist kein schulisches, es ist politisch*" (Wade 1956, S. 73).

Die Natur dieses politischen Problems hat Sibusiso Bengu in seinem Beitrag zu einer wissenschaftlichen Tagung 2002 *Visionen für das Bildungssystem in Afrika* der Akademie Loccum präzisiert: „Wissen ist der Schlüssel zu einer nachhaltigen Entwicklung, und Bildung ist der Schlüssel zum Wissen. Als ich in der ersten demokratisch gewählten Regierung Südafrikas Bildungsminister war, führte ich ein neues Curriculum ein, genannt Curriculum 2005. Bei seiner Einführung 1997 erklärte ich, dass das neue Curriculum genau ‚die richtige Medizin wäre, um die Krankheiten der Bildungspolitik während der Apartheid zu heilen, und das nötige

---

127 S. Moumouni, Abdou, 1967; L'éducation en Afrique, Paris, Maspero. 2. Aufl., 399 S. Lê Thanh Khôi (dir), 1971. L'enseignement en Afrique tropicale. Groupe de recherche de l'IEDES, Paris, PUF. 463 S. Ribes, Bruno et al., (1980). Domination ou partage? Développement endogène et transfert des connaissances, Paris, Unesco. 292 S.; Erny, Pierre, (1986) „Bilan d'une recherche sur l'éducation en Afrique", Cahier de sociologie économique et culturelle, Ethnologie, n°. 5, S. 137-146; Kom Ambroise, (1996) Éducation et démocratie en Afrique. Le temps des illusions. Paris, L'Harmattan 287 S.

Tonikum, um das Bildungswesen zur Vorbereitung auf die Wirtschaft des 21. Jahrhunderts in Schwung zu bringen'. Heute da ich einige Gedanken für einen kontinentalen Aktionsplan zur Förderung des Bildungswesens in Afrika mit Ihnen teile, erkläre ich noch einmal, dass diese panafrikanische Bildungsinitiative, gerade die richtige Medizin ist, um die Krankheiten der kolonialen Bildung zu heilen, und das nötige Tonikum, um das Bildungswesen zur Vorbereitung auf die Wirtschaft in einem afrikanischen Jahrhundert in Schwung zu bringen'" (Bengu 2002, S. 257).

Wenn also nach vier Jahrzehnten „Unabhängigkeit" Experten und Entscheidungsträger immer noch zu demselben Ergebnis kommen, wäre es bescheiden und klug zugleich, die Komplexität der Problemlage bei der Implementierung radikaler Reformen des Bildungssystems auf diesem Kontinent anzuerkennen. Das Problem ist hauptsächlich ein politisches, es kann daher meiner Auffassung nach auch nur politisch gelöst werden. Dies erfordert ganz offensichtlich von der Mehrheit der postkolonialen afrikanischen Potentaten, dass sie aufhören, sich in ihrem eigenen Land wie Piraten, Gangsterchefs oder Touristen zu benehmen, und sich statt dessen entschieden in den Dienst und das Interesse des Landes und seiner Bevölkerung stellen. Selbstverständlich ist eine solche Wende an Bedingungen wie die so genannte „good governance", das Abbrechen von Beziehungen zu den internationalen, wirtschaftlichen, strategischen und politischen Mafianetzwerken usw. geknüpft. Angesichts der festen Etablierung dieser kriminellen Netzwerke, die heutzutage viele afrikanische Diktatoren mit scheindemokratischen Mitteln an der Macht halten bzw. neue Interessenvertreter an die Macht bringen, ist die hier angesprochene Wende bei der jetzigen Interessenlage in vielen Ländern auf dem afrikanischen Kontinent schwer vorstellbar. Mit einer solchen Wende würde jedoch eine der wichtigsten politischen Bedingungen dafür hergestellt, dass die formalen Bildungsinstitutionen in Afrika ihre ursprüngliche Funktion als Motor der Entwicklung des Kontinents zurückerhalten könnten. Das hieße, sie würden in der Lage sein, ihren Absolventen Kompetenzen zu vermitteln, die den Wert eines kulturellen Kapitals besitzen und folglich für die Lösung der konkreten Probleme in ihrer Gesellschaft von Nutzen wären.

Es muss hier betont werden, dass es in niemandes Interesse liegt, vor allem nicht dem der Länder des Nordens, dass die schnelle Umsetzung eines derartigen Prozesses noch länger auf sich warten lässt. Wenn es denn stimmt, dass die aktuellen Funktionsstörungen der Bildungsinstitutionen in Afrika für solche migrationspolitischen Konzepte vorteilhaft sind, die den Brain-drain fördern möchten, so muss man die Konsequenzen dieser Politik bedenken. Hochschulabsolventen stellen nur eine winzige Minderheit der afrikanischen Bildungsabsolventen dar. Was aber soll aus den Tausenden anderer werden, die gar nicht, zu wenig oder schlecht beschult wurden, folglich ohne Perspektiven in ihrem Land sind, und die keine noch so einschränkende Einwanderungspolitik davon abhalten zu können scheint, ihr Wohlergehen dort zu suchen, wo sie glauben, es finden zu können? Sogar die sehr hohe Lebensgefahr, die den Weg ins Exil kennzeichnet, scheint alle abschreckende Kraft verloren zu haben; dies beweisen die fast schon alltäglich gewordenen Bilder der an den Küsten einiger Mittelmeerländer (Italien, Spanien, Zypern, Griechenland) ankommenden, erschöpften und geistergleichen Flüchtlinge afrikanischer Herkunft.

Im deutschen Kontext

Für die Erläuterung der aus meinen Untersuchungen resultierenden erziehungs-wissenschaftlichen Folgen, bezogen auf den deutschen Kontext, möchte ich an dieser Stelle die sechste im Rahmenantrag des FABER-Forschungsprogramms (1990) formulierte These als Ausgangspunkt aufgreifen. Sie lautet:

> „Versuche, nationalstaatliche Handlungsmuster bei geänderten gesell-schaftlichen Voraussetzungen weiter zu verfolgen – seien es eindeutige Homogenisierungsversuche, seien es Versuche des Lavierens –, laufen Gefahr, weiterhin aus kulturellen Unterschieden soziale Ungleichheit zu machen, weiterhin Vorurteilen und rassistischen Einstellungen Raum zu lassen und weiterhin Lernchancen für Einheimische wie für Zugewanderte zu versäumen, wenn nicht zu verbauen. Zeitgenössische Bildungskonzepte müssten sich dagegen an der (sei es utopischen) Vorstellung einer pluralen Gesellschaft, in der es keine Unterscheidung zwischen Bildung der Minder-heiten und Bildung der Mehrheit gibt, orientieren. ‚Bildung für Alle' be-deutet unter den gesellschaftlichen Voraussetzungen der Migration, kultu-relle Verschiedenheiten nicht nur zu tolerieren, sondern sie zu akzeptieren und positiv zu nutzen" (Neumann u.a. 1990, S. 81).

In dieser jetzt 15 Jahre alten Äußerung sind die zugrunde gelegten Prinzipien der interkulturellen Bildung in Hinblick auf die Anerkennung von Heterogenität als ein konstitutives Element der gesellschaftlichen Normalität und die daraus resultieren-den Handlungsanforderungen auf bildungspolitischer Ebene formuliert, denen ich mich anschließe. Deshalb gilt es im Folgenden, unter Berücksichtigung der Ergeb-nisse meiner Auswertungen, die Frage zu stellen, inwieweit dieser Anforderung auf ‚Bildung für Alle' – verstanden als Akzeptanz und positive Nutzung von Verschie-denheit – bezogen auf jugendliche Flüchtlinge afrikanischer Herkunft in Hamburg Rechnung getragen wird.

Diejenigen afrikanischen Jugendlichen, die, wie die Befragten meiner Studie, die gefährliche Odyssee ins Exil des reichen Nordens überlebt haben, glauben, eine Chance zu haben, die in Afrika unvollständig gebliebene Bildung vollenden und sich eine berufliche Zukunft sichern zu können. Das erklärt zumindest teilweise ihre große Motivation, an Bildungsmaßnahmen teilzunehmen. Aber dieser Motiva-tion stehen enorme strukturelle Barrieren entgegen, deren bedeutendste nicht schulischer oder pädagogischer Natur sind; sie werden viel eher durch den Dis-ziplinierungs- und Repressionsapparat der Asylgesetzgebung verursacht. Deshalb interessierten mich die individuellen Fähigkeiten der Jugendlichen, die ungeachtet all der strukturellen Hindernisse ihre schulischen Ziele verfolgten. Ein solcher Ansatz ermöglicht es, Kompetenz als Habitus der Überlebenskunst zu erfassen, indem die produktive Aktivität des mit den seiner Entfaltung feindlichen Strukturen konfrontierten Subjekts untersucht wird. Zugleich muss jedoch festgestellt werden, dass dieser Ansatz keine tragfähige Alternative zu dem hier behandelten Problem darstellt – denn dieses ist vor allem struktureller und nicht individueller Natur. Es verweist auf die Macht von Strukturen, Menschen bestimmter sozialer Kategorien, wie sie die Flüchtlinge mit unsicherem Aufenthaltsstatus darstellen, auszuschließen und zu marginalisieren. Was wiederum diese dazu veranlasst, ihre kreativen Fähigkeiten vornehmlich darauf zu verwenden, gegen die verhängnisvollen Auswirkungen, die von diesen Strukturen produziert werden, anzukämpfen.

Wie meine empirischen Analysen belegen, ist das Problem der Nutzbarmachung der Kompetenzen bei dieser spezifischen Gruppe nicht in erster Linie bildungstheoretischer Natur; es fällt nicht in die inneren Grenzen des Bildungssystems. Es stellt sich also nicht als Problem von Lücken auf der Ebene der Curricula, ebenso wenig als das eines didaktischen oder methodologischen Defizits seitens der Lehrkräfte. Der persönliche, private Einsatz einiger Lehrkräfte, um ihre Schüler bei der Lösung ihrer außerschulischen Probleme zu unterstützen, die aus der Unsicherheit ihres Aufenthaltsstatus resultieren, verdient, in diesem Zusammenhang positiv hervorgehoben zu werden. Gleichwohl muss festgestellt werden, dass diese Unterstützung, wie wichtig und nützlich sie auch für die Jugendlichen sein mag, in Anbetracht der Natur und des Umfangs der hier angesprochenen Probleme, nicht zu deren Lösung führen kann. Die Probleme werden durch die Politik verursacht, die Suche von Lösungen obliegt somit der Zuständigkeit der politischen Entscheidungsträger und nicht der der Pädagogen. Das deutsche Asyl- und Sozialgesetzsystem müsste in einer Weise reformiert werden, dass den jugendlichen Flüchtlingen ein uneingeschränkter Zugang zu den Bildungsinstitutionen gewährleistet werden kann. Eine solche Reform geschieht vor allem durch die Umstrukturierung des gesetzlichen Rahmens, der den Zugang zu Bildung und Ausbildung regelt. Er ist im Augenblick, was die gesetzlichen Bestimmungen über Zugangsgarantien zu Bildung und Ausbildung betrifft, von erstaunlichen rechtlichen Widersprüchen und Ungereimtheiten gekennzeichnet, und dies sowohl auf der Ebene der UNO wie der Europäischen Union einschließlich Deutschlands.[128]

Seit einigen Jahren gibt es in Deutschland einige Projekte zur beruflichen Qualifizierung von Asylbewerbern, finanziert vornehmlich aus Mitteln des Europäischen Sozialfonds im Rahmen des Förderprogramms „EQUAL". Die in diesen Projekten aufgetretenen Schwierigkeiten bieten eine gute Illustration der Auswirkungen, die aus den erwähnten rechtlichen Widersprüchen resultieren. Basierend auf der Nichtdiskriminierungsklausel des Artikels 13 des Vertrags von

---

128 In einigen europäischen Ländern, wie Belgien, gibt es das uneingeschränkte Recht auf Bildung und Ausbildung auch für Flüchtlinge; in Deutschland findet sich dagegen auch historisch keine dem Schicksal der Flüchtlinge günstige Bildungspolitik (vgl. Schroeder 2003, S. 427).

Amsterdam in der Fassung vom 2. Oktober 1997[129] ist EQUAL ein arbeitsmarkt-bezogenes Programm zur Förderung unterschiedlichster benachteiligter Gruppen. Mit dem Start von EQUAL im Jahre 2001 hat die Kommission erstmalig ein Arbeitsmarktprogramm auch auf Asylbewerber ausgedehnt, die sich in den Staaten der Europäischen Union aufhalten, um ihnen Bildungs- und Ausbildungsmög-lichkeiten bereits während ihres Asylverfahrens zu eröffnen. Aber die Nichtdiskri-minierungsklausel, auf der das Programm beruht, ist lediglich eine Richtlinie, somit keine zwingende Empfehlung an die Mitgliedsstaaten, sofern diese sich nicht ent-scheiden, sie ihren jeweiligen Parlamenten als Gesetzentwurf zur Zustimmung zu unterbreiten. Deutschland hat sich nicht nur davor gehütet[130], einen solchen Schritt zu unternehmen, sondern hat darüber hinaus auch nicht versäumt, auf das in Sachen Bildung innerhalb der Europäischen Union herrschende Subsidiaritätsprinzip[131] zurückzugreifen, um die EQUAL-Projekte den Beschränkungen seiner eigenen Ge-setzgebung unterziehen zu können. Es wurde kein Rechtsmittel ausgelassen, um diese einzigartige Zugangsmöglichkeit zu Bildung und Ausbildung massiv zu torpedieren[132], die sich den zahlreichen jugendlichen Flüchtlingen bot, die von dem regulären Bildungs- und Ausbildungssystem in Deutschland bislang ausgeschlossen waren. Dieses Beispiel macht den Mangel an politischem Willen, Flüchtlingen den Arbeitsmarkt zu öffnen, deutlich, eines der Haupthindernisse für einen wünschens-werten Strukturwandel.

Wenngleich eine solche politische Haltung sich trotz des Ideals der politischen Integration durch die Beharrlichkeit der nationalen Egoismen und des Bestehens

---

129 Dieser Artikel lautet: „Unbeschadet der sonstigen Bestimmungen dieses Vertrags kann der Rat im Rahmen der durch den Vertrag auf die Gemeinschaft übertragenen Zuständigkeiten auf Vorschlag der Kommission und nach Anhörung des Europäischen Parlaments einstimmig geeignete Vorkehrungen treffen, um Diskriminierungen aus Gründen des Geschlechts, der Rasse, der ethnischen Herkunft, der Religion oder der Weltanschauung, einer Behinderung, des Alters oder der sexuellen Ausrichtung zu bekämpfen".

130 Seit dem 21.1.05 ist das entsprechende Gesetz in den deutschen Bundestag eingebracht wor-den. Seine Zustimmung gilt trotz Ablehnung der so genannten „Unionsparteien" (CDU und CSU) sowie der FDP als wahrscheinlich, denn dafür würde die parlamentarische Mehrheit der Regierungsparteien SPD/Bündnis 90 – die Grünen reichen.

131 Seit dem Vertrag von Maastricht müssen alle politischen Maßnahmen und Entscheidungen der Europäischen Gemeinschaft dem Subsidiaritätsprinzip folgen, demzufolge über Kompe-tenzen, die sich die Gemeinschaft und die Mitgliedsstaaten teilen, auf der untersten mög-lichen Ebene entschieden werden muss, das bedeutet: auf der Ebene des Staats. Somit ist jedes Mitgliedsland letztlich für seine Bildungspolitik selbst verantwortlich.

132 Es gilt festzuhalten, dass diese negative Haltung im Hinblick auf die internationalen Bestim-mungen über die Nichtdiskriminierung von Flüchtlingen für Deutschland charakteristisch ist. Denn bereits bei der Ratifizierung der Genfer Kinderrechtskonvention wurden nahezu alle Klauseln der Konvention über Nichtdiskriminierung für unwirksam erklärt und am 23. Feb-ruar 1989 in Genf die folgende Erklärung als Vorbehalt abgegeben: „Nichts in der Konven-tion kann als Erlaubnis der illegalen Einreise oder des illegalen Aufenthalts eines Ausländers im Gebiet der Bundesrepublik Deutschland interpretiert werden; keine ihrer Bestimmungen könnte als Einschränkung des Rechts der Bundesrepublik Deutschland interpretiert werden, Gesetze und Regelungen bezüglich der Einreise von Ausländern und den Bedingungen ihres Aufenthaltes zu verkünden oder eine Unterscheidung zwischen seinen Staatsbürgern und Ausländern vorzunehmen."

auf so genannten nationalen Interessen innerhalb der Europäischen Union erklären lässt, so ist es doch angebracht festzustellen, dass sie im Hinblick auf die beiden Postulate (das Pragmatische und das Normative), auf denen jegliche Politik beruht, nicht zu rechtfertigen ist. Unter dem pragmatischen Postulat verstehe ich mit Perelman und Olbrechts-Tyteca, „das, was es möglich macht, eine Handlung, ein Ereignis entsprechend der günstigen oder ungünstigen Konsequenzen zu beurteilen, die sich daraus ergeben" (zitiert in Eboussi 1993, S. 17). Im Fall der jugendlichen afrikanischen Flüchtlinge muss die Logik des utilitaristischen Kalküls als Motivationsquelle des politischen Handelns verstanden werden. Dies führt zu der Frage, welcher positive, ergo nützliche Beitrag von Flüchtlingen für ihre Aufnahmegesellschaft eine ihre schulische Integration begünstigende Politik rechtfertigen könnte.

Wenn man das Zuwanderungsgesetz betrachtet, das im Januar 2005 in Kraft getreten ist, und die Debatte, die seine Verabschiedung begleitete, zeigt sich, dass außer den Fragen der nationalen Sicherheit, die in letzter Minute auf Grund der Bekämpfung des internationalen Terrorismus gestellt wurden, die Auseinandersetzung ansonsten stark von der Beurteilung der demographischen Entwicklung und ihrer sozio-ökonomischen Konsequenzen dominiert wurde. Für die hier behandelte Frage ist von Interesse, dass durch die Abnahme der Geburtenrate eine Tendenz zur Überalterung der Bevölkerung und zum Rückgang der Arbeitskräfte bzw. von Menschen im Arbeitsalter zu beobachten ist. Da diese Entwicklung sich in allen europäischen Staaten ähnlich abzeichnet, ist ein Auffangen innerhalb der EU ausgeschlossen. Selbst die Osterweiterung wird hier nicht viel ändern, weil jede positive wirtschaftliche Entwicklung, die durch Strukturausgleichsmaßnahmen in der EU die Situation in den hinzu kommenden Ländern verbessern wird, ein Sinken der Geburtenrate nach sich zieht. Wie in der Vergangenheit z.B. bei Griechenland, Spanien und Portugal, so wird dies voraussichtlich eher zur Rückwanderung als zur Auswanderung führen (vgl. auch Neumann/Seukwa 2002). Deshalb kann Deutschland aus rein ökonomischem Kalkül in Anbetracht der Überalterung der Bevölkerung gegenwärtig nicht auf Immigration verzichten, insbesondere nicht auf die junger Menschen. Diese ermöglichen durch ihre Arbeit und die Sozialbeiträge, die sie leisten, die Funktionsfähigkeit eines Sozialsystems aufrechtzuerhalten, das heute durch die Zwänge der neoliberalen Wirtschaftsordnung gefährdet ist. Dieses System, das auf dem Solidaritätsprinzip zwischen den Generationen beruht, war dank des materiellen und sozialen Zusammenhalts, den es zwischen allen Schichten der Bevölkerung hergestellt hat, einer der Hauptpfeiler der demokratischen Stabilität in der gesamten Nachkriegszeit. Die afrikanischen Flüchtlinge, von denen hier die Rede ist, gehören durch ihre Jugend zu der Kategorie von Einwanderern, die Deutschland heute braucht, um in naher Zukunft einer strukturellen demographischen Unausgeglichenheit mit unkalkulierbaren sozio-ökonomischen Konsequenzen zu begegnen. Eine solche Rolle können diese Jugendlichen jedoch nur übernehmen, wenn sie durch eine angemessene schulische und berufliche Ausbildung konsequent darauf vorbereitet werden. Dem Einwand, die Aufnahmekapazitäten seien erschöpft, ist entgegenzuhalten, dass die Ausschlusspraktiken gegenüber dieser Gruppe aus dem Bildungssystem bisher nicht dazu beigetragen haben, deren Zahl zu verringern. Demgegenüber haben viele der Jugendlichen in den Interviews erklärt, sie seien bereit, ihr Migrationsabenteuer woanders[133] fortzusetzen, wenn sie hier in Deutschland eine schulische und berufliche Bildung erhalten könnten, die es ihnen ermöglichte, auf dem Arbeitsmarkt wettbewerbsfähig zu sein.

Weit über die partikulären Interessen hinaus steht bei der hier diskutierten Frage der gesellschaftliche Friede auf dem Spiel. Dieser kann, als Ziel jeglichen politischen Handelns aufgefasst, nur unter der Bedingung garantiert werden, dass Ausschluss, Marginalisierung und Frustration als Auswirkungen einer politischen Entscheidung auf eine soziale Gruppe – wie dies bei den Flüchtlingen der Fall ist – vermieden werden. Anders formuliert, geht es um die Fähigkeit der Entscheidungsträger, die kulturelle, soziale und ethnische Pluralität als grundlegende Gegebenheit ihrer nationalen Politik anerkennen und integrieren zu können. Dieser Perspektivwechsel dürfte ihnen umso schwerer fallen, als er den Verzicht auf ein Ensemble auch heute noch auf unterschiedliche Weise durch die nationale Politik am Leben gehaltener Mythen erfordert, die Jahrhunderte lang die Konstruktion des Nationalstaates begleitet haben, wie z.b. den Mythos der kulturellen, linguistischen und ethnischen Homogenität der Nation. Im gegenwärtig durch die Globalisierung gekennzeichneten internationalen Kontext wird den politischen Entscheidungsträgern aber gar nichts anderes übrig bleiben, als die Diversität zu berücksichtigen. Und das deshalb, weil die Intensivierung der Migrationsströme als Folge der Globalisierung und der sich daraus ergebenden makro-strukturellen ökonomischen Ungleichheiten die Länder des Nordens und insbesondere Deutschland in ethnischer, linguistischer, kultureller und religiöser Hinsicht ihre immer schon heterogen gewesene gesellschaftliche Bevölkerungsstruktur verstärkt und sichtbarer gemacht hat. Diese für die Entwicklung jeglicher nationalen Politik grundlegende Realität zu ignorieren, käme politischer Blindheit gleich, die kurz- oder mittelfristig eine ernsthafte Bedrohung für Stabilität und Frieden darstellte.

Mögliche Bezugsrahmen, die einer von der Heterogenität der Bevölkerung ausgehenden nationalen Politik als normative Eckpunkte dienen können, fehlen nicht. Diese werden von einer Reihe von Konventionen und internationalen Chartas angeboten. Was dabei die Bildung betrifft, so handelt es sich auf der Ebene der Vereinten Nationen um folgende:

– §26 der Allgemeinen Erklärung der Menschenrechte vom 10. Dezember 1948. Der macht aus dem Recht auf Bildung ein Grundrecht des Menschen, wobei er das Recht der Eltern betont, den Bildungstyp zu bestimmen, von dem diese möchten, dass ihre Kinder in seinen Genuss kommen.

---

133 Dabei handelt es sich im Allgemeinen um ein europäisches Land wie Frankreich, Belgien, England oder einen nordamerikanischen Staat wie die USA oder Kanada – Länder, die entweder über ein gutes soziales Netz verfügen oder in denen die Sprache ihres Herkunftslandes, sei es Englisch oder Französisch, gesprochen wird.

– Die §§ 28 und 29 der Genfer Kinderrechtskonvention vom 20. November 1989[134] nehmen den universalen Charakter dieses Rechtes für jedes Kind wieder auf und beharren auf den mit der Schulpflicht verbundenen Aspekten der Gleichheit und Freiheit.

Auf der Ebene der Europäischen Union stellt die im § 13 des Vertrags von Amsterdam in der Fassung vom 2. Oktober 1997 enthaltene Nichtdiskriminierungsklausel, obgleich sie nicht ausdrücklich auf Bildung und Ausbildung Bezug nimmt, nichtsdestoweniger eine wichtige Orientierung für die Realisierung einer nichtdiskriminierenden Bildungspolitik gegenüber den jugendlichen Flüchtlingen in Deutschland dar.

Diese verschiedenen internationalen Chartas und Konventionen stellen meiner Auffassung nach in Geist und Buchstaben einen ethischen Standard auf, der zugleich ausreichend explizit und allgemein ist, um für jede nationale Bildungspolitik als regulatives Prinzip dienen zu können, wenn sie darauf bedacht ist, der

---

134 Artikel 28 [Recht auf Bildung; Schule; Berufsausbildung]
„Die Vertragsstaaten erkennen das Recht des Kindes auf Bildung an; um die Verwirklichung dieses Rechts auf der Grundlage der Chancengleichheit fortschreitend zu erreichen, werden sie insbesondere den Besuch der Grundschule für alle zur Pflicht und unentgeltlich machen; die Entwicklung verschiedener Formen der weiterführenden Schulen allgemeinbildender und berufsbildender Art fördern, sie allen Kindern verfügbar und zugänglich machen und geeignete Maßnahmen wie die Einführung der Unentgeltlichkeit und die Bereitstellung finanzieller Unterstützung bei Bedürftigkeit treffen; allen entsprechend ihren Fähigkeiten den Zugang zu den Hochschulen mit allen geeigneten Mitteln ermöglichen; Bildungs- und Berufsberatung allen Kindern verfügbar und zugänglich machen; Maßnahmen treffen, die den regelmäßigen Schulbesuch fördern und den Anteil derjenigen, welche die Schule vorzeitig verlassen, verringern. Die Vertragsstaaten treffen alle geeigneten Maßnahmen, um sicherzustellen, dass die Disziplin in der Schule in einer Weise gewahrt wird, die der Menschenwürde des Kindes entspricht und im Einklang mit diesem Übereinkommen steht. Die Vertragsstaaten fördern die internationale Zusammenarbeit im Bildungswesen, insbesondere um zur Beseitigung von Unwissenheit und Analphabetentum in der Welt beizutragen und den Zugang zu wissenschaftlichen und technischen Kenntnissen und modernen Unterrichtsmethoden zu erleichtern. Dabei sind die Bedürfnisse der Entwicklungsländer besonders zu berücksichtigen.“
Artikel 29 [Bildungsziele; Bildungseinrichtungen]
„Die Vertragsstaaten stimmen darin überein, dass die Bildung des Kindes darauf gerichtet sein muss, die Persönlichkeit, die Begabung und die geistigen und körperlichen Fähigkeiten des Kindes voll in Entfaltung zu bringen; dem Kind Achtung vor den Menschenrechten und Grundfreiheiten und den in der Charta der Vereinten Nationen verankerten Grundsätzen zu vermitteln; dem Kind Achtung vor seinen Eltern, seiner kulturellen Identität, seiner Sprache und seinen kulturellen Werten, den nationalen Werten des Landes, in dem es lebt, und gegebenenfalls des Landes, aus dem es stammt, sowie vor anderen Kulturen als der eigenen zu vermitteln; das Kind auf ein verantwortungsbewusstes Leben in einer freien Gesellschaft im Geist der Verständigung, des Friedens, der Toleranz; der Gleichberechtigung der Geschlechter und der Freundschaft zwischen allen Völkern und ethnischen, nationalen und religiösen Gruppen sowie zu Ureinwohnern vorzubereiten; dem Kind Achtung vor der natürlichen Umwelt zu vermitteln. Dieser Artikel und Artikel 28 dürfen nicht so ausgelegt werden, dass sie die Freiheit natürlicher oder juristischer Personen beeinträchtigen, Bildungseinrichtungen zu gründen und zu führen, sofern die in Absatz 1 festgelegten Grundsätze beachtet werden und die in solchen Einrichtungen vermittelte Bildung den von dem Staat gegebenenfalls festgelegten Mindestnormen entspricht.“

Herausforderung, welche der Umgang mit der Heterogenität der Bevölkerung bedeutet, positiv zu begegnen, so dass die Chancengleichheit für alle garantiert wird. Aber weil es sich dabei um eine ethische Norm und nicht um Gesetze handelt, erfordert ihre Anwendung letzten Endes von den Staaten, die diese Verträge unterzeichnet und ratifiziert haben, ein Politikverständnis, das nicht auf Pragmatismus und Utilitarismus, sondern zuallererst auf ethischen Normen beruht. Allein unter dieser Voraussetzung kann vermieden werden, dass das Prinzip der Chancengleichheit, das heißt, die Zugangsgarantie zur Bildung für alle – die Flüchtlinge eingeschlossen –, so wie es in den hier zitierten internationalen Texten formuliert ist, zu einer bloßen Absichtserklärung verkommt.

Literatur

Adick, Christel (1988): Schule im modernen Weltsystem. Ein Versuch zur Entmythologisierung der Vorstellung von Schule als Kolonialerbe. In: ZfK 3/1988, S. 343-355.

Ajayi, S. Ibi (1995): «L'état des recherches sur l'éfficacité macro-économique des programmes d'ajustement structurel en Afrique subsaharienne», in Van der Hoeven Rolph, Van der Kraaij, Fred (dirs), L'ajustement structurel et au – delà en Afrique subsaharienne, Paris, Karthala. pp. 95-118.

Akkari, Abdeljalil (1995): Educational Research in Latin America: Review and Perspectives. In: Education Policy Analysis Archives, Vol. 6, No. 7.

Anta Diop, Cheikh (1979): Nations nègres et culture Présence africaine, Paris.

Aristote (1881): La Politique, livre I, chap. 2, in Morale et Politique, traduction. Thurot, Paris.

Aristote (1964): La Politique, livre I, chapitre 1, traduction J. Tricot, Vrin, Paris.

Aristote (1967): La Rhétorique, II, 24, 1402a trad, M. Dufour, les Belles lettres, Budé, t. 2, p. 131) Paris.

Aristote (1967): Topique, Livres I–IV 1 vol in-12. Société d'Edition Les Belles Lettres Paris.

Ashcroft, Bill/Griffiths, Gareth/Tiffin, Helen (eds. 1995): The Postcolonial Studies Reader. New York.

Auernheimer, Georg (Hg 2002): Interkulturelle Kompetenz und Pädagogische Professionalität. Leske + Budrich, Opladen.

Bahoken, Jean Calvin/Atangana Engelbert (1975): La politique culturelle en république unie du Cameroun. Paris, Presse de l'UNESCO.

Balandier, Georges (1995): Anthropologie politique, Paris, Quadrige, PUF.

Balandier, Georges (1962): Gemeinsame Merkmale der afrikanischen évolués. In: Heintz, P. (Hg): Soziologie der Entwicklungsländer. Eine systematische Anthologie. Köln/Berlin, S. 201-210.

Balandier Georges (1982): Sociologie actuelle de l'Afrique noire. Paris (1. Aufl. 1955).

Banque Mondiale (1994): L'ajustement structurel en Afrique: réformes, résultats et le chemin à Parcourir, Washington, D.C.

Banque Mondiale (1990): L'Afrique subsaharienne: de la crise à la croissance durable, Washington, D.C.

Bataille, George (1992): On Nietzsche. New York: Paragon House.

Bataille, George (1987): Eroticism, London: Marion Boyars. Bataille, G. (1988): Inner experiences. Albany: State University of New York Press.

Bayart, Jean François (1989): l'État en Afrique. La politique du ventre. Paris, Fayard.

Bayart, Jean François (1998): «it missionnaire et Politique du ventre: Une analyse foucaldienne», in Le fait missionnaire Lausanne p. 6.

Beckers, Jacqueline (2001): Aider les élèves à développer les compétences à l'école: Révolution ou continuité ? Extrait de la revue «Puzzle», centre interfacultaire de formation des enseignants, bulletin n° 10, p. 2.

Bigo, Didier (1989): Pouvoir et obéissance en centrafique. Paris, Karthala.

Bronckart, Jean Paul 1999. La conscience comme «analysateur» des épistémologies de Vygotsky et de Piaget. In Avec Vygotsky 1999, Paris la dispute/SNÉDIT p. 24.

Bonnewitz, Patrice (2002): Première lecons sur la sociologie de P. Bourdieu. Paris PUF. 2e mise à jour.

Bourdieu, Pierre (1961): Sociologie de l'Algérie. Presses Universitaires de France, Paris.

Bourdieu, Pierre/Jean-Claude Chamboredon, Jean-Claude. Passeron, (1968): Le métier de sociologue. Paris, Mouton-Bordas.

Bourdieu, Pierre/Passeron, Jean-Claude (1970): La reproduction. Éléments pour une théorie du système d'enseignement. Paris.

Bourdieu, Pierre (1976) Entwurf einer Theorie der Praxis auf der ethnologischen Grundlage der kabylischen Gesellschaft. Frankfurt a.M. 1976

Bourdieu, Pierre (1977): «Ce que parler veut dire». In Question de sociologie (1984). Les éditions de minuit, Paris.

Bourdieu, Pierre (1978): «Le marché linguistique». In Question de sociologie (1984). Les éditions de minuit, Paris.

Bourdieu, Pierre (1980): Le sens pratique. Paris, éditions de Minuit.

Bouveresse, Jacques (1984): Rationalité et cynisme. Paris, Minuit.

Bourdieu, Pierre (1990): Was heißt sprechen? Die Ökonomie des sprachlichen Tauschs (frz. 1980). Wien.

Bourdieu, Pierre (2000): Das religiöse Feld. Texte zur Ökonomie des Heilsgeschehens. Konstanz.

Campbell, Robert L. (2000): The divided legacy of Noam Chomsky in the daily Objectivist S. 2.

Certeau, Michel de (1988): Kunst des Handelns. Aus dem Französischen übersetzt von Ronald Vouillié. Berlin, Merve Verlag.

Certeau, Michel de (1990): L'invention du quotidien I Arts de faire Paris, Gallimard.

Chabal, Patrick (1991): Pouvoir et violence en Afrique postcoloniale. In Politique africaine N° 42-Juin 1991.

Chenique, François (1975): Eléments de logique classique. Tome 1, Paris, Dunod.

Chomsky, Noam (1957): Syntactic Structures, La Haye, Mouton.

Chomsky, Noam (1965): Aspects of the Theory of Syntax. The M.I.T. Press Cambridge, Massachusetts.

Chomsky, Noam (1966): Topics in the Theory of generative Grammar. The Hague, Mouton.

Chomsky, Noam (1967): Preface to the reprint of "A Review of Skinner's Verbal Behavior". Appeared in Readings in the Psychology of Language, ed. Leon A. Jakobovits and Murray S. Miron (Prentice-Hall, Inc., 1967), and pp. 142-143.

Chomsky, Noam (1977): Langue, Linguistique, Politique, dialogues avec Mitsou Ronat: France Flammarion.

Chomsky, Noam (1979): A propos des structures cognitives et leur développement: une réponse à Piaget». Pp. 65-87 In Théories du langage, théories de l'apprentissage Paris, éditions du seuil.

Clot, Yves (1999): Avec Vygotsky. Paris la dispute/SNÉDIT p. 9.

Collier, David (1993): The comparative Method, The State of the Discipline II, in Annual Review of Political Science p. 76.

Courade, Georges (2000): Le désarois camerounais: L'épreuve de l'économie-monde (sous la direction de). Paris, Karthala.

Depaepe, Marc (1995): An agenda for the history of colonial education. In: Nóvoa, A/ders./Johannigmeier, M.E./Arango S. (eds.): An agenda for the history of colonial education. Gent.

Descartes, Réné (1956): les Méditations métaphysiques Presses Universitaire de France.

Dolz, Joaquim & Ollaggnier, Edmée eds. (2002): L'énigme de la compétence en éducation. De Boeck Université Belgique.

Dirim, Inci (1998): „Var mi lan Marmelade?" Türkisch-deutscher Sprachkontakt in einer Grundschulklasse. Münster, Waxmann.

Dumont, Bernard (1982): «L'influence du décor et du langage dans les épreuves de type logique portant apparement sur l'implication», Educational Studies in Mathematics, vol.13, n° 13, novembre P. 18-27.

Eboussi-Boulaga Fabien (1977): La crise du Muntu. Authenticité Africaine et Philosophie. Paris, Présence Africaine.

Eboussi-Boulaga Fabien (1993): Les conférences nationales en Afrique noire: Une affaire à suivre. Paris, Karthala.

Eboussi Boulaga, Fabien (1999): Ligne de résistance. Yaoundé, Editions CLE, 25.

Ela, Jean - Marc (1998): Innovations sociales et renaissance de l'Afrique noire: Les défis du «monde d'en bas». Paris, l'Harmattan.

Erler, Brigitte (1987): Tödliche Hilfe: Bericht von meiner lezten Dienstreise in Sachen Entwicklungshilfe. Freiburg, Dreisam-Verlag.

Erny, Pierre (1977): L'enseignement dans les pays pauvres. Modèles et propositions. Paris.

Erny, Pierre (1981): Prolégomènes: Regard général sur l'école en Afrique Noire. In: ders: De l'éducation traditionelle à l'enseignement moderne au Rwanda – 1900-1975. Lille.

Easton, Peter/Peach, Mark u.a. (1998): Les applications pratiques de l'alphabétisation coranique en Afrique de l'ouest. Groupe de travail sur l'éducation non formelle. In: Étude et recherches N° 8, Florida state university. P. 13-22.

Fiedler, Ulrich/Steenbuck, Olaf (2000): „Jean Piagets genetische Epistemologie – Reflexionen aus Schulpädagogischem Interesse". In Dieter Katzenbach/Olaf Steenbuck (Hrg.) Piaget und die Erziehungswissenschaft heute, Frankfurt A/M, Peter Lang.

Fluitman, Fred (ed.1989): Training for Work in the informal Sector. International Labour Organisation (ILO) publisher. Geneva.

Fluitman, Fred (1993): Traditionelle Lehrlingsausbildung in Westafrika: Neue Ergebnisse und politische Optionen. In: Karcher, W. u.a. (Hg.): Zwischen Ökonomie und sozialer Arbeit. Lernen im informellen Sektor in der „Dritten Welt". Frankfurt/Main, S. 51-74.

Foucault, Michel (1966): Les mots et les choses. Paris, Gallimard.

Foucault, Michel (1976): La volonté de savoir. Paris, Gallimard.

Foucault, Michel (1994): Dits et Ecrits, Paris, Gallimard.

Foucault, Michel (2001): Cours du Collège de France du 17 février 1982, publiés in Foucault, L'Herméneutique du sujet, Seuil/Gallimard, mars 2001.

Hegel,Georg Wilhelm Friedrich (1807): Phénoménologie de l'esprit. Traduction française de Hyppolite, Jean/Aubier-Montaigne, Paris, s.d. vol. 2.

Hegel, Georg Wilhelm Friedrich (1837/1979): La raison dans l'histoire, Traduction française de K. Papaioannou, Paris collection 10/18, Plon.

Geschire, Pierre (1997): The modernity of witchcraft. Politics and the Occult in Postcolonial Africa, University Press of Virginia, USA.

Geschire, Pierre (2000): Sorcellerie et modernité: retour sur une étrange complicité. In: politique africaine, N° 79, p. 17-32.

Giddens, Anthony (1984): The Constitution of Society. Cambridge, Polity Press.

Grawitz, Madeleine (1996): Méthodes des sciences sociales. Paris, Dalloz.

Grevé, Annette/Neumann, Ursula/Roth, Hans-Joachim (2004): Schulversuch bilinguale Grundschulklassen in Hamburg – Wissenschaftliche Begleitung. Bericht 2004. Universität Hamburg Fachbereich Erziehungswissenschaft in der Fakultät für Bildungswissenschaften, Arbeitsstelle interkulturelle Bildung.

Grosch, Harald/Groß, Andres/Wolf, Reiner Leenen (2000): Methoden interkulturellen. Lehrens und Lernens. ASKO Europa Stiftung. Saarbrücken.

Goffman, Erving, (1973): Asyle. Über die soziale Situation psychiatrischer Patienten un anderer Insassen. Frankfurt/Main.

Gogolin, Ingrid (1994): Der Monolinguale Habitus der multilingualen Schule. Münster, Waxmann.

Gogolin, Ingrid/Neumann, Ursula/Reuter, R. Lutz (1998): Schulbildung für Minderheiten. Eine Bestandsaufnahme. In: Zeitschrift für Pädagogik, Heft 5.

Gogolin, Ingrid (1999): „Mehrsprachigkeit als Kapital bei der Berufseinmündung". Vortrag in der Ringvorlesung Interkulturelle Bildung Wintersemester 1999/2000 Thema: Sprachlich-kulturelle Praxis in multikulturellen Gesellschaften.

Lindgren, Göran (1990): World Data in Figures. Uppsala University, Sweden.

Goodman, N./Pouivet, R. (1997): Le nominalisme. In Philosophie analytique et histoire de la philosophie. Vrin Paris.

Harsch, Ernest (2000): Dakar summit urges renewed global drive to achieve basic education for all. In: Africa recovery, Vol. 14, No. 2.

Hanesch, Walter u.a. (1994): Armut in Deutschland. Reinbek bei Hamburg, Rowohlt.

Heidegger, Martin (2001): Sein und Zeit. Türbingen: Niemeyer. 18. Aufl.

Herrnstein, Richard J./Murray, Charles (1994): The Bell Curve: Intelligence and Class Structure in American Life. A Free Press Paperbacks Book New York 845 pp.

Hibou, Béatrice (1999): sous la direction de. La privatisation des États. Paris, Karthala.

Hibou, Béatrice (1996): L'Afrique est-elle protectionniste ? Les chemins buissonniers de la libéralisation extérieure. Paris, Karthala.

Hieronymus, Andreas/Hutter, Jörg/Eralp, Hülya (2004): Interkulturelle Kompetenz als Chance: Eine anleitung zur Entdeckung der beruflichen Potentiale von Jugendlichen mit Migrationshintergrund. Dokumente der BQM-Handreichung I/2004.

Hinz-Rommel, Wolfgang (1994): Interkulturelle Kompetenz. Ein neues Anforderungsprofil für die soziale Arbeit. Münster, Waxmann.

Humboldt, Wilhelm von (1836): Über die Verschiedenheit des Menschlichen Sprachbaues. Gesammelte Schriften. Ausgabe der Preubischen Akademie der Wissenschaften. Werke. Berlin, 17 vol., 1903-1936.

Jessen, Brigitte/Nebelung, Michael (1987): Hilfe muß nicht tödlich sein: Basisbewegung und Befreiungsarbeit in Bangladesch ISBN 3-88548-767-5 kart.

Kant, Emmanuel (1781/1987): critique de la raison pure Flammarion, Paris.

Kassam, Yusuf (1983): Nyerere's Philosophy and the Educational Experiment in Tanzania. In: Interchange on Educational Policy 14, N° 1, 56-68.

Klieme, Eckhard u.a. (2003): Expertise zur Entwicklung nationaler Bildungsstandars. Unter http://www.bmbf.de/pub/zur_entwicklung_nationaler_bildungsstandards.pdf.

Koller, Hans-Christophe (2002): „Bildung und Migration. Bildungstheoretische Überlegungen im Anschluss an Bourdieu und Cultural Studies". In W. Friedrichs/O. Sanders (Hg.) S. 184-190.

Kom, Ambroise (1996): Éducation et démocratie en Afrique. Le temps des illusions. New York.

Komlosy, Andrea/Delapina, Franz (1997): Der informelle Sektor: Konzepte, Widersprüche und Debatten. In: diess. (Hg.): Ungerecht und unterbezahlt. Der informelle Sektor in der Weltwirtschaft. Frankfurt/Main, S. 9-28.

Kunst, Hans .Joahim (1967): Der Afrikaner in der Europäischen Kunst. Köln, Dumont Presse.

Küster, Sybille (1994): Neither Cultural imperialism nor a precious gift of Civilization. African education in colonial Zimbabwe: 1890-1962. Münster/Hamburg.

Kuzmics, Helmut/Gerald, Mozetic (2003): Literatur als soziologie: Zum Verhältnis von literarischer und gesellschaftlicher Wirklichkeit. Konstanz, UVK Verlagsgesellschaft mbH.

Ladrière, Jacques (1977): Les enjeux de la rationalité. Paris, Aubrier.

Lamnek, Siegfried (1995): Qualitative Sozialforschung, B and 2: Methoden und Techniken (3. korr. Aufl.), Weinheim.

Lave, Jean (1993): Cognition in Practice: Mind, mathematics and cultue in everyday life. Cambridge University Press.

Lechte, John (1994): Fifty Key Contemporary Thinkers. New York, Routledge.

Levi-Strauss, Claude (1975): Struktuale Anthropologie. Frankfurt am Main, Suhrkamp.

Levi-Strauss, Claude (1961): Race et Histoire. UNESCO Paris, Editions Gonthier.

Mbembe, Achille (1993): «Écrire l'Afrique à partir d'une faille». In Politique africaine N° 51.

Mbembe Achille, (1999): Du gouvernement privé indirect. In Politique africaine N° 73.

Mbembe Achille, (2000) De la postcolonie: Essaie sur l'imagination politique dans l'Afrique contemporaine. Paris, Karthala.

Mecheril, Paul (2001): Was ist „interkulturelle Kompetenz"? Pädagogischer Bedarf, begriffliche Unklarheit und technologische Suggestion. Habil Vortrag, Uni Bielefeld, 14.02.2001.

Monga, Célestin (1994): Anthropologie de la colère: Société civile et démocratie en Afrique noire. Paris, L'Harmattan.

Montague, Richard (Hg. 1968): «Pragmatics», in Raymond Klibansky: La philosophie contemporaine, Florence, La nuova Italia, t.1, p.102-122.

Montesquieu, Charles de Secondat (1758/1995): De l'esprit des lois. Paris, Éditions Gallimard, collection folio. Essais.

Moumouni, Abdou (1998): L'éducation en Afrique. In: Présence Africaine. Paris, S. 29.

Mudimbe, Yves Valentin (1988): The invention of Africa. Gnosis, Philosophy, and the order of Knowledge. Indiana University Press Bloomington and Indianapolis.

Mudimbe, Yves Valentin (1994): The Idea of Africa. Indiana University Press Bloomington and Indianapolis.

Mvesso, André (1998): L'école malgré tout. Les conditions d'une contribution de l'école à l'éssor africain. Yaoundé, Presses Universitaires de Yaoundé.

Nestvogel, Renate (1983): ‚Lernen von Dritten Welt: Traditionelle afrikanische Erziehungsmuster' In Afrika Spektrum Nr. 3 P. 35-36.

Neumann, Ursula/Gogolin, Ingrid/Krüger-Potratz, Marianne/Reich, H Hans (1990): Folgen der Arbeitsmigration für Bildung und Erziehung. Antragstextes an die DFG. In: Deutsch lernen, Heft 1/1990, S. 70-88.

Neumann, Ursula/Schroeder, Joachim (1999): Teilprojekt A.2 im Antragsband des SFB 520 „Umbrüche in afrikanischen Gesellschaften und ihre Bewältigung". Finanzierungsantrag 1999–2002. Universität Hamburg, S. 75-104.

Neumann, Ursula (1998): Die Bedeutung von schulischer Bildung für jugendliche Flücht-linge. In: Carstensen, C./Neumann, U./Schroeder, J. (Hg.): Movies – Junge Flücht-linge in der Schule. Hamburg, S. 27-33.

Neumann, Ursula/Seukwa, Louis Henri (2002): Migration Ursachen und Folgen. Un-veröffentliche Vortrag im Rahmen der Ringvorlesung „Globale Zukunftsfragen" am 5.12.2002.

Neumann, Ursula/Reuter, Lutz R. (2004): Interkulturelle Bildung in den Lehrplänen – neuere Entwicklungen. In Zeitschrift für Pädagogik – 2004, Heft 6.

Neumann, Ursula/Roth Hans Joachim (2004): Multilingual primary schools in Germany – models and research. Vortrag in Rahme der Tagung „Imagining multilingual schools: An international symposium on language in education" am 30.9.2004 at the Teacher's College der Columbia University of New York.

Ngugi, Wa Thiong'o (1991): Matigari. Wuppertal, Peter Hammer Verlag.

Ocitti Jakayo, Peter (1973): African Indigenous Education As Practised by the Acholi of Uganda. Kampala.

Oléron, Pierre (1997): L'intélligence. Que ai-je? PUF Paris.

Perelman, Ch./Olbrechts-Tyteca L. (1976): Traité de l'argumentation, éditions de l'université de Bruxelles, P. 358

Piaget, Jean (1924): Le jugement et le raisonnement chez l'enfant. Neufchâtel et Paris, éditions Delachaux et Niestlé S.A.

Piaget, Jean/Inhelder Bärbel (1941): Le développement des quantités chez l'enfant. Conservation et atomisme. Neufchâtel et Paris, Delachaux et Niestlé, coll, «Actualités pédagogiques et psychologiques», 344 p.

Piaget, Jean (1968): Genetic Epistemology, a séries of lectures delivered by Piaget at Columbia University Publisched by Columbia University Press.

Piaget, Jean (1970): Epistémologie des sciences de l'hommes aujourd'hui, Neuchâtel-Paris, Delachaux et Nestlé, coll. «textes de base en psychologie», 1985, 237 p., Paris, Gallimard.

Piaget, Jean (1973): Einführung in die genetische Erkenntnistheorie, übersetzt von Fried-helm Herborth, Frankfurt.

Piaget, Jean (1976): La formation du symbole chez l'enfant. Imitation jeu et rêve, image et représentation. Paris, Neufchâtel, Delachaux et Niestlé, 6è édit., 311 p.

Piaget, Jean (1979): «La psychogenèse des connaissances et sa signification épistémo-logique», pp. 53-64 In Théories du Langage Théories de l'apprentissage: Le débat entre Jean Piaget et Noam Chomsky. Paris, Éditions du Seuil.

Piaget, Jean (1996): Le structuralisme PUF. (11e édition).

PISA – Konsortium Deutschland Hrsg. (2003) Der Bildungsstand der Jugendlichen in Deutschland. Ergebnisse des zweiten internationalen Vergleichs.

Platon. Théétète. In Œuvres complètes, tome. VIII, Paris, «Les belles lettres», collection des Universités de France, 1950, 280 p., (trad. A. Diès).

Poenike, Ancke (2001): Afrika in deutschen Medien und Schulbüchern in Zukunftpolitik Nr. 29 du 15 mai 2001, 59 p.

Poenike, Ancke (2003): Afrika realistisch darstellen in Zukunftspolitik Nr. 55 du 3 juillet 2003 124 p. menées sous l'égide de la Konrad-Adenauer-Stiftung e.V.

Ratner, C/McCarthy, J, (1990): Ecologically relevant stimuli and color memory. Journal of General Psychology, 117, 369-377.

Nestvogel, Renate (1983): ,Lernen von Dritten Welt: Traditionelle afrikanische Erzie-hungsmuster' In Afrika Spektrum Nr. 3, p. 35-36.

Rey, Bernard (2000): La notion de compétence permet-elle de répondre à l'obligation de résultats dans l'enseignement ? Communication au colloque «l'obligation de résultats en éducation». Entretiens du centre jaques cartier. Montreal. p.1.

Richard, Jean-Francois (1990): Les activités mentales. Comprendre, raisonner, trouver des solutions, Paris, Armand Collin, Coll. «U», Série «psychologie».

Ritter, Joahim/Gründer, Karlfried (Hg.1976): Historisches Wörterbuch der Philosophie Bd.4 Basel/Stuttgart: Schwabe & Co.

Rist, Gilbert (1996): Le développement: Histoire d'une croyance occidentale. Presses de la fondation nationale des sciences politiques 426 p.

Rist, Gilbert/Rhnema, Majid/Esteva, Gustavo (1992): Le Nord perdu. Repères pour l'après – développement. «Forum du développement» de Lausanne, éditions d'en bas, 174 p.

Sartre, Jean-Paul (1965): «Schwarzer Orpheus» in Situationen, Rowohlt Verlag, Reinbek bei Hamburg.

Schotter, J. (1997): Talk of saying, showing, gesturing and feeling in Wittgenstein and Vygotsky.

Senghor, Léopold Sedar (1939): «Ce que l'homme noir apporte» in Liberté 1 négritude et humanisme paris seuil 1964.

Schroeder, Joachim/Storz, Michael (Hg. 1994): Einmischungen. Alltagsbegleitung junger Menschen in riskanten Lebenslagen. Langenau-Ulm.

Schroeder, Joachim (1998): Zwischen Scham und Beschämung. Anregungen für einen lebensweltorientierten Unterricht mit Flüchtlingsjugendlichen. In: Carstensen, C./ Neumann, U./ders. (Hg.): Movies – Junge Flüchtlinge in der Schule. Hamburg, S. 75-95.

Shakespeare, W. (1962): Romeo und Julia. Sonderdruck Zur Aufführung der sechzehnten Ruhrfestspiele Zweiter Aufzug Zweite Szene. Büchergilde Gutenberg Frankfurt a.M.

Sibusiso, Bengu (2002): „Towards a Continental Action Plan to help Deliver on the Promise of Education for all in Africa". In Visionen für das Bildungssystem in Afrika, S. 257-262.

Skinner, Burrhus Frederic (1957): Verbal Behavior. New York: Appleton-Century-Crofts

Sottas, Beat/Roost-Vischer, Lilo (Hg. 1995): Überleben im afrikanischen Alltag. Improvisationstechniken im ländlichen und städtischen Kontext. Bern.

Tatangang Nyopomboi, Henry (2000): L'école camerounaise est – elle au service de l'économie informelle? In Kenne Fodouop et Alain Metton (dirs.) Économie informelle et développement dans les pays du sud à l'ère de la mondialisation. Preses Universitairs de Yaoundé.

Tetzlaff, Rainer (2003): Staatlichkeit in Afrika: Historische und aktuelle Herausforderungen. Vortrag auf dem Sondern Forschungsbereich 520 der Universität Hamburg – Abschlusssymposium. Im Druck.

Touré, Abdou (1985): Les Petits métiers à Abidjan. L'imagination au secours de la conjoncture. Paris.

Urch, George E.F. (1992): Education in Sub-Saharan Africa. A Source Book. New York.

www.uneca.org: The Regional Conference on Brain Drain and Capacity Building in Africa". Addis Ababa 22-24 February 2000.

Van Der Veer René/Valsiner Jaan (1991): Understanding Vygotsky: A quest for synthesis. Cambridge, MA, Blackwell Publishers.

Vygotsky, Lev S. (1929): The problem of the cultural development of the child II. In Journal of Genetic Psychology, N° 36/p. 415-32.

Wygotsky, Lev S. (1974): Denken und Sprechen. Johannes Helm (Hrsg.) Fischer Taschenbuch Verlag.

Vygotsky, Lev S. (1981): The genesis of higher mental functions. In J. V. Wertsch (Ed.), the concept of activity in soviet psychology. Armonk, NY, Sharp .

Vygotsky, Lev S. (1982): Sobranie sochinenii, Tom pervyi: Voprosy teorii i istorii psikhologii [collected works, vol. I: Problems in the theory and history of psychology]. Moscow: Izdatel'stvo Pedagogika.

Vygotsky, Lev S. (1983): Istorija razvitija vystchych psykhicheskych functsyj. In Vygotsky, L.S. Collected works. Vol. 3. Moscow, Pedagogica.

Vygotsky Lev S. (1996): «le problème de l'enseignement et du développement mental à l'âge scolaire», (trad, C. Haus), in Schneuwly Bernard et Bronckart jean-paul (dir), Vygotsky.

Vygotsky, Lev S., (1997): Educational psychology. Boca Raton, FL: Ingram. (Originally written 1921-1923).

Wade, Abdoulaye (1956): «Examen critique des méthodes pédagogiques». In Présence africaine, n° 1-10, pp. 56-73.

Hanesch, Walter u.a. (1994): Armut in Deutschland. Reinbek bei Hamburg, Rowohlt Taschenbuch Verlag GmbH.

Watzlawick, Paul (Hg. 1981): Die erfundene Wirklichkeit. Wie wissen wir, was wir zu wissen glauben? Beiträge zum Konstruktivismus. München: Piper, 6. Aufl.1990.

Wells, Gordon (2002): Building on the Legacy of Vygotsky. In Dialogic Inquiry in Education. p. 12-18.

Wertsch, J.V. (1985). Vygotsky and the social formation of mind. Cambridge, MA, Havard University Press.

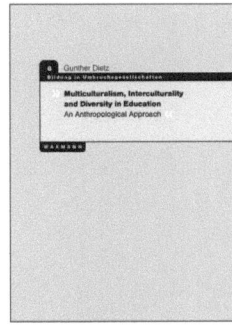

Band 8

Gunther Dietz

Multiculturalism, Interculturality and Diversity in Education

An Anthropological Approach

2009, 184 Seiten, br., 19,90 €
ISBN 978-3-8309-2197-4

B y providing a comprehensive overview of the contemporary debate on multiculturalism, this book starts from the thesis that the diverse models and practices of intercultural education first of all have to be traced back to the origins of multiculturalism as a social movement and its process of institutionalization, academization and transnationalization, in the course of which it entered the pedagogical field. This analysis is realized from an anthropological and ethnographic perspective – based on the contrasting study of inter-cultural vs. intra-cultural dimensions of educational practices and institutional structures.

Through a detailed analysis of how interculturalism became institutionalized in academia, and subsequently converted into a pedagogy, [Dietz] exposes how it has also influenced disciplinary and interdisciplinary explanations of culture, cultural diversity, and cultural relations.

Sylvia Escárcego Zamarrón in: Dialogo, 13/2010.

WAXMANN
Münster · New York · München · Berlin